世界歴史叢書

ガンディー
現代インド社会との対話

同時代人に見るその思想・運動の衝撃

内藤雅雄

明石書店

目次

はじめに　8

第1章　ネルーとガンディーの対話――交換書簡を通じて　11

はじめに　11
一　最初の反発　13
二　ネルーの政治主導性とガンディー　17
三　不服従運動とネルー、ガンディー　23
四　会議派組織の危機とネルー、ガンディー　29
五　第二次世界大戦期のネルー、ガンディー　34
六　インドの将来をめぐって　40
七　分離独立とネルー、ガンディー　44
むすびにかえて　48

第2章　ガンディーとスバース・チャンドラ・ボース
——一九三九年の政治危機　55
はじめに　55
一　「一九三五年インド統治法体制」の成立　57
二　会議派運動の新たな展開とスバース・ボースの登場　63
三　トリプリ大会と会議派の危機　72
むすびにかえて——新たな政治危機　87
第3章　ガンディーとアンベードカル——「不可触民問題」をめぐって　97
はじめに　97
一　カーストとは　99
二　ガンディーにおけるヴァルナとジャーティ　103
三　ガンディーの「ハリジャン」解放運動　108
四　アンベードカルの「ダリト」解放運動　114
むすびにかえて　120

第4章　ガンディーとインド人企業家　125

はじめに　125
一　国民会議派とインド人企業家　127
二　ガンディーとバジャージ　137
三　ガンディーとビルラー　150
むすびにかえて　160

第5章　ガンディーとインド農民　167

はじめに　167
一　ガンディーとチャンパーラン農民運動　169
二　ガンディーとケーダー農民運動　179
三　第一次世界大戦後の農民運動と会議派　190
四　その後の農民運動と会議派およびガンディーの対応　195
むすびにかえて　204

第6章　ガンディーと女性　213
はじめに　213
一　ガンディーの女性観　218
二　ガンディーとインド人女性　220
1　カストゥルバーイー・ガンディー　2　プレーマー・カンタク
3　アムリト・カウル　4　アムトゥッサラーム
三　ガンディーとヨーロッパ人女性　251
5　メアリー・バー　6　マドレーヌ・スレイド（ミーラーベーン）
むすびにかえて　269
第7章　インドの分離独立とガンディー暗殺　279
はじめに　279
一　分離独立への道とガンディー　283
二　ガンディー暗殺の背景　291
むすびにかえて——ガンディー暗殺と会議派の思惑　301

特論　日中戦争期のガンディーをめぐる日本人知識人　313
はじめに　313
一　仏教僧侶、藤井日達の場合　319
1　藤井日達と仏教　2　インドにおける藤井日達
3　藤井日達と中国問題およびガンディー
二　野口米次郎と高岡大輔の場合　333
1　野口米次郎とインド　2　高岡大輔とインド
三　キリスト教系社会活動家とガンディー　350
1　高良富子とインドおよびガンディー　2　賀川豊彦の活動
3　世界の中の賀川豊彦　4　賀川豊彦とインドおよびガンディー
むすびにかえて　374
あとがき　391
参考文献　395

はじめに

ガンディー（Mohandas Karamchand Gandhi, 1869-1948）は一九四八年に凶弾に倒れるまで、極めて多岐、多様にわたる活動を展開した。こうした人物を一体どのように位置づければいいのだろうか。何より先ず、およそ二〇〇年ものあいだ植民地としてさまざまな搾取を受けてきたインドの政治的独立を勝ち取ることが彼の重要な目標であったことは疑いない。しかし同時に、インド社会が抱えてきた多くの社会的な問題、例えば厳格なカースト区分、就中不可触民として社会の最底辺に位置づけられ差別されてきた人々の実態、抑圧された女性の地位、さらに（これには宗主国イギリスによる社会的分断政策が大きく関わるが）しばしば大規模な衝突事件にまで発展したヒンドゥーとムスリムの関係などをいかに解決するかにも、彼は政治運動に劣らぬ努力を注いだ。また都市以上に農村やそこでの農民の生活状況に関心をもったガンディーは、農村経済の向上を目指す農民運動家の一面を示したとも言える。その上、今日残されたまとまった著作は『ヒンド・スワラージ（インドの自治）』と『自伝』ぐらいであるが、南アフリカ時代以降発刊したいくつかの新聞に書いた数知れない社説や論説、さらにはさまざまな人々との交流の中で書いた驚くべき数の書簡、それらが収められた一〇〇巻近い論集（*Collected Works of Mahatma Gandhi*）を見ると、「文筆家ガンディー」というイメージさえ浮かんでくる。

本書執筆の動機は、そうした多岐にわたる分野で活動したガンディーが、その過程で出会ったインド内外のさまざまな人たちの中から何人かを取り上げ、彼らとの交流のあり方を辿ることによって、ガンディーの独自の側面、あるいはその本音に少しでも接近出来ないかとの思いである。その場合、何人かについては先にふれた多数の書簡を重要な手掛かりとして用いた。

なお、「ガンディー」という名前であるが、グジャラーティー語で正確に表記するなら「ガーンディー」としなければならないところであるが、本書では日本における慣習的な表記に従って「ガンディー」を用いることにした。その語源についてひとこと付け加えておくと、元々は「匂い」を意味するgandh（ガンドゥ）に由来する。そこからgandhi（ガーンディー）とはそうした匂い物を扱う商人を指し、現在のグジャラーティー語では食糧雑貨商あるいは薬剤師を意味する。ガンディー自身もバニアー（商人）・カーストの出身であり、その『自伝』の第一部の劈頭で、「以前ガンディー家は、香辛料（gandhiyana）の商売をしていたようである。しかし私の祖父からはじめて三代にわたり、（藩王国の）行政に携わってきた」と記している。(1)

本文中で書簡の引用に当たっては、敬語など表現の煩わしさを避けるため、すべて「である」調とした。但し「補論」での日本人書簡についてはほぼ原文のまま用いた。

注

（1）M. K. Gandhi, *Satyana Prayogo athva Atmakatha*, Navajivan Prakashan Mandir, Amdavad, 1969 (1st edition in 1927), p. 3; 邦訳『ガーンディー自叙伝――真理へと近づくさまざまな実験』（田中敏雄訳）、平凡社（東洋文庫六七一）、二〇〇〇年、二八ページ。

第1章 ネルーとガンディーの対話 ——交換書簡を通じて

はじめに

一九六四年五月二七日にインド初代首相ネルー（Jawaharlal Nehru, 1889-1964）が病死してから、（二〇一六年で）半世紀以上過ぎたことになる。彼の死亡した当時切り抜いた日本の新聞を見ると、数日間各紙とも葬儀の模様やネルー亡き後のインドやアジアの状況に関する論説・解説に何ページも費やしている。晩年のインド国内、またＡＡ諸国内における指導力の低下を指摘する記事も目立つが、戦後の日本社会に見られたネルーへの関心・評価の高さが伝わってくる。

ところで戦後の日本人にとってネルーは、新興国インドの最高指導者、国際的には一時代を画した非同盟運動の代表的牽引者としてだけでなく、インドの政治はもとより社会や文化を文章によって伝えてくれる思想家でもあった。反英運動の終盤に獄中で書かれた主著 *The Discovery of India*（原著初版一九四六年）は一九五〇年代に邦訳（『インドの発見』、辻直四郎・飯塚浩二・蝋山芳郎訳、岩波書店、全二巻、一九五三～五六年）が出版され、ネルー存命中に刷りを重ねた。最も激しい闘争過程にあった一九三〇年代にやはり獄中で執筆された*An Autobiography*（原著初版一九三六年）は、早くも一九四三年に邦訳『ネール自叙伝』（竹村和夫・伊与木茂美訳、全二巻、国際日本協会）が出版され、戦後の一九五五年には『ネール自伝』、（磯野勇三訳、平凡社、全二巻、のちに一九六一年、立明社、全三巻）が出ている。[1] インド人のみならず世界のさまざまな友人・知人との間の書簡を集めた*A Bunch of Old Letters*（原著初版一九五八年）は『忘れ得ぬ手紙より』としてその第一巻が一九六一年に出て、訳者（森本達雄）から直接ネルーに手渡された（邦訳第三巻「訳者あとがき」）が、最終巻の出版は一九六五年であった。娘インディラーに獄中から独自の世界史を綴って送った書簡*Glimpses of World History*の邦訳『父が子に語る世界歴史』（大山聰訳、みすず書房、全六巻、一九六五～六六年）は残念ながらネルーの死後に出版された。[1]

日本人によるネルー伝記・研究にふれておこう。ネルー存命中に出た伝記として坂本徳松『ネール――人間・思想・政策』（日本出版協同、一九五二年）がある。坂本は子供向けに『ネール――平和と独立の指導者』（岩崎書店、一九五八年）も書いている。ネルー死後の最初のものは木村毅『ネール――独立と人類愛に生きた生涯』（旺文社、一九六五年）かと思われる。一九六六年に出版された中村平治『ネルー・人と思想』（清水書院）は新書版ながら、ネルーの政治家としての側面はもちろん、彼の社会・文化観および歴史論にもそれぞれ一章を割いて記述しているのが新鮮な印象を与えた。その後、ネルーに関する特定テーマの論文はいくつか書かれるが、まとまった伝記・研究書は出ていない。

前置きが長くなったが、本章ではネルーの文章の中でも特に書簡に焦点を当て、長い民族解放運動の中でとりわけ身近でともに行動したM・K・マハートマー・ガンディーとの間で交わされた書簡に依りながら二人の関係を改めて振り返ってみたい。書簡に絞ったのは、公的な場での発言とは異なり両者の細やかな、時には赤裸々な感情の表明が見られることに注目したからである。特に直面する状況に関する評価がかみ合わなかったり、衝突した時の両者の言葉のやりとりからは重々しい苦悩や張りつめた緊張感が伝わってくるようである。

一　最初の反発

数年前、彼らの間で交わされた書簡を二人のインド人女性がまとめ、『彼らはともに戦った』[2]と題する大部な書物として出版した。実は彼らの書簡はすでに著作集にほとんど収められ、またガンディーの晩年の秘書ピャーレーラールによる記録『マハートマー・ガンディー――最後の局面』[4]の各所で二人の書簡に言及されている。先にふれたようにネルーが多くの著述を残しているのに対し、ガンディーの場合まとまった著作は数少ないものの驚くほど精力的に書簡を書いた。同じ日に同一人物に対して三、四通の書簡を出すこともまれではなく、彼の著作集に収められた書簡の数は（電報は除いても）二万通はくだらない。最近出版された上述の書簡集の特色は、合計四七九通の書簡（電報七五通、短い手記五通を含む）を年代順に並べ、返信がある場合はそれもすぐあとに配置しているので二人の考え方やその変化を辿るのに大変便利なことであろう。詳細な脚注も、それが書かれた状況を知る上で有用である。ただ四七九という数字は必ずしも両者間の全書簡数と言うわけではなく、著作集にあってこの書簡集にないものもあり、また書簡中に「〇月〇日の書簡」「先だっての書簡」とあるものについても「入手不能（Not available）」という脚注が付されているものがあって、散逸した書簡も相当あることが分かる。

ネルーが法廷弁護士の資格を得て七年ぶりに帰国したのは一九一二年である。当時のインドは一九〇五〜〇八年のベンガル分割反対闘争が終焉し、インド国民会議派（以下、会議派）内の穏健派と呼ばれる勢力が主導権を握っており、ネルーはその状況に満足していなかったことが『自伝』から知れる。しかし世界大戦勃発後の一九一六年には急進派が復帰し、同年の会議派ラクナウー大会では歴史的なムスリム連盟との提携（ラクナウー協定）が成立した。『自伝』によれば、ネルーがガンディーと初めて会ったのはその大会のころだったという。当時ネルーの目にはガンディーは未だ、南アフリカにおけるインド人労働者救済の英雄というイメージが強く、会議派を含めてインド政治に余り関心のない人物として印象づけられたようである。しかし一九一九年のアムリトサル虐殺事件やローラット法案への反対を掲げる非暴力的不服従運動（サティヤーグラハ運動）がガンディーによって開始されると、ネルーは直ちにこれに参加している。この時期ネルーはガンディーに対して、活動の中心だった連合州（ほぼ現在のウッタル・プラデーシュ州）での不服従運動や労働者のストライキに関する電報二通（一九二一年五月九日、一七日付）と、同州での農民運動や労働運動に対する当局の抑圧状況、および同州でのスワデーシー（国産品奨励）運動に関する二つの短信（一九二一年八月、一一月。これら短信は上記アイヤンガールたちの書簡集にはない）を送っている。ネルーは一一月の短信で、運動の非暴力性を強調し、チャルカー（手紡ぎ器）とスワデーシーがイギリスの支配を終止せしめる唯一の手段であると強く主張しており、当時ネルーがガンディーの思想に深く共鳴していたことが分かる。

ネルーは同年一二月にイギリス皇太子訪印ボイコットなどの廉で最初の入獄を経験するが、獄中でガンディーの対応に初めて疑問を感じる。サティヤーグラハ運動が全国的に高まっていた一九二二年二月四日、連合州の小村チャウリー・チャウラーで抗議デモを行っていた農民たちが警官隊の発砲に反発して、警官たちが逃げ込んだ警察署に火を放って二二人の警官が焼死するという事件が起こった。この「暴力」に対して、ガンディーは直ちに会議派運営委員会（Congress Working Committee＝CWC）を召集して運動の停止を決定した。獄中にあったネルーら若い活動家たちは、反英運動の気運が高まるこの時点での停止命令に強い反感を示した。彼は当時の自らの反応について『自伝』に次のように記している。

チャウリー・チャウラー事件後われわれの運動が唐突に停止されたことは、ほとんどすべての主だった会議派指導者――もちろんガンディージー以外の――を憤慨させたと思う。私の父［モーティーラール］はそれに痛く困惑した。より若い人々は当然ながらいっそう困惑した。…何よりもわれわれを悩ませたのは、この停止令に付された理由とそれに付随する結果であった。チャウリー・チャウラーは嘆かわしい事件であり、非暴力運動の精神に反するかも知れない。しかし、ある遠くの村の一群の昂奮した農民がわれわれの解放闘争を――少なくともある期間――終わらせるものなのか？　もしこれがある散発的な暴力的行動の不可避的な結果であるなら、非暴力闘争の哲学と技術に確実に何かが欠けているということだろう。何故ならそうしたある不運な出来事に対処する保障は不可能だと思えるからである。われわれが前進する前に、三億に及ぶインド人に非暴力的行動の理論と実践の訓練を施さねばならないのだろうか？　たとえそうでも、警官

からの極端な挑発に完全に平穏でいられるかどうか言える者が、われわれの中に何人いるだろうか？(5)

事件の十数年後に書かれたこの『自伝』の時点では、ネルーは一九三〇年三月の「塩の行進」で始まる第二次サティヤーグラハ運動を経験している。従って上の文章に続けて、一九二一〜二二年には一九三〇年代の運動と比べると強力な組織と規律を欠き、指導部のほとんどが投獄されてしかも大衆は運動を遂行する訓練をほとんど受けていなかったという状況を反省しつつ、次のように書いている。つまり、一九二二年に運動があれ以上進めば散発的暴力が各地で起こり、血腥い政府の鎮圧と引き続く恐怖政治が完全に人々の士気を奪ってしまうことなどが「(運動を中止させた) 理由としてガンディーの念頭にあり、彼の前提や非暴力の手段で運動を遂行する妥当性を考えれば彼の決定は正しかった」(6)と。実はネルーは『自伝』ではふれていないが、一九二二年の事件後獄中の活動家たちが運動停止に不満を募らせるのを憂慮したガンディーが獄中のネルー宛に（妹のヴィジャエラクシュミーを通じて）書簡を送っている。これは今日われわれが見るガンディーからの最初の書簡かと思われる。ガンディーはその中で、各地から届く規律を無視した民衆の好戦的な動きを伝え、暴力的気運が広がる所に「チャウリー・チャウラー事件のニュースが火薬に点火する強力なマッチのように飛び込んできた」とし、もしそのまま停止されなければ本質的に暴力闘争を導いただろうと説明している。そして自らの南アフリカでの投獄経験に照らして、獄中の人間は外での出来事を正確に掌握できず、牢獄から運動を指導することは不可能だとして、「外界のことは頭から完全に追い払い、その存在を無視せよ」と説いた。その上で、獄中ではチャルカーとヒンドゥー教の聖典『バガヴァッド・ギーター』（*Bhagavad*

Gita)』に集中するよう勧めている。(7) 最後の部分をネルーがどう受け取ったかは不明であるが、国内状況に関するガンディーの説得はネルーにそれなりの影響をもたらしたようである。

二　ネルーの政治主導性とガンディー

一九二七〜二九年という時期は、反英運動におけるネルーの位置が確固たるものとなる重要な画期となった。一九二六年三月に妻カマラーの病気療養のため随伴してヨーロッパに渡ったネルーは、翌年ブリュッセルで開催された被抑圧諸民族会議に会議派代表として参加しそこで結成された反帝国主義連盟の執行委員に選ばれたり、同年一一月のロシア革命十周年記念にも招かれたりし、新しいヨーロッパの政情を肌で感じとった。このころイギリスは第一次世界大戦後に制定したインド統治法（一九一九年法）――イギリスはこれを「インド憲法」と称した――の一〇年後改定を前に、一九二七年一一月にその準備のための法定委員会を任命した。しかし、委員長の名を冠してサイモン委員会と呼ばれるこの機関は、インドの政治的将来に関わるものであるにもかかわらず、白人のみで構成されたことがインド人の激しい反発を喚んだ。同年一二月の会議派マドラス（現在チェンナイ）大会において、党の書記長に選出されたネルーは進歩的な若手活動家の先頭に立って活発な動きを見せるが、最も顕著なのは「会議派の名においてインド人民の目標は完全な民族の独立であると宣言する」という完全独立決議案を提起したことであろう。しかも彼が採択を望む目標は「遠い将来の目標ではなく直ちに実現されるべきものである」ことを強調している。(8) 穏健なグループが目標とした「自治領の地位」――彼の父モーティーラールもこれを支持し、翌年八月に発表される「ネルー報告」で正式にこれを提起する――に対抗して一九二〇年代に若い急進派を中心に完全独立の要求が次第に強まっており、ネルーのこの決議案はそれを代弁したものである。同案は決議として採択されるが、この大会に欠席していたガンディーの反対もあり、結局会議派として正式に「完全独立」を党の目標として掲げるには、ネルー自身が議長を務める一九二九年のラーホール大会まで待たねばならなかった。

この時期一九二八年に二人が交換した書簡がある。両方とも療養のためスイスに残ったカマラーの状態を思いやる内容であるが、政治状況に関してはここでもかなりの食い違いが見られる。一月にネルーに宛てたガンディーの書簡は、「私は自分が書かねばならないと感じている時にペンを抑制することは出来ない」という文章で始まる。これは前月の会議派大会で採択された数々の決議、例えば完全独立、サイモン委員会のボイコット、戦争の危機、中国の状況、反帝国主義連盟、憲法草案作成に関する諸決議にネルーが主導的役割を果たしたことが承服できないため、ガンディーはやむなくペンを執ったことを意味する。続けてガンディーは「君は余りに早く進みすぎる。君はよく考え順応する時間を取るべきであった。君が立案した決議のほとんどはもう一年遅らせることが出来た」と述べ、今ネルーが果たすべき義務は規律ある党を築き上げること、数ある決議の中でヒンドゥー・ムスリムの融和・結束、「重要だが二義的なサイモン委員会ボイコット」に全エネルギーを注ぐことであると説いた(9)。しかもガンディーは自らが主宰する『ヤング・インディア』紙に「国民会議派」と題するマドラス大会批判の論説を掲載している。文章の後半で、最近会議派内で不規律が見られ、「無責任な議論や行動が今日の傾向」となっていて、マドラス大会での「(完全)独立決議」などは「早まって立案され、無思慮に採決された」と断じた。更にこれらを論議した会議派議題委員会や会議派全国委員会（All-India Congress Committee ＝ＡＩＣＣ）は「学校生徒の弁論クラブのレベルに落ちた」ものとさえ酷評している。(10)

これに対してネルーもさすがに憤慨したようで、一週間後かなり激越な内容の長文の書簡をガンディーに送った。初めにガンディーの会議派大会決議に対する批判に非常に困惑しており、「私には全く不当と思える言葉をあなたが用いているのを見るのはよりいっそう私を呆れさせる」とその不満をぶつける。そしてガンディーは「一般的な言葉で議題委員会やいくつかの決議を難詰」しているが、それは会議に出席しないで少数の人々の印象に基づいて判断しているに過ぎず、「伝聞証拠に基づく判断は常に危険であることを指摘したい」と逆に諫めている。特にガンディーが「早まって立案された」と批判する完全独立決議は実際には国内で過去何年にもわたって論議されてきたし、「無思慮に採択された」というのも議題委員会が何時間もかけて討議した現実を無視するものであり、ほとんど全会一致で採択されたこの決議に賛成した委員会および会議派の党員はすべて「無思慮」であったのかと厳しい反論を突きつけた。完全独立に対して主張される自治領の地位という目標については、「そうした見解そのものが私の息を詰まらせ首を絞める」とまで述べて改めてこれを拒否した。ガンディーが会議派党員を「学校生徒の弁論クラブのレベル」と評したのに対しては、「あなたは一人の怒る教師のようにわれわれを難詰するが、その教師はわれわれを導いたり教訓を与えたりせず、ただ折々われわれのやり方の間違いを指摘するのみである」と応じている。

この書簡でネルーは当面の会議派大会に関してのみならず、ガンディーの基本的な考え方にまで筆を及ぼしている。自分が、インドを勝利と独立に導き得る指導者としていかにガンディーを熱烈に賛美し信じているかを繰り返し述べつつも、彼の著作、例えば西洋文明の徹底批判を含む一九〇九年の『ヒンド・スワラージ（インドの自治）』には全く賛同できないことも隠さない。またガンディーがカーディー（手織綿布）運動が急速に広がれば政治上の活動にも展望が開けると説いてきたことについても、

あり得ないことを成就させるあなたの驚くべき能力への信仰がわれわれを期待する気分に浸してきた。しかし私のような非宗教的人間にはそうした信仰は頼るには弱い葦であり、もしわれわれはカーディーがインドで一般化するまで独立を待つべきだとするなら、「グリーク・カレンズ（the Greek Calends）」まで（「無期限に」の意）待たねばならないだろうと私は考え始めている。…われわれのカーディー活動はほとんど完全に政治から離脱しており、カーディー生産者は自分の限られた分野以外に関わらない精神力を発達させる。それは彼等の仕事にとっては良いことだが、政治の分野で彼らから望み得ることはほとんどない。

と、ガンディーの重要な理念・活動に対して大胆な批判を展開している。[11] ネルーからすれば、西洋文明の欠陥のみを攻撃し、インドは西洋から何等学ぶべきものがないほど過去に英知の頂点に達したとするガンディーの議論は承服できず、彼がしばしば口にする「ラーマ・ラージ（Ram Raj、ラーマ王の統治）」つまり過去における良き統治という考え方への不信感がここに示されている。『ヒンド・スワラージ』に関するネルーの疑問はかなり強かったようで、のちにもガンディーへの書簡その他でこれを論じており、それについては後にふれよう。書簡の末尾でネルーは、ガンディーが半封建的ザ

ミーンダール（地主）制や労働者と消費者の資本主義的搾取に反対していないと指摘しているが、階級や階級闘争に関する二人の姿勢は終始接近せず、この後もしばしば書簡の中で論議される。

ガンディーはこれに対し二通の返書を送っているが、ネルーの書簡からかなりの衝撃を受けたことが感じられる。最初の書簡（一月一五日付）の内容は、ネルーの一月一一日付書簡への評価と、会議派大会出席のためマドラスに来て交通事故で入院しているイギリス独立労働党指導者ブロックウェイ（Fenner Brockway, 1888-1988）の病状の確認である。二日後の第二信では自分が会議派の委員会について述べたことにふれ、これまでも無責任で早まった論議や行動があった時は常に同様に発言しており、決してネルーが考えるような誤りではないのだと主張する。次いである種の悲痛さを感じさせる文章が続く。

君が私と私の見解に対して公然たる戦いを行わねばならないことは私には明確に分かる。何故なら、もし私が間違っているなら明らかに国に対して癒し難い害を加えているのだし、それを知った君は私への反抗に起ち上がるのは君の義務だからである。

…君と私の間の相違は余りに広く極端に思えるので、われわれの間には交差する場がないようだ。常にこれほど勇敢で誠実、有能で廉直であった君のような同志を失うという悲しみを私は君に隠すことは出来ない。しかし大義に報ずるには同志関係も犠牲にされねばならない(12)。

これに対するネルーの返書（一月二三日付）も苦悩を滲ませている。その劈頭で、ガンディーの手紙が「衝撃であり、読むのが苦痛で」あり、しかも「非情な論理をもって私には可能と思われない事態を考えておられる」と難じつつ、同時にガンディーへの変わらぬ尊敬と愛情を披瀝する。ネルーが

「公然たる反抗」を行おうとしているとの指摘に対して、自分はそのいかなる可能性も考えていないと否定し、その胸中を次のように語っている。

確かに私は私たちの間の見解の相違——しかも根本的なものかも知れない——について、またあなたの同意を得られない特定の事柄に関して私のやり方で行動することについて考えたことがある。しかし、たとえあなたに異議があっても、私が心の中で明確に確信しているなら、私が自分の線を進むことをきっとあなたも望んでおられると感じていた。たとえある点について衝突の可能性があっても、共有できる行動の場がかなりある他の多くの点にまでこの相違や衝突が拡大する必要は絶対にないものと思われる。…何が起こるにせよ、あなたへの私の深い尊敬と愛情を変えたり減じさせたりすることは出来ないと私が保証する必要があるだろうか。その尊敬や愛情は確かに個人的なものであるが、それ以上のものである。…私は多くのことをあなたと語り合いたい。あなたと話をした後で現在の私の見解の多くを変えるか変えないかは言えない。私は自分の心や物の見方が頑なでないことを望み、あなたによって納得させられるなら、それは私には最も喜ばしいことである。

終わりの部分でネルーは、最近多くの新聞が彼の演説を伝えて「ネルーがガンディーを攻撃している」という記事を出したことにふれ、彼の言葉がしばしば（特にヒンディーで語ったものが英語で報道される場合）新聞は誤って伝えることがあるから、新聞記事のすべてをそのままには受け取らないでほしいと訴えている。(13)

三　不服従運動とネルー、ガンディー

翌一九二九年、ネルーは会議派ラーホール大会の議長に選出されるが、この時ガンディーはネルーの議長就任を推薦している。議長を中心とする会議派の中枢でもある会議派運営委員会（ＣＷＣ）の構成についても、彼は一一月一八日付でその草案をネルーに送っている。一二月二九日、初めて会議派議長として壇上に立ったネルーはその演説で「私は社会主義者である」「インドは社会主義の道を進むべき」と述べ、熱烈に階級闘争の意義を語っている。従ってここでも直接、間接にガンディーの思想への批判を見て取ることが出来る。議長演説では特に農民・労働者問題の重要性を指摘し、

われわれは実際にはわが国全体の大義と同じである彼らの大義を支持することによって、彼らをわれわれの側に勝ち取ることが出来る。…会議派は資本と労働、地主と小作の間の平衡を保たねばならないと言われる。しかしこの平衡は以前も今も極端に一方に偏っており、不正と搾取を維持するものになっている。これを正す唯一の道は、ある一つの階級による他の階級の支配を排除することである。

との自説を表明した。ただ植民地下という状況、また現実の会議派の構成（つまり党員として地主や資本家が強い発言力を有する）では完全な社会主義的綱領を採るのは不可能であるとしつつも、社会主義の哲学が全社会に徐々に浸透していることは事実で、問題はその実現に向かう前進のペースと手段であると訴えた。従って会議派としては今日非常に早く進むことは出来ないにせよ、究極の理想を念頭

1931年1月、ガンディー釈放後にアフマダーバードに集まった会議派指導部。左からヴァッラブバーイー・パテール、（一人おいて）M.デサーイー、ガンディー、S.C.ボース、ラージャージー、J.バジャージ、右端がネルー。

に置いて活動すべきで、問題を賃金や雇用者と地主によって施される慈悲に止めてはいけない。企業や土地問題における温情主義では悪は根絶できず、「ある人たちが主張する新たな被信託者論（theory of trusteeship）も同様に不毛である」と断じた。「被信託者論」とは資本家、地主あるいは金持ちを神の信託を受けたものとしてその良心に期待する考えで、「ある人たち」にはガンディーも含まれていると見るべきであろう。続けてネルーは目標達成のための手段に言及し、「非暴力の偉大なる使徒（ガンディー）自身も、怯懦から戦いを拒否するよりは戦う方がよいとわれわれに語った」として、隷従から脱するための暴力的手段の可能性を示唆しつつも、最終的には会議派は平和的大衆運動の道を選択するものと宣言した(14)。このラーホール大会で完全独立決議が正式に採択されたことは前にふれた。そのあと、大会は更にイギリスがこの要求を受け入れなければ大規模な不服従運動を開始すると宣言した。

一方ガンディーは、こういう時にもイギリス側との交渉の道を閉ざしていない。すなわち一九三〇年一月に彼はインド総督に対して、「独立の内容」として「一一項目の要求」を提起した。その内容には全面禁酒、塩税廃止、高級官僚の給与引き下げ、軍事費の漸次引き下げ、外国製衣料に対する保護関税、沿岸貿易関税留保法の制定、諜報機関（ＣＩＤ）の廃止、地税の五〇％引き下げ等が含まれていた。総督がこれらの要求を満足させるなら、大衆的不服従運動を止めてもよいとの条件も付けられた。これが発表されたあと、ネルーは二月三日付のガンディーへの書簡で、それが独立どころか自治領の地位にさえ届かないではないかと強い不信感を表明した。ガンディーのこれへの反応は極めて素っ気なく、ネルーは一一項目の重要性を見落としており、それが自分たちの立場を強化するものとして満足するよう望むとだけ記した。(15) ネルーはなおも抗議するが、これを「独立の本質」と譲らないガンディーによって振り切られた。

しかし、ネルーが予測した通りイギリス側はこれらの要求を拒否し、結局同年三月にガンディーの指導下で有名な「塩の行進」に始まる第二次非暴力的不服従運動が全国的な規模で展開された。この時ネルー、次いでガンディーも逮捕・投獄されたが、イギリスはロンドンにおける英印円卓会議――同年の第一回会議には会議派は参加を拒否――への会議派の参加を画して取引する戦術を採った。ガンディーはこれを受け、一九三一年三月に総督アーウィンとの間で成立した協定（デリー協定）の結果、不服従運動を一時停止し新統治法に関する論議に加わるため第二回会議に出席することとなる（この間、二月にネルーの父モーティーラールが病死）。しかしさまざまな利害や思想の立場に立つインド人代表数十人の意見は特に選挙制度をめぐって分裂し、会議派代表としてその内の一人に過ぎないガンディーの声はほとんど影響力を持たなかった。ガンディーもインド人代表間の見解の不一致を繰り返し本国へ伝えた。本国にあってネルーは強い苛立ちと恐らく皮肉をも込めてロンドンのガンディーに書簡を送っている。

あなたがイギリス政府や他の人々を、肝心な原則に関わる問題を議論するように同意させられないのを不満に思う。あなたが正しく私が間違っているのだろうが、同じ顔ぶれの年寄り連中がコミュナル問題（宗教別分離選挙制度）についての使い古されたおなじみの言い回しを繰り返し、あなたこの無意味さにじっと耐えている様子を読むと、あなたの忍耐力に驚いてしまう。この雑多な連中と議論しまた議論し続けるあなたは何と素晴らしいことか。(16)

会議は最終的に何らの結論にも達せず決裂しガンディーは一二月末に帰国するが、翌年一月四日に逮捕されて一九三三年五月初旬までの一年半をプネー市郊外のヤルヴァダー（イェラヴダー）中央刑務所で過ごすことになる。

そのころからガンディーは自ら「建設的綱領（Constructive Programme）」と名付ける社会改革的活動の一環としてハリジャン（不可蝕民カースト、被抑圧カースト）の地位向上、差別廃止の運動に重点を置き始めていた。獄中にあった同年二月に『ハリジャン』という英文週刊紙を獄外の同志によって発刊させている。差別を許してきた自らを含むカースト・ヒンドゥー（ハリジャン以外のヒンドゥー）の罪を浄化するという目的で断食を開始するが、その日に釈放された。当時ネルーも別の刑務所に収容されているが、恐らくその断食を思い止まらせようとして送ったと思われる書簡（書簡自体は残っていない）への返答と、それに対するネルーの反論があり、そこにはハリジャン問題や宗教に関する両者の立場の相違が明瞭に見られる。五月二日付書簡でガンディーは、断食を止めるようにとの忠告は無用であると斥けたあと、次のように続ける。

それ（断食）が絶対に必要だと君が理解してくれたと思えたらどんなにいいだろう。ハリジャン運動は単なる知的努力が及ばないほど大きなものである。世界でこれ（不可蝕民差別――引用者）ほど悪いものはない。それでも私は宗教、従ってまたヒンドゥー教を棄てることは出来ない。ハリンドゥー教がなければ、私の人生はただの負担に過ぎない。私はヒンドゥー教を通じて、キリスト教、イスラームその他すべての信仰を愛する。それを取ってしまえば私には何物も残らない。それでも不可蝕民差別を伴うそれ（ヒンドゥー教）には耐えられない。幸いにヒンドゥー教は悪に対する卓越した救済手段を持っている。私が断食を切り抜ければよく、また生きようとする努力にかかわらず肉体が消滅してもよいと君が思ってくれればと思う。…疑いもなく死はすべての努力の終わりではない(17)。

ここに言う「ヒンドゥー教の救済手段」とは恐らく贖罪、つまりこの場合は罪の浄化を目指す断食を指しているかと思われる。これに対してネルーは電報と書簡（五月五日付）を送っている。電報では、「あなたが唯一の目印である見知らぬ国に迷い込んだ気持であり、暗闇で自分の道を手探りしようとしてもつまずくのみである」と、自らの暗鬱な気持を伝えているが、一方の書簡ではガンディーの考え方への痛烈な反論を試みている。初めに、宗教が自分にとって親密な問題ではなく、歳とともに確実にそれから離れていくと述べ、「宗教は私には情緒と感傷に導くものに思えるし、またそれ以上に当てにならない指標である」としてガンディーの宗教観を完全に否定する。ハリジャン問題に関しては、それは大いに悪いものであることを認めつつもガンディーとは異なる視点を示す。

世界にそれほど悪いものはないと言うのは正しくないかと思える。それと同様に悪い、またそれ以上に悪い多くのものを指摘できると思う。世界中にはさまざまな形態の同様なハリジャン問題がある。それは特別な原因の結果ではないのか。確実にそれは単なる無知と悪意以上の何かによるものである。これらの諸因を排除したり、あるいはその作用を無効化することが問題の根源に対応する唯一の道であるように思える[18]。

ネルーはこの問題について同書簡でそれ以上論じていないが、明らかにガンディーの方法が根本的な問題解決に繋がらないことを指摘していると言えよう。

同様な両者の見解の相違は貧困や階級問題に関しても見られる。一九三三年九月のガンディー宛書簡は、一九三一年の会議派カラーチー大会においてネルーが草稿して採択された「基本的権利と経済的変化」にふれつつ、一般大衆の生活向上の緊急性を訴えたものである。大衆の状況を向上させ、彼らを経済的に引き上げ彼らに自由を与えるためには、「インドにおける既得権益がその特別な地位とその特権の多くを放棄することが不可避」であるとし、その最大のものであるイギリス政府、インドの諸藩王そして地主などの利害を大衆に利するよう改めるところに独立達成の目的があると説いている。更に独立に関わるもう一つの問題として、ネルーはそれが現実の国際問題と不可分である点も強調する[19]。これに対する返書で、既得権益の実質的な改変なくして大衆の状況の向上はあり得ないというネルーの議論に誠心誠意賛同するとしつつも、「手段の純粋さ」に重点を置くガンディーは強制を否定し、「われわれがわれわれの手段の無害さを示すことさえ出来れば、藩王、地主あるいはその存在を大衆の搾取に依存している者もわれわれを恐れたり不信を懐いたりすることはないだろう」として、あくまで「彼らを改宗させる」ことが長いが最も近い道であると主張している[20]。これは「心の変化（hriday parivartan）」論として知られるガンディーの固執する特異な議論である。

四　会議派組織の危機とネルー、ガンディー

一九三四年四月にガンディーは、一九三〇年三月に始まってその後途切れ途切れになっていたサティヤーグラハ運動を停止するという声明を自らの名で出し、それは五月のＡＩＣＣで決定された。彼は八獄中で手にし得た新聞報道でこれを知ったネルーにとっては青天の霹靂以上の驚きだった。彼は八月付の長文のガンディー宛書簡で「今まで受けた最大のショック」と述べ、「何かが自分の内で破裂したような突然の強烈な感覚」に襲われ、「無人島に置き去りにされたような絶対的孤独を感じる」[21]とまで表現している。

『自伝』（初版一九三六年）で述べているように、ネルーにとって「人生はすべてが論理ではなく、目的はそれに適応すべく時に変えられるべきだが、しかしある目的は常に明確に思い描かれねばならない」ものであった。あるいはガンディーは何等かの目標を持っているかも知れないとしてネルーが取り上げるのが、前にもふれた『ヒンド・スワラージ』（一九〇九年）である。「未だ古い著作が彼の見解を代弁しているかどうか私は知らない」としつつも、西洋文明を否定する彼の議論は「完全に誤った、有害な教義であり、達成不可能である」と断じ、その思想の背景には「ガンディージーの貧困、忍耐と禁欲的生活への愛と賛美」があると見なす。つまりガンディーにとって、「進歩と文明は欲求の増大やより高い生活水準にではなく、慎重で自発的な欲求の制限にあり、それが真の幸福と満足を

促進し奉仕の力を増大させる」ことになのだろうが、ネルーの立場からすればそうした「貧困や忍耐の賛美」は嫌悪の的であり、望ましいものどころかむしろ排除されるべきものでしかなかった(22)。

ここで、しばしば取り上げられるガンディーの西洋近代文明批判について一言しておこう。たしかに『ヒンド・スワラージ』では、彼は機械、鉄道、医師、弁護士など近代西洋文明の産物を厳しく排除する。しかも彼はその後も、そこに展開した自分の議論はほとんど変わっていないと繰り返して述べている。しかし一九二〇年代ころの彼の発言を見ると、彼を単純に反近代主義者と規定することへの疑問が湧く。例えば一九二五年に南インドのトリヴァンドラム（現在ティルヴァナンタプラム）の学生集会で語った言葉がある。

インドで（まして外国では）私は科学の反対者、敵だとの共通の迷信がある。その種の非難ほど真実から遠いものはない。…科学を正しく活用するなら、われわれはそれなしでは生きられないと思っている(23)。

また一九二七年にはバンガロール（現在ベンガルールー）のインド科学研究所では、

私に言えることは、諸君がここで見る巨大な実験室や実験器具が幾百万の人々の（不本意で強制的な）労働によるものでということである。諸君が大衆への思いやりを懐き続けるなら諸君は自分の教育が依存している幾百万の人々のためのその知識を活用するだろう(24)。

と若い科学者を激励している。また一九二八年には「機械の有効性(25)」という文章で、「誰も機械には反対しない。われわれが反対するのはその誤用ないし濫用である」と述べている。実際、ガンディーが全国行脚のため汽車や自動車に乗り、顕微鏡でハンセン病菌や十二指腸の細胞を観察する写真はわれわれに馴染みのものである。また彼自身シンガー・ミシンに強い関心を寄せた。彼によれば、ミシンは大衆から労働の機会を奪わずに彼らの能率を高めるし、機械（器械）の奴隷としてでなく自分の意志で操作できる、そういう機械がもしあれば農村工業推進の立場からしても決して否定し得ないということである。こうした科学および科学的精神の重視は「反近代」の姿勢とはほど遠いものと思えるが、ガンディーの言動がしばしば見る人の目に別の印象を植え付けてきたのも事実である。恐らくそこにガンディー評価の難しさがあるのかも知れない。

サティヤーグラハ運動の停止決定後、一九三四年九月にガンディーはハリジャン解放運動に専心することを理由に会議派との関係を絶つと声明し、役員はもとより一般党員（四アンナー党員）の資格をも放棄した。声明は「今後会議派への私の関心は、その諸原則の実行を遠くから眺めることに限定される」と述べているが、これはあくまで形式上の関係断絶宣言で、その後も指導部への助言をはじめ会議派組織内への隠然たる影響力を維持した。しかも一九三五年八月には改定インド統治法（一九三五年法）が制定され、独立運動は新しい段階へ踏み出そうとしていた。

二年後に州立法議会の選挙が予定され、会議派が初めて州政府に参加するかどうかという重要な課題が目前にあった。ネルーはこの年妻カマラーの病気療養に付き添ってドイツに滞在していたが、ガンディーからの要請で翌年四月の会議派ラクナウー大会の議長就任を何度か躊躇したあと受け入れ、結局本人の留守中に選挙で選出された。躊躇するネルーに一〇月初頭付で送った書簡の中でガンディーは、比較的平穏だったラーホール大会に比べてラクナウーはいろんな点でそうはいかないだろうと予言的に書いているが[26]、現実に厳しい展開となる。そのラクナウー大会を前にして二月末に療養中のカマラーがローザンヌで死去し、ネルーは三月に帰国した。

大会では自らのＣＷＣにデーウ（Narendra Dev, 1889-1956）、パトワルダン（Achyut Sitaram Patvardhan, 1905-71）、ナーラーヤン（Jayaprakash Narayan, 1902-79）という三人の社会主義者を加えているが、彼らと保守的な他の委員との関係は険悪なものであった。ネルーはその議長演説で、恐らく生涯で最も激しい調子で社会主義志向の主張を掲げ、また一九三五年統治法下での州政府参加への拒絶を訴えた。

こうしたネルーの姿勢に対する右派指導者たちの抵抗・反発は強力で、大会開催の二か月後にパテール（Vallabhbhai J. Patel, 1875-1950）、プラサード（Rajendra Prasad, 1884-1963）らＣＷＣメンバーの約半数になる七名が辞任する旨の文書（一九三六年六月二九日付）をネルー宛に送っている[27]。七人は何れもガンディーに近い人たちで、結局彼の仲介で辞表は撤回するが、代表する形でプラサードがネルー宛に書いた書簡の調子は極めて厳しい。そこには社会主義一辺倒の議長演説への批判のみならず、ネルーが自分たちを邪魔者扱いし、会議派組織を傷つけようとしているとか、性急であってはならない、もっと現実を知るべきというような激しい言葉に満ちている[28]。このあとネルーはガンディーへの書簡でＣＷＣ内の「否定しがたい抗争」について述べ、自分が退いてより同質的な委員会が成立するのが望ましいと書いている[29]。

これに対する返書でガンディーは、そうなれば会議派組織自体が麻痺するような危機をもたらすだろうとして辞任を思いとどまらせた[30]。続く七月一五日付書簡では、辞任を表明した彼らには「君のような勇気や率直さがなかった」と分析し、「彼らは君の力強さとインド人大衆や青年への君の影響力を充分に意識している。彼らは君なしではやっていけないことを知っている。だから彼らは譲歩したのだ」と書いているが、恐らくこれは真実をついた評言であろう。その次の行で「私は出来事全体を悲喜劇的事件（tragi-comedy）と見ている」と付け加えているが[31]、双方とも（三人の社会主義者を除いて）自分に極めて近い存在であったから、確かにガンディーのそのような表現も頷ける。

このあと一九三七年一〜二月に行われた州議会選挙では会議派が大勝し、七州で会議派の単独政権、二州で会議派中心の連立政権が成立した。一九三五年統治法によって州自治が約束された上での選挙であり州政府の樹立であったが、インド総督と彼の任命になる州知事の強権下で植民地支配への協力になりはしないかと懸念するネルーは当初これへの参加に否定的であった。しかし会議派内の強力な右派勢力とガンディーの説得で、彼も結局会議派の州政府参加に踏み切った。翌一九三八年の会議派ハリプラー（当時ボンベイ州）大会の議長に選出されたのは、ネルーとともに党内の急進派を代表したベンガル州出身のスバース・チャンドラ・ボース（Subhas Chandra Bose, 1897-1945）であった。ガンディーもその選出に協力した。しかしボースは翌一九三九年のトリプリ（当時中央州）大会でも議長選挙に立候補し、ガンディー推薦の候補者を破って当選して彼の不興を買った。ボースのＣＷＣは成立したものの、ガンディーの働きかけで一五名から成る委員会メンバーの内一二名が辞表を提出し、ネルーも後にこれに準じた。三月に病気のまま大会に臨んだボースは、悲痛な議長演説を読み上げたあと四月には議長を辞任した[32]。会議派にとっては従来にない異常な事態であった。

五　第二次世界大戦期のネルー、ガンディー

しかし一九三九年九月初頭のドイツによるポーランド侵攻、続く英仏の対独宣戦布告で第二次世界大戦の勃発を見ることとなり、インドの政治状況は巨大な衝撃を受けた。これ以後、戦争という最大の「暴力」を前にガンディーを中心とする会議派は大きな試練に向き合わねばならなくなった。

ガンディーは戦雲が近づく同年七月、ヒトラー宛に書簡を書き、「人類を惨めな状況に陥れる戦争を防止しうる世界で唯一の人間」と彼に呼びかけ、自分の声に耳を傾けるよう求めた(33)。この書簡はインド国内でイギリス側に没収されて宛先に届かないが、この段階では未だヒトラーへの微かな期待もあったようである。インド総督リンリスゴウは戦争勃発後直ちに、インドも自動的にイギリスとともに参戦国となったとの声明を発した。

ガンディーは九月三日にリンリスゴウの呼び出しを受けて会談に臨むが、会議派を代表するのでなく個人の資格で対応するという姿勢を崩さず、彼の言葉によれば「手ぶらで、公であれ秘密であれ何らの合意にも達せず総督公邸から戻った」。ただその席で総督に対し、「純粋に人道主義的観点から英仏に同情すると述べ(34)、これが新聞に「無条件の同情」と報道されて物議を喚んだ。

九月一四日のＣＷＣは、対独戦争は民主主義と自由・独立のためとするイギリス政府に対して、戦争目的の明確化、特にその目的がインドにいかに適用されるのかを宣言すべきとの厳しい決議を採択した。決議はインドがファシズムとナチズムを否定することは従来主張してきた通りだが、反ファシ

ズム戦争への協力は自由で民主主義的インドであって初めて可能であるとして、独立の即時容認をイギリスに求めた[35]。会議派が英仏側に道義的支持を与えるべきとの姿勢を維持するガンディーは翌日、「何であれイギリスに与えられる支持は無条件に与えられるべきと考えるのが私一人だけと知って残念である」と新聞への声明で語った[36]。独立の即時容認をイギリスが拒否したため、会議派はこれに対して抗議し、インドを戦争と関わらしめないことを表明するため各会議派州政府に自発的辞職を指令した[37]。

ガンディーとネルーの交換書簡にも、考えの相違をめぐる両者の苦悩が強く読み取れる。恐らくCWCの厳しい姿勢を念頭に置いてだろうか、一〇月に書かれたネルーへの書簡では、「君の私への愛情や敬意は減じていないのにわれわれの間の見解の相違は最も明白になりつつある。恐らくわれわれの歴史の上で最も危機的な時期に、最も重要な問題に関して私は強い見解を懐いている。君もまたそれらに関する強い、しかし私とは異なる見解を持っているのを知っている」と書き、今は大衆とも会議派活動家とも直接接触できないと嘆いている[38]。

ネルーもこれに対して、基本的ないくつかの点で二人が異なっていることを認めつつも、自分もそれなりの内的角逐を経て今に至っているので、自分でもどうしようもないのだと答えた。ガンディーは一〇月三〇日に「次への一歩」と題する論説を書き、イギリスは会議派がその戦争遂行に協力出来ない状況を作り出したのは事実だが、会議派は彼らの戦争遂行に関してこれを妨げてはならないし、自分としてはサティヤーグラハ（市民的不服従）運動を急いで進めることはないと考えているとの立場を表明した[39]。新聞発表と同じ日付のネルーへの書簡でも、現在そうした運動を行う雰囲気はないと繰り返した。これに不満なネルーは当時の会議派議長プラサードへの書簡で、総督が対話を続ける限り市民的不服従運動を行うことは出来ないとするガンディーの言葉は「不幸なこと」と述懐している。[40]

一九四〇年一月一〇日に総督リンリスゴウは、イギリス政府の「インドに関する目標」は「完全な自治領の地位（Dominion Status）」であると改めて語った。[41]その演説はガンディーを動かしたようで二月五日に総督と会見するが、こうした動きに対して「自治領の地位」の曖昧さを糾弾するネルーの態度は強硬であった。一月二四日付のガンディーへの書簡で、今時の戦争が「両者とも純粋に帝国主義的思惑」に立つものであることを強調し、「帝国主義戦争にわれわれが道義的支持を与えるべき理由が分からない」とガンディーの立場を批判する。また総督の声明についても、「状況の圧力からインドに関して何等かの曖昧な宣言がなされるけれども、帝国主義は基本的に続くし、そのための戦争も遂行され続けるだろう」と切り捨てる。[42]

ネルーは二月四日付の長文の書簡でもガンディーの対応に強い疑問を呈している。書簡は一例としてインド統治法改正による州議会の権限制限を挙げ、現実に起こっているすべてがインド（会議派）の立場をイギリス政府が受け入れる希望は全くないことを示していると訴えたあと、「（相手に対して）決してドアを閉め切らない」ガンディーの手段に「いつもの同じゲーム」を演ずるだけだと否定的評価をし、会議派が示した条件以外ではいかなる妥協もあり得ないと釘を刺している。[43]

ガンディーはこれに対して二月一七日付で「いつものゲーム？」と題する反論を書いている。その中で彼はネルーの言葉を「警告」として受け止めつつも、ほんの些少な根拠でもあれば希望を失わず、敵対者の中に最良のものを呼び起こして彼を改宗させることがサティヤーグラハ活動家の義務である

との自らの固い信念を述べ、交渉の可能性に期待を繋いでいる。(44)

しかし、同時にガンディーはこの時期、会議派党員が厳密に規律を遵守し建設的綱領を実行していると見極めた時は、市民的不服従運動宣言の責任を引き受けるとの態度も表明していた。一九四〇年三月の会議派ラームガル（ビハール州）大会では、帝国主義戦争への協力の拒否、完全独立とインド人による憲法制定会議を通じての憲法制定を求めて、ガンディー指導下で市民的不服従運動を展開する方針が確認された。(45)同じ三月にラーホールで大会を開いたムスリム連盟が、初めて公式にムスリム国家（パキスタン）の分離独立を謳う決議を採択した。(46)インドのヒンドゥーとムスリムは歴史的、文化的にも二つの異なる民族であるとする連盟議長ジンナー（Muhammad Ali Jinnah, 1876–1948）の「二民族論」に基づくものである。

しかし、四月以降ヨーロッパ戦線は激しく動き、ドイツ軍による北欧制圧、オランダ、ベルギー次いでパリ占領という現実を前に、ひとたびは新たに反英運動を展開させる方向を示した会議派の姿勢に変化が見られた。この時期にネルーはプラサード宛の書簡で「ヒトラーはこの戦争に勝つかも知れない。それがいっそうありそうな状況になっている」と書いている。(47)

そうした時点で、外敵の侵略であれ国内的無秩序であれ、あくまで武装でなく「組織された非暴力」を武器とせよと言うガンディーに対し、ネルー、アーザード（Abul Kalam Azad, 1888–1958）、ラージャージー（Chakravarti Rajagopalachari, 1878-1972）らは六月のＣＷＣで、会議派は非暴力原則を厳密に守らねばならないと信じ、独立運動においてはそれを極力追求するが、国防の分野にまでそれを広げることと出来ないとの立場を表明した。(48)続いて七月のＣＷＣは、イギリスに対してインドの完全独立と臨時国民政府樹立を要求し、これらが承認されれば会議派は「国の防衛を効果的に組織する努力に全力を注ぐ」との決議を採択した[49]。議長アーザードはその後のAICC大会での声明で、「国民会議派は国の政治的独立を勝ち取ることを誓った政治組織である。世界平和を創り出す機関ではない。率直に言って、われわれはマハートマー・ガンディーがわれわれに望む所まで歩みをともにすることは出来ない」という悲痛な言葉を吐いている[50]。

このあと会議派とイギリス政府＝インド政庁との間のさまざまな駆け引きが続くが、一九四一年一二月七日（日本時間で八日）に日本軍が真珠湾とマレイ半島に攻撃を加えて米英に宣戦布告したことで事態は大きく動いた。この年一二月三〇日のCWCはネルーら多数派の主導下で一つの決議を採択した。

イギリスの対インド政策には何ら変化は見られないが、にもかかわらず運営委員会としては、戦争の世界的抗争への発展とそのインドへの接近によって引き起こされた新たな世界情勢を充分に考慮に入れねばならない。会議派の同情は不可避的に、侵略の対象となっており、自由のために戦っている人々に向けられている。しかし、ただ自由で独立したインドのみが民族的規模で国の防衛を引き受ける位置にあり、戦争の嵐から現れつつあるより大きな大義の推進を手助け出来るものである

という、改めて条件付きの戦争協力を打ち出した内容である[51]。プラサードやパテールらとともに戦争への参加には強く反対してきたガンディーも翌一九四二年一月一五日のAICCの会議で演説し、彼にとって非暴力（ahimsa）は独立とさえ交換できない「信条」であり、会議派が非暴力を放棄して

戦争に加わることは過去二〇年の努力を取り消すことになると述べつつも、CWCの決議（一九四〇年一二月三〇日）を受け入れてほしい、「家（会議派そしてインド）を分裂させないでほしい」と強く訴えかけた(52)。ヒンディー語によるこの長い演説は起伏が多く読む者に分かりにくい点があるが、彼の複雑な心境が伝わってくるようでもある。同演説の次の部分は、彼とネルーとの関係を端的に示すものとしてしばしば引用される。

パンディット・ジャワハルラール（ネルー）と私は疎遠になっていると言う者がいる。これは根拠のないことである。ジャワーハルラールは彼が私の網に入って以来ずっと私に抵抗してきた。君たちがいくら杖で叩いても水を分割することは出来ないのと同様に、われわれを分かつのは難しい。私が常に言ってきたことだが、ラージャージーでもサルダール（パテール）でもなくジャワーハルラールが私の後継者となろう。彼はその心の中の最高のことを話すが、常に私が欲することを行う。私が亡くなれば彼は私が現在やっていることをするだろう。そして彼は私の言葉をしゃべるだろう。…結局彼は私の言葉をしゃべらねばならないだろう。そういうことが起こらなくても、少なくとも私はこの信念を抱いて死ぬつもりである(53)。

一九四一年末以降、戦況はインドの政治状況にさまざまの影響を与えるが、特に日本軍の侵攻がインドに及ぶ気配が見え始めるとイギリス側に動揺が生じた。イギリスはインドの全面的な協力が必要と考え、一九四二年三月に国璽尚書クリップス（Richard Stafford Cripps, 1889-1952）を派遣した。クリップスの提案は、インドに対する自治領の地位付与を初めて公式に言及したものであったが、自治の付与は戦後とされ、即時独立を求める会議派とパキスタン建国の確約がないとするムスリム連盟の何れもがこれを拒絶した。イギリスの政局打開策に絶望した会議派は一九四二年八月八日のＡＩＣＣで、イギリスの撤退とガンディー指導の非暴力的大衆闘争を呼びかける「クウィット・インディア（イギリスはインドを立去れ）」決議を採択した。[54] インド政庁はその翌早朝ガンディー、ネルーら会議派中央指導部を逮捕し、ＣＷＣやＡＩＣＣの組織を非合法化した。この時点から約三年間、二人の間で書簡のやりとりはない。

六　インドの将来をめぐって

ガンディーは逮捕後、プネー市郊外にあるアーガー・ハーン宮殿に幽閉されていたが、一九四四年二月に同じく捕らわれていた妻カストゥルバーイーが死去し、七五歳で病弱になっていたこともあり刑期終了前の同年五月に釈放された。ネルーの釈放は翌一九四五年六月中旬で、彼にとって九度目の投獄生活は一〇四〇日と長かった。釈放後の両者間の文通はネルー釈放直後に交わされた、消息を伝えるだけの短い電報であった。それは、約一か月後にはイギリスの総選挙で成立するアトリー政権がインド問題の「恒久的解決」を掲げて、インドの中央・州立法議会選挙実施と自治憲法作成を目指す制憲議会の設置を提起する、正にそういう時期であった。

釈放後七・八月の一か月間をネルーは娘のインディラーとともに先祖の地カシミールで過ごした。数千メートルの高度でトレッキングに挑戦して氷河の淵を歩いたりする日々を送って悩みや心配事を振り落とした。その時の爽快な気分を伝える書簡へのガンディーの返事も「君の書簡は楽しい。完全

に回復して戻っておいで」と大変やさしい。(55)

しかし、そうした穏やかな対話の一方で、見解が異なる問題に関してはお互いに譲らない激しいやりとりが書簡上で展開される。書簡集で言えばそれぞれが四〜六ページに及ぶ長いものである。一〇月に二人の間で交わされた議論のきっかけが何であったかは不明だが、ガンディーの書簡はその著書『ヒンド・スワラージ』の内容をめぐるものである。初めにスワラージ（独立）に関し二人の意見が異なるなら他の人々もそれを知っていた方がいいと前置きし、自分はあくまでその著書に書いたような統治のあり方に固執すると述べる。彼によれば、もしインドが、そしてインドを通じて世界が真の自由を達成するならば、われわれは遅かれ早かれ農村に行き、そこで（宮殿でなくあばら屋に）住まねばならないだろう。何故なら幾百万の人間が都市や宮殿で安逸に平穏に住むことは出来ないからである。またそこには暴力と虚偽がある。しかし真理と非暴力なしでは人間の不幸は運命づけられている。そして真理と非暴力は農村の単純・簡素さにおいてのみ見ることが出来る。その簡素さはチャルカーとそれに含まれるものに内在する。これがほぼ自著で述べた内容である。しかしその著書で述べなかったこともあるとして、次のように綴っている。

私は近代的思想を評価する一方、その思想に照らして古来のものが大変快く思える。私が今日の農村のことを言っていると思うならば、君は私を理解できないだろう。私の理想の農村は未だ私の想像の中にのみある。結局すべての人間は自分の想像の中に生きている。この私の夢の農村では村人は怠惰ではなく、完全に自覚している。彼は不潔と暗闇の中の動物のようには生きない。男も女も全世界に向き合う覚悟で自由の中に生きる。ペスト、コレラ、天然痘もないだろう。誰であれ怠惰であったり奢侈に溺れることは許されない。すべての人が肉体労働をしなければならない。こうしたすべてを認めつつも、大規模に組織されねばならない多くのことを思い描くことが出来る。恐らく汽車、郵便・電報局さえあるだろう。どんなものがあるのかないのか私には分からない。私はそんなことは斟酌しない。本質的なものを確実視できれば他のものはやがてついて来る。しかしその本質的なものを断念するなら私はすべてを断念する。

『ヒンド・スワラージ』については今日なおインド内外の研究者によってさまざまに論議されているが、上記の引用に見られる晩年の考えと一九〇九年の著書で展開されたそれとはどこがどう違っているのかいないのかについては今後の課題のひとつとしたい。ガンディーはこの書簡の終わりで再び二人の関係に話を戻し、自分たちは完全に理解すべきであることを強調する。自分たちの絆は政治的以上のものであるが、二人ともインドの独立のためにのみ生きておりそのために死んでも幸せである。続けて「私は奉仕をしつつ一二五歳まで生きたいと願っているが、もう老人であり君は相対的に若い。君が私の後継者だと言ったのはそのためだ。私が後継者を理解し、彼もまた私を理解すべきというのは妥当なことだ。そうすれば私は平穏なのだ(56)」と書いている。

ラクナウーへの遊説から戻ってすぐ書かれたネルーの返事は、ガンディーの考えをほとんど全否定する内容であった。最初に「われわれの前にある問題は真理対虚偽とか非暴力対暴力といったものではない」と簡潔に述べた上で、

全体の問題は、この社会を如何に築くか、その内容は何であるべきかである。何故村落が真理と非暴力を具現すべきなのか私には分からない。一般的に言えば、村落は知的、文化的に後進的

であり、後進的環境からはいかなる進歩もなされ得ない。狭量な人々はよりいっそう虚偽的で暴力的になりやすい。

と、ガンディーの気持を否定する言葉を連ねる。次いで、必要なのは充分な食料、衣服、住居、教育、衛生など最低限度の必要物をいかに迅速に獲得するかを見出すかであり、それには電力、近代的な運輸手段、重工業などの近代的諸発展が不可避であるという自説を強調する。ネルーにとっては、インドの真の独立も文化的な発展も、あらゆる分野における科学的、技術的成長なしにはあり得なかった。同時に、現代世界に見られる国家間の対立や戦争をもたらす恐るべき貪欲な傾向を脱し、孤立でなく協調を国の基礎とすべきであると付け加えている。「宮殿」云々というガンディーの議論に対しても、「幾百万の人々が文化的な生活を営める快適な現代的家庭を持ってはならない理由はない」と反論する。ガンディーが再び持ち出した『ヒンド・スワラージ』について、かつて読んで以来「漠然としたイメージしか持っていない」としながらも、

それ（『ヒンド・スワラージ』――引用者）は私には完全に非現実的に思えた。それ以後のあなたの著述や演説において、その古い立場からの前進や近代的動向への評価と思えるものを私は多く見出した。だから、古い画像があなたの心の中に未だに元のまま残っているとあなたがわれわれに言った時には驚いた。

とし、そうした議論が会議派活動家が今日活動するのを妨げ、会議派と一般大衆との障壁を作り出しかねないとさえ述べている。しかし同時に、ガンディーの言うように近代文明の中で悪しき種が不可避的に発達しているのも事実で、この悪をいかに除去し、現代の中の善なるものをいかに保持するか

が重要であるとも記している。[57] 約一か月後、ガンディーはこの書簡への返書を書いた。それによれば前日に二人はプネー市で会っているようで、恐らくこの件についても話されたのであろう。その時の会話からガンディーは、「われわれの見解やものの理解の仕方に余り大きな違いがないような印象を持った」とし、ネルーの議論を整理しているが、[58] 結局のところ『ヒンド・スワラージ』あるいはインド社会の将来像に関する二人の考え方が大きく接近したようには思えない。

七　分離独立とネルー、ガンディー

一九四五年末と翌年初めに中央・州立法参事会（事実上の議会）選挙が行われ、ムスリム連盟がムスリムへの分離議席をほとんど独占して会議派とともにインドの二大政党としての地位を獲得した。独立を求める戦後インドの大衆的運動への対応として、イギリスは一九四六年三月に三人の閣僚をインドに派遣した。五月に発表された使節団の提案は連邦創設を打ち出したが、ムスリム多数州を特別扱いすることでパキスタン分離への道を開いていた。会議派と連盟は基本的に同案を了承し、七月に制憲議会選挙が行われて九月にはネルーを事実上の首相とするインド人による中間政府が成立した。しかしムスリム閣僚の任命権をめぐって両党の対立はむしろ激化していった。この時期になると、ガンディーとネルーの間の書簡は専ら政治状況の分析や助言などが内容の中心となる。それでも中間政府樹立時に、心労が激しいネルーの健康を気遣った書簡も書き送っている。[59]

一九四六年八月一六日のパキスタンの早期建国を求めるムスリム連盟による「直接行動日」でカル

カッタ（現在コルカタ）市内で大規模な暴動が起こり、これを機にヒンドゥーとムスリムの、あるいはシク教徒を巻き込んだ衝突事件（コミュナル暴動）がビハール州や、ムスリム人口がヒンドゥーのそれを上回るベンガル、パンジャーブ州など各地に広がっていく。これを収めるためにガンディーは各地に長期の行脚に出た。また三年間に四度の断食を行っている。そうした行脚として一九四六年一一月から翌年二月のノアカリ（東ベンガル、現在バングラデシュ内）がよく知られるが、その後も長く東ベンガルに留まるガンディーに対して、中間政府の運営で苦闘するネルーはガンディーに早くデリーへ戻ってほしいと懇願している（一九四七年二月一〇日付）。書簡では、中間政府在職の会議派指導者は日常的な会議派活動に充分な時間を割けず、大衆との接触もままならないためどうしてもガンディーの存在が不可欠だと訴えている。二月二〇日にはイギリス首相アトリーにより、一九四八年六月までにインドに独立を付与するとの決定が発表された。そのことを伝える書簡（二月二四日付）でネルーはムスリム連盟との交渉の行き詰まりを伝え、パンジャーブおよびベンガル州の分割があり得ることを知らせ、「この重大な時点であなたの助言はわれわれを大いに助けるはず」な

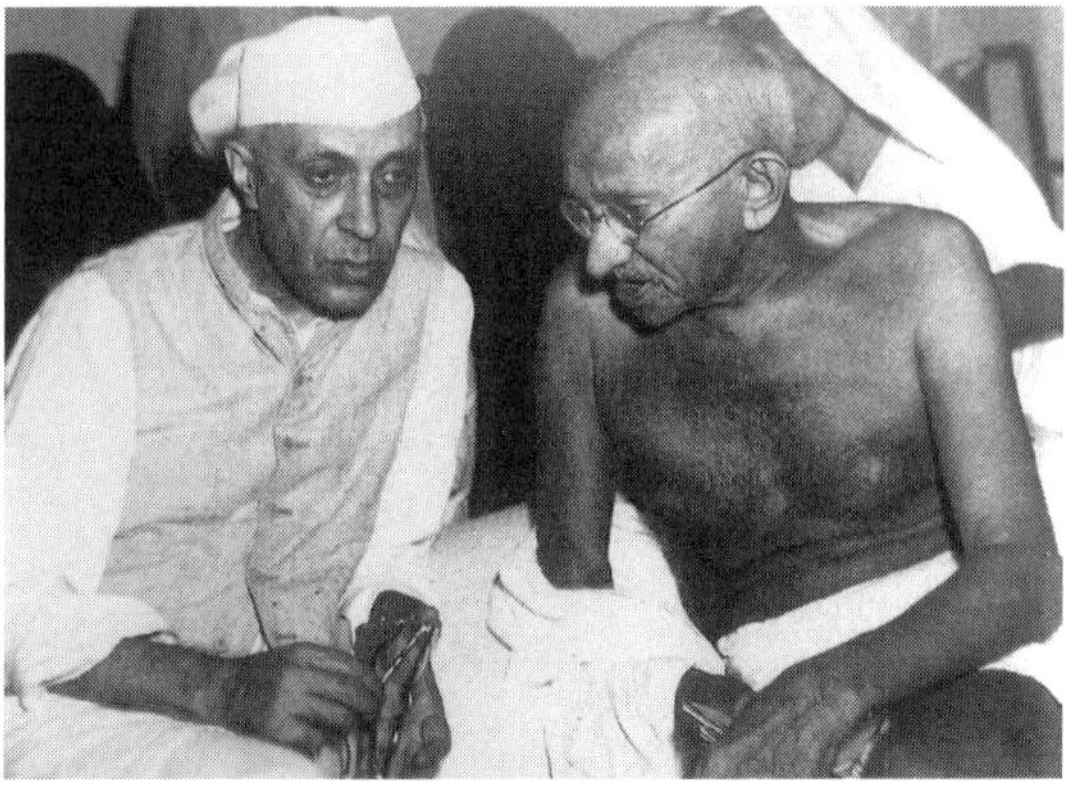

ボンベイでの会議派全国委員会大会で同席するガンディーとネルー。1946年7月6日。

のに「相談するには余りにも遠く、東ベンガルから動くのを拒んでいる」と悲鳴に近い言葉を吐いている。

一方、社会的な不安定はますます予断を許さず、また会議派と連盟の関係も更に危機的になるという状況の中、CWCは三月八日にパンジャーブ州の分割を示唆する決議を採択した。会議派は終始統一インドの理念を掲げてきたにもかかわらず、「事態の急迫から確認された地域（ベンガルとパンジャーブ）に適用されるべきものとして、民族自決の原則に基づく分割の原則を受け容れる」というのが決議の内容である。ガンディーはこの時未だビハールにいたが、ネルーへの書簡で、会議派が「イギリス支配の間批判してきた手段を受け入れた」ことへの驚きを表明した。その原則がベンガル州にも適用されることを懸念し、「私にはCWCの決議の背後にある理由は分からず、ただ宗教的相違や二民族論に基づくいかなる分離にも反対だという自分の意見を述べるだけ」と書き送っている[60]。分離を積極的に進めたパテールにもパンジャーブ分割決議についての説明を求めている。ネルーはガンディーのデリーへの帰着を待っていたが、結局ガンディーは間に合わず、パンジャーブそしてベンガルを連盟が要求する二州全域の割譲でなく、州の分割にもっていくのが連盟＝パキスタンへの唯一の解答だったと説明している。

この間、三月一四日にスウェーデンのオスロからガンディーがノーベル平和賞に推薦されたとの報告が入るが、受賞は実現せず、このことに言及した彼の言葉も残っていない[61]。自分の知らないところで政治状況が急速に展開していくことがガンディーに大きな不安を与えていたようであり、ネルーへの六月九日付書簡の下書きには、「運営委員会と私の見解の相違を考えれば考えるほど、私の存在が不必要なものと思われる」[62]という嘆きに満ちた言葉が記されている。しかし同日、デリーでの定宿である企業家ビルラーの邸宅での祈りの会が終わったあと、恒例の講話では集まった市民を前にして、国の分割にあくまで反対であるが「民衆の考えが私のものと反対なら、自分の考えを民衆に押しつけるべきか」と自問し、自分は退くほかないと結論づけている[63]。

三月二二日に着任したインド総督ルイ・マウントバッテンは諸政党間の調整に努めるが、結局交渉は決裂し、六月三日にインド・パキスタンの分離独立という最終的な裁定が下された。その結果、八月一四日にパキスタン、一五日にインドという二つの自治領が誕生した。インドではネルーが首相と外相、パテールが副首相と内相、藩王国相の責を担うことになるが、新生国家の運営をめぐって二人の意見は激しく対立した。藩王国統合問題やチベットに関する中国との関係から、遂には首相や閣僚の権限をめぐる論議にまで及んだ。興味深いのは、二人がことある毎に状況を細々とガンディーに書き送ってその助言を求めていることである。二人はそれぞれの手記で両者間の「気質の相違、さまざまな分野での見解の相違」を認めた上で互いの不満や不信を表明し、最後にはもし二人の立場の折り合いがつかない時は「自分が内閣を去る」と異口同音に訴えている（一九四八年一月六日付ネルー、一月一二日付パテールの各ガンディー宛手記）。ガンディーは二人の仲介者としての役を担い、一月三〇日に訪れたパテールに近々三人で話し合おうと約束したが、パテールが去った直後に暗殺されその機会は永久に失われた。しかしガンディー暗殺後ネルーとパテールは、「今までと違う、より困難の世界に向き合うため」「ある種の見解や気質の相違にもかかわらず、これまでずっとやってきたようにわれわれは協力すべきで、それがバープー（ガンディー）の最終的な意見だった」[64]との合意に達し、こうして新生インドを導くネルー・パテール体制が生まれた。

むすびにかえて

気質、人生観、政治観などに大きな差異があることを認め合い、同時に相互に深い敬愛と信頼感を懐き続けたガンディーとネルーの関係は正に稀有なものであった。しかし晩年、インドおよび世界の状況を前にガンディーが懐いた寂寥感も、われわれには理解し難い重さがあったのではなかろうか。例えば先にふれた「一二五歳まで生きる」という願望について一つの後日譚がある。一月三〇日の夕方、アメリカの『ライフ』誌カメラマン、バークホワイト（Margaret Bourke-White, 1904-71）がガンディーのデリーにおける定宿のひとつであるビルラー邸にガンディーを訪れ、最後となるインタビューを行っている。さまざまな話題が語られる中で彼女が、当時よく知られていた話として「一二五歳まで生きる」というガンディーの言葉を取り上げると、彼は「その望みは棄てた。何故なら…暗黒と狂気の中で私は生きていたくないからだ」とこともなげに答えた。ガンディーが三発の銃弾に倒れたのは、インタビューを終えた彼女がビルラー邸を辞去した数時間後であった(65)。

一方ネルーはガンディー暗殺の夜、ビルラー邸の前で全インド放送（ＡＩＲ）を通じて、「われわれの生命の光が今や去った」で始まる有名な追悼演説を国民に向けて行った(66)。そのネルーは死後のガンディーをどう考えていたろうか。一九五〇年代に『タイムズ・オブ・インディア』や『インディアン・エクスプレス』の編集者を務めたゴア出身のジャーナリスト、モラエス（Frank Moraes, 1907-74）

が一九五八年のネルーとの対談を記録している。危機や困難の時に、ガンディーならどうしたろうかと考えることがあるかとの問いに、ネルーは「率直にお答えしよう」と前置きして、「政治的であれ、個人的であれ、危機に直面するとガンディージーのことを想起するが、それはむしろ自己本位な理由からである。彼が危機と相対する時に持った心の沈着さ、精神の冷静さがほしいため彼を想起する。しかし君が、ガンディーならどうしたろうかと意識的に自分に問うかと尋ねるなら、答えは否である」と語った[67]。ネルーは本質的な部分でのガンディーとの違いを、常に意識していたと言えるかも知れない。

注

（1）ここでの竹村・伊与木訳および磯野訳（一九五五年）に関する情報は近藤治氏のご教示による。感謝とともに付記したい。
（2）Uma Iyengar and Lalitha Zackariah eds., *Together They Fought: Gandhi-Nehru Correspondence 1921-1948*, Oxford University Press, New Delhi, 2011, 558 pp.
（3）*The Collected Works of Mahatma Gandhi* , 100 vols., Government of India, New Delhi, 1969-1997（*Mahatma Gandhi*, CD Rom edition, 98 vols., Government of India, New Delhi, 1999、以下、*CWMG* と略記）; S. Gopal ed., *Selected Works of Jawaharlal Nehru*（First Series）, 15 vols.（以下、*SWJN*）, Orient Longman, New Delhi, 1972-1982.
（4）Pyarelal Nayar, *Mahatma Gandhi: The Last Phase*, 2 vols., Navajivan Publishing House, Ahmedabad, 1956-1958.
（5）J. Nehru, *An Autobiography*, Allied Publishers Ptd., Bombay, 1962（Original edition in 1936）, p. 82 .
（6）*ibid*., p. 85.
（7）Gandhi to Nehru, Feb. 19, 1922, *CWMG*, Vol. 26, p. 197.
（8）Indian National Congress, *Report of the Forty-Second Indian National Congress Held at Madras 1927*, The Reception Committee of the Forty-Second Indian National Congress, Madras, 1928, pp. 15-16.
（9）Gandhi to Nehru, Jan. 4, 1928, *CWMG* , Vol. 41, p. 79.
（10）M.K. Gandhi, "The National Congress", *Young India*, Jan., 5, 1928, *CWMG* , Vol. 41, pp. 84-85.

(11) Nehru to Gandhi, Jan. 11,1928, *SWJN*, Vol. 3 , pp. 10-15.
(12) Nehru, Jan. 17, 1928, *CWMG*, Vol. 41, pp. 120-122.
(13) Letter, from Nehru to Gandhi, Jan. 23, 1928, *SWJN*, Vol. 3, pp. 18-19.
(14) J. Nehru, "Presidential Address" in Lahore, 29 Dec. 1929, SWJN, Vol. 4, pp. 193-194.
(15) Gandhi to Nehru, Feb. 6, 1930, *CWMG*, Vol. 49, p. 301.
(16) Nehru to Gandhi, Sep. 27, 1931, *SWJN*, Vol. 5, pp. 46-47.
(17) Gandhi to Nehru, May 2, 1933, *CWMG*, Vol. 61, pp. 59-60.
(18) Nehru to Gandhi, May 5, 1933, *CWMG*, Vol. 61（Appendix）, pp. 473-474.
(19) Nehru to Gandhi, Sep. 13, 1933, *SWJN*, Vol. 5 , pp. 46-47.
(20) Gandhi to Nehru, Sep. 14, 1933, *CWMG*, Vol. 61, p. 393.
(21) Gandhi, Aug. 13, 1934, *SWJN*, Vol. 6, p. 278.
(22) この時のことは余程ネルーに深い衝撃を与えたようで、二年後に出版された『自伝』でも「孤独（Desolation）」と題する章を設け、一九三四年当時獄中にあって懐いたさまざまな思考を綴っている（J. Nehru, *op. cit*., pp. 504-514）。
(23) Gandhi, "Speech in Reply to Students' Address, Trivandrum", *The Hindu*, March 19, 1925, *CWMG*, Vol. 30, pp. 409-410.
(24) Gandhi, "Speech at Indian Institute of Science, Bangalore", *Young India*, July 21, 1927, *CWMG*, Vol. 39, pp. 210-211.
(25) Gandhi, "Utility of Machines", *Navajivan*, August 12, 1928, *CWMG*, Vol. 42, pp. 354-355.
(26) Gandhi to Nehru, Oct. 3, 1935, *CWMG*, Vol. 68, p. 35.
(27) From R. Prasad and Others to Nehru, June 29, 1936, J. Nehru, *A Bunch of Old Letters*, Oxford University Press, Delhi, 1990 [1st edition in 1958], pp.188-191.
(28) From Prasad to Nehru, July 1, 1936, *ibid*., pp. 192-194.
(29) Nehru to Gandhi, July 5, 1936, *SWJN*, Vol. 7（1975）, pp. 309-312.
(30) Gandhi to Nehru, July 8, 1936, *CWMG*, Vol. 69, pp. 198-199.
(31) Gandhi to Nehru, July 15, 1936, *CWMG*, *ibid*., pp. 216-217.
(32) S.C. Bose, "Statement on Resignation from Congress Presidentship", 29 April, 1939, S.K. Bose and S. Bose eds., *Congress President: Speeches, Articles and Letters, January 1938-May 1939*（*Netaji: Collected Works*, Vol. 9）, Netaji Research Bureau, Kolkata, 2004 [1st published in 1995], pp. 107-109.

(33) *CWMG*, Vol. 76, pp. 156-157. ガンディーはこのあとにも、一九四〇年一二月二四日付でヒトラー宛に書簡を書いている。その中で彼は、一九三五年にドイツを訪問した経験を持ち一九四〇年後半には大戦でのドイツの勝利を確信していたボース (Roman Hayes, *Subhas Chandra Bose in Nazi Germany: Politics, Intelligence and Propaganda 1941-43*, Hurst & Co., London, 2011, p.23) を意識していたのかどうかは不明であるが、「われわれはドイツの支援でイギリス支配を終焉させようなどとは決して望んでいない」と述べつつも、「人類の名においてあなたに戦争の停止」を訴え、同様のことをムッソリーニにも伝えたいと記している。ガンディーの秘書のデサーイーによれば、この書簡はインド内のいくつかの新聞社に送られているが、それらは「高い部局で押さえられた」という(G. D. Birla, *BAPU: A unique association*, Vol. IV, Bharatiya Vidya Bhavan, Bombay, 1977, p. 188)。

(34) Gandhi, "Statement to the Press", Sep. 5, 1939 (*Harijan*, Sep. 9, 1939), *CWMG*, Vol. 76, pp. 311-312.

(35) M. Hasan ed., *Towards Freedom: Documents on the Movement for Independence in India*, , 1939 Part 1, Oxford University Press, New Delhi, 2008, pp. 309-311.

(36) Gandhi, "Statement to the Press" , Sep. 15, 1939 (*Harijan*, Sep. 23, 1939), *CWMG*, Vol. 76, p. 326.

(37) Congress Working Committee (hereafter CWC) Resolution, Nov. 22, 1939, *CWMG*, Vol. 77, pp. 121-124 .

(38) Gandhi to Nehru, Oct. 26, 1936, *CWMG*, Vol. 77, p. 43.

(39) Gandhi, "Next Step" , *Harijan*, Nov. 4, 1939, *CWMG*, Vol. 77, p. 63.

(40) Nehru to Prasad, Nov. 11, 1939, V. Choudhary ed., *Dr. Rajendra Prasad: Correspondence and Select Documents*, Vol. 1, Allied Publishers, New Delhi, 1984, p. 148.

(41) The Marquess of Linlithgow,"The Orient Club Speech", Jan. 10, 1940, *Speeches and Statements*, Government of India, New Delhi, 1945, pp.227-230.

(42) Nehru to Gandhi, Jan. 24, 1940, *SWJN*, Vol. 10 (1977), pp. 310-312.

(43) Nehru to Gandhi, Feb. 4, 1940, *SWJN*, Vol. 10, pp. 319-322.

(44) Gandhi, "The Old Games ?" (Harijan, Feb. 17, 1940), *CWMG*, Vol. 77, pp. 313-316.

(45) K.N. Panikkar, ed., *Towards Freedom: Documents on the Movement for Independence in India*, , 1940 Part 1, Oxford University Press, New Delhi, 2009, pp. 4-5.

(46) "Pakistan Resolution" , March 24, 1940 at Lahore, A.M. Zaidi ed., *The Demand of Pakistan* (*Evolution of Muslim Political Thought in India*), Vol. 5, S. Chand & Co. New Delhi, 1978, pp.214-219.

(47) Nehru to Prasad, May 16, 1940, *SWJN*, Vol. 11, pp. 29-35.
(48) CWC Resolution on "Political Situation", Wardha, June 21, 1940, K.N. Panikkar, *op. cit.*, pp. 13-14.
(49) CWC Resolution on "Political Situation", Delhi, July 7, 1940, *ibid.*, p. 244.
(50) Azad on Basic Policy of the Congress at AICC meeting, Poona, July 27, 1940, *ibid.*, p. 245.
(51) CWC Resolution on"Political Situation", Bardoli on Dec. 30, 1941, *SWJN*, Vol. 12, pp. 50-54.
(52) Gandhi,"Speech at AICC Meeting", Wardha, Jan. 15, 1942, *CWMG*, Vol. 81, pp. 428-430.
(53) *ibid.*, pp. 432-433.
(54) Resolution of AICC Meeting, Bombay, August 8, 1942, *CWMG*, Vol. 83, pp. 451-454.
(55) Gandhi to Nehru, Aug. 8, 1945, *CWMG*, Vol. 87, p. 334.
(56) Gandhi to Nehru, Oct. 5, 1945, *CWMG*, Vol. 88, pp. 118-120.
(57) Nehru to Gandhi, Oct. 4, 1945, *SWJN*, Vol. 15（1981）, pp. 554-557. この書簡は注(56)のガンディーの書簡を受けて書かれたものであるから、日付はガンディーの『選集』かネルーの『選集』の編者のどちらかが誤ったものと思われる。
(58) Gandhi to Nehru, Nov. 13, 1945, *CWMG*, Vol. 88, pp. 329-330.
(59) Gandhi to Nehru, Sep. 3, 1946, *CWMG*, Vol. 92, p. 115.
(60) Gandhi to Nehru, March 20, 1947, *CWMG*, Vol. 94, pp. 153-154.
(61) C.B. Dalal comp., *Gandhi 1915-1948: A Detailed Chronology*, Bharatiya Vidya Bhavan, Bombay, 1971, p. 156 fn. ガンディーは一九三八年一〇月一日にも、ロンドンのインド友好協会（Friends of India Society）によってノーベル賞の候補に推薦されているが、この時もそのままで終わっている。Dalal, *ibid.*, p. 124 fn.
(62) Gandhi to Nehru, June 9, 1945, *CWMG*, Vol. 95, p. 241.
(63) Gandhi,"Speech at Prayer Meeting", *CWMG*, Vol. 95, p. 245.
(64) Nehru to Patel, Feb. 3, 1948, Iyengar & Zackariah eds., *op. cit.*, pp. 541-542（Appendix VI）.
(65) Margaret Bourke-White, *Halfway to Freedom: A report on the new India in the words and photographs of Margaret Bourke-White*, Simon and Schuster, New York, 1949, pp. 227-233. 因みに、彼女と同じころインド各地で人々の姿を撮っていたもうひとりの世界的な写真家がいる。フランスのアンリ・カルティエ＝ブレッソン（二〇〇四年八月三日死去）で、彼は一九四八年一月に生前のガンディーの写真を多数撮っているが、一月三一日にガンディーと会見の約束を取っており、前日の三〇日夕方にはそれに関する相談のためビルラー邸を訪れた。ところが相談を終えビルラー邸を出てほぼ二〇分ぐらいの時間にガンディーが暗殺されたことを、少し経ってから聞かされたという（ドキュメンタリー映画『アンリ・カルティエ＝ブレッソン——瞬間の記憶』［二〇〇六年］でのブレッソンの言葉）。その後彼はガンディーの死を悼む人々の写真をカメラに収めているが、最もわれわれに馴染み深いのは、ネルーがビルラー邸の前で電光を背にそのニュースを全国民に伝えている写真であろう（*Henri Cartier-Bresson in India*, Mapin Publishing Pvt. Ltd., Ahmedabad, 1987, Plate 39）。

（66） Nehru, "The Light Has Gone Out", Jan. 30, 1948, *Jawaharlal Nehru's Speeches*, Vol. 1, Government of India, New Delhi, 1967（1st edition in 1949）, pp.42-44.

（67） Frank Moraes, *Witness to an Era: India 1920 to the Present Day*, Vikas Publishing House, Delhi, 1973, p. 168.

第2章 ガンディーとスバース・チャンドラ・ボース
——一九三九年の政治危機

はじめに

本章では、インド現代史の流れが決定的に変わる時期と考えられる一九三九年とそれに続く数年間に焦点を当ててそこでの重要な問題を分析することとする。一九三九年に、反英独立運動の最大の担い手である会議派は従来にない深刻な組織的分裂の危機に直面し、しかもこの年の九月に勃発した世界大戦の波紋によってその危機は増幅された。この章の叙述の枠外になるが、この時期の出来事が究極的には、これまたインド現代史の一大転換点である「インド・パキスタン分離独立」を結果することになると言ってもよかろう。

上述のようにインドの独立運動は会議派という政党の主導のもとで全国的に展開されたが、これを組織的にまとめ、都市・農村の大衆をも糾合する上で決定的に重要な役割を果したのがM・K・ガンディーであることは周知の事実である。彼は一九二〇年の会議派年次大会で正式に党の最高指導者として認められたが、その後何度か自ら指導部の地位を降りたり、後には初級党員（当時の四分の一ルピーに当たる四アンナーが党費であったので四アンナー党員とも言う）の籍を放棄しているにもかかわらず、他の指導者や一般党員から終始組織の最高指導者として扱われ続けた。彼の発言は絶対的な意味をもち、いわば独裁的な地位を与えられていた。他の国、また民主主義の確立を掲げる他の運動では考えられない不思議な位置を占めていたことになる。後にふれるように、会議派の中でガンディーに次ぐ主要な指導者であったジャワーハルラール・ネルーはさまざまな局面で彼と異なる判断をし、しかもそれを書簡や声明の形で表明するにもかかわらず、最終的には「組織の統一」を最重要視してガンディーとの決裂を回避するよう努めた。会議派の中にヴァッラブバーイー・パテールやラージェンドラ・プラサードらを中心とした「ガンディー派」と呼ばれる強固な保守派グループが形成されていたこともそうした状況を作り出した要因の一つであったろう。

会議派は、二〇世紀初頭にティラク（Bal Gangadhar Tilak, 1856–1920）ら急進派とゴーカレー（Gopal Krushna Gokhale, 1866–1915）ら穏健派の対立が顕著となり、結局組織が二分されるという歴史をもつ。それ以後とくに一九二〇年のガンディーの主導権確立後は、総体的に統一のとれた運動体として機能してきたが、一九三九年以後に起こった事態は運動そのものの行方に関わる重大なものであった。この事態の一方の極にはガンディーがおり、他の極にはネルーとともに会議派の若手進歩派を代表したベンガル出身のスバース・チャンドラ・ボースが位置した。ガンディーにとって、時に見解を異にしつつも公私ともに理解し合えたネルーと違い、インド人大衆に対するガンディーの強大な影響力を無視し得ないとしながらその世界観、政治哲学への疑問を隠さないボースは、行動を共にし難い人物と映ったようである。しかし歴史はこうした二人を同じ舞台に立たせることで、危機を伴う独立運動の新たな展開を生み出すことになった。以下、この時期の危機の状況に焦点を当て、ガンディーとボース、およびこの両者の間にあって迷い苦吟するネルーの三人がそれぞれどのように対応しようとしたのかを辿ってみよう。

一 「一九三五年インド統治法体制」の成立

インドにおける反英独立運動が第一次世界大戦を機に大きく動いた点には異論はなかろう。この戦争の時期を通じて、ガンディー自らも徴兵役を演じたように、戦後の自治付与という譲歩を期待した会議派はイギリスの戦争遂行に協力的であった。しかし戦後にイギリス政府がインドに施行した一九一九年インド統治法の内容が、行政府の機能や選挙制度の限定的改善など自治とは程遠いものであったため、インド世論は沸騰した。加えて戦時中のインド防衛法に代わる民族運動対策として、ローラット法の名で知られるようになる弾圧法を布いた。これに反対するパンジャーブ州アムリットサル市民の抗議は、軍の無差別発砲によって抑えられ多数の死傷者を出した。こうした戦後のイギリスのインド政策に対抗する運動を指導したのがガンディーであった。彼は弾圧に対する一般民衆の抗議に加えて、大戦の敗戦国オスマン・トルコの王が継承してきたカリフの地位（ヒラーファト）をイギリスが廃止しようとする動きに反対するインド・ムスリムの要求をも組み入れて、サティヤーグラハ（非暴力的抵抗）運動の展開に踏み切った。しかし、全国的規模で熱狂的に展開されたこの大衆運動は、ある小村で起きた死傷者を伴う警察署焼き打ち事件（チャウリー・チャウラー事件）のため、非暴力主義を運動の基礎に据えるガンディーにとって停止を命じられた。

一九一九年統治法は一〇年期限で施行されていたため、一九二七年にはその改定を準備する法定委員会（サイモン委員会）が任命された。しかしイギリスが「憲法」と称する統治法改正のための委員会からインド人が完全に排除されていたため、全国的な反サイモン委員会の抗議運動が起こり、一九二八年にインド人自身による憲法作成を目指す全政党会議が開催され「自治領の地位」要求が提起された。一方この穏健な要求に対抗して、ネルーやボースらを中心とする急進派は一九二九年の会議派ラーホール大会（議長：ネルー）で初めて「完全独立」という政治目標の決議を正式に採択させた。こうした状況の中で、最初のサティヤーグラハ運動に挫折したガンディーが再び活動を開始することとなり、一九三〇年三月、塩の専売法を侵犯する「塩の行進」という新奇な戦術に始まる非暴力的非協力運動（第二次サティヤーグラハ運動）を展開し、大衆的反英運動は未曽有の高まりを見せた。同時にこのころ農民の地税不払い運動や都市労働者のストライキなどが激化していった。この全インド的な騒然たる動きに危機感を懐いたイギリス政府は、インド内のさまざまな政治勢力の代表をロンドンに招集して円卓会議を開くが、選挙のあり方などに関してそれぞれに異なる政治要求が錯綜して会議は決裂した。会議派を代表してガンディーもロンドンに赴いたが、多くの参加者の一人にしか過ぎず、彼の発言はほとんど影響力をもたなかった。最終的にはイギリス政府の裁断で、一九三五年八月に新統治法（一九三五年インド統治法）が制定された。主たる柱は州自治の導入と、インドの領土の約四分の一をしめた五八四にもおよぶ半封建的で半独立的な藩王国[1]と直接イギリス支配の下にある英領インドを併せて連邦とする体制の成立の二目標であった。新統治法により、選挙で過半数議席を獲得した政党による州内閣の樹立、従って初めてインド人による政党の州行政参加が認められたことになる。

同統治法の内容についてはすでに一九三四年に「白書」の形で提起されており、会議派はこれに対して同年一二月にボンベイ（現在ムンバイー）で開かれた大会で反対の姿勢を表明した。その議長演説においてプラサードは、「軍隊、財政、外交および国内の行政に対する管理・統制を意味するインドの独立を宣言した会議派の要求」をいかなる形でも実現するものではなく、イギリスの政策に関して「世論はほとんど一致して極めて失望しかつ不満足である」と述べた。(2) 一九三五年統治法成立後の一九三六年四月の会議派ラクナウー大会は、二度目の議長に選出されたネルーが、ヨーロッパとアジアに広がる帝国主義的侵略を糾弾するとともに、明確な言葉で「世界およびインドの諸問題を解決する唯一の鍵は社会主義にあると私は確信する」と呼びかけたことで知られる。演説はこのあと新統治法にふれ、それが「帝国主義的支配の束縛を強化する新たな奴隷の憲章」であると位置づけ、これに対する「われわれの姿勢は妥協のない敵意と、それ（新統治法）を死に至らしめる不断の努力でしかあり得ない」ことを強調した。ただ、議長を頭とする会議派の指導機関である運営委員会（CWC）の立場については、「われわれすべてが同法を拒絶し、反抗すべきである」という点では合意するものの、「それを実行する手段」では合意し得ていないとし、CWC内に見解の相違があることを隠していない。その上でネルーは、会議派としては将来的には成人普通選挙を経る制憲議会での憲法制定という道を目指すが、「現在の諸状況の下では、新しい州立法議会への選挙を戦う以外の選択はない」という譲歩を示す。しかし選挙後については、（イギリス政府＝インド政庁のさまざまな圧力が予想される）州内閣への参加（Office Acceptance）は「民族の名誉と自尊心」にかけて受け入れられないと

1938年2月の会議派ハリプラー大会で、議長スバース・チャンドラ・ボースと話すガンディー。

明言した。周囲の発言の中には、各々の州で州内閣に参加するかどうかは会議派州委員会の権限に委ねるべきだとの議論もあるが、ネルーはこれを「驚くべき致命的な示唆」であるとして否定した[3]。しかし社会主義を公然と掲げたネルーの姿勢は党内右派勢力の強い反発を招き、ラクナウー大会の二か月後にパテールやプラサードを始めとする運営委員会の半数を超える七人のメンバーが辞任を表明した[4]。会議派の危機を回避したいガンディーの仲介で彼らは辞表を撤回したが、党内の右派・左派の対立は深刻さを増していった。

こうした中で、一九三七年一～二月に全国的に（藩王国を除く）州議会選挙が実施された。一九三五年統治法は、選挙人・被選挙人の資格を納税額、土地所有、学歴あるいは官公務・軍歴などによって細かく規定していたので[5]、この時に選挙権を付与されたのは英領インド総人口の約一一%にしか過ぎなかった。しかし会議派ほか諸政党が広く非有権者をも巻き込んで運動を行ったので、選挙戦自体は極めて大衆的な様相を呈した。選挙結果は会議派が一一州の総議席中四五%を獲得し、かつ七州で過半数議席を占めたのに対し、ムスリム連盟はムスリム指定議席（四九二議席）の二一%を得たのみで、ムスリム人口が過半数以上のベンガルやパンジャーブ州でも敗北した。

1937年州議会選挙結果

州　名	議席総数	会議派（対全議席比率）	ムスリム連盟
マドラス	215	159（74%）	10
ビハール	152	95（62.5%）	0
ベンガル	250	54（21.6%）	40
中央州・ベラール	112	71（63.4%）	0
ボンベイ	175	88（50.3%）	20
連合州	228	133（58.3%）	27
パンジャーブ	175	18（10.5%）	2
北西辺境州	50	19（38%）	0
シンド	60	8（13.3%）	0
アッサーム	108	35（32.4%）	9
オリッサ	60	36（60%）	0
総　計	1585	716（45.2%）	108

（H.N. Mitra ed., *The Indian Annual Resister*, 1937, No. 1, 1937, Calcuṭta, p.42）

なお、統治法が目標とした目標のうち二つ目の連邦制については、会議派全体に藩王国の存在に対する強固な反対があって、最終的に実現を見ることはなかった。

選挙が終わると待っていたのが、会議派として州政権を担当するかどうかという問題であった。統治法体制への協力に対するネルーや会議派内で一定の発言力をもっていた会議派社会党（一九三四年結成）など左派勢力の強い拒否姿勢があり、また一九三五年統治法がその第九三項でインド総督任命の州知事に、何等かの事態によって州行政の遂行が不可能であると判断した場合に州政府を解散させ、次の選挙まで知事自身が行政権を掌握できる特別の権限を与えていることが会議派内に論議を喚んだ。しかし選挙での好結果は州政権受諾への願望を抗しがたいものとし、一九三七年三月の会議派の「議会」に相当する全国委員会（ＡＩＣＣ）において、「州知事はその特別権限を行使しないことを州会議派指導部が公然と表明し得る」との条件付きで組閣を受け入れる決議案が左派の拒否修正案を破って採択された。(6) その背景にはガンディーの強い後押しがあったことも知られている。そのことは、ガンディーや会議派右派勢力を財政的に支援してきたインド財界の重鎮ビルラー（Ghanshyamdas Birla, 1894-1983）が総督の私設秘書に出した書簡が伝えている。

貴方がご覧になったように、ガンディージーの手法が最終的に会議派運営委員会に受け入れられ、また全国委員会によっても受け入れられることは疑いない。…これは会議派右派の偉大な勝利であると私は考える。(7)

その結果、会議派は先ず過半数議席を得た七州で、次いでガンディー派のガッファル・ハーン兄弟がムスリム住民に強い影響力をもつ北西辺境州（現在パキスタンのカイバル＝パクトゥンクワ州）と、無所属議員の多いアッサーム州でも連合政権を成立させた。ただ、連合州では選挙前に会議派と連盟の州組織間で選挙協定が結ばれ、選挙後の連立政権に関する論議も行われていた。また連盟の最高指導者ジンナーの地盤であるボンベイ州でも複数閣僚の席を連盟に渡す連立政権が問題とされた。それにもかかわらず、それぞれ過半数議席を得た会議派は単独政権に踏み切った。選挙戦中においてもネルーは「インドにおける政治勢力はイギリスと会議派のみである」として、連盟の存在を無視する発言をしていた。会議派が選挙後に連盟の入閣を認める前提として提示したのは、連盟州組織の解散と会議派への合流という過酷な条件であり、連盟の歩み寄りを事実上拒絶するものであった。このような一連の事態はジンナーら連盟指導部に失望と不信感をもたらし、両党間の亀裂は深刻化していく。それのみならず、分離独立期にインド人官僚として重要な役割を果たしたV・P・メーノンがその古典的な著書『インドにおける権力移譲』の中でふれているように、「(これらの動きが) 中立的だったインド・ムスリムの世論をジンナー支持へと追いやった」という事態さえ生じた。このあと会議派との協調路線を放棄した連盟は、連盟こそが全インド・ムスリムを代弁する唯一の組織だとする強硬な姿勢を明確にし、同時に会議派州政府の下でムスリムを迫害する「ヒンドゥー支配」が行われているという宣伝によって、ムスリム大衆の連盟への組織化を進めていった(8)。

一九三五年インド統治法という体制の下で成立した州政権は、中央権力であるインド政庁の存在によって大きく制限されてはいたが、州に裁量が認められた農業・工業の開発、教育など社会政策の分野で一定の改革に着手でき、何より会議派をはじめとしてインド人政治家たちがこれを契機に行政能力を習練し得たことの意味は小さくない。

二　会議派運動の新たな展開とスバース・ボースの登場

一九三六年には会議派大会が二度行われ、いずれもネルーが議長を務めたが、その議長演説でネルーが人々の注意を強く喚起していた国際関係は、続く一九三七年、三八年といっそう緊迫した。スペイン人民戦線政府の危機、「盧溝橋事件」と日中戦争の本格化、日独伊防共協定の締結（三国同盟は一九四〇年)、ドイツによるオーストリア侵攻やズデーテンの割譲など、大規模な戦争が近いことを世界の人々に感じさせた。

こうした時期にネルーを引き継いで会議派議長に選出されたのがスバース・ボースである。実はボースはこれに先立つ長い期間、ヨーロッパで過ごすことを余儀なくされていた。彼は一九二〇年代には主として出身地ベンガルでさまざまな政治活動に加わり、逮捕・投獄を経験していたが、一九二四年に初めてカルカッタ市議会議員となった。一九二七年一一月にはベンガル州会議派委員会（BPC）議長に選出され、その後海外にある時を除くほとんどの時期、彼はこの座を占めることになる。一九三〇年には市長に選出されるが、同年三月にガンディーの指導で開始された第二次サティヤーグラハ運動に参加して逮捕された。一旦釈放されたあと、一九三二年初めに再び逮捕されるが、獄中で健康状態が悪化したため、釈放と転地保養の必要という医師の診断によって、翌年二月にヨーロッパに向かった。イギリスからすれば体のいい国外追放、ボースにとっては強制的な亡命であったが、すべての費用は自弁であった。オーストリアのウィーンに入り、チェコ、ポーランドを経て一九三三年七月にはベルリンに到着した。彼はベルリンでは出来ればこの年首相となったヒトラーに会見することを望んでいたが、それは当時多くのインド民族主義者にとって気がかりであったヒトラーの著作『吾が闘争』（一九二三年）にあるインド人への言及、つまりインド人は堕落したアーリヤ文明の後裔であるとした表現を改めてもらいたいとの願望をもっていたようである。会見は実現しなかったが、当時ヒトラーはイギリスを刺激するのを回避する方針をもっていたため、反英運動の若手指導者が彼に会うことは不可能であったろう。(9) ただこの時期ボースは何度かイタリアを訪れ、ムソリーニとは会見を果たしている。

ヨーロッパ滞在中のボースは、病気療養中の妻カマラーの看病のためドイツやスイスにいたネルーとしばしば書簡の交換を行っていた。それは病床のカマラーへの気遣い、彼女の死（一九三六年三月）

に際しての慰めと励まし、滞欧中に次期会議派議長（ラクナウー大会）に選出されたネルーに対する政策上の助言——会議派による州政権組閣の阻止、CWCの拡大、会議派外交部の設置など——と多岐に亘っていた。恐らくこの二、三年間はボースとネルーが最も緊密な交流をもった時期であったと言えよう。(10) 妻の死を見届けたあとネルーはインドに戻るが、その帰途、ローマ空港にトランジットで降りる機会にムソリーニがインタビューを申し入れてきたのをどうにか断っている。(11) ネルーと意見を交換したボースは、早々にインドでの活動を再開することを望むようになり、新聞などにその意向を語った。無論イギリス政府＝インド政庁の帰国許可が出る見込はなかったから、再び身柄を拘束されるのを覚悟の上であった。三月一三日付でオーストリアからネルーに宛てた書簡にはその心情が強く表れている。ウィーンのイギリス領事館から、（ボースが）帰国を計画しているようだが、「インド政庁としては、そうした場合貴方が自由であると期待できないことを明確にしておきたい」との速達が届いたと前置きして、それでもなお帰国したい旨をネルーに伝え、その助言を求めている。

私が会議派ラクナウー大会（四月一二日開会）に間に合うように帰国すると決意した時、もちろん到着した時点で投獄される可能性があるのは分かっていた。…現状では帰国は刑務所への道を意味している。もちろん投獄もまた公的有効性があり、このような権力の命令に挑戦し、進んで入獄を求めることに賛同する議論も多々なされるべきであろう。…この問題で貴方を煩わせる唯一の理由は、私にはより大きな信頼を置ける人が他に思いつかないことである。(12)

三月二六日に帰国したネルーは苦悩した後、ボースに帰国延期を促す返事を出すが、(13) ガンディーら同僚と相談してその考えを変え、翌日「貴君の即時帰還が望ましい」と電報を打電している。(14)

結局ボースはイギリス側の許可を得ないまま、この年の三月二七日に船でイタリアを発ち、四月八日にボンベイに到着した。直ちに逮捕され、いくつかの留置所や刑務所に送られた後、カルカッタ（現在コルカタ）の兄サラト（Sarat Chandra Bose, 1889–1950）宅に無期限の禁足令で軟禁された。こうしたインド政庁の措置に対して、会議派として強い抗議がなされ、また民衆による激しい反対デモが展開されたが、ボース自身の健康状態が悪化し、州議会選挙が行われた後の一九三七年三月一七日にようやく禁足令を解かれた。州議会選挙の結果と、それに続く会議派の州政権受諾については先に述べたが、とくに後者に関して強い反対を表明していたボースも長い海外生活と国内での軟禁状態によってこの問題にほとんど関われないままに事態は進んでいた。釈放後も高血圧などで体調を崩したボースは、一九三七年一一月に再び療養のためヨーロッパに向かった。前回の亡命中と異なり今回はイギリスをも訪問し、元インド総督ハリファックスやインド担当副大臣らとも自由に会見した。

中でも興味あるのは一九三八年一月二四日にもたれたイギリス共産党創始者の一人パーム・ダット（Rajini Palme Dutt, 1986–1974）との会見である。[15] ダットが、会議派による州政権受諾を新インド統治法の成功であるという声明をイギリス政府が出しているが、これをどう考えるかと尋ねると、州政権受諾の問題と中央で連邦制を受け入れるのとは全く次元が異なり、それに州レベルで何か実質的な成果をあげられれば独立運動における人々の政治組織力を強化することになるとボースは答えている。また会議派州政府の成立以降、各地で農民間の不穏や労働者のストライキが盛んになっているが、それは大衆の意識のさらなる成長であると評価する。最後の質問でダットは、ボースがウィーン滞在中に書き終えた著書『インドの闘争』（一九三五年初版）でファシズムについて言及しているが、これについてはどういう見解かと訊いた。これはネルーが一九三三年一二月の新聞声明で、「現在の世界は共産主義の何等かの形態とファシズムの何等かの形態のいずれかを選択しなければならない。…その間に中間的な道はない。誰もが二つのうちの一つを選ばねばならないし、自分は共産主義的理想を選ぶ」と述べたのに対するボースの反論に関するものである。彼はネルーの考えが根本的に誤りであり、自分は「世界歴史の次の様相はファシズムと共産主義の統合であると考えたい」と同書で書いた。彼はこれをもう少し説明して、

共産主義とファシズムとは互いにアンチテーゼをなすものであるが、両者は多くの共通点をもっている。両者とも、個人に対する国家の優越を信じている。両者とも議会主義的民主主義を排除する。両者とも党則を重んじる。両者とも国家の計画的工業再編を主張する。これら共通の特性は新しい統合の根本を形成するであろう。この統合を自分は「サーミャワード（Samyawad）」と呼ぶ。インドの言葉で「統合または均等」の意である。この統合を実現するのがインドの使命である[16]

と続けている。先のダットの問いに対するボースの答えは、同書を執筆してから自分の政治的考えは進んだとしながら、執筆当時は「ファシズムは帝国主義的冒険に未だ乗り出しておらず、それは私には民族主義の攻撃的形態にしか思えなかった」というものであった。著書が執筆・出版された一九三四〜三五年までには、すでにヨーロッパでは各国で反ファシズムの動きが顕著で、日本の中国侵略は国際世論の批判の的となっていたことを考慮すれば、反イギリス帝国主義の意識は強烈であったにしても、ファシズムには甘さがあったと見るべきであろう。この点に関して、独立後のインドで

多くの著述を著して有名となり、一九七〇年にインドを離れてイギリスに定住したニラード・チャウドゥリ（Nirad Chandra Chaudhuri, 1897–1999）の興味深い観察を紹介しておこう。彼は一九三七〜三八年にスバースの兄サラトの私設秘書を務め、彼に代わって会議派指導者への書簡を代筆したりし、この間スバースとも近くで接した経験をもつ。彼はその晩年の半自伝的な著書でボース兄弟の周辺、彼らとガンディーとの関連などを詳しく叙述しているが、その中でとくにベンガルの知識人を念頭に置きながら、「忘れてはならないのは、一九三〇年代にはインドのインテリゲンチャは何ら矛盾を感じないで、親ソヴィエトであるとともに親ナチあるいは親ファシストであった[17]」と書いている。

ボースは病気療養のためのヨーロッパ滞在を終えて一九三八年一月下旬にカルカッタに帰着したが、その留守中にこの年予定されていた会議派ハリプラー大会の議長に選出されていた。彼がロンドンからカラーチーに着いた一月二三日付の電報で、ガンディーは「お帰り。神が君にジャワーハルラール（ネルー）の後継者の重責を担う力を与えられんことを[18]」と祝福している。ただこの選出についてガンディーには迷いもあったようで、人選の過程で彼の腹心とも言うべきパテールに宛てた一九三七年一一月一日付の覚書で次のように述べていた。「私はスバース（ボース）は必ずしも信頼すべき人物でないと思い至った。しかし今（次期会議派の）議長になるべき人物は彼を措いていない[19]」と。このあとの両者の対立の伏線がこの辺りにもすでに見られたというべきか。会議派の中で、とくに右派と目されるグループにはボースの議長就任には強い反対があった。例えば、マドラス（現在タミル・ナードゥ）州知事がインド総督に宛てた書簡（一九三八年一月一九日付）によれば、同州首相で指導的なガンディー主義者として知られるラージャージーとの会話で、ＣＷＣの多数が右派なのにボースのような極端な左派の議長を選出したのは異常だと語ったのに対し、後者は自分としてはそれを阻止する最善の努力をしたのだが遅きに失したと述べた後、次のように付け加えたという。「運営委員会内の多数派である右派はボースの活動を制御し、彼らの望む方向へ彼を導くことが出来るであろう」[20]と。ラージャージーのこの予測は現実のものとなってしまう。

二月に開催されたハリプラー大会でのボースの議長演説は代々の議長演説の中で最も長いものとされる[21]。この演説で彼は先ず、改めて国内での非暴力主義的な大衆運動と、国際的な宣伝によってイギリスに圧力をかけることとの重要さを訴えた。組織的運動との関連で言えば、会議派が労働戦線と農民戦線においてより重要な役割を果たすことの重要性を指摘した。また、一九三五年統治法の柱の一つである、封建的性格の強い藩王国を残す形になる連邦制への反対が強調されている。同法が防衛や外交政策に対する権限、および支出の主要な部分がインド人の管理外にあることにも厳しい批判が加えられた。ボースは、会議派の右派グループの間に、連邦制に関してイギリスと妥協しようという動きがあるとする強い疑いの念を語っており、これが今後パテールらの反感を招くことになる。会議派の組織的な運動によって独立を達成したのちの段階として、ボースは社会主義的路線に沿った発展の道を提示する。経済的側面については、農業の発展のみならず「国家が所有し国家が統制する工業発展の包括的計画」が不可欠であるとし、同年一〇月に発足することになるソ連をモデルとした国家計画委員会の設立を示唆している。その他重要なのは、インド内の統一という観点から、インド諸言語が使用するさまざまに異なる文字をローマ字に統一するという提案を行った点であろう。これは彼が一九三四年にトルコを訪れて実感したことであると述べているが、直ちに採用するのは無理でも将来の選択肢として考慮してほしいと訴えている。[22] この大会では現下の国際問題も広く取り上げられ、日本の中国侵略への批判、日本商品ボイコットの呼びかけ、ヨーロッパにおけるファシストの侵略への批判などが議題に上った。中国への共感はこの年から開始された対中国医療使節団の派遣として実現する。大会は、インドは予想されるいかなる帝国主義的戦争には関与せず、その人的・物的資源がイギリス帝国主義の利害のために利用されることを認めないとの決議を採択した。ただ同決議には、ネルーやその他の左派勢力が求めたような徹底したファシズム非難は含まれていなかった。しかしボースの場合、インドの民族運動のために「イギリスの敵」の助けを活用するという点で他の左派指導者と異なっていた。これは世界の歴史の上にしばしば登場した「敵の困難は見方の好機」という発想であるが、敵とさえ常に交渉の場を維持しようとするガンディーからすれば排除すべきものであった。ボースは、ドイツやイタリアにおける人権侵害に気付かなかったわけではないが、ヒトラーやムソリーニがもしイギリス支配を打倒する手助けとなるならそうした抑圧は無視することも厭わないという立場であった。[23]

このころ全体としての会議派はガンディー派、つまり右派勢力が圧倒的に強く、CWCもボース自身の他には左派と言えるのはネルーだけであった。議長としてのボースは、先に見た計画委員会の立ち上げや対中国医療使節団派遣の実現などに貢献したものの、組織内ではほとんど孤立していた。しかし議長就任の当初はボースもガンディー派との提携を心がけていたようで、ガンディーと衝突して一九三八年七月に中央州の州首相の座を失ったカレー（Narayan Bhaskar Khare, 1884-1970）がその『自伝』の中でボースについて、「議長（ボース）は会議派の四アンナー党員でもないマハートマー・ガンディーの手の中の操り人形である」とまで書いている。[24] しかし当時ボースの近くにいた前述のチャウドゥリの観察によれば、「一九三八年半ばからガンディーは会議派運営に関するボースの能力を評価しなくなり始めており、彼の親密な協力者も彼への不満を表明していた」[25]という。右派の領袖の一人パテールは親しいプラサードへの書簡で、「(病気療養中のプラサードや海外滞在中のネルーが留守の現在、)われわれは自分の仕事のことも知らない議長(ボース)の面倒を見なければならない」[26]などと酷評している。このころのガンディーの文章に会議派内の規律について言及したものがある。彼が組織の主導権を握った一九二〇年のころにふれて、これを「一つの意志、一つの政策、一つの目標と厳しい規律をもって行動する一つの軍隊」と形容している。これに比べると、三〇年代末の現時点での会議派はかつてのような「同質的な(homogeneous)」組織ではなくなってしまったというのが文章の論点である。彼が「同質的」と言う時、それは「真理と非暴力」の信条、カーディー(手織綿布の生産と着用)、ヒンドゥー・ムスリム統合、不可触民差別廃止、禁酒などを内容とする「建設的綱領」への強固な信念で結ばれた組織を意味した。そうした信念を持たない党員や党派が会議派に入り込んでいる現状を改めねば、混沌は避けられないという強い決意が文章から読み取れる。[27] ボースは、一九三八年後半から自分の出身州であるベンガルにおける連合党とムスリム連盟の連立政権に対して、これを打倒して会議派が加わる新たな連合政権を樹立したいとの立場を明らかにしていた。彼が最も言いたかったのは、現在自分たちが参加していない三つの州(ベンガル、パンジャーブ、シンド)の政権に会議派を含む連合政権が出来れば、会議派としては公式に英領インド全体の民意を代表してイギリス政府に対応する立場に立てるということである。ガンディーもこれに関して当初は是認する姿勢を示していたようであるが、一二月にはアーザード、ビルラーなどと諮った結果―とボースは考えた――、態度を変えてそうした形の連立政権への参加に反対を表明した[28]。ボースにはこれは重大な裏切りと映り、ガンディーに宛てた返事で怒りをぶつけている。その返事の最後の部分である。

もし貴方の手紙にあるように未だその決心に固執するのなら、早い時点で私を現在の重責から解き放ってほしい。何故なら私としては、自分自身が国の利益にとって有害であると誠実に信ずるような政策に与することは出来ないからである[29]。

これは正にガンディーへの挑戦と言っても過言ではあるまい。

三　トリプリ大会と会議派の危機

一九三八年一〇月ころになると、次期会議派トリプリ大会の議長の選出問題が表面に出てくる。一九二九年一二月に改定された会議派党規約（Congress Constitution）によれば、先ずいくつかの会議派州委員会（several PCCs）が次期会議派大会開催州に設置された接待委員会（Reception Committee）に対し同大会の議長に適任と見なす人物の名を提示し、接待委員会は提出された人物名を全てのPCCに配布する。全てのPCCが招集された特別会合においてその過半数によって推薦された人物が次期議長となる[30]。しかし一九二〇年にガンディーが会議派の主導権を任されて以来、彼が推薦した人物が全会一致で議長に選出されるのがほとんど通常の慣例となっていた[31]。一九三六・三七年と続いて議長を務めたネルーの場合も例外ではない。

一九三八年の場合、会議派指導部間で意見の交換が見られる早い例がA・K・アーザードから一〇月二八日にパテール宛てに送られた書簡である。当時すでにボースが二年連続での議長就任の意志があることが伝えられており、これに対しガンディーの周辺では党内の有力なムスリム指導者であるアーザードを推す声が強かった。この書簡でアーザードは、

著名な知識人たちが私を訪れてきて、私の立候補拒否はとても残念で、そのためパテールが次期議長になるのではと「恐れており」、彼らはボースが再選されるべきだとするその党派の提案を受け入れるざるを得なくなっていると言う。私がその情報は全く無根拠で、議長選挙の件は未だ議論に上っておらず、私が受け入れるか拒否するか何も言っていないと述べると彼らは大変驚いた。続けて彼らは、運営委員会ではすでにこの問題が出されて、サルダール・パテールの名前が提示される恐れもあり、「彼（パテール）は反社会主義者、反急進主義者と考えられ、連邦制にも強い反対意見を持たず、ヒンドゥー・ムスリム統合にも反対だと見なされているので、会議派をこうした危険から救出するためにスバース・バーブー（ボース）の名を挙げる必要があった」と言っていた。そのために必要なことは何でもやると言うのだが、私は軽率な行動に出ないように彼らを止めた(32)

と書いている。この時期には次期会議派議長選挙に関して、従来と異なり複数候補者間の厳しい選挙戦が予想されたため人々の大きな関心の的になっており、また将来の政治に関心を持つ人々の間に強硬な右派指導者と見られるパテールの存在への懸念が窺える。議長候補者としていくつかの州委員会の推薦によってボース、アーザード、パテール、シータラーマイヤーの四人の名が挙げられた。こ

のうちアーザードはガンディーらに推され、一旦はそれを受け入れながら結局立候補を辞退した。パテールもすでに辞退していた。シータ―ラーマイヤー（Pattabhi Sitaramayya, 1880-1959）は南インド・アーンドラの古手の会議派指導者であったが、ボースに比べれば知名度が低かった。それでもガンディーとしては彼以外に選択肢がなく、一二月二一日に彼がネルーとパテールにそれぞれ送った書簡は短いがそこに大きな苦渋が読み取れる。

マウラーナー（アーザード）が断固として拒絶してきた。従ってこれ以上彼に押しつけるのは妥当だとは思えない。パッタービ（シータ―ラーマイヤー）を考えるのが最良かと思う。(33)

一方、ボースはベンガルを基盤として進歩的な青年層を中心に全国的な名声を享受していた。例えばベンガル出身の著名な詩人タゴール（Rabindranath Tagore, 1861-1941）はボースを「国の指導者（Deshanayaka）」と呼び、政治的に後退を続けてきたベンガルの興隆が彼の肩にかかっていると常々語っており、自ら率先してボースを招いた励ます会を開いている。会議派議長への再立候補に当たって、「自分は政治の舞台から離れている人間」であるとしながらも、選挙には強い関心を示していた。(34)ボースは一九三九年一月二一日に、「最初の声明」と呼ばれるようになる声明を発表して選挙への姿勢を明らかにした。従来と様相が異なる議長選挙であることに読む人々の注意を喚起しつつ、次のように述べている。

このような状況下では、選挙戦は望ましからざるものではないかも知れない。いや増す国際的緊張と、予想される連邦制をめぐる戦いを考慮すれば、新しい年は我ら民族の歴史上重大な年となるだろう。しかしもし、マウラーナーのような傑出した指導者たちによる訴えの結果、大多数の代議員が私の再選に反対票を投じるなら、私は忠実にその決定に従い、普通の兵士として会議派と国に奉仕し続けるだろう。(35)

しかしこれに対して、ガンディーが強い影響力をもつ党内右派グループにはボースの二期連続の再立候補に反発が強く、ボースのCWCメンバーの半数を超える七人――パテール、プラサード、J・ダウラトラーム、J・B・クリパラーニ、J・バジャージ、S・デーオ、B・デサーイー――が、一月二四日付で連名の声明を発表した。声明は従来の全会一致の議長選出に例外が出来るのを遺憾とし、会議派議長の地位は国の統一の象徴ではあるが単なる「議長（chairman）」といういわば名誉職で、出来るだけ多くのすぐれた人物にこの地位を委ねるのが妥当であると説いた。しかも極めて「例外的な状況下以外は」同一人物を再選しないという「規則」に従って、ボースには立候補を再考してほしいと要望している。(36)ボースは翌日反論の声明を発表する。シーターラーマイヤー推薦の件はCWCで論議されたこともなく、それは公正ではない、また「例外的な状況下以外は」議長の再選はないとする規則があるというのも頷けない、それに三五年統治法が狙う連邦制と真に戦うためには左派の議長が必要であるとするのがその趣旨であった。(37)この後選挙投票日である一月二九日の前日まで、シーターラーマイヤー、パテール、そして彼らとは多少立場を異にするがネルーらが次々と声明を出し、これにボースが応えるという論戦が続くことになる。このうちパテールは、連邦制への反対は会議派全体の一致した姿勢であり、それは左派・右派といった議論とは無関係であるとしてボースの再選は意味がないと断定した。(38)ネルーもボースの立候補に反対であったことを明らかにするとともに、従来の議長選挙が会議派の政策・綱領に関する相違を争点にしたことはなく、ボースが問題とする連邦制についても党内には何らの対立もないはずだと反論している。選挙そのものは二義的なものだとしながらも、会議派の政策を実行する上では議長によって違いが出るものであり、その地位は名誉職的な単なる会議の「議長（speaker）」ではないとして、先のパテールの議論を否定した[39]。投票日前日にボースは謙虚さとある種の自信をこめて、自分の立候補の意義を改めて訴えた。少し長いがその部分を以下に引用しよう。

…議長選挙の立候補者として私の名がいくつかの州から提出された時、私はそのことを知らなかった。良くも悪くも会議派の相当部分の人が私の二期目の議長就任を求めている。しかし運営委員会内の何人かの重要な委員はそれを認めていないようだ。…彼らは私が彼らの道具でないから反対するのだろうか。再選は例外的なことであると言われる。しかし会議派の規約には再選を妨げる項目はない。過去に何人かの議長が二期以上を務めてきた。来るべき一年は例外的で重大な年となることが予想されるので、私の再選を求める声が出ている。

サルダール・パテールの（兄サラトへの）電報には、私の再選は国の利害にとって有害だと書いてあるが、これは驚くべきことだ。確かにこの数年は複数の候補者が立つことはなかったが、今回の選挙戦は劇的なものとなるだろう。もし運営委員会内の一グループによる指名でなく代議員による正しい選挙を実施するとなれば、代議員は自由で拘束されない選択をなすべきである。…

民主主義の問題の他に、今回の選挙には別の重要な問題が含まれている。もしわれわれがインドの独立達成のため、会議派内の統一と団結を維持し、また右派と左派が提携して行動するとなれば、会議派議長はその両派の信頼を獲得しなければならない。パンディット・ネルーはこの役割を見事な形で果たした。そしておそらく私は、彼よりずっと劣る程度ではあるが役割を果たしたと、控えめながら主張できようか(40)。

予定通り一月二九日に招集されたAICCの場で、議長選挙の投票が行われた。約三三〇〇人の委員――欠席、棄権も多少あった――による投票の結果、大方の予想に反して、ボースが一五八〇票、シーターラーマイヤーが一三七七票となり、ボースの再選が確定した。しかしこの時点での決着は、次の長い政治劇の幕開けに過ぎなかった。

選挙結果が判明した翌々日にガンディーは新聞声明を発表し、その中で「この敗北は彼（シーターラーマイヤー）のである以上に私のものである」という一文を挿んで読む人々を驚かせた。声明の他の個所で彼は、党員資格を偽る多数の例が報告されるなど党組織の腐敗が急速に進んでいるという、彼の新聞『ハリジャン』で繰り返し述べてきたことを強調しているが、今回の議長選挙にそうした偽党員の増加が関わっていたのではないかとの疑惑を彼はもっていたようである。声明の終わりの部分で、「結局のところ、スバース・バーブーは国の敵ではなく、国のために苦難を積んできた。彼自身の考えでは、その政策や綱領が最も先進的で大胆なものだというのだから、少数派――選挙で敗れた自派を指している――としてはその成功を祈るのみで、もし歩調を合わせられなければ会議派を抜けるべきである」とまで述べているが、これは今後に起こるガンディー派の離脱を予言しているとも感じられる(41)。

これに対する反応は総じて、選挙結果がガンディー自身の立場への不承認ではないという点で一致しているようで、ある新聞はCWC内の右派委員――おそらくパテールを中心としたグループであろうと思われる――の発言や行動に対する反発が背景にあったと指摘している[42]。ボースも声明を出し、ガンディーが「自分の敗北」と述べたことは遺憾であるとし、投票者が決してガンディーへの賛成・反対を表明したのではないことを強調した。ガンディーが声明の中で、「結局のところ、スバースは国の敵ではなく」という表現を用いたことに苦々しさを感じながらそのことにはふれず、自分はしばしばガンディーの公的見解と異なると感ずるとした上で、

マハートマージーが私をどう思っているか知らないが、それがどういう考えであるかにかかわらず、彼の信頼を得るよう努めるというのが常に私の目標である。理由はただ一つ、もし他の人々の信頼を得られたとしても、インドの最も偉大なる人物の信頼を得ることが出来ないなら、それは私には悲劇だからである[43]

と結んでいる。選挙を通じて会議派党員多数の信任を得られたという自信はあったものの、ガンディーがインド人の間でもつ特別な意味を考えれば、ボースとしてもこうした発言をせざるを得なかったのであろう。彼としては自分のもとで会議派を機能させるためには、どうしてもガンディーと彼の指導権を受け入れる党派の人たちの支持が必要であり、新たなCWCも会議派社会党系の活動家は除外して、ネルー以外はほとんど右派の委員で固めた。それにもかかわらずガンディーの姿勢は硬く、二月五日付でボースに「私が見るところ、君が右派と考える古い同僚たちが君の内閣（CWC）で任務を果たすことはないだろう[44]」と書き送っている。ネルーによれば、このあと二月八日にガンディーは彼にCWCを辞任せよとの書簡を送っているが、この段階ではネルーは「他の委員にそうするよう助言するのは私の役ではないし、自分には辞任すべき理由が分からない」と断っている[45]。そうした事態

が進む中で、ボースはなおもガンディーへの接近を図り、病身を押してワルダーのアーシュラムに赴くことを決心した。新聞も、ボースが譲歩すれば会議派が通過しつつある危機的時期は回避できるかも知れないと幾分楽観的な解説をしているが(46)、結局会談は決裂に終わった。

その結果として、二月二二日にパテール、プラサードをはじめとする一二人のCWCメンバーが議長ボースに辞任を申し出た。辞任を申し出た委員の名を挙げれば、アーザード、ナーイドゥ夫人、パテール、プラサード、B・デサーイー、シーターラーマイヤー、S・デーオ、H・マハタブ、クリパラーニ、アブドゥル・ガッファル・ハーン、J・バジャージ、J・ダウラトラームであり、彼らはいずれも出身州の会議派組織のいわばボス的存在であり、会議派の中枢指導部とも言えるこうしたグループの影響力が如何に強力なものかは想像を超えるものであった。一二人連名の書簡は短いが、ボースへの最終的訣別を確実に表明している。

われわれは最近の出来事を注意深く考察し、議長選挙をめぐる貴方のいくつかの声明を読んだ。貴方の不幸な病気と引き続くわれわれの会議の取り消しによって、われわれの見解を示すことが出来なかった。

現段階では、われわれ署名者は運営委員会の委員を辞任することを申し入れるのがわれわれの義務と感ずるとだけ言えば十分だろう。われわれは貴方が自分の見解を代弁する内閣を選ばれることを望む。

われわれはインドが、会議派内の相対立する異なるグループ間の妥協に基づかない明確な政策をもつべき時が来たと感じている。

それ故、多数派の見解を代弁する同質的内閣を選ぶことが正しいだろう。貴方が提示する政策でわれわれが歩調をともに出来ると考えるところでは可能な限り協力することを信じてもらいたい。(47)

ガンディー自身の言葉をそのまま綴った文章と言ってもよい内容である。同じ日にネルーは別個に声明を発表した。その中で彼は、議長選挙以来錯綜する状況が続く間、それをいっそう複雑にしないように自分は意見を述べるのを控えてきたと前置きして、CWCの同僚の中にイギリス側との妥協の動きがあるとするボースの発言は甚だ遺憾であるとしつつ、議長である彼が病床にあるためCWCの会合も開かれない状況では自分も何らかの態度を示す必要を感ずると述べて、以下のような「態度表明」を行っている。

過去において私はしばしば自分は運営委員会に属すべきでないと感じたことがある。現時点ではその思いはいっそう強い。何故なら議長選挙後の今日のような背景の中では、こうした高い地位の責任を受け入れることが出来るとは思えないからだ。私は、議長（ボース）は自由に自らの政策に従い、その政策に賛同するものから彼の同僚（委員）を選ぶのが正当であると主張する人たちと同意見である。(48)

内容的に不明瞭なものであるが、実質的にこれが彼の辞任表明となった。このような会議派指導部の動きに対して一般紙の反応には厳しいものも多かった。中立的な『トリビューン』紙は先の一二人の辞任について、ボースの回復を待って次のCWCを開こうとしなかったことを不満とし、彼と向き合って話し合える事柄についてはあらゆる協力をしようと明言した態度にも完全に矛盾すると強い調

子で批判した。CWCの構成についても異論を呈し、

他の点でもわれわれの見解は、マハートマーや辞任を表明した委員のそれとははっきりと異なる。もし会議派が統一戦線であるべきなら、その政策・綱領は切り取ったような明確な形でなく、すべての主要なグループの間の最大の合意を代弁しなければならない。会議派が現時点で（前者のような）政策・綱領を採択することは、統一戦線としてのその性格を終息させてしまうからである(49)

という尤もな議論を展開させている。左派系の『インデペンデント・インディア』紙はネルーの声明に批判的で、それが「曖昧な攻撃」以外の何ものでもなく、むしろ彼の行為の客観的結果は「左派を弱め、右派を計り知れず強化した」とまで評した(50)。

イギリス側は事態をどのように見ていたのか、ここにインド総督リンリスゴウが、ベンガル州知事を務めた経験のあるインド担当大臣ゼットランドに宛てた書簡がある。会議派の内紛は当然ながら彼らの強い関心を引いているが、リンリスゴウはボースの立場にふれて、彼がどんなに抵抗してもマハートマーと前CWC委員たちを相手にして有利に戦うことは無理だし、自ら規律を欠いた責を取らねばならないだろうと冷静な状況判断を示した。会議派の今後の行方については、「現状を見る限り、トリプリの結果がどんなものであれ、会議派内の二派間により深くより本格的な分裂が生じる材料があるように思われる」との予測を伝えている(51)。

第五二回の会議派大会は一九三九年三月一〇日より一二日まで、中央州の小村トリプリで開催された(52)。大多数の委員が辞任していたので、CWCを欠いたままの大会であった(53)。病気を押して当地にや

ってきたボースであるが、病状が悪化して大会への出席は出来ず、用意された議長演説は兄のサラトが代読するという前代未聞の出だしであった。その演説は前年のそれが会議派史上最長であったのと対照的に記録的に短いものとなった。この短い議長演説の内容は多岐にわたらず、ほとんどが大規模な戦争の危機が迫った国際関係の中でインドが進むべき運動の方向に絞られた感がある。ハリプラー大会以降の緊張した国際情勢に直面したインドが採るべき道としてボースが大会に提起したのは、「スワラージ（完全独立）」の課題を掲げ、最後通牒の形で自分たちの民族的要求をイギリス政府に突きつけることであった。それはガンディーやネルーと違ったボースの「読み」である。

…われわれはわれわれの民族的要求を最後通牒の形でイギリスに突きつけ、同時に返答が返されるべき一定の制限時間――ボースは六か月という期限を念頭に置いていた――を申し入れるべきである。もし返答がなされなければ、その要求を押し通すためにわれわれの手にある制裁手段に訴えるべきである。今日われわれがもつ制裁手段とは大衆的不服従運動すなわちサティヤーグラハ運動である。しかも、今日イギリス政府は全インド的サティヤーグラハ運動のような大きな闘争に長期間立ち向かえる立場にはない。

会議派の中に、イギリス帝国主義に大きな攻撃をかけるような時期は未だ実っていないと考えるような悲観的な人々がいることは嘆かわしい。しかし徹底して現実主義的に時局を見れば、悲観主義が立ち入る場は全くないように思える。会議派が八州で政権にあり、われわれの民族組織の力量と威信は上がった。大衆運動は全英領インドを通じて相当に前進してきた。最後だが重要なのは、藩王国内での前代未聞の政治的覚醒がある。特に国際状況がわれわれにとってこれだけ

有利な時、われわれの歴史の中でスワラージへ向けての最終的前進のためにこれ以上の好機があるだろうか。(54)

一方このころガンディーは、グジャラートの小藩王国であるラージコートにおける人権問題で藩王国政府に対する抗議の断食に入っていたため、国内に暗い雰囲気が立ちこめていた。彼はこの小藩王国の問題に異常な関心を注ぎ、トリプリ大会への参加も断っていた。しかし大会にはパテールやプラサードなど先にCWCを辞任した人々を含め、ほとんどの主だったガンディー派の指導者は出席していた。ボースは日程のほとんどに出席できない状況で、アーザードが議長を代行した。

それまでにない混乱を伴った議長選挙のあとであるため大会では激しい発言が飛び交ったが、大会最終日に一つの大きな動きがあった。いわゆる「パント決議案」である。パント（Govind Ballabh Pant, 1887-1961）は忠実なガンディー主義者として知られる古参の会議派活動家で、一九三七年以降連合州の州首相の座にあった。彼がＡＩＣＣに提出した決議案は、過去二〇年間「マハートマー・ガンディーの指導下で」遂行されてきた会議派の基本的政策に忠実であるべきことを前提とし、これまでの危機的状況においてそうであったように、ガンディーのみが国を勝利に導き得るという事実に鑑み、「会議派議長はガンディージーの願望に従って次年度の運営委員会を任命する」ことを要請している。(55)この提案に対してさまざまな賛否の議論がなされたあと、パントは提案が決して議長ボースに対する「不信任」動議でない点を強調しつつも、先の議長選挙がガンディーの政策・原則への不同意であったのだから、ボースとしてはそれまでのようにガンディーの助言・指導を求めることは出来ないと断言する。従ってガンディーの指導を求めるならこの決議案を受け入れざるを得ないだろうというのがパントの論理である。その上で、インドにおけるガンディーの位置の再確認を迫るような発言を続けた。パント曰く。どこであれ国家が発展したのは、ある人物の指導の下においてである。ドイツはヘル・ヒトラーに依存した。人々が彼の手段に同意したかどうかにかかわらず、ドイツがヘル・ヒトラーの下で発展したことは否定できない。同様に、イタリアはセニョール・ムソリーニのために興隆し、またロシアを起ち上げたのはレーニンである。自分としてはヘル・ヒトラーやセニョール・ムソリーニが行った多くのことは嫌いであるが、彼らの多くの欠点にかかわらず国民は彼らを愛し尊敬した。インドについてみれば、わが国にはマハートマー・ガンディーという利己心を全くもたない一人の人物がいる。ならば、われわれはそうした利点を十分に活用すべきではないのか、と(56)。記録によれば、最後の部分では聴衆は笑い声をあげたそうであるが、これは明らかに独裁的権威を期待する声である。論議延期の動議も出されたが否決され、最終的な投票の結果、賛成二一八票、反対一三五票（出席議員三七八人、会議派社会党は棄権）となりパント案はＡＩＣＣで採択された。左派系の新聞はもちろん、ガンディーに近いとされる『アムリタ・バーザール・パトリカー』紙さえも、「会議派は今、単一の指導者、厳密な規律性と多かれ少なかれ明確に規定された綱領をもつ政党機関に変容しつつある。異なる思想や綱領をもつ新しい党派の形成はもう奨励されなくなった(57)」と書いている。

このあと四月中旬までガンディーとボースの間で数十通の書簡と電報が交わされるが、両者の立場は平行線を辿った。特にボースが三月二五日にガンディーに送った書簡は、従来の自説の主張と妥協の線を模索しようとする意図が入り交じった内容になっている。彼は「議長を操り人形のように位置づける」パント案は会議派党規（議長選挙に関する第一五項）に反する超権能的（ultra vires）なものであると主張する一方、議長が選ぶCWCはあくまで異なる党派・グループで構成されるべきであり、各派の代表者数については妥協の用意があると示唆する。最後にこの書簡で自分の述べていることは、「先の議長選挙、特にトリプリ大会以降に起こった出来事にもかかわらず、会議派内のすべての党派が未だ協同できるという前提に立っている」としてガンディーの協力を求めている。[58]これに対するガンディーの返事は、ボースは何にも縛られず自由にCWCを選ぶべきであるとしながらも、基本原則の異なる党派が混在する委員会は「有害である」という主張を繰り返すのみであった。会議派内の「ガンディー派（Gandhiites）」――この表現は誤っていると彼は指摘しているが――について、彼らは（ボースに）協力できるところでは協力するが、彼らが多数派となれば自らを抑えることはないだろうと、右派による巻き返しの可能性を示唆している。[59]三月三一日付の返書で、ボースが自分に議長辞任の圧力がかかっているが、自分としてはそれに抵抗するし、もし辞任すればそれは会議派政治の新たな局面の始まりとなり「苦痛に満ちた内戦」の開始となろうと書くと、ガンディーはボースが自らの見解を委員会に提出すべきだが、もしそれが受け入れられない時は「君は辞任し、委員会にその議長を選出させるべきだ」[60]と初めてボース自身に彼の辞任について述べている。この間、ボースとネルーの間にも多くの――中にはそれぞれの著作集で一〇数ページに及ぶ長いものもある――書簡が交換されたが、ボースのネルーへの不信感は次第に募っていき、辞任を決める少し前に在英中の甥に宛てた書簡には、「危機にある中で、私個人にとって、そしてわれわれの大義にとって、誰よりも大きな傷を負わせたのはパンディット・ネルーだった」[61]という表現まで使われている。

一方ネルーの立場について言えば、ガンディーとボースの間にあって苦悩する姿が当時の彼の書簡から読み取れる。四月一七日付のプラサードへの書簡では、会議派が陥っている行き詰まりに対して自分はどうしていいのか分からず、沈黙しているほかない、現在の混乱を解決できる数少ない人物として君に助けてほしいと「泣き言」に近い言葉を記している[62]。同日ガンディーに宛てた書簡では、「スバースには多くの弱点があるが、友好的に接触すれば動かされ易い人間なのだ」とボースの気性を指摘し、ガンディーにもボースに対する同じような対応を求めた。その上で、そのため自分としてはボースに「運営委員会の構成メンバーの提案について完全に貴方に委ねる」ように助言するから、「どうか彼を会議派議長として受け入れてほしい」と懇願している[63]。ところがこれも同日付アーザードへの書簡では、「残念ながらスバース・バーブーはトリプリ大会以前と全く同じ立場である。彼がトリプリ決議に従って行動し、事態を改善してくれる望みはない」と極めて悲観的である[64]。結局ガンディーからは、CWCの構成についてボース自身が同じ路線を追求するメンバーで固めるべきであるという従来の主張しか引き出せなかった。ボースは前年の委員たちの同意も得られない状況で、最終的に四月二九日、カルカッタでのAICCの席上辞任を表明した。ボースの辞任声明は極めて短いものであったが、その中で彼は「インドおよび国外でわれわれが直面している危機を考慮すれば、可能な限り大多数の党員の信頼を集め、会議派全体を代弁するような混成の内閣をもつべきである」という自らの確信を述べ、新しい議長の下でAICCが事態を処理することを願うという言葉で結んでいる[65]。ネルーがボースに議長辞任撤回を求める動議を提出したが、ボースはこれを拒否し辞任が決定した。ボースの辞任に当たって師タゴールから寄せられた次のメッセージは、彼にとって最大の慰めであったと推測される。

重大な状況の只中で君が示した品位と自制は、君の指導力に対する私の賞賛と信頼を勝ち取った。その同じ礼儀正しさは、ベンガル自身の自尊心のために持続されるべきであり、それによって君の見かけ上の敗北を恒久の勝利へと転換させる手助けとならねばならない(66)。

大会ではこの事態を党規約で言う「非常時」と見なし、AICCが議長を選出することとなりプラサードが選ばれた。直ちに任命されたCWCにはネルーおよび会議派社会党のメンバーの名はなかった。

むすびにかえて――新たな政治危機

会議派議長を辞任したボースはカルカッタを拠点にフォーワード・ブロック(Forward Block)という政治組織を立ち上げるが、この段階では未だ会議派を離脱する意図はなかった。しかし六月にこの組織を中心に会議派社会党、インド共産党、急進的民主党などを糾合して左翼統合委員会(Left Consolidation Committee＝LCC)を発足させると、ガンディー派を中心とする会議派指導部の間に危機感が漂い始めた。

同委員会の結成と同じころガンディーの草案になる決議案がAICCに提出され、採択された。同決議には、海外インド人労働者の人権擁護に関わるもの、アーンドラ州のマドラス州からの分離を求めるものなどとともに、「いかなる党員も州会議派委員会の事前の了承を得ずして、インド内の行政州(英領インド)においていかなる形のサティヤーグラハも行ってはならない」という指令が含まれていた[67]。自由に大衆的運動を行うことを禁ずるこの決議に対しては一般紙も否定的な論説を載せたが、ベンガルでは特に反対の声が強く、会議派ベンガル州委員会（ＢＰＣＣ）はこれを遺憾とする決議を行い、かつ七月九日にＬＣＣによる反ＡＩＣＣ決議の大衆集会を開催することを決めた。ネルーはＡＩＣＣ決議には反対であるとしながらも、「党内の不一致を生み出し、隊列を弱める」として抗議集会の否定的性格を批判した[68]。抗議集会はベンガルのみならずマハーラーシュトラ、中央州などの各地で開かれ、「スバース・バーブー、ジンダーバード（万歳）」といったシュプレヒコールが叫ばれたと新聞は報道している[69]。ボースのこうした行動に対する会議派中枢の対応は厳しく、八月一一日のＣＷＣにおいて、それは「会議派内に完全な無秩序」を招きかねない「極悪な規律違反」であると断じた。ＣＷＣの決議はその上で、ボースにこの時点から三年間ＢＰＣＣ議長としての資格を剥奪するという懲戒処分を科した[70]。しかもこのあとのボースと会議派議長プラサードとの数度に及ぶ電報のやりとりを見ると、結局会議派指導部はボースのＢＰＣＣ議長辞任のみならず、ＡＩＣＣそしてＢＰＣＣメンバーの資格をも剥奪していることが分かる[71]。

ネルーが七月一一日付でプラサード宛てに送った書簡はボースたちの抗議集会に対する反対を伝える内容であったが、その中でかねてより強い関心を寄せていた日本軍の侵略下にある中国への訪問にふれている。すでに在ロンドン中国大使からも訪中を勧められており、最終的な蒋介石政府からの反応を待っている状況であったが、この時の情勢を彼なりに次のように分析している。

今直ちに戦争になるとは考えられないようである。しかしそれを確信するのも大変難しいことで、このあとの六週間が非常に重要でである。この六週間に何もなければ中国行きの私の計画を

固守するつもりである。(72)

第二次世界大戦は九月一日のドイツ軍によるポーランド侵攻で始まるので、ネルーの予想は約二週間外れたことになるが、「ほぼ予定通り」彼は八月二一日に中国を訪れた（九月七日帰国）。大戦勃発と同時に総督リンリスゴウはイギリスとともにインドも参戦するという内容の声明を発表し、これによってインドの世論は大きく動かされる。ＡＩＣＣは九月一四日に声明を発表し、イギリスが戦争は民主主義と自由・独立のためとするなら、戦争の目的がインドに如何に適用されるのかを明確にすべきであり、反ファシズムの戦争への参加は自由で民主主義的インドにして初めて可能であるとして、直ちに独立を容認するよう求めた。イギリスがこれを拒否したため、ＡＩＣＣはこれに抗議し、インドはイギリスの戦争には関わらないとの意思表示のため一一月二二日に全国の会議派州政府に自発的辞任を指令した。会議派がこうして各州の行政から退いたため、イギリスはムスリム連盟への依存を強めるようになり、連盟も公式の声明は出さないが実質的にイギリスの戦争行為を支持した。これによって政治的発言力を強めた連盟は一九四〇年三月のラーホール大会においてムスリム国家（パキスタン）創設を決議するに至る。この段階では連盟党員の中にも疑念・躊躇があったようであるが、七年後の分離独立への確かな一歩になったことは疑いない。戦時下にあって全国的に反英運動は低調な過程を辿っており、会議派からほとんど追放状態にあったボースもカルカッタを中心に限られた活動を余儀なくされていたが、一九四〇年七月に逮捕される。イギリス支配の象徴である記念碑の破壊運動に加わったというのが公式の理由とされるが、会議派の役職を失ったとはいえ、ベンガルでは多大な影響力を維持するボースの脅威は植民地当局にとって無視し得ないものであったろう。(73)このあとボースは、一九四一年一月に軟禁状態にあった自宅から「謎」とされる脱出を遂げ、ドイツ次いで日本に亡命して彼なりの反英運動を続けるのであるが、それらの詳細については堀江洋文氏の論文[74]に譲りたい。

こうしてみてきたように、一九三九年に会議派という組織を襲った大きな内部的危機が、それに続く時期、もう一つのより大きな危機に包み込まれる形で、インドは歴史の次の段階へと踏み出していくことになる。

注

（1）一口に「藩王国（Rajwada、英語ではPrincely State）」と言っても、ヴェージャノネス（面積〇・八㎢、人口二〇六人）やガーンドール（一・四㎢、二二九人）など村のような規模から、ジャンムー・カシミール（二二万㎢、三六〇万人）やハイダラーバード（二一万㎢、一四〇〇万人）のような巨大なものまでさまざまであった。その総数については、五五〇前後から六〇〇台まで統計によってかなりの違いが見られるが、微小なものを「藩王国」として分類するかどうかに依っているのではないかと思われる。ここでは、会議派も密接に関わった全インド藩王国人民会議が発行したパンフレットの数字に従って584とした（All-India States Peoples' Conference [Foreword by Jawaharlal Nehru], *What Are the Indian States?*, Allahabad, 1939, p. 7）。

（2）Presidential Speech by Rajendra Prasad at the 48th Session of the Congress in Bombay, 26th October 1934（Valmiki Choudhary ed., *Dr. Rajendra Prasad: Correspondence and Select Documents*［以下、*RPCSD*と略記］, Vol. 1, Allied Publishers, New Delhi, 1984, p.237）.

（3）Presidential Speech by Jawaharlal Nehru at the 49th Session of the Congress in Lucknow, 12 April 1936（S. Gopal ed., *The Selected Works of Jawaharlal Nehru*［以下、*SWJN*と略記］, Vol. 7, Orient Longman, New Delhi, 1975, pp .180-187）.

（4）Letter from Prasad and Others to Nehru, June 29, 1936（J. Nehru, *A Bunch of Old Letters*, Oxford University Press, Delhi, 1990 [Reprint: 1st edition in 1958], pp.188-191）.

（5）J.N. Varma, *The Government of India Act, 1935*, Popular Book Depot, Bombay, 1937, pp. 719-754.

（6） Resolution of the All-India Congress Committee, 17 March 1937（Maurice Gwyer and A. Appadorai eds., *Speeches and Documents on the Indian Consitution 1921-47*, Vol. I, Oxford University Press, London, 1957, pp. 392-393）.

（7） Letter from G.D. Birla to J.G. Laithwaite, March 17, 1937（G.D. Birla, *BAPU: A unique association*, Vol. 2, Bharatiya Vidya Bhavan, Bombay, 1977, p. 334）.

（8） V.P. Menon, *The Transfer of Power in India*, Orient Longman, Calcutta, 1957, pp. 56-57.

（9） Roman Hayes, *Subhas Chandra Bose in Nazi Germany: Politics, Intelligence and Propaganda 1941-43*, Hurst & Company, London, 2011, pp.10-11. ヒトラーの著書の中でインド人を刺激した別の文章は次のようなものである。すなわち、「自分は今でも憶えているが、一九二〇－二一年のころ、突如として民族主義の連中の間から訳の分からない子供じみた希望が起ってきた。英国はインドにおいて崩壊に瀕しているというのだ。当時ヨーロッパをうろつき歩いていたアジアの香具師ども（Asiatic mountebanks）が、普通ならば全く理性的な人々の頭にまで、インドに足場をもっている英国世界帝国は他ならぬインドで崩壊に瀕しているという妄想を植え付け了せたのだった」。または、「自分はゲルマン人として、インドは他国の手にあるよりも英国の統治下にあった方がよいと常々思っていた」という。（A・ヒトラー『吾が闘争』［真鍋良一訳］、下巻、興風館、一九四二年、四四八－四四九ページ）。ボースとヒトラーとの会見は一九四二年五月に実現する。

（10） Letter from Bose to Nehru, October 4, 1935（J. Nehru, *op. cit.*, pp.123-124）; Letter from Bose to Nehru, March 4, 1936（Nehru, *ibid.*, pp. 172-173）

（11） S. Gopal, *Jawaharlal Nehru: A Biography*, Vol. 1, Oxford University Press, Bombay, 1976, p .199.

（12） Letter from Bose to Nehru, March 13, 1936（J. Nehru, *op. cit.*, pp .174-176）.

（13） Letter from Nehru to Bose, March 26, 1936（S. Gopal ed., *op. cit.*, p .407）.

（14） Cable from Nehru to Bose, March 27, 1936（*ibid.*, p. 408）.

（15） S.C. Bose, "Report of a London Interview", Bose, *Crossroads: Being the Works of Subhas Chandra Bose 1938-1940*, Asia Publishing House, Bombay, 1962, pp.29-31.

（16） S・チャンドラ・ボース『闘へる印度』（総合インド研究室訳）、総合インド研究室、一九四三年、四六八－四七〇ページ。

（17） Nirad C, Chaudhuri, *Thy Hand, Great Anarch: India: 1921-1952*, Chatto & Windus, London, 1987, p.504.

（18） Telegram from Gandhi to Bose, January 23, 1938（*The Collected Works of Mahatma Gandhi* 以下、*CWMG* と略記］, Government of India, New Delhi, 1999, Vol. 72, p. 442.

（19） Gandhi, "Note to Vallabhbhai Patel", November 1, 1937（*CWMG, ibid.*, p. 380）.

（20） Basudev Chatterjee ed., *Towards Freedom: Documents on the Movement for Independence in India*, 1938, Part1, Oxford University Press, New Delhi, 1999, pp. 25-26.
（21） Leonard A. Gordon, *Brothers Against the Raj: A Biography of Indian Nationalists, Sarat & Subhas Chandra Bose*, Rupa, New Delhi, 2012（paperback, 1st edition in 1990）, p. 350. 実際、彼の選集で二八ページに及ぶ。
（22） S.C. Bose, "The Haripura Address", Sisir K. Bose and Sugata Bose eds., *Netaji: Collected Works*［以下、*NCW* と略記］, Vol. 9（January 1938-May 1939）, Permanent Black, Kolkata, 2004（paperback, 1st edition in 1995）, pp.3-30.
（23） Gordon, *op. cit.*, p. 352.
（24） N. B. Khare, *My Political Memoirs or Autobiography*, J.R. Joshi, Nagpur, 1959, p. 19.
（25） Chaudhuri, *op. cit.*, p. 501.
（26） Letter from Patel to Prasad, July 15, 1938（*RPCSD*, Vol. 2, pp. 67-68）.
（27）"That Unfortunate Walk-Out", *Harijan*, October 15, 1938（*CWMG*, Vol. 74, pp. 86-87）.
（28） Letter from Gandhi to Bose, December 18, 1938（*CWMG*, Vol. 74, pp. 325-326）. ガンディー選集には入っていないボース宛の書簡で、ガンディーは彼の考えにある連立政権の性格について、「もし栄誉と品位をもつ連立政権を樹立できるなら、われわれは躊躇なくそうするだろう」と述べている（Letter from Gandhi to Bose, December 22, 1838, in Chaudhuri, *op. cit.*, p.483）。
（29） A letter from Bose to Gandhi, December 21, 1838（*NCW*, op. cit., pp. 122-126）.
（30） H.N. Mitra, ed. *The Indian Annual Resister*（以下、Mitra, *IAR* と略記）, 1930 Vol. I, The Annual Resister Office, Calcutta, 1930, p.363. この部分が一九三九年六月の改定によって次のように変わる。つまり、一〇名の代議員が連名で、次期議長として選出したい代議員あるいは議長経験者の名を会議派全国委員会（ＡＩＣＣ）事務書記長宛てに提出すると、ＡＩＣＣ書記長は（推薦を辞退した以外の）候補者名を各ＰＣＣに回覧し、定められた日に各代議員はそれぞれの州で適任とする候補者への票を登録する。ＰＣＣから各候補者への有効票についての報告を受けたＡＩＣＣは、投票数の半数以上の最大票を得た候補者を次期議長として発表する。（Mitra, *IAR*, 1939, Vol. I, 1939, p.363）これは同年一月の議長選挙の混乱状況に対応する措置であったと思われるが、これ以降もガンディーの発言力に変化が見られることはなかった。
（31） D.P. Mishra, *Living an Era*, Vol. I（India's March to Freedom）, Vikas Publishing House, Delhi, 1975, p. 309.
（32） Letter from Azad to Patel, October 28, 1938（*RPCSD*, Vol. 2, Enclosure, p. 130）.
（33） Letters from Gandhi to Nehru and Patel, December 21, 1938（*CWMG*, Vol. 74, p. 235, p. 237）.

(34) Letters from Tagore to Bose, November 20, 1938, 14 January 1939, 19 January 1939 (*NCW*, Vol. 9, pp. 236, 238, 239).
(35) Bose,"The Tripuri Presidential Election Debate", Bose, *op. cit.*, (*Crossroads*), pp. 87-88.
(36) "Statement of Vallabhbhai Patel and Others", 24 January 1939 (*NCW*, Vol. 9, pp. 69-70).
(37) "Second Statement of Subhas Chandra Bose", January 25, 1939 (*ibid.*, pp. 70-73).
(38) "Statement of Vallabhbhai Patel", January 25, 1939 (*ibid.*, pp. 76-78).
(39) "Statement of Jawaharlal Nehru", January 26, 1939 (*ibid.*, pp. 79-81).
(40) "Fourth Statement of Subhas Chandra Bose", January 28, 1939 (*ibid.*, pp. 84-87).
(41) "Gandhi's Statement to the Press", 31 January 1939, (*CWMG*, Vol. 74, pp. 13-15). 同じころの『ハリジャン』(一月二八日付)の論説は会議派の「内部崩壊」を取り上げ、党員と偽っての投票などの不規律を厳しく糾弾しているが、最後の個所の「私には会議派の現状から無政府状態以外の何ものも見えない」という言葉には強い危機感が込められている。(*ibid.*, pp.437-438)
(42) *Bombay Chronicle*, February 2, 1939 (Mushirul Hasan ed., *Towards Freedom*, 1939, Part 2, Oxford University Press, New Delhi, 2008, pp. 1202-1203).
(43) "Fifth Statement of Subhas Chandra Bose", February 4, 1939 (*NCW*, Vol. 9, pp. 89-90).
(44) Letter from Gandhi to Bose, February 5, 1939 (*CWMG*, Vol. 75, pp. 40-41).
(45) Letter from Nehru to Gandhi, February 9, 1939 (Uma Iyengar and Lalitha Zackariah eds., *Together They Fought: Gandhi-Nehru Correspondence 1921-1948*, Oxford University Press, New Delhi, 2011, pp. 354-355). なおこの編者によれば、この時のガンディーからの書簡(二月八日付)は入手不能であるという。(*ibid.*, p. 355 の注 684).
(46) *Tribune*, February 15, 1939 (Mushirul Hasan ed., *op. cit.*, pp.1210-1211).
(47) Resignation Letter of Congress Working Committee Members, February 22, 1939 (*CWMG*, Vol. 75, Appendix III, pp. 453-454).
(48) "Nehru's Statement on the Re-election of Subhas Bose", February 22, 1939 (S. Gopal ed., *op. cit.*, Vol. 9, 1976, pp. 485-487).
(49) *Tribune*, February 24, 1939 (M. Hasan, ed., *op. cit.*, p. 1213).
(50) *Independent India*, February 26, 1939 (*ibid.*).
(51) Letter from Linlithgow to Zetland, February 29, 1939 (*ibid.*, p. 1230).
(52) 一九三六年のラクナウー大会で採択された「大衆との接触(Mass Contacts)」という党組織拡大の方針と、ガンディーの

「都市を村と村人に戻す」というスローガンに基づき、年次大会を従来のような都市ではなく、各地の小さな村で開催することになった。（Pattabhi Sitaramayya, *The History of the Indian National Congress 1935-1947*, Vol. 2, New Delhi, 1969 [Reprint, 1st edition in 1947], p. 28）こうして一九三六年はマハーラーシュトラのファイズプール、三七年はグジャラートのハリプラー、三九年は中央州のトリプリ、四〇年はビハールのラームガルと、大きな全インド地図に載らないような小村で大会が開催された。

(53) 各年次大会の最終日に、議長によってCWCの任命が行われ、それまでは前回大会の委員がそのままCWCに留まるのが通常であった。

(54) Presidential Address by Subhas Chandra Bose at the 52nd Session of the Indian National Congress in Tripuri, March 10, 1939 (Bose, *op. cit.*, [*Crossroads*], pp.108-111).

(55) Mitra, *IAR*, 1939, Vol. I, p. 332.

(56) *ibid.*, pp. 335-336.

(57) *Amrita Bazar Patrika*, March 15, 1939 (Mushirul Hasan ed., *op. cit.*, pp. 1257-1258).

(58) Letter from Bose to Gandhi, March 25, 1939 (*NCW*, Vol. 9, pp. 127-130).

(59) Letter from Gandhi to Bose, March 30, 1939 (*CWMG*, Vol. 75, pp. 217-218).

(60) Letter from Bose to Gandhi, March 31, 1939 (*NCW*, Vol. 9, pp. 137-143); Letter from Gandhi to Bose, April 2, 1939 (*CWMG*, Vol. 75, pp. 223-226).

(61) Letter from Bose to Amiya Nath Bose, April 17, 1939 (Bose, *op. cit.*, [*Crossroads*], pp. 112- 114).

(62) Letter from Nehru to Prasad, April 17, 1939 (*SWJN*, Vol. 9, p. 556).

(63) Letter from Nehru to Gandhi, April 17, 1939 (J. Nehru, *op. cit.*, pp. 379-381).

(64) Letter from Nehru to Azad, April 17, 1939 (J. Nehru, *ibid.*, pp. 381-382).

(65) Bose,"Statement on Resignation from Congress Presidentship", at the meeting of the All- India Congress Committee held in Calcutta on April 29, 1939 (*NCW*, Vol. 9, pp. 107-109).

(66) *ibid.*, p. 109.

(67) Mitra, *IAR*, 1939, Vol. I, pp. 356-358.

(68) *Amrita Bazar Patrika*, July 12, 1939 (Mushirul Hasan ed., *op. cit.*, pp. 1332-1333).

(69) *Hitawada*, July 14, 1939 (*ibid.*, pp. 1344-1346).

(70) "Congress Working Committee Resolution", August 11, 1939 (*CWMG*, Vol. 76, pp .226-227). ガンディーは八月二三日の新聞声明で、同決議の草案は自分が書いたと語っている。同じ声明の中で彼は、予想される戦争に対する非暴力を軸とする自分の考えが、会議派の同僚たちのそれと異なることなどにふれて、会議派との公式な関係の撤回を示唆している。(*Harijan*, August 26, 1939, in *CWMG*, Vol. 76, pp. 258-260).

(71) Telegrams from Bose to Prasad, August 11 ; from Prasad to Bose, August 11 ; from Bose to Prasad, August 14 ; from Prasad to Bose, August 14 : From Bose to Prasad, August 16 ; from Bose to Prasad, August 16 ; from Prasad to Bose, August 16 ; from Bose to Prasad, August 19 , 1939 (*RPCSD*, Vol. 4, pp. 25, 30, 30-31, 31-32, 40, 42, 48).

(72) Letter from Nehru to Prasad, *RPCSD*, Vol. 3, p. 159.

(73) この「象徴」とは現在で言う旧ウィリアム砦で、一七五六年にベンガルのナワーブによって小さな部屋に閉じ込められた一〇〇人以上のヨーロッパ人が窒息死したとされる。生き残った二三人の一人が当時のウィリアム砦の司令官J・Z・ホーウェルで、のち一九〇二年にインド総督カーズンが建物――今でも「カルカッタのブラック・ホール」として知られる――の前の大通りに記念碑を建てて「ホーウェル・モニュメント」と名付けた。しかしベンガル人にはこの話は全くの「神話」として受け取られており、このイギリス支配の象徴を破壊しようという動きが続いていた。なお、これに関する興味深い次のような研究書が最近に出版された。Partha Chatterjee, *The Black Hole of Empire: History of a Global Practice of Power*, Princeton University Press, Princeton and Oxford, 2011, 425pp.

(74) 堀江洋文「スバス・チャンドラ・ボースの再評価」『専修大学人文科学研究所月報』第二七六号、二〇一五年五月、四三～七九頁。

第3章 ガンディーとアンベードカル ——「不可蝕民問題」をめぐって

はじめに

世界一長文の憲法と言われるインド連邦憲法（原文は英語）は、一九五〇年に成立して以来「一貫して立憲主義と基本的人権保障の準則として機能してきた」(1)という点で、しばしばクーデタや軍政に見舞われてきたアジアの国々の中では極めて稀有な存在であろう。同憲法はその「前文」で、すべての市民に対して「社会的、経済的および政治的正義、思想、表現、信条および崇拝の自由、地位および機会の自由」を保障し、本文に目を遣ると、「国内においてすべての人が法律の前で平等である」と述べる第一四条に続いて、第一五条では「宗教、人種、カースト、性別または出生地に基づく差別の禁止」を謳っている。ただここに宗教や人種などとともに「カースト」が挙げられている点にインド社会独自の歴史の反映を見ることが出来るが、同時に他の条項のどこにも「カーストの廃止」と明言されていないところに、先述したような近代民主主義的な規定にそぐわない、インド社会が抱える苦渋のようなものが感じられよう。

カーストとの関連で、その最も極端な側面として世に知られてきた「不可蝕民差別（Untouchability）」については、憲法は相当踏み込んだ規定を行っている。独立前、イギリス＝インド政庁は「一九三五年インド統治法（Government of India Act, 1935）」に基づく「一九三六年規定」によって、従来さまざまな呼称があった不可蝕民カーストを「指定カースト（Scheduled Castes）」と位置づけて一定の保護政策を施していたが、独立後のインド憲法もこの「指定カースト」を正式の呼称として採用し(2)、連邦および州の立法議会における議席の留保をはじめとする保護・優遇政策を盛り込んでいる。また憲法は第一七条において「〝不可蝕民差別〟は廃止され、いかなる形でのその慣行も禁止される」と規定し、さらにこの条項は「一九五五年不可蝕民差別（犯罪）法」（のち「一九五五年市民権保護法」と改称）によって実施に移された(3)。しかし独立後数十年経った段階でも、指定カースト住民へのカースト・ヒンドゥー（指定カースト以外のヒンドゥー）による虐殺、放火を含むさまざまな攻撃事件がしばしば新聞で報道され、議会で問題とされる(4)。そのため、例えば一〇年間の時限立法で始まった議会での議席留保が、その後憲法改正の繰り返しによって今日まで継続しているという現実がある。

この長い「歴史」をもつ不可蝕民差別に対して、マラーター王国期のマハーラーシュトラで起こったバクティ（bhakti、神への絶対帰依）運動がカースト否定を強く打ち出した例も見られたが、この因習を正面から取り上げ何らかの改革を進めようという組織的な動きは、植民地期に展開された社会＝宗教改革運動によって開始されたと言えよう。先の章でもふれたように、一八二八年にブラフモ協会を設立してベンガルを中心に活動したローイ（Ram Mohan Roy, 1774-1833）はその先駆者である。近代マハーラーシュトラでは、一八七三年に真理探究者協会を設立したフレー（Jotirao Govindrao Phule, 1827-90）が挙げられよう。フレーは農民カーストに属したが、ヴェーダを頂点とするヒンドゥー教聖典の権威と儀礼、そしてカーストを徹底的に攻撃し、不可触民に関してもその社会的、経済的向上を目指す運動を行った。ただ彼の運動は、その急進性のため強固で永続的な地盤をもち得ず彼の死後には勢いを失った。二〇世紀に入ってフレーの思想と運動を引き継ぐ形で「反バラモン」運動が展開されたが、一九二〇年代以降、マラーター・カースト主導の下で政治化してインド国民会議派（以下、会議派）と歩調を揃える過程で、次第に不可触民解放という課題から乖離していった。しかし一九三〇年代になると、本格的に不可触民解放を目指す運動が新たに開始される。その最も代表的な指導者が会議派を率いるガンディーと、自ら不可触民カースト出身でガンディーとは異なる解放の道を追求したアンベードカル（Bhimrao Ramji Ambedkar, 1891-1956）である。本章では、目的を同じくしつつもしばしば衝突しながらインド社会の「癌」の排除に努めた二人の思想と運動について検討していこう。

一　カーストとは

いわゆる不可触民問題に入る前に、その前提とも言うべきカーストについて簡単にふれておこう。それは古くからインドの社会制度を強く規制してきた特殊な身分ないし職分体系と規定されよう。一六世紀にインド西岸部に上陸したポルトガル人が、そこで目にしたこの特異な体系に対して家系あるいは血統を意味するcasta（ラテン語で純血を意味するcastusが語源）の語を最初に用い、のちにインドを支配するようになるイギリス人がそれを受けて英語でcasteと呼んだことからこの呼称が一般化したとされる。本来はバラモン（Brahman ブラーフマン、浄性なる僧侶階層）、クシャトリヤ（Kshatriya 政治的軍事的指導層）、ヴァイシャ（Vaishya、商工農民層。ただのちには農民はシュードラに分類されるようになる）、シュードラ（Shudra、奉仕者層）の四つに大別されていたが、これは前一〇〇〇年ころにガンジス川流域に移動してきたアーリヤ人の氏族性的農村共同体の中で、僧侶階層が自らを血統が最も純粋なものとして最上位に置き、以下順次劣等性の高い社会層として位置づけたものである。この四つの区分はヴァルナ（varna、かつて種姓と訳された）と称されるもので、本来は人間の皮膚の色を意味し、征服者と被征服者とが人種、皮膚の色を異にしていたため、色の区別が社会階層の区別となったとされる。上位の三ヴァルナは「再生族（dvija）」と呼ばれ、入門式を通じてアーリヤ人社会の一員としてヴェーダの儀式に参加する資格を得るヒンドゥーである。紀元前後に成立し、ヒンドゥー社会の生活規範を定めた『マヌ法典』によってこの四ヴァルナの体制が確立したと言われる。インドの著名な歴史家コーサンビー（D. D. Kosambi, 1907–66）は邦訳もあるその著書の中で、「カーストは原始的な生産段階における階級である」と規定している[5]。

一方、生産力の発展による経済的変化や新しい文化の発達による生活様式の多元化などから、信仰形態、職業、血統、経済力等を区分の基準としたジャーティ（jati「生まれ」の意）と称される排他的、閉鎖的な多数の社会集団が各地で成立するようになる。四つのヴァルナが社会の大きな区分をいわば理論的に示したものであるとすれば、ジャーティはそれぞれの地域社会における職能や婚姻関係を日常的に規定する社会区分ということになろう。当初のころは農民層はヴァイシャに組み入れられていたが、七世紀前半にインドを訪れた中国の僧玄奘はその旅行記『大唐西域記』において、身分の序列に関して「四を戍陀羅（シュードラ）という。農夫である。力を田畑に尽くし身を農事につとめるものである」と記していることから、長い歴史の間にさまざまな社会変化を経ていることが垣間見られる。[6]今日一般にカーストと言うときこのジャーティを指すことが多いが、四ヴァルナと区別してサブ・ジャーティと呼ぶこともある。ジャーティはインド内各地でその構成が異なり、数もまちまちであるが、一九〇一年に行われたセンサスによればその数は二三七八にも及んでいた。今日でも各ジャーティはいずれかのヴァルナに属するものとして位置づけられているが、実際に本来そうであったかどうかは不明であり、特にバラモン（および不可蝕カースト）以外のヴァルナの場合（つまりクシャトリヤとヴァイシャ、シュードラ）、ジャーティの所属、位置づけは時代と社会的、経済的状況の変化の過程で、さまざまな変動が見られたようである。ヴァルナとジャーティは、日本語や英語でしばしば同じようにカースト（caste）と表記されて紛らわしい場合がある。著名なインド史学者であった荒松雄は、この両者を包括する概念として「ヴァルナ＝カースト」という呼び方が適当ではないかとしばしば口にしていたが、著者もほぼそれに近い考えをもっている。

上にふれた四つのヴァルナ――先述したようにこれらに所属するのが現在で言うところのカースト・ヒンドゥー――の枠外に位置づけられ、彼らに汚れを及ぼすとして差別されてきたのが「不可蝕民」である。日本におけるカースト研究の第一人者の山崎元一によれば、すでに前六世紀から前五世紀の文献に、そのような不可蝕民の集団を代表させる呼称としてチャンダーラ（Chandala、漢訳仏典では旃陀羅という訳語が当てられる）への言及があるという。[7]不可蝕民（カースト）を指す言葉は歴史的にさまざまものが用いられたが、今日でも活字で目にするものとしては、achhut、asprishya（いずれも「不可蝕」の意）、antyaja（「最低の生まれ」の意）、英語では untouchables、outcastes や depressed classes があり、このほか後述するようにガンディーが使い始めた harijan（「神の子」の意）や不可蝕カーストの成員自身が解放運動の過程で用いた dalit（「被抑圧者」の意）などがある。このように区分された人々は、古代、中世に征服されてヒンドゥー社会と関わりをもつようになった部族民や、伝統的に動物の皮革や死肉を扱ったりする卑賤視された職業をもつ集団であり、彼らはそうした代々の職業や村落社会の使用人、雑役人や農業労働者として村落内の最低の位置に置かれてきた。こうして彼らは賤民視され差別される存在としてヒンドゥー社会に組み入れられたのであるが、同時に一般の村民にとっては不可欠の階層でもあった。マハーラーシュトラの例をとってみると、その農村社会では伝統的に各成員（家族）の村落における役割分担制とも言うべきバーラー・バルテーダール（一二バルテー保有制）が存在した。村長や村書記のほか、いわば村抱えの職人や使用人が村全体のために行う仕事に対し、穀物、現金、土地などの形で支払われる報酬がバルテーであり、それがたいていの場合一二種類あったためにこの名称で呼ばれた。(8) この一二バルテーには、大工（Sutar）、鉄材工師（Lohar）、壺作り工（Kumbhar）、洗濯屋（Parit）、水汲み（Koli）などとともに、皮革工（Chambhar）、縄編み師（Mang）、雑役人（Mahar）という三つの不可蝕カーストが含まれていた。この三カーストの内最大のものはマハールであり、本章でふれるアンベードカルはマハール出身であった。

二　ガンディーにおけるヴァルナとジャーティ

ガンディーの公的活動は南アフリカ在住インド人の人権確立のため活動したナタールから始まったと言ってよかろう。イギリスで法廷弁護人（barrister）の資格を得た彼は、一八九三年に同じグジャラート出身のムスリム商人の弁護士として南アフリカに渡り、一九一五年に帰国するまで二〇年以上にわたってそこに滞在した。南アフリカにおけるインド人の苦境を訴えるガンディー自身の文章（その表紙の色から後に『グリーン・パンフレット』と呼ばれる）によれば、一九世紀末のナタールには四〇万人の現地アフリカ人、五万人のヨーロッパ系住民とともに五万一千人のインド人が居住していた。インド人はマドラス（現在チェンナイ）経由で入った南インド系とカルカッタ（現コルカタ）経由で入ったヒンディー語を母語とする人々に大別され、ほとんどはヒンドゥーで少数のムスリムもいたという。興味深いのは、ガンディーがこの文章の中で「厳密に言って、彼ら（南アフリカのインド人）はカースト の規制を守ってはいない」と記していることである。[9] 実際この相当長文の『グリーン・パンフレット』を含め、二〇年におよぶ南アフリカ滞在中に書かれた彼の文章には具体的にカーストにふれた記述がほとんどない。[10]

しかしガンディーがカーストに対する関心を持たなかったのではないことが、インドに帰国した以降の彼の文章から明らかである。以下、彼の発言を辿りつつ、そのカースト（ヴァルナおよびジャーティ）観を見ていこう。彼は一九一五年一月九日にボンベイ（現在ムンバイー）に上陸したあと、国内の各地に招かれて講演を行っている。同年五月に南インドのバンガロール（現在ベンガルールー）で少数の市民と対話してさまざまな質問に答える中でカーストについてふれつつ、「カーストはヒンドゥイズムの偉大な力であり、秘密なのだ」と語っている。[11] 翌一九一六年二月にはマドラスで開かれたキリスト教宣教師の会議に出席しているが、このときはキリスト教徒の集会であること、あるいはヨーロッパ人の間に多いカースト制への批判を意識してか、かなり広範な観点からカースト――ここでは明らかにヴァルナを念頭においている――に関する自説を展開している。自分は敬虔なヒンドゥーであるがキリスト教にも深い理解と敬意を抱いていることを強調したあと、話題を宗教と政治の関わりに移し、宗教が政治と無関係であるどころか宗教から分離した政治などは「埋葬を待つだけの死体」であると述べたが、これはこののちインドの政治運動の指導者となるガンディーの核となる思想と言えよう。彼によれば、インドにおいては宗教と政治は常に密接に結びついたものであり、その結び目にあるのがカーストということになる。ここでの彼の言葉を引用しておこう。

…カーストという巨大な組織は社会の宗教的要求に応えるのみならず、その政治的要求にも応えてきた。村人たちはカースト制を通じて彼らの内部の事柄を処理し、またそれを通じて支配諸勢力のいかなる圧政にも対応してきた。カースト制をその素晴らしい組織力として作り上げることが出来る国（の存在）を否定することは出来ない。[12]

ガンディーは一九一六年にはカーストについてかなり発言しているようで、六月に出身地グジャラートのアフマダーバード（アムダーワード）で行った「カーストに関して」と題した演説には「自分は（最近）カースト制というテーマに多大な考慮を払ってきた」との前置きがある。彼はここでグジャラート語のヴァルナ・ヴィヤワスター（varnavyavastha、語義はカースト制）という言葉を用い、それは社会が依って立つべき規律であってヒンドゥー社会はそれなしにはいられないし、全く同じではないにせよ全世界はその上に組織されているのだとまで述べている。(13) 同年一〇月にあるマラーティー語誌に発表された論文「ヒンドゥー・カースト制」では、「カースト制は完全に自然の制度」であり、自分はこの制度の破壊のため行われる運動には反対であると書いている。(14) なお、ガンディー自身は商人のヴァルナとされるヴァイシャに属した。

ところでこうした古い聖典にも説かれた四区分からなるヴァルナを擁護する一方で、ガンディーは現実のヒンドゥー社会に見られる細分され、上下の区別関係であるカースト制には鋭い批判の目を向ける。それに関する比較的早い時期の例は一九二〇年一二月に自らが発行する『ヤング・インディア』紙に載せた「カースト制」という文章かと思われるが、そこで彼は「他のあらゆる制度同様に、それ（ヴァルナ制）にも余分な異常が付随してきた。私は四つの区分のみが本質的、自然で根本的であると考える。無数のサブ・カーストは時に便宜であるが、しばしば障害となる」と述べている。同文章の中で「不可蝕民差別（untouchability）は人間性に対する憎むべき犯罪である。…ヒンドゥイズムがそれを放逐するのが早ければ早いほど、自らにとってよいことである」(15) とも述べているのは重要であるが、この問題については後述したい。このような本来あるべきヴァルナ制と現実に機能している制度の違いを明確にする姿勢は、これ以後のガンディーに終始見られる。例えば一九三三年一〇月に行った記者会見で、質問に答えて「自分は聖典が規定しているような、伝統的な職業に関する規定である四区分のヴァルナ制——各ヴァルナの義務という意味でガンディーはヴァルナ・ダルマ（varnadharma）という言葉を使っている――を信じているが、美しいヴァルナ制は悪用され、堕落した高低観念を広めてしまった」としつつも、「その復活は正しい道を辿る現世代の肩にかかっている」[16]と期待の言葉を綴っている。同様の内容の文章をガンディーは繰り返し書いている。一九三五年一一月に『ハリジャン』紙に書かれた「カーストはなくならねばならない」というしばしば引用される文章がある。これはボンベイ高裁のある前判事の公開質問書に一一項目にわたって答えたものであるが、その劈頭で「地位の絶対的平等に基づく、諸ヴェーダのヴァルナーシュラム（varnashram）を私は信じている」と述べる。ヴァルナーシュラムとはヴェーダ等の聖典がヒンドゥーの各ヴァルナに対して規定した人生の過ごし方であり、先述のヴァルナ・ヴィヤワスターやヴァルナ・ダルマなどと併せて（時にはほとんど同義的に）用いられてきた。日本語では学生期、家住期、林住期、遊行期からなる「四住期」と訳されてきた。しかしあとの項目でガンディーは、「聖典の説くヴァルナーシュラムは今日実際には存在せず」、「現在のカースト制はヴァルナーシュラムの正反対物で、世論がそれを廃止するのは早い方がよい」と続けている。このことから、同文のタイトルにある「カースト」がヴァルナのことではなく、現実のヒンドゥー社会に見られる上位・下位関係を伴う「身分制」とでも言うべき制度を指していることが明らかである[17]。理想的なヴァルナ制を念頭におきつつ現実に機能するカースト制の消滅を説く姿勢は一九三〇年代から四〇年代に入るころまでガンディーに見られたと思われるが、彼の発言は時に焦点が捉えにくく読者を戸惑わせるものがある。その一つが「『ヴァルナ・ヴィヤワスター』への序文」であろう。これは実は一九三四年に初版が出た彼の小冊子（グジャラーティー語、一三九ページ）に、一九四五年五月になって自ら付した序文である。ここでも彼はヴァルナはカーストとは全く異なるものとの主張を繰り返しているが、興味深いのは「告白」ともとれる前半の部分である。少し長いが以下に引用しよう。

私の見解では、人は日々前進するか後退する。決して立ち止まりはしない。今日の私が昨日の私であり、また将来もそのままであるともし私が言ったなら、それは誤った発言となろう。事実私はそういう望みさえ持つべきではないだろう。

しかし私が書いたり話したりしたことが他人を混乱させるようなものであるべきではない。私は二つの解釈を生ずるようなことを書くべきではない。つまり、書いたり話したり何かをするときは常に、真理と非暴力に向き合っているべきだということである。……

これは私が過去にも現在でさえも真理と非暴力について充分な洞察をもっていることを意味するのではない。それ故、ヴァルナーシュラムに関する私の見解が過去のものと同じであるというのは正しくないであろう。私はヴァルナとアーシュラムがヒンドゥイズムの世界への贈り物だと述べてきたし、今でもその考えに固執している。しかし今日、私の考えるヴァルナもアーシュラムもどこにも存在しない。それらはわれわれの宗教の一部をなすべきものである。しかし、今日アーシュラムは完全に消滅し、ヴァルナは特権という形で見出されると言うことが出来る。自分がバラモン、クシャトリヤ、ヴァイシャであるという主張は誇りを内包している。しかし宗教のないところに誇りがどう存在しうると言うのか。しかもシュードラは全く考慮されない。シュードラは地位が低く、アティ・シュードラ（不可蝕民）は低い中でも最低である。これは宗教ではなくその否定に外ならない(18)。

この文章には、読みようによっては長く続けてきながら実績の上がらない運動への「諦め」とも言うべきものが感じ取れるかも知れない。事実彼の『選集』を見る限り、これ以後の彼のカーストをめぐる発言はほとんど不可蝕差別問題――これまた彼にとって苦渋に満ちた問題となるが――に限られてくるようである。

三　ガンディーの「ハリジャン」解放運動

ガンディーはインド帰国後の活動の拠点としてかなりの時期、デリーの「バンギー・コロニー」と呼ばれる汚物・排泄物清掃人カーストの居住区に住んだことからもわかるように不可蝕民への差別廃止に多大な力を注いだ。カースト（ヴァルナ）の場合と異なり、ガンディーは身近で体験する不可蝕民差別に対しては早い時期から強い嫌悪の感情をもっていた。「真理の実験」という副題のある『自伝』（一九二七年出版）の中で、南アフリカから一時帰国した一九〇一年に周囲の活動家たちの不可蝕民に対する態度をヴァルナに反するものだと厳しく糾弾している。[19] ダーバンでの弁護士時代に、すべての事務員や使用人を「家族の一員」として扱い、彼らの便器の掃除はガンディー夫妻が行ったことも『自伝』から知られる。[20] この問題に関するガンディーの姿勢は一九一五年の帰国後も変わらず、次第に彼の主要な活動分野へと拡大していく。一九一六年六月にアフマダーバードの諸コミュニティ友好協会の講演会で演説し、「アンティヤジャ（ここでは不可蝕民カーストの人たち全体を指して使われている言葉）を蔑視するというわれわれの罪は、ヒンドゥー社会全体を貶めることだ」[21] と語りかけているのがこの問題への比較的早い時期の言及である。先に引用した一九二〇年一二月の「カースト制」という文章には「不可蝕民差別は人道性そのものに対する憎むべき犯罪である」[22]という強い表現が用いられている。

ガンディーが南アフリカから最終的に帰国したこの時期は第一次世界大戦が勃発した直後で、一九一六年一二月に国民会議派と全インド・ムスリム連盟間に最初の組織的提携（ラクナウー協定）が成立し、翌年八月にはインド人の戦争協力を求めるインド担当大臣モンタギューによるイギリス側の妥協的提案があるなど、民族運動戦線に大きな動きが見られた。一方このモンタギュー宣言に刺激された不可蝕民の間にも政治参加への期待、例えば立法参事会への参加を求める強い要求などが出てきた。設立以来、議論の分かれる宗教・社会問題は論議しないという立場を堅持してきた会議派も、一九一七年一二月のカルカッタ大会で従来慣習的に不可蝕民に対して課されてきたさまざまな無権利状況を除去するという決議を行うこととなった。[23]同大会にはガンディーも参加していたが、この決議（案）に対して彼が具体的にどう加わったかは文献で見る限り不明である。翌年三月にはボンベイで全インド不可蝕民差別廃止会議が組織され、頑なな反社会改革論者と目されていたB・G・ティラクをはじめ代表的な会議派指導者たちもこれに参加した。しかし、個人的生活において不可蝕差別を認めないとの宣言書に参加者たちが署名を求められる段階で（R・タゴールが最初の署名者であった）、バラモンをはじめ保守的ヒンドゥー活動家の間に動揺と抵抗が生まれ、会議は実質的な成果に繋がらなかった。[24]ガンディーもこの会議に出席しており講演を依頼されたが、「ここに誰か不可蝕民がいますか」と問うたのに手を挙げるものが誰もいなかったので講演を断ったというエピソードをフィッシャー

(Louis Fischer)の伝記は伝えている。[25] 翌一九一九年一月にインド人の選挙権に関する委員会で不可触民の代表の一人として証言したアンベードカルは、このボンベイ会議での混乱にふれてそれが全くの「茶番」に過ぎないと酷評している。[26]

第一次世界大戦が終了すると、大戦中の約束に従いイギリスは政治改革を盛り込んだとする「一九一九年インド統治法」を制定するが、それがインドの自治の実現に程遠いことに失望した会議派は大規模な反英運動の開始を提起した。ガンディーにその主導権が委ねられ、一九二〇年八月に大衆的な非暴力的不服従(サティヤーグラハ)運動を開始し、それは瞬く間に全インドに広がった。同年一二月の会議派ナーグプール大会では、ガンディーの中央指導権の確認、農村に至るまで会議派の全国的組織網の確立が決議され、同時に民族運動促進のための必須条件として、ヒンドゥー・ムスリムの統一、不可触差別の廃止が掲げられた。大会の数日前に彼は同市内での不可触民会議に出席し、これまでヒンドゥーに対して言ってきたことだがと前置きして「もしヒンドゥーが不可触民差別の罪を除去できないなら、スワラージ(インドの自治・独立)は不可能である」[27]と述べた。この時点でガンディーは、民族独立運動と不可触民解放運動という二つの戦線の指導を担うこととなった。これ以降会議派はガンディーの指導下で不可触民問題に関するさまざまな決議を採択した。とくに彼が力点を置いたのは不可触民の間の教育の普及、伝統的に清掃や汚物処理を生業としてきたバンギー・カーストに対する不可触視の廃止などの活動であった。しかし会議派が組織として一様に動いたわけではない。カースト問題への取り組みに否定的な保守的な党員も多く、また一九二〇年代に台頭するJ・ネルーら若い急進派の間には、貧困など政治的、経済的分野での変革が差別問題の解決につながるという合理主義的考え方も強かった。カースト・ヒンドゥーの党員や支持者の反発を危惧し、会議派としての取り組みはいきおい全体的に消極的なものとなった[28]。

サティヤーグラハ運動がチャウリー・チャウラーという一農村での暴力事件を契機に一九二四年には挫折するが、そのあとガンディーはカーディー（手織綿布）生産等の家内工業の復興、教育普及、禁酒、低カースト・不可触民の地位向上など、主として農村を対象とする「建設的綱領」と自ら呼ぶ改革運動に重点を置いた。このうち、不可触民問題に関する彼の観点は極めて独特なものであった。先に見たように、不可触民差別はヒンドゥー教、そして本来のカースト（ヴァルナ）制からの逸脱であり、しかも不可触民問題は社会的、政治的であるより、先ず倫理的、宗教的問題として対処すべきであるというのが彼の基本的姿勢であると言えよう[29]。そのためこの問題の解決は社会の総体的変革ではなく、差別を行ってきたカースト・ヒンドゥー自身の自主的な「心の変革（hridaya parivartan）」こそが求められるべきとされた。こうしたガンディーの特異なカースト観や運動方針はあとで見るようにアンベードカルらの厳しい批判を受けた。アンベードカルとの関係で言えば、とくに一九二七年の「インド法定委員会（サイモン委員会）」の任命後、インド統治法の改定問題が論議される中で立法議会議員選挙における「被抑圧諸階級（Depressed Classes、不可触民層をイギリスはこう規定していた）」への分離選挙権付与という問題が浮上すると、両者の対立関係は深まった。二人の衝突は一九三一年九月のロンドンでの第二回英印円卓会議で決定的になった。ムスリムやシクの分離選挙権には譲歩しつつ、ヒンドゥーの一体性に固執するガンディーは不可触民を社会的、法的、政治的にカースト・ヒンドゥーと分離することに強く反発した。一方アンベードカルは、不可触民はカース

第２回英印円卓会議に出席したガンディー（正面少し右の白衣）とアンベードカル（手前右端）。1931年11月30日。２人が揃って１枚の写真にうつっているのは極めて稀なことである。

ト・ヒンドゥーと区別されるべき少数コミュニティであるとして分離選挙権を主張した。帰国一週間後、彼はインド総督に対しサティヤーグラハ運動の再開を示唆して一九三二年一月四日に逮捕された。不可触民の分離選挙権をめぐってガンディーとアンベードカルは合意に達し得ず、結局一九三二年八月にイギリス首相マクドナルドが分離選挙権を認める裁定を出すが、ガンディーはこれに抗議し獄中で「死に至る断食（fast unto death）」に入った。最終的にアンベードカルが譲歩し、分離議席ではなく、一般議席から一定の議席を不可触民に振り当てる保留議席の設定ということで決着した。こうした一連の過程はガンディーとアンベードカルのどちらかにも勝利をもたらすものではなかったが、不可触民解放という彼らの運動をいっそう乖離させる結果となったのは疑いない事実であろう。

一九三〇年代以降、ガンディーの不可触民解放運動はハリジャン奉仕者協会を中心に展開される。一九三二年九月に、会議派運営委員会の決議に基づいて全インド反不可触民差別連盟が創設され、翌年同組織はハリジャン奉仕者協会（Harijan Sevak Sangh、以下ＨＳＳと略）と改称された。ハリジャンとは「不可蝕」という語感を嫌うガンディーの考えによる言葉で「神の子」を意味した。彼の説明によれば、何人かの不可蝕民の文通者がガンディーがその新聞で「アスプリシャ（asprisya、「不可蝕」の意）」という言葉を使うことに不満を申し立てたので、彼らの意見を求めたところ、かつてグジャラートの聖者詩人が用いた「ハリジャン」という言葉が提案されたのでそれを採用したという。[30] 協会の主な活動はハリジャンの教育推進、彼らのための寄宿舎運営、ハリジャン工房での革鞣し、靴作り、仕立てやカーディー生産の訓練、ヒンドゥー寺院への立ち入りや共同井戸使用に関する障害の除去などであった。ガンディーは一九三三年二月に『ハリジャン』という週刊紙を発刊している。アンベードカルも最初は乞われて協会の組織委員に名を連ねたが、すぐに退会した。『ハリジャン』紙の創刊号にもメッセージを求められたが辞退し、代わりに「不可蝕民カースト（outcaste）はカースト制の副産物である。……カースト制の打破なくしては不可蝕民の解放はない」との声明を送っており、ガンディーは『ハリジャン』紙に自ら長い解説を加えてこれを掲載した。[31]

ＨＳＳに関してもう一つ興味深いのは、協会の指導部にはガンディー主義者と呼ばれる熱心な社会活動家たちとともに、ビルラー（G. D. Birla, 1894–1983）やバジャージ（Jamnalal Bajaj, 1889–1942）といった大企業家の名が見られることである。ガンディーと彼らとの関係については次の章で詳しくふれるが、一九二〇年代から続くこれら富豪から寄せられる巨額の寄付はガンディーの主導するさまざまな活動にとって重要な資金源であった。彼は常々、多大な富を蓄積した人がそれを公共の利益のため用いることは神からの信託であるとする思想（trusteeship）を語り、その実現を望んだ。こうした考えから彼は階級闘争を否定し、資本家と労働者、地主と農民との関係は「父と子」のそれであるべきであると説いた。このことがガンディーの企業家との関係に直接繋がるとは考えにくいが、HSSが貧困の根絶など経済問題への取り組みを当初から終始避けていたのは事実である。例えば、HSSの一九三三～三四年の活動報告には、「貧困という病弊はハリジャンに特有のものではない」し、彼らにしばしば課せられる強制労働（begar）も「不可蝕民差別に付随する悪とは言えず」、それらはより根が深く、HSSの力量を超えるものであるという記載がある。(32) 先にもふれたようにガンディーに従ってまたHSSの思想では、差別という罪を悔いるべきはカースト・ヒンドゥーなのであり、ハリジャンがHSSに大挙して参加するのは望ましくない。彼らに求められるのは清潔の維持、肉食や飲酒の放棄などその社会内の悪習の改革であり、(33)「好意的な地域の世論を生み出す妥協的態度」(34)であった。

このようなHSSの性格は、一九二〇年代から一九三〇年代へと続くガンディーの不可蝕民解放運動の限界を示していよう。HSSからは何人かの不可蝕民出身のすぐれた指導者が輩出したが、ガンディー自身は彼らの自発的活動を高く評価しなかった。また民族運動組織である会議派に深く関わりながら、不可蝕民カーストというコミュニティ全体を差別と貧困から解放する根本的社会変革の課題を会議派に背負わせなかったことも否定できない。従って、不可蝕民独自の解放運動が別の形で表出するのは必然の結果であった。

四　アンベードカルの「ダリト」解放運動

今日なおインドでは不可蝕民への差別は過去のものとなっておらず、しばしば政治的、社会的問題として取り上げられることは「はじめに」でふれた通りである。そうした事件が報じられる場合、また彼らの状況に関する研究において、最近では（おそらく一九七〇年代初頭ころからと言えよう）被抑圧民、指定カースト、ハリジャンという言葉は余り用いられず、代わりに「ダリト（Dalit）」という表現が一般的になっている。サンスクリット系の単語で本来「粉砕された、抑圧された」という意味の形容詞であるが、まさに上に挙げた言葉と同じ不可蝕民という意味で使われる。ただ一つの違いは、それが抑圧されてきた彼ら自身が自らをそう呼び始めたという点である。つまり被抑圧者としての自己主張の呼称とも言うべきものである。誰が最初にこの語を用いたのかは定かではないが、その概念はアンベードカルまで遡るという考え方が強い。彼は一九二七年四月から一九二九年一一月までの間、『抑圧されたインド（*Bahishkrut Bharat*）』というマラーティー語の新聞を不定期に発行した（二二号まで）。「バヒシュクルット」とは彼を含む不可蝕民のことであり、それによって「不可蝕民であることは、上位カースト・イデオロギーの社会的、経済的、文化的、政治的支配による搾取、抑圧、周縁化を特徴づけるある種の生活条件である[35]」ことが意味される。用語という点のみならず、彼が展開した運動の内容からも彼の意図が極めて包括的であること

アンベードカルの著書『ガンディーと会議派は不可触民に対して何をなしたか』初版（1945）の表紙。

〈被抑圧カースト総数　1,447,524〉

マハール	980,193（67.7%）
ツァーンバール（チャマール）	205,170（14.2%）
マーング	203,814（14.1%）
バンギー	17,664（0.01%）
ドール	14,092（0.01%）
その他	26,531（0.02%）

出典：*Census of India, 1931*, Vol.-VIII, Part-II, Bombay Presidency（Statistical Tables）, Bombay, 1933, pp. 412-437 より作成

が首肯される。これらを考慮すれば、彼の運動はまさに今日の運動に繋がるダリト解放運動の先駆であるとしても言い過ぎではあるまい。

ガンディーの不可触民解放運動のあり方に激しく反対し、独自の運動を展開したのがアンベードカルであることはこれまでの叙述からも明らかであるが、彼の登場は、マハーラーシュトラのみならず全インドの不可触民解放運動にとって新しい段階を画するものであった。これまたすでに指摘したように、彼はその運動の中心となった西部インドのマハーラーシュトラにおける最大の不可触民カーストであるマハールの出身である。「マハールが行き着く先がマハーラーシュトラ」という古諺があるほど彼らの居住範囲は広い。著名なインド人社会学者のカルヴェー（Iravati Karve）は「この地（マハーラーシュトラ）にはマハールが全くない村はほとんどない[36]」とまで述べている。植民地期の最も詳細なセンサス（人口調査）と言われる一九三一年のセンサスによれば、マハーラーシュトラ内の「被抑圧カースト（Depressed Castes）」——総人口の一二・六%を占めた——の分類と人口は右上の表の通りである。当時のボンベイ州には中央州および南の藩王国ハイダラーバード内のマラーティ語県は含まれていなかったが、そのいずれの場合も被抑圧民の中でマハールの人口が圧倒的に多かった。一九一五年に出版された古典的なマハーラーシュトラ農村社会研究である『ガーオガーダー（村の機構）』によればマハールの公的義務は少

なくとも一八あるが、皮革業、ロープ編みなど技術を伴う伝統的職業に携わる他の不可蝕カーストと異なり特定の技術は含まれていない。主なものとして地税支払いのための農民の呼び出し、脱穀所の見張り、村役場の前や村の入り口の清掃、路上で倒れた動物の死骸の除去などの奉仕作業である[37]。ただ注目したいのは、彼らが村の境界線や田畑の境界線を記憶し、それが侵害されるのを防ぎ、土地をめぐる訴訟には証言を行う義務をもつという点で、これは彼らがかつてそこの土地の多くの部分を所有していた事実を示すものであるとも言われる[38]。さらに、一九世紀の末ころまでイギリスの植民地軍がマハールを兵士として採用していたため、かなりの者が軍隊に入り、併せて一定の教育を受けてきたこともこのカーストの特徴である。アンベードカルの父親も退役軍人の一人で、彼は息子を上級学校まで進学させた。しかし、マハールの子であるとして学校ではさまざまな虐待や蔑視を経験する中で、彼は不可避的に自らの置かれた立場を認識した。

ボンベイの大学を卒業後、一九一三年にバローダ（現在ワドーダラー、グジャラート州内）の藩王から留学のための奨学金を受け、ニューヨークのコロンビア大学に入学した。自由な学寮生活を送りながら、哲学者デューイ（John Dewey, 1859–1952）の講義を熱心に聴講したという。一九一六年に学位論文を提出したあとロンドンに居を移し法廷弁護士の資格取得に取り組んだ。資金が切れたため一旦帰国し、のち再び渡英して一九二二年にこの資格を得た。このような社会的地位は当時の不可蝕民としては破格のもので、彼がこののち不可蝕民解放の運動や政治に関わる上で重要な意味をもつことになる。しかし一九一七年八月にボンベイに帰着したアンベードカルを待っていたのは、宿泊や就職もままならないという厳しい差別の現実であった[39]。

帰国後のアンベードカルが最初に本格的に取り組んだのが「マハール・ワタン（Mahar Vatan）」廃止の運動である。ワタンとは、マハーラーシュトラにおいて村内の職人や使用人が村人のために行う奉仕に対して支払われる報酬を意味した。マハールの場合、先述したさまざまな奉仕への代価として少量の穀物やわずかな土地片が付与されるのが伝統であった。それは植民地政府によって一八七四年に改めて法制化されるが、マハールの生計の一部であると同時に、彼らを村の最下層に縛りつける桎梏、すなわちあるマハールの作家の言葉で言えば「二〇世紀における隷属（visayya shatakatil gulam-giri）」[40]にほかならなかった。アンベードカルはマハール・ワタンに関して、ワタンに付随するバルテー（奉仕への報酬）は賃金というより、マハールを農民に従属させる軛である、ワタンのためマハールは他のカーストのように別の分野で活動しようという向上心を持たない、ワタンに依存する限りマハールの自立や生活改善はあり得ない、としてマハールがワタンを自ら放棄する必要を説いた[41]。彼のこの発言からも知れるように、ワタンは桎梏であると同時に生計の一部でもあったからマハールの間には抵抗もあったが、マハールの全的向上にとっての象徴的な意味をそこに見出すアンベードカルはその廃止にこだわった。地税を支払ってでもマハールが農民的土地所有権を得ると同時に、彼らが自尊心を持つことが、差別と結びついた農村社会体制の変革に繋がることを彼は目指したと言えよう。しかしワタンは植民地行政の末端に連結していたため容易には実現されず、マハール・ワタン廃止の法律がボンベイ州議会で成立するのは独立後の一九五九年のことである[42]。

不可蝕民による共同井戸・水汲み場の使用やヒンドゥー寺院への立ち入りを求める運動は、各地で早い時期から始まっていた。アンベードカル自身も一九二七年に、マハードという村の貯水池を不可蝕民にも開放するよう求めて、大規模な運動に取りかかっている。カースト・ヒンドゥーの支持者も加わったこの運動は、彼の名を一躍全インドに知らしめたが、一方で大衆の集会の場でヒンドゥーの宗教・生活の規範書である『マヌ法典』を焼却するという行動が多くの人々の敵意をも招くことになった。しかし「マハード解放闘争」と呼ばれるようになるこの運動は、不可蝕民解放運動の重要な局面となった。同じ時期に彼はいくつかの著名なヒンドゥー寺院への立ち入り要求運動にも関わったが、不可蝕民独自のこうした運動に対してガンディーはむしろ批判的であった[43]。こうした過程の中でアンベードカルの中で次第にヒンドゥー教そのものへの失望感が増幅し、遂には「私はヒンドゥーに生まれたが、ヒンドゥーとしては死なない」という宣言（一九三五年）を行うことになる。

このように不可蝕民差別に対する多面的な挑戦を続けたアンベードカルは、インド社会がおかれていた当時の植民地支配およびこれに対する民族独立運動にどう対処したであろうか。民族運動には深い関わりを持たなかったとされるアンベードカルであるが、彼にとっても多様なインド社会の統合問題は重大な関心事項であった。例えば一九二九年五月に、インド統治法改定を目的として任命されたサイモン委員会に対する報告書の中で次のように述べている。「今日最も必要なのは、大衆の間に共通の民族意識を創り出すことである。それは、先ずわれわれはインド人であり、次にヒンドゥー、ムスリム…であるというのではなく、先ずインド人であり最後までインド人であるという気概である[44]」と。翌年八月の全インド被抑圧諸階級会議でも単一の統合的自治政体としてのインドの可能性についてふれ、多民族であるヨーロッパ諸国の例を見ても多様性が決して否定的とは言えず、インドの問題はヨーロッパの国々以上に困難なものではないと語った。彼は続いてイギリスの支配に言及し、その

「最も金のかかる政府（植民地政府）」によって貧困を強いられている住民の中でも、最も直接的に貧困にさらされるのが不可蝕民であり、その軛から離脱する道はスワラージ（独立）にほかならないと呼びかける。外国による支配の排除を主張しつつ、一方で「カースト支配」の消滅を重視するアンベードカルは、政治的解放を実現した上で社会問題の解決に着手すべきであるとする立場に強く反駁する。就中、不可蝕民差別の撤廃という民族的課題を政治運動の推進によって解決しようとしない会議派の姿勢に激しい不満をぶつけている。こうしてアンベードカルは、不可蝕民はイギリスにも会議派にも与せず、全インド的組織の下に自らの政治的力量を結集すべきであることを強調した(45)。

むすびにかえて

インドの民族運動は第一次世界大戦後に飛躍的な高まりを見せ、第二次世界大戦期には独立の実現が決定的となった。この過程で会議派という組織が果たした歴史的役割の大きさは計り知れない。しかしこのインド民族主義の高揚期に、会議派が二つのコミュニティから重大な挑戦を受けることになったのも歴史的事実である。一方は、全インド・ムスリム連盟のもとに自らの政治的利害を第一義的に追求するインド・ムスリム、他は不可蝕民カーストからの挑戦である。前者は、一九三〇年代後半以降の敵対的な対応、イギリスの植民地政策ことに第二次世界大戦期の戦争遂行政策に乗じて影響力を強め、遂にはムスリム国家「パキスタン」建国運動へと歩を進めた。不可蝕民カーストの場合、ガンディー＝会議派の運動に引き寄せられる人々も多かったが、これに対抗する勢力がアンベードカルの強力な指導のもとに形成された。彼は、インドの民族的独立と同じ比重で不可触民カーストへの差別の撤廃と彼らの政治的および経済的向上という課題を自力で成就することを追求し、彼らの自発的運動を過小に評価するガンディーや会議派と対決した。

ただ不可触民カーストと言っても決して一枚岩的なコミュニティではなく、地域差やそのおかれた経済的状況の差によって、異なる要求をもつ多くのサブ・カースト集団からなっているのが実態であった。アンベードカル自身もこの点は強く認識しており、彼が呼びかけた集会の場や、自ら結成した政党の活動において幅広い統合の必要を論じた。にもかかわらずその努力は充分な成果をもたらしたとは言えず、彼の運動はしばしばその出身カーストであるマハール中心のものと指摘された。しかし、他力本願でなく、自尊心と自力でもって差別と貧困の克服を目指したその姿勢は、その後の不可触民差別撤廃運動の中でも最も重要な指針となり、今日なお受け継がれていると言えよう。

注

(1) 孝忠延夫・浅野宣之『インドの憲法――二一世紀「国民国家」の将来像』、関西大学出版部、二〇〇六年、一ページ。

(2) インド憲法は「指定カースト」とともに、従来「先住部族民（Tribes、Adivasi）」と称されてきた人々を「指定部族（Scheduled Tribes）」とし、同様な優遇措置を保障している。

(3) P. M. Bakshi, *The Constitution of India*, Universal Law Publishing Co., Delhi, 2006 (7nth edition, 1st edition in 1991), p. 33.

(4) 国家犯罪記録局（National Crime Records Bureau）の分析によれば、「虐殺予防法（the Prevention of Atrocities Act）」との関連で二〇〇一年～二〇一二年に指定カーストに対して行われた犯罪の件数は、ウッタル・プラデーシュ州が二万六三七八件で最高を占め、二位がタミル・ナードゥ州の一万〇八四五件、進歩的な州と目されるマハーラーシュトラ州が第九位で三二一〇件であるという（*Frontline*, June 26, 2015, p. 30）。犯罪の内容は婦女暴行、放火、殺人などさまざまで、同時にその動機も、優遇政策の結果として指定カースト成員が獲得した経済的（土地保有など）、教育的、政治的向上に対する不満など、多面的に拡大してきている。

（5） 原文はイタリックで強調されている（D. D. Kosambi, *The Culture & Civilisation of Ancient India in Historical Outline*, Vikas Publishing House, Delhi, 1972 [Reprint, 1st edition in 1970], p. 50. 邦訳『インド古代史』〔山崎利男訳〕、岩波書店、一九六六年、七三ページ）。

（6） 玄奘（水谷真成訳）『大唐西域記』一、平凡社（東洋文庫六五三）、二〇〇三年（初版四刷）、一七六ページ。

（7） 山崎元一「不可触民」『南アジアを知る辞典』平凡社、二〇〇二年（初版一九九二年）六二四ページ。日本語としては、鎌倉期の僧日蓮（一二二二〜八二）がその著『佐渡御書』の中で自らを「旃陀羅の子」と称していることがよく知られる（紀野一義訳『日蓮』、中公クラシック、中央公論社、二〇〇一年、二二一ページ）。

（8） マハーラーシュトラのバーラー・バルテーダーリーに関しては内藤雅雄「マハーラーシュトラにおける不可触民解放の思想と運動」小谷汪之編『インドの不可触民―その歴史と現在』明石書店、一九七七年、二九六〜二九九ページなどを参照。

（9） M. K. Gandhi, "The Grievances of the British Indians in South Africa: An Appeal to the Public (August 14, 1896)", *Collected Works of Mahatma Gandhi*（以下、*CWMG* と略記）Government of India, New Delhi, 1999, Vol. 1, p. 359.

（10） 彼の『選集』に自分のカースト（ヴァルナ）への言及が最初に現れるのは、イギリス留学中に所属したロンドン菜食主義者協会の機関誌『菜食主義者（*The Vegitarian*）』（一八九一年二月）であり、六回にわたるインドの菜食主義者に関する文章の劈頭でインドの住民について説明する中で、ヒンドゥーが四つの主要なカーストに分かれていることを述べ、そのうちバラモンとヴァイシャだけが「純粋な菜食主義者」であると書いている（*CWMG*, Vol.1, pp. 18-19）。これ以外で、南アフリカ時代の彼の文章にはヴァルナであれジャーティであれカーストに関する言及はないようである。

（11） Talk with Bangalore Citizens, May 8, 1915, *CWMG*, Vol. 14, p. 440.

（12） Speech on Swadeshi at Missionary Conference, Madras, February 14, 1916, *CWMG*, Vol. 15, pp. 160-161.

（13） Speech on Caste System, Ahmedabad, June 5, 1916, *CWMG*, *ibid.*, pp. 226-227.

（14） "The Hindu Caste System", October, 1916, *CWMG*, *ibid.*, p. 258. しかしこうした主張の一方で、ガンディーがその同志たちと共同生活を送るアフマダーバード市内のアーシュラムでは、一九一七年七月の開所以来ヴァルナ制はもとより不可触民カースト成員への区別も全く無視され、食事を含めて全成員間の関係に何らの制限は課されていない、何故ならアーシュラムの立場は外の世界とは異なるものだからとある書簡の中で彼は説明している（Letter to Khushalchand Gandhi, August 31, 1918, *CWMG*, Vol. 17, pp.215-216）。

（15） "The Caste System", Dec. 8, 1920, *CWMG*, Vol. 22, pp. 67-69.

(16) Answers to Correspondents, Before Oct. 8, 1933, *CWMG*, Vol. 61, pp. 467-468.

(17) "Caste Has to Go", Nov. 16, 1935, *CWMG*, Vol. 68, p. 152. 同様な文章は "Caste and Varna", Nov. 28, 1935, *ibid.*, pp. 174-175.

(18) "Foreword to Varnavyavastha", May 31, 1945, *CWMG*, Vol. 87, p. 22. なお、ガンディーが一九四〇年代には四区分のヴァルナ制について否定的になっていたとする次のような研究を挙げておこう。Anil Nauriya, "Gandhi's Little-Known Critique of Varna", *Economic and Political Weekly*, May 13, 2006, pp. 1835-1838.

(19) Gandhi, *Satyano Prayog athva Atmakatha*, Amdavad, 1969 (12th edition), p. 224（邦訳［田中敏雄訳］I、平凡社、二〇〇〇年、三八五ページ）。

(20) *ibid.*, p. 276（邦訳II、同上、五三ページ）。

(21) Speech at Conference of Communities, Ahmedabad, June 4, 1916, *CWMG*, Vol. 68, p. 152.

(22) "The Caste System", *op. cit.*, p. 68.

(23) D. G. Tendulkar, *Mahatma—Life of Mohandas Karamchand Gandhi*, Vol. 1, Government of India, New Delhi, 1969 (Reprint; 1st edition in 1951), p. 218.

(24) Shivaprabha Ghurgare, *Renaissance in Western India: Karmaveer V. R. Shinde*, Himalaya Publishing House, Bombay, 1983, pp. 95-96.

(25) ルイス・フィッシャー（古賀勝郎訳）、二十世紀の大政治家２『ガンジー』、紀伊國屋書店、一九六八年、一四五ページ。

(26) B. R. Ambedkar, "Evidence taken before the Reforms Committee (Southborough Committee), Calcutta, 1919", Changdev Bhavanrao Khairmode, *Dr. Bhimrao Ramji Ambedkar: Charitra*, Vol. 1, D. G. Vaghmore, Mumbai, 1968 (Reprint, 1st edition in 1952), Appendix pp. 132-133.

(27) Speech at 'Antyaj' Conference, Nagpur, Dec. 25, 1920, *CWMG*, Vol. 22, p. 130.

(28) D. R. Jatava, *Dr. Ambedkar's Role in National Movement (1917-1947)*, New Delhi, 1979, p. 36.

(29) 例えば、一九三二年三月一〇日付のインド担当大臣サミュエル・ホアー宛書簡（H. N. Mitra ed., *The Indian Annual Register*, 1932 I, Calcutta, 1932, pp. 237-238）。

(30) "Why 'Harijan'", Feb. 11, 1933, *CWMG*, Vol. 59, p. 234.

(31) "Dr. Ambedkar and Caste", Feb. 11, 1933, *ibid.*, pp. 227-229.

(32) All-India Harijan Sewak Sangh, "Report for the Year 1933-34", H. N. Mitra ed., *The Indian Annual Register*, 1935 I, Cal-

cutta, 1935, p. 347.

(33) M. K. Gandhi, "Statement on Untouchability–V", Nov. 14, 1932, *CWMG*, Vol. 57, p. 411.

(34) Gandhi's Interview with P. N. Rajbhoj, Nov. 11, 1932, *ibid.*, pp. 389-391.

(35) Gopal Guru,"The Language of Dalit-Bahujan Political Discourse", Ghanshyam Shah ed., *Dalit Identity and Politics*, Sage Publications, New Delhi, 2001, pp. 100-101.

(36) Iravati Karve, *Marathi Lokanchi Samskruti* (*Culture of Marathi People* in Marathi), Deshmukh & Co., Pune, 1962 (2nd edition, 1st edition in 1951), p. 122; Karve, *Maharashtra—Land and Its People* (Gazetteer of India: Maharashtra State), Government of Maharashtra, Bombay, 1968, p. 32.

(37) Trimbak Narayan Atre, *Gao-Gada* (*Structure of the Village* in Marathi), H.V. Mate Prakashan, Mumbai, 1959 (3rd edition; 1st edition in 1915), p. 34.

(38) K.R. Hanumanthan, *Untouchability: A Historical Study up to 1500 A.D.* (*with special reference to Tamil Nadu*), Madurai, 1977, pp. 94-95.

(39) 山崎元一『インド社会と新仏教――アンベードカルの人と思想』刀水書房、一九七九年、一〇－一二ページ。

(40) Shankarrao R. Kharat ed., *Dr. Ambedkar Yanchi Atmakatha* (*Autobiography of Ambedkar* in Marathi), Indrayani Sahitya, Pune, 1987, pp. 71-78.

(41) B. R. Ambedkar, "Mahar ani Tyanche Vatan, 1-3", *Bahishkrut Bharat*, Sept. 2, Sept. 16, Sept. 30, 1927 (*Dr. Babasaheb Ambedkar Lebhan ani Bhashane* (*Ambedkar's Writings and Speeches* in Marathi),Vol. 19, Government of Maharashtra, Mumbai, 2005, pp. 251-275.

(42) マハール・ワタン廃止運動に関する詳細は、内藤雅雄「マハール・ワタンの廃止とB・R・アーンベードカル」内藤編『近現代南アジアにおける社会集団と社会変動』東京外国語大学アジア・アフリカ言語文化研究所、一九九〇年、二〇一－二五四ページを参照。

(43) ガンディーは一九三二年にマハーラーシュトラのナーシクで彼の指導下でヒンドゥー寺院開放のサティヤーグラハ運動を展開中、不可触民グループの代表者の一人P・N・ラージボージに対して、彼ら独自のサティヤーグラハは行わずカースト・ヒンドゥーの運動に結集するようにとの忠告を与えている(*CWMG*, Vol. 64, pp. 372-373)。

(44) *Simon Commission Report on India*, Vol. VIII, Delhi, 1929 (Reprint in 1988), pp. 88-89.

(45) H. N. Mitra ed., *The Indian Annual Register*, 1930 I, Calcutta, 1930, pp. 367-374.

第4章 ガンディーとインド人企業家

はじめに

インドと言えば、かつては貧困の代名詞のように扱われてきた。昭和初期に出版された著名な日本経済研究書の中の「インド以下的低労働賃金」[1]という表現が、さまざまな人々によって用いられたことはよく知られている。現実のインドにおいて、都市と農村を問わずむき出しの貧困が社会を覆っていたことは事実であり、そうしたインドの貧困の問題に真摯に取り組んだ人や組織がいつの時代にも現れた。その代表的人物としてM・K・ガンディーを挙げることが出来るし、彼が先頭に立った運動の最も大きな目標が、これまでの章でふれた差別および貧困の根絶にあったと言っても異論はあるまい。一九一五年にインドに戻ってからのガンディーは自らほとんどお金や物を所有せず、衣服も腰布一枚という姿で活動する写真は多くの人の目に焼き付いている。二度目の非暴力的不服従（サティヤーグラハ）運動を開始したあとの一九三一年二月に、インド総督アーウィン（Edward Frederick Lindley Wood, 1881-1955、のちの 1st Earl of Halifax）と会談するため総督府を訪れたときのガンディーの様子について、のちに首相になるチャーチル（Winston Churchill, 1874–1965）が「半裸体のファキール（イスラームの修行・乞食僧）」と呼んだのは有名な話である。[2] 貧者に向けるガンディーの目は温かく、一九二〇年代から彼らを「ダリドラ・ナーラーヤナ（Daridra Narayana）」と表現していた。直訳すれば「貧者のナーラーヤナ」ということになるが、ナーラーヤナはヴィシュヌ神のいわば別称で、貧しい人々をヒンドゥー教の最高神に喩えた言葉である。講演その他で地方を訪れたとき参加者からの寄付を受け取ると、贈られたお金は必ず「ダリドラ・ナーラーヤナ」のために使わせてもらいましょうと答えていた。[3] 一九二七年九月に南インドのカダロールを訪れてカーディー（手織綿布）の普及について講演した中で、「朝出かけるため着用しようとカーディーを手に取る時はいつでも、ダリドラ・ナーラーヤナの名において、また飢えた数百万のインド人のためにそうしていることをわれわれは記憶すべきである」と語りかけている。[4]

一見奇妙に思えることであるが、このように貧困や貧者を見つめるガンディーは、他方で植民地期にすでに成功して財をなしたインド人企業家たちとも親しい関係を築いていた。それは第一に、貧者である貧農・小作人や労働者と金持の地主や資本家との対立を本来的なものではないとするガンディー独特の階級観によるものである。そしてその確信の元になっているのが先にもふれた「（神の）被信託者論（trusteeship）」と彼が名付ける思想であろう。この章では、ガンディーに歩調を合わせ、彼のさまざまな運動に惜しみなく巨額の支援を行った代表的なインド人企業家として、バジャージ（Jamnalal Bajaj, 1889–1942）とビルラー（Ghanshyamdas Birla, 1894–1983）の二人を取り上げることで、ガンディーとインド人企業家との関わりに光を当ててみたい。

一　国民会議派とインド人企業家

先ず、民族運動を指導した最大の組織である会議派とインドの財界、企業家はどのような関わりをもったのかを見ていこう。簡潔に言えば、独立前の全時期を通じてその関係は全く一様であったわけではないにしても、イギリスという共通の相手に対して総じて足並みを揃えていたと考えてよかろう。ここでインド財界という言葉を使う場合、カルカッタ（現在コルカタ）の代表的企業家G・D・ビルラーやボンベイ（現在ムンバイー）の商業界の中心的人物タークルダース（Purushottamdas Thakurdas）らによって、一九二七年に設立された企業家たちの組織すなわちインド商工会議所連合（Federation of Indian Chamber of Commerce and Industry、通称は略してFICCI）を念頭においている。FICCIの会議派に対する姿勢は、例えば一九四二年八月の「クウィット・インディア」決議に見られるような「直接行動」を呼びかける場合などを除けば、全体として会議派の路線を支持し、その活動資金を提供した。会議派の側としては、インドにおけるイギリス人の商工業面の財政的利害に対して、インド人商工業者のそれを支持した。[5]より正確には、その指導部をガンディーを頂点としてV・J・パテール、R・プラサード、ラージャージーら会議派右派が握り、しかも彼らは地方の会議派指導部と固く結びついて全国的な組織体系を確立していたことに対する企業家集団の信頼があったということであろう。

ただ初期の段階においては、FICCIもインド内の主要な企業家がすべて加盟していたわけではなく、例えばタータ―やサーラーバーイーなどボンベイやアフマダーバードの繊維工業を中心とする企業は、ビルラーらを中心とする指導部の親会議派の方向に批判的で、一九三〇年代後半までこれに加わっていない。初代の議長には、タークルダースの要請でボンベイの代表的工場主ペティット（Dinshaw M. Petit）が就任するなど、幾人かのパールシー企業家も参加しているが、パールシーの中でもタータ―家につながるモーディー（Homi Mody）らに代表されるボンベイ工場主協会（Bombay Millowners Association）は「ガンディー的会議派」に対する忌避反応を強く示した。(6) 発起人の一人であるタークルダースの場合でも、FICCIが政治色とくに親会議派色を強く出すのには反対であったが、彼自身がガンディーと同じグジャラーティー・バニアー出身で、妻がガンディーと親戚関係にあったという個人的理由で一九二〇年代から交際を保っていた。(7)

一九三〇年、ガンディーの指導のもとに有名な「塩の行進」で開始された第二次サティヤーグラハ運動は、インドの政治史に新たな時期を画することになった。会議派の主だった指導者が逮捕され、翌年一月に総督アーウィンはインド問題の解決を求めてロンドンでの英印円卓会議の開催を発表したが、会議派としてはこれへの参加を拒否した。それに呼応してFICCIも、ガンディー自らの参加、あるいは少なくとも彼の承認なしには参加しないとの条件をつけて代表の派遣を拒否した。しかしこのあとイギリスがガンディーを釈放し、ガンディー＝アーウィン協定の成立によって会議派の第二回円卓会議参加が決まると、FICCIの委員会は同年四月に代表派遣を決定し、タークルダース、ビルラー、ジャマル・モハメッド（Jammal Mohamed）を代表に選出し、併せて彼らがガンディーの指導に従うようにと指示している。(8) 同じ四月の大会にガンディーは招待され開会の辞を述べているが、議長のシュリー・ラーム（Shri Ram）から会議派が今後その経済政策を策定する際には、ＦＩＣＣＩと協議することを公約してほしいと求められて次のように応じている。

…私はその提案を歓迎する。会議派は常に諸君らの助言と支援を嬉しく思う。…会議派はすべての人々のものだが、人口の大半を占める貧しい農民の保護がその第一の関心でなければならない。とは言ってもそれが、他のすべての階級――中間階級、資本家、地主――がその下に来なければならないことを意味するのではない。それが目指すべては、他のすべての階級が貧しい者の利害に役立たねばならないということである。会議派は産業上の繁栄とインドの進歩を支持する。産業界は今では徐々に会議派の枠の中に入りつつある。過去において産業界が会議派に支援を寄せてくれたことにはどんなに感謝しても感謝仕切れない。…しかし私は諸君にもう一歩先に踏み出してほしい。私は諸君に会議派を自分のものとしてほしいし、われわれは喜んで諸君に手綱を譲るだろう。諸君によっての方が仕事はうまく捗るかも知れない。しかしもし諸君が（会議派の）手綱を取ると決めるなら、一つの条件の上でのみそうすることが出来る。諸君は自らをトラスティー（trustee［神からの被信託者］）、そして貧しい者への奉仕者と見なすべきなのである。諸君の商売は幾百万の働く人々の利益のために管理されねばならない。(9)

ここに見られるガンディーの「企業家＝トラスティー」という考え方はこれ以降もほとんど変わらないが、企業家側からすれば「条件」付きとは言えガンディーが彼らを基本的に受け入れ、その同調者たちが固める会議派が民族運動の最大の担い手になっていることは歓迎すべきことであった。例えば一九三三年四月のＦＩＣＣＩ大会の議長演説においてヒラーチャンド（Walchand Hirachand）が冒頭で、前年インド政庁がガンディーおよび会議派指導者たちを投獄したことを強く批判し、イギリスはインドにおける「最大、最強の組織である会議派」との間で「よりよい協議」をもつことが望ましいと述べているのもその証左であろう。[10]

一方、ガンディーはじめパテールやプラサードら会議派内の多数派＝右派と極めて密接な関係を保ちつつも、ＦＩＣＣＩに結集する企業家たちが最も神経質に対応しなければならなかったのがＪ・ネルーであった。彼は一九三六年に二度目の会議派議長に選出され、党内の急進左派を代表する存在であった。このころ、一九三五年インド統治法のもとで一九三七年の州立法議会選挙が行われるが、選挙への参加および選挙後の州内閣への参加をめぐって会議派での議論が大きく揺れた。この時ＦＩＣＣＩの主流としてビルラーらは国内の政治状況の安定という観点から、入閣拒否に固執するネルーや会議派社会党を抑えるようガンディーに働きかけた。これに対してガンディーは、ネルーが会議派の入閣拒否に動くのを妨げることをビルラーに保証している。[11]この問題は、ガンディーの指示を受けるパテール、プラサード、ラージャージーら保守派の「社会主義に対する勝利」に終わり、ネルーらの入閣拒否の姿勢は後退を余儀なくされた。その直後、ビルラーはタークルダースに宛てて、「私は、マハートマージーが約束を守り、一言も発せずに、何らの新たな言質も取られなかったのを見た。ジャワーハルラール（ネルー）の演説はある意味で屑籠に投げ込まれてしまった」と書き送っている。[12]

しかしＦＩＣＣＩの代表者たちが、会議派急進派の旗手であるネルーと正面から対抗したのでは必ずしもないことにも留意すべきであろう。例えば一九三六年五月の会議派ラクナウー大会の議長演説に一つの頂点を見たネルーの社会主義への接近に対して、大きな危機感を抱いたボンベイ市内の指導的企業家二一名が連名で「J・ネルーに対するボンベイ宣言」という覚書を発表した時のことである。その中には領袖的存在のタークルダースも含まれているが、インド商人協会（Indian Merchants' Chamber）の副議長シュローフ（A. D. Shroff）はじめボンベイの保守派企業家グループがイニシアティヴをとった。シュローフは以前からネルー演説への攻撃を行っていて、ネルーが階級間の敵対を創り出しており、私有財産の廃止と早急の工業化を説くのは自己矛盾であると批判した。ネルーはその直後にボンベイを訪れ、「二一人覚書」に見られる考えはごく一部の人たちしか賛同していないことを理解したと語り、[13]これに署名した一部企業家の姿勢は「ファシスト的精神」であるとして激しい反批判を展開した。[14]その場合ネルーは、現在の第一の課題はインドの政治的解放であって、ラクナウー大会の演説で彼が説いた社会主義は究極的にはインドにおける経済的不平等とすべての悪に対する唯一の解決策となるが、それは現在は単なる理論の問題に過ぎず、またインドが独立を達成するまではそのままで留まるであろうこと、[15]従って商人たちが私有財産を保有し、その業務を継続しつつ社会主義を語るのとは何等矛盾しないことを強調し、[16]インド商人協会の代表たちの説得に努めた。

このようなボンベイの一部企業家の姿勢に対して、FICCIの主流を代弁するビルラーは強い不満と批判を表明している。社会主義的傾斜との闘いは資本家自身が前線に立って行うべきではなく、「二一人覚書」のような動きは却って資本主義への反対をいっそう盛り上げてしまうだろう、というのが彼の批判の内容であった。[17]また彼によれば、資本家たちが社会主義に反対するのは当然であるが、問題はだれが公然とそれを表明するべき信任状をもっているかであり、「資本家が国のより広範な利害のための（財産）収用に反対を表明するのは極めてまずいことに思われる」。むしろ会議派内の左派勢力に対する闘いを成功させる正しい方法は「他者を通じて闘う」こと、すなわち会議派内の右派勢力を強化することであるというのが彼の選びとった作戦であった。ビルラーのこの深謀遠慮の作戦が、「覚書」によってネルーを批判したタークルダース、ヒラーチャンドらを説得し、ガンディーの下に参集するパテール、プラサード、ラージャージー、ブラーバーイー・デサーイーら会議派の右派勢力に対する財政的援助をもたらしたと言える[18]。ビルラーはまた、ネルーの政治的行動がそのイデオロギー的急進さに比してより冷静かつ現実的であること、換言すれば彼の理論と実践の間にはギャップが存するという「弱点」をも正確に把握していたと言われる[19]。ネルー自身も社会主義の実現を現下の問題として考えていなかったことは先に引用した彼の言葉から明らかであり、その意味で急進的民族主義の域を出ていなかった。一九三八年に独立後に向けての「国民計画委員会（National Planning Committee）」が設置されたときも、同僚のシャー（K. T. Shah）に「現体制への挑戦」の回避を表明し、「階級路線に沿った時期尚早の闘争は崩壊と、おそらく何物をも建設出来ない長引く無能力へと導くだろう[20]」と書き送っている。このように、右派勢力を強化することで会議派の左傾化を防止し、そうした会議派をインド民族運動の旗頭として、独立インドの政権担当者に仕上げようとするのがＦＩＣＣＩに代表されるインド財界の基本的立場であり、それは次第に実現していくことになろう。

一九三九年九月の第二次世界大戦の勃発は、インドの政治運動とともに経済界にも大きな変化をもたらした。前大戦のときと異なり、戦争努力への協力を求めるイギリスに対して、会議派はインドの戦争への参加は独立国としてでしかあり得ないとして、即時独立の付与を要求した。日本の参戦でますます苦境に陥ったにもかかわらずイギリスは飽くまでインドへの独立付与を拒否した結果、一九四二年八月、会議派は先にふれたガンディーの発案になる「クウィット・インディア」決議を採択した。前もって察知していたインド政庁は直ちにガンディーはじめ全国の主だった会議派指導者を逮捕したが、民衆を糾合した反英運動は瞬く間に広がった。中央指導部を欠いたままであるが、独立前の最後の大衆的政治運動であった。この間、大戦終了直前まで会議派指導部は獄中にあった。

戦争の初頭には、企業利益の増大と基本的産業の急速な発展を期待してＦＩＣＣＩはイギリスに戦争協力を宣言し、実際一部の企業家は鉄鉱、ジュート、砂糖、紙などの分野で大きな利益を上げたが、その後イギリスとの関係は急速に冷却した。多額の超過利益税をかけたり、戦時経済計画からインド人を排除するなどインド政庁の敵対的対応がインド企業側の幻滅をもたらし、日本軍の猛攻に対して「焦土作戦」が提起されるという事態も反発を喚んだ。大戦期に政庁とインド企業との間の関係が改善されることはなかった[21]。それでも第二次世界大戦も終わりに近い一九四四年一月には、「インド経済発展案（A Plan for Economic Development of India）」（通称「ボンベイ案」、または「タータ－・ビルラ－案」）という経済発展計画書が発表された。いわばインドの代表的な資本家たちによる独立インド経済建設の見取図である。先ず第一部のはじめで「戦争の終結後直ちに経済問題に関する完全な自由を有する民族政府が成立するであろう」と述べているように、この案実現の絶対的条件としてインド人への権力移譲と中央集権的民族政府の樹立を掲げる[22]。続いて、かつて一九三八年に彼ら資本家の代表も加わって発足した国民経済委員会の基本理念である計画経済体制の確立を挙げ[23]、方針としては、インド経済における農業への圧倒的依存という現構造を改めて「より均衡のとれた経済」すなわち工業化の推進[24]、とくに基幹産業の発展[25]、他方で農業生産増強の障害となっている土地保有規模、農民負債、土地の浸食の問題などを解決するための農業改革の必要を論じ[26]、また鉄道、道路、港湾設備の整備の緊急性を指摘している[27]。同案の第二部では、経済開発に対する国家の関わり方として所有、統制、経営の三つがあり得るとした上で、「最大限の社会的福祉という観点から、国家による統制が国家による所有あるいは経営より重要である」と結論づけている[28]。ただ注意すべきは、ここで「国家による統制」と言う場合、「資本主義が個人の企業心と個人のイニシアティヴを行使する余地を可能とする限り、それがインドの経済発展に対してなし得る重要な貢献を有すると信ずる」という企業家たちの信念が吐露されているように[29]、計画経済、国家的統制、自由な個人の企業心の発揮との間には必ずしも矛盾はないものと見なしている言えよう。この他、国有企業の払い下げの可能性[30]、同一産業における公私両部門による経営の可能性[31]など、FICCI側の利害に沿ったかなり踏み込んだ提案が行われている。おそらくこうした積極的提案の背景には、近い将来成立するであろう会議派政府内の保守派はもちろん、ネルーら左派勢力の間にもインド財界に対するある種の妥協的姿勢を見たという確信が存したのではなかろうか。

一九四四年五月に病身のため釈放されたガンディーをはじめ翌年六月にネルーら会議派指導部が出獄し、また同年八月の大戦終結を迎えてインドは新たな政治的動きが始まった。それはまたムスリム連盟による「パキスタン」運動の最終段階でもあった。一九四五年一二月に中央立法議会選挙、翌年二月に州立法議会選挙、七月には制憲議会選挙が行われ、いずれも会議派とムスリム連盟が議席を分かち合った。制憲議会選挙の場合、一〇名近いFICCIメンバーおよびその他の財界人が会議派から立候補して当選しているのが注目される。会議派は全体としてこのインド分割案には強い反対の姿勢で対応したが、インド財界には一九四六年九月に発表された「パキスタンの経済的、財政的側面に関する覚書」[32]に見られるように分割の不可避性を主張する意見が多かった。ビルラーは早い時点からヒンドゥー・ムスリム間の問題解決のために早期の分離が望ましいと考えていた。すでに一九四二年七月にガンディーの秘書のマハーデーウ・デサーイーに宛てた書簡で、「君はパキスタンに関する私の意見をすでに知っているだろう。私は分割に賛成であり、それが実現不可能だとか、ヒンドゥーあるいはインドの利害に反するとは思わない」と述べていた[33]。

一九四七年八月一五日、植民地インドはイギリスの支配から解放され、インドとパキスタンの両自治領（のちにいずれも共和国）が成立した。インドではすでに一九四五・四六年の選挙の時に見られたように、会議派の組織を確実に掌握しそれを動員する役割をパテール、プラサードらの右派が担い、他方ネルーはその「進歩的」姿勢と一種のカリスマ性によって一般大衆の会議派支持を確保するというわば分業的政治体制で出発したと言ってよかろう。企業家たちから見れば、彼らの全体の利害と必ずしも合致しないネルーの「進歩的」立場も会議派内では完全に少数派であり、しかもネルー自身がこの事実を認識していることをビルラーたちが的確に把握していたので、この体制は受け入れやすいものであったろう。独立後の一九四七年一一月に会議派全国委員会（ＡＩＣＣ）が任命した会議派経済綱領委員会（委員長ネルー）は翌年一月にその報告書を発表している。報告書は「国民の生活水準の早期かつ発展的上昇」を第一の目標として掲げつつ、所得の制限、土地保有の制限のほか、投機資本の最大限利益の制限（五％）、公益事業、防衛産業および他の基幹産業の国有化、外資の制限など急進的な経済上の諸改革を勧告した[34]。しかしこの勧告は会議派政府段階ではそのままでは成立せず、翌一九四八年四月に同勧告に大幅な変更を加えた「産業政策声明」が制憲議会に提出されたあと、一二月に決議として採択された。同声明は国家計画委員会の設立を提起し、現下の国家の富の状況では国民への再配分は単なる貧困の分配にしか過ぎないとして生産の拡大を求めている。一方で、防衛産業や原子力産業の統制を中央政府のもとに置き、石炭、鉄鉱、航空などの新産業は国営としつつも、私企業も「正しく管理・統制されれば」果たすべき貴重な役割をもつとして、既存産業の国営化は一〇年留保し、その時点で「状況に照らして」問題が検討されるべきであると述べる。これは公私両部門の併存をうたう「混合経済」の導入を意味するものである。また別の個所では、外資および外国企業への制限の緩和が「早期の産業化」の名目で示唆されている[35]。ここでの産業の国営化は喩えそれが実行されたにしても、生産拡大という便宜のための国有化であって、そのことだけで社会主義を目指しているとは言えず、実際この声明には「社会主義」という字句は見当たらない。むしろ国家統制の緩和を求める大資本側の声を明確に反映しているものと見るべきであろう[36]。同年一二月の会議派ジャイプル大会でもこの政策決議に関する説明が行われている。決議は「この危機の時期に当たって企業家もまた国家の側に立って義務を果たさねばならない」と前置きして、「私企業による発展、拡張に極めて大きな分野を委ねる」とし、かつ基幹産業は国家の所有と統制のもとに置かれるが「企業家たちの正当な利害を損ずることは本決議の意図ではない[37]」という「保障」まで与えている。一九五一年から始まる第一次五カ年計画はこの産業政策決議が設定した路線に沿うものであり[38]、それ以降の五カ年計画を通じて「私企業部門がよりいっそう公共部門に依存していく[39]」のを見るとき、独立の時点でＦＩＣＣＩに代表されるインド財界が、会議派組織の中に如何に強固な拠点を確保していたかを改めて知ることになろう。

二　ガンディーとバジャージ

本節と次節で扱う二人のインド人はいずれも現代インドの有力な企業グループの創始者であり、ガンディーから深い信頼を受け、それに対応して彼のさまざまな活動のために常にその必要を満たすべく巨額の資金を投じた企業家（財閥）[40]である。彼らにはもう一つ、その出身がマールワーリーというコミュニティであり、ヴァイシャ・ヴァルナの中でもサブ・カーストが同じアガルワールという共通点があった。マールワーリーとは、インド亜大陸の北西部にあるかつてラージプーターナーと称された地域（現在はラージャスターン州）のそのまた北西部に位置するマールワール地方の出身者を言う。ラージプーターナーはイギリスが直接支配したいわゆる英領インド諸州と異なり、イギリスに従属しながら住民支配の存続を認められた半独立的な藩王が集中した地域であり、西半分が広大なタール砂漠を含むほとんど不毛の土地で覆われていた。マールワールもジョードプルという一藩王国に含まれていた。砂漠地帯で雨も少なく住民の多くが農業で生計を立てることが出来ず、植民地期に人々はインド各地に移動し、商業（小売業）や金貸し業から出発して次第に富を蓄積して、のちにボンベイやカルカッタなどを中心に銀行業や製造業に進出した。その内のいくつかの家族は、とくに第一次、第二次世界大戦を契機に大資本家グループとしての地位を確立した。先述した両家のほか、シンガニア（Sighania）、ゴーエンカー（Goenka）、ダルミアー（Dalmia）、サーフージャイン（Sahujain）などはインド有数の財閥に数えられる。彼らは地縁や血縁で結ばれた強固な集団を形成し、その成員間での信用を裏切らず、相互扶助のネットワークは非常に広範かつ密であるという[41]。マールワーリー商人は時に「インドのユダヤ人」などと称されることもあるが、インド経済の重要な担い手であることは否定出来ない。

インドの企業家グループの中でも、ターター家を代表とするパールシー（インドのゾロアスター教徒）の企業家が民族運動から一歩身を退く姿勢であったのに対し、マールワーリーの企業家グループは概して積極的な支援を送ったと言える。彼らがインドの独立までに民族運動の大義のために提供した金額は巨額に上り、会議派の政治活動のみならず、さまざまな問題を対象とする社会改革運動にも投入された。彼らにガンディーや会議派の活動のために多額の支援を行わせた動機とはどういうものなのかを探ろうというのがここでの課題である。ガンディーは一九二五年七月にマールワーリー・アガルワールの会議に招かれ、そこで演説を行っている。おそらくこれが最初の同会議出席である。彼はマールワーリーが慈善的で気前がよい点を高く評価しつつも、欠点として浪費が多く、全般的にお金を適切に費やそうとしないとの苦言も呈している。彼はまた自分の経験からインド社会で富裕として知られるコミュニティを比較し、気前よさの点で挙げるなら先ずほんの小銭でも細心の注意で費やすパールシー、次はユダヤ教徒であり、マールワーリーは第三番目にくるが、ヒンドゥーの中にも、如何にお金を稼ぎ如何にそれを費消すべきかを知っている少なくとも一つのコミュニティが存在することをマールワーリー諸君は示すべきであると説いた[42]。この演説をバジャージやビルラーがどう聞いたかについて教えてくれる資料はないが、彼らにとって励ましの言葉となったことは疑いなかろう。

しばしば「ガンディー主義者の資本家（Gandhian Capitalist）」と称されたジャムナーラール・バジャージは、ヴァイシャ・ヴァルナながら貧しい農民であった父カーニーラームの次男として、当時のジャイプル藩王国の一寒村で生まれた。この貧農の子の運命は一八九四年、五歳の時にバッチャラージ・バジャージ（Bachharaj Bajaj）という同じマールワーリーの富裕な商人の養孫となったことで大きく変わることになる。バッチャラージは以前から商売の拠点を中央インドのワルダーに置いており、ここに移ったジャムナーラールは母語のヒンディー語に加えてマラーティー語とグジャラーティー語を日常の言語として習得した。ガンディーとの文通に時としてグジャラーティー語のものがあるのはこのためである。のちにワルダーの周辺に設けられるガンディーたちの基地としてのアーシュラムは、まさにこの地でバッチャラージから商売と財産を相続したジャムナーラールによって提供されたものである。

ジャムナーラールは早くからインド独立運動に関心を示し、とくにベンガル分割（一九〇五年）に反対して展開されたスワデーシー（国産品愛用）運動に共鳴して、B・G・ティラクらの急進的民族主義思想と運動を支持した。一九〇六年にティラクの政治宣伝紙『ケーサリー』のヒンディー語版がワルダーに近いナーグプールで発刊されたときには、小遣い銭を積み立てた一〇〇ルピーを寄付したこともあった。ティラクはのちにジャムナーラールについて「偉大な企業家にして愛国者」という言葉で言及している。その同じ一七歳のとき、養祖父との些細ないさかいが彼に一つの転機を与えたエピソードがある。知り合いの結婚式に参席するとき、バッチャラージが宝石類を身につけていくよう望んだのを彼は拒否してしまった。怒ったバッチャラージは「おまえは努力なしに手に入れた富で傲慢になっている。おまえは私ではなくお金だけを愛しているのだ」と叫んだ。それに激しい衝撃を受けたジャムナーラールは熟慮の末、次のような置き手紙を残して家を出た。

貴方は今日たいそう私に腹を立てられた。それは神のご意志だった。貴方には怒る権利がある。…お金はあなたのものだ。貴方のお好きなようにしてほしい。これまで貴方が私のために使われた費用については勘弁してほしい。しかしこれ以後は貴方のお金にはビタ一文手をふれないつもりである。…私は今着ているもの以外は何もこの家から持ち出そうとは思わない(43)。

彼はサンニャーシー(隠棲者)になるため聖地リシケシに向かおうとしていたようである。バッチャラージはこの手紙にいたく感動して、直ちに孫を連れ戻した。しかし翌年六月、約六〇万ルピー相当の土地と財産をジャムナーラールに遺して彼は世を去った。

巨額の遺産を相続したジャムナーラールはこれに対する道義的権利はないとして、以後それから生み出される利益は公共の目的に活用するよう決心したという。とはいえ、このとき彼は「企業家」としての道を否定したわけではなく、養祖父から引き継いだ綿花取引業のほか、未だインド人資本の進出が稀だった保険業に乗りだしたり、ユダヤ系財閥から綿繰り工場を買い取ったりして、順調な企業活動を展開していった。彼のバッチャラージ・ジャムナーラール・バジャージ会社はとくに日本向けの綿花輸出で重要な役割を果たし、一九一三年までにすでに年間四万梱の綿花の積み出しで七五〇万ルピーを稼ぎ出していた。こうした膨大な利益の中から、彼は多額の寄付を各方面に振り向けた。当初の寄付金の対象は、例えば一九一〇年にマールワーリーの子弟に近代的教育を受けさせるために設立されたワルダーのマールワーリー・ホステルや、一九一五年にボンベイに創立されたマールワーリー・ヴィディヤーラエ（学校）の基金など、自分の出身であるマールワーリー社会の中での福祉活動が中心であった。

この若い企業家ジャムナーラールの目をさらに開かせ、その進路を決定的に方向づけたのが、ガンディーとの出会いとその後の深い交流であった。彼はすでにガンディーが南アフリカで指導したインド人移民労働者の市民権獲得闘争に強い関心を寄せており、一九一五年一月にガンディーが帰国したときには、彼に会うためボンベイまで出かけている。同年一二月にボンベイで開催された会議派の第三〇回大会に出席するガンディーのために、先述したマールワーリー学校を宿舎として提供することを申し出ており、加えて足となるべき自動車を初めて購入して彼の使用に供してもいる。これ以後ジャムナーラールはしばしばガンディーと会っているが、とくにアフマダーバードに建設されたアーシュラムを何度も訪れた。そこでのガンディーの病人に対する献身的態度、妥協のない厳しい規律の維持、組織に対する温かいが徹底した管理などに直接ふれ、次第にガンディーの中に自分の指標を見出すようになった。

ガンディーのジャムナーラール宛書簡で今日残っている最初と思われるのは、一九一七年七月付のヒンディー語で書かれたものである。

君の書簡と一五〇〇ルピーのフンディー（小切手）を受理した。どうもありがとう。君の寄付はヒンディー語教育の推進のためだけに使われよう。…それがいくらかでも余れば他の事業にも回されよう。またワルダーに行かねばならなくなったら、必ずお知らせしよう。(44)

ガンディーのさまざまな事業に対するジャムナーラールの寄付活動は間断なく続けられた。

一九一八年六月付のガンディーからの書簡によれば、彼はちょうどアーシュラム建築費用の一部としてジャムナーラールから二万八千ルピーを受け取ったことを知らせ、さらに一〇万ルピーが必要なので、「もしあなたがなにがしかを寄付したいとお思いなら、どうかそうしていただきたい」とさらなる寄付を求めている(45)。翌月付のジャムナーラール宛書簡には、当時ガンディーがグジャラート地方での重要な活動の一つとしていた、第一次世界大戦にイギリス軍とともに参加するインド人徴兵の活動がなかなか成果を上げていないことへの苛立ちが窺えるが、その短い文面からこの若い支持者に対する深い親愛の情がにじみ出ている。

君の愛情は私を圧倒する。私としては、私をこの充溢する愛に値するものたらしめるよう神に祈るのみ。君の献身が常に君を正義の道に前進せしめることを願う(46)。

他方で同じころ、ジャムナーラールはガンディー以外にも多面的な寄付活動を行っている。彼はカルカッタにおいてインドに新しい科学の道を開いたと言われる著名な物理学・植物生理学者ジャグディーシュ・ボース（Jangdish Chandra Bose, 1858–1937）と交流をもち、彼が一九一七年にボース調査研究所を設立するに当たって三万一千ルピーを援助した。また、アイルランド出身の会議派指導者ベザント夫人（Annie Besant, 1847–1933）やマーラヴィーヤ（Madan Mohan Malaviya, 1861–1946）が一九一五年に発足させたバナーラス・ヒンドゥー大学の図書館建設にと五万ルピーという当時としては巨額と言ってよい寄付を提供している(47)。

一九二〇年になると、ジャムナーラールは数年来心に抱いていた一つの願望をガンディーに告げている。それは、ハリラールをはじめすでに四人いたガンディーの実の息子に次ぐ「第五子（the fifth son）」として自分を認めてほしいというものである。この奇抜な申し出に最初は戸惑ったガンディーも結局はこれを受け入れた。二年後に獄中から彼がジャムナーラールに宛てて出した書簡には、「君は本当に君自身を私の第五番目の息子にしてしまった。しかし私は君の父親にふさわしくなるようにと闘っている。養子をとった人間が引き受けるのは並の責任ではない」(48)という、本音と受け取れる言葉が見える。一九二〇年という年は、ガンディーが名実ともに会議派の最高指導者となり、イギリス政府からの称号の返還、政府経営の学校や裁判所のボイコット、外国商品のボイコットと国産品の奨励などを掲げる歴史的なサティヤーグラハ運動が展開された記念すべき年である。ガンディーの指導権が全インド、全世界の前に明らかとなったこの会議派ナーグプール大会の接待委員会（Reception Committee）議長に選出されたのが、他ならぬジャムナーラールであった。彼は自分は英語が不得手であり、未経験であることを理由に議長就任の要請を頑なに断って、シュクラという他の候補者名を挙げている。同じ書簡の中でバジャージが、「グジャラートの商人階級――とくにマールワーリー社会――は、…お金を寄付する用意はあるが、ひと前に出るのを余り好まない」と書いているのはこのコミュニティの性格の一端を示していて興味深い(49)。しかしガンディーは秘書のデサーイーに命じて書簡を出させ、その理由は根拠がないし、また「不適当な人物がその地位を占めるのは望ましくない」と、就任受諾を強く迫った(50)。最終的にジャムナーラールはこれを受け入れ、これ以降ガンディーと彼の指導する運動に身を投じていくことになる。ナーグプール大会の接待委員会の席上で、自ら指導的な商人、企業家である彼は企業家グループに向かって会議派への参加と独立運動への支持を訴えた。

私はこの機会に企業家集団の諸君に特別に訴えたい。われわれがイギリス支配下で稼いだものはすべて、われわれの母国や同胞を富ませることによってでなく、逆により貧しくさせることで得られたものである。その結果、一億の同胞は一日一度の十分な食事さえもとれずにいる。企業家諸君、われわれの商取引や事業はスワラージに向けての偉大な民族的事業にわれわれが参画することによって百倍も繁盛するだろう。われわれは無関心の態度を改め、恐怖心を払拭しなければならない。…われわれは将来の世代にわたる恒久的利益のために、この偉大な民族解放の努力にわれわれの収益を捧げなければならない(51)。

ジャムナーラールはこの同じ年に会議派の出納係（Treasurer）にも選出され、一九四二年の彼の死によってサルダール・パテールに引き継がれるまで、実に二〇年以上もこの巨大組織の財政責任者であり続けた。出納係は職務上、自動的に会議派運営委員会（CWC）のメンバーでもあるので、彼はインド民族運動組織の中枢に席を得たことになる。自らも例えば、一九二一年にその前年に死去したティラクの名を冠して企画された運動寄金（Tilak Swaraj Fund、目標額一千万ルピー）に一〇万ルピーを投じている。また、ガンディーの運動に参加して、インド政庁への不服従活動を実施するために訴訟手続きその他の法律業務を停止したインド人弁護士たちやその家族の支援として、一九二一〜二二年の二年間で二〇万ルピーを一人で寄付したのも彼であった。

先にも少しふれたように、ジャムナーラールの財政支援はさまざまな分野に向けられていたが、ガンディーへの巨額の支援も決して政治運動に関わるものだけではなかった。一九二二年にガンディーは第一次サティヤーグラハ運動の停止を宣言し、自らは農村手工業工場のためのカーディー（手織綿布）生産奨励運動や不可触制廃止運動などに重点を置く「建設的綱領」の推進を打ち出した。こうした運動推進のための重要な基金がバジャージと後出するビルラーによって賄なわれた。つとに一九二三年、カーディー生産を含む事業のため、ジャムナーラールはガンディー奉仕協会（Gandhi Seva Sangh）の設立に積極的に参画し、当初の活動家支援の資金として一〇万ルピーを提供している。同協会の総裁に選出され、彼がこのあと一〇年間に提供した総額は二五万ルピーに上った。同じ一九二三年の会議派コーカナーダ大会で設立が決定したカーディー生産推進のためのカッダル局（Khaddar Board）の会長にも選出された。一九二五年九月にガンディーは全インド紡糸者協会（All-India Spinners' Association）を設立するが、その出納係を任されたのもジャムナーラールであった。このように、ガンディーが時には政治運動以上に重視して取り組んだ建設的綱領の諸事業にとって、ジャムナーラールの存在は決定的に重要な意味をもった。

この間も彼は工場主＝資本家として巨額の富を蓄積していたが、ガンディー自身には富の所有それ自体を悪と見なす考えはなかった。しかしそれには条件が付随すると彼は考えていた。一九二七年九月にグジャラーティーとマールワーリーの商人たちを前に行った講演がある。彼らの寄付と挨拶の言葉に対して、それは「聖なる仕事」であると感謝の意を表したあと、「…諸君は貧しい人々のお金を取り上げつつあり、罪を犯したあとの贖罪（prayashchitta）は、諸君がお金を奪った人々への諸君の義務を履行したときに成り立つであろう」と語りかけているが、お金を儲けたらそれを貧しい人々に還元することが義務だということであろう。(52) 翌々一九二九年一二月にはマハーラーシュトラ商人会議の席で「資本家の義務」と題する講演をし、もっとはっきりと語っている。

…もしわれわれが古代のヴァイシャ・ヴァルナの機能を分析してみれば、彼が生産と分配の義務を割り当てられたのは、個人の儲けのためではなく共通の利益のためであったことが分かる。彼が蓄積したすべての富は、国民のための「被信託者（trustee）」として保有したのである。資本家がもしその本当の機能を成就すべきなら、搾取者としてではなく、社会の奉仕者として存在しなければならない。もしわれわれがわれわれの義務を知りそれを果たしていれば、いかなる共産主義もボルシェヴィズムも育つことは出来ない(53)。

一方ガンディー自身の考え方について言えば、ボンベイの活動家たちとの質疑応答で、「労働者、農民、工場労働者に利益を与えれば階級闘争は回避し得るのか」という質問に対する彼の次のような発言も彼独特の思想として注目に値しよう。

…人々が非暴力的手段に従うなら、疑いもなくそれは可能である。…人々が行動の原則としてそれを採用するなら、階級闘争は不可能なものとなる。その方向での実験は、すでにアフマダーバードで（一九一八年の労働争議のとき―引用者）確かめられている。それは最も満足出来る結果をもたらしたし、疑問の余地がないことを証明するあらゆる可能性がある。非暴力的手段でわれわれは資本家をつぶすことを目指すのではなく、資本主義の消滅を目指す。われわれは資本家に、彼が彼自身の資本の創出、維持、増加のため依存した人々のための被信託者と見なすことを求めるのである(54)。

ここでいう「トラスティー＝被信託者」とは、本章の「はじめに」でもふれたように、義務として神から委任されたというほどの意味で、後出するビルラーへの一九二五年の書簡に初めて現れる言葉である。ガンディーはこの言葉を一九二五～二九年に『ナワジーワン』紙に連載した『自伝』でも用いており、「被信託者の手元に何千万ルピーあっても一パイたりとも彼のものではなく、解脱を求める者（mumuksha）はそのように行動しなければならないと『ギータージー』から理解した」[55]と記している。『ギーター』とは今日までよく読まれるヒンドゥー教の聖典で、結果にこだわらない行為の重要さを説く内容である。ただ「トラスティー」に当たるサンスクリットあるいはヒンディー、グジャラーティー語の単語が見つからなかったらしく、グジャラーティー語の『自伝』でもそのまま「トラスティー」となっている。資本家や地主など莫大な富を蓄積した者に課せられるというガンディーのこの考え方はこの後も終始変わらなかったと言ってよい。しかしこの考え方は周囲の人たちにも仲々理解されなかったようで、しばしば疑問を突きつけられた。例えばガンディーの思想や行動に深く傾倒した人たちの集まりであるガンディー奉仕協会においても、聴衆から「私には被信託者制の理論の意味が理解出来ないか、あるいは私の理性がそれを把握出来ない」という声が出ている。ガンディーはこれに対して、「自分のためには慣習的に見て自分の必要を満たすだけのものを取って、残りは社会奉仕のために費やす人が被信託者なのである」というそれまでの発言と同様な内容の説明を加えた。そして質問への答えの最後に、「諸君はそのようなことはあり得ないというかも知れない。それは人間の本性に沿わない何かだと考えるかも知れない」と聴衆の疑問を付度しながら、「しかし私には諸君の理性がそれを理解出来ないなどとは信じられない」と強い調子で結んでいる[56]。

ここでは名前は出されていないが、ガンディーの心の内にはジャムナーラールのような人物の存在があって、それが上に見たような強い発言になったのではなかろうか。別の表現をすれば、ガンディーの被信託者論の一つのモデルがジャムナーラール・バジャージだったということになろう。ジャムナーラールは一九四二年二月一一日に脳内出血で五七歳の人生を閉じたが、ガンディーはその日の内に声明を発表し故人を偲んだ。

死はセート・ジャムナーラール・バジャージという偉大な人物を奪った。私は公共の利益のために自分の富の被信託者となろうとする富裕な人たちのことを書くときは常に、真っ先にこの豪商（ジャムナーラール）を心に浮かべた[57]。

ただ少しあとアーシュラムで、ある人がターター、ビルラー、バジャージなどの名を挙げてだれが最も被信託者だと言えるかとの質問に、「君が挙げた人たちの中で、ジャムナーラールジーだけがそれに近づいた。しかしただ近づいただけだが[58]」と答えている。それだけガンディーの理想は高かったのであろう。しかし、若年で巨額の富を生み出す地位を得るとともに、ガンディーの中に自らの精神的導き手を見出し、その理想追求の諸事業に惜しみなく富を注ぎ込んだジャムナーラールは、「ガンディー主義的資本家」（ガンディーの弟子カーカー・カーレールカルの言葉）の名に最もふさわしい人物であったと言えよう。一九三六年にジャムナーラールはワルダーに近い村セーガーオンをガンディーに提供するが、この地には最後のガンディー・アーシュラムが建設され「奉仕の村（Seva Gram）」と改称された。なお、同じ一九四二年の八月一五日にガンディーが深い信頼をおいた秘書デサーイーが亡くなり、彼は一挙に忠実な二人の支柱を失ったことになる。

これまで見てきたようにジャムナーラールは生涯の半分以上の年月にわたりガンディーと会議派組織に深く関わったが、それは決して資金の援助と運用という側面のみに限られなかった。一九二〇年から開始されるガンディー指導の反英運動にも直接参加し、インド政庁によって合計四回逮捕・投獄されている。一九二三年三月にナーグプールでの「フラッグ・サティヤーグラハ」では、公的行事に際して行われる英国国旗ユニオン・ジャックの掲揚を拒否して、代わりに会議派のスワラージ旗を挙げたことで二五〇人もの活動家が逮捕されたが、ジャムナーラールもその一人で一八か月の重禁固刑と三〇〇〇ルピーの罰金を科せられた。一九三〇年三月から開始された塩税拒否のサティヤーグラハにも加わりガンディーらとともに四月に逮捕され、翌年二月に釈放された。しかし妥協を図るイギリス側の思惑で行われたガンディーとインド総督アーウィンの会談が決裂すると、他の活動家とともにジャムナーラールも再び不服従運動を開始して一九三二年一月にボンベイで逮捕された。三月に一旦は釈放されるが再逮捕され、マハーラーシュトラ内の各地の刑務所を移動させられたあと、かかっていた病気が悪化したため一九三三年三月に釈放されている。一年に及ぶ長い獄中生活であった。このときガンディーも別の刑務所に拘留されていたが、ジャムナーラールの健康の悪化を知って一九三二年一一月にボンベイ州政府の警務監督長官宛てに二通の書簡を送った。書簡では、ジャムナーラールが結核の恐れもあるから早急に気候が良く専門の医療施設のある場所へ移動させてほしいと訴え、またその家族に対する保護を求めている。ジャムナーラールは前々から、自分の出身地であるジャイプル藩王国における政治活動の自由を求めるジャイプル臣民協会（Jaipur Praja Mandal）の運動に関わっていたが、一九三九年

1932年、ドゥレーの刑務所でのバジャージ。囚人番号12514番。

四月に藩王国官僚の臣民に対する暴力的対応に抗議して逮捕され、約四か月間拘留された。ガンディーと会議派に寄り添いながら、多額の資金援助を行いつつ、自ら大衆の運動に参加して逮捕・投獄を経験する企業家は稀な存在だったと言わねばならないだろう。

ジャムナーラールはすでに一九二一年の最後の遺言に、自分の土地の四分の三はガンディーの運動に寄付し、自分の死後はバジャージの企業を解散すること、もし続けるとすれば公正で正しく管理されるよう書き残していた。ただ企業は息子によって引き継がれてバジャージ・グループとして今日まで残り、インド財閥の一角を占めている。特に二輪および三輪自動車を生産するバジャージ・オートは世界中に販売網をもっている。

三　ガンディーとビルラー

ここで、同じく青年企業家として出発した時点からガンディーと関わり、その精神的影響下で彼の政治、社会事業を支えた人物として、ガンシャームダース・ビルラー（略称GDとも呼ばれる）に目を移してみよう。ジャムナーラールと同郷でカーストも共通していることは前の節でふれた。代々商活動に携わっていたビルラー家は、GDの祖父の代にボンベイで独立した事業に着手し、父の代にはカルカッタにも進出して事業を拡大してかなり裕福な家族となっていた。GDは一二歳で家族の経営する企業に加わり、一六歳の時にはブローカーとして独立した。ビルラー家は日本製織物を輸入した最初のカルカッタの会社であったとされるが、それは一九一二年のことである。一九一五年には彼はすでにヘッセン（粗い麻布）の商人として知られていた。

他のマールワーリー資本同様、ビルラー家の発展に決定的な契機を与えたのは第一次世界大戦であった。一九一七年にビルラー家はロンドンにジュート（黄麻）輸出のためのインド資本による最初の事務所を開き、三大ジュート輸出業者の一つとして急速に成長した。大戦中にビルラー家は主として貿易業を通じて資本金を四倍に伸ばしたといわれる。一九一八年にはビルラー兄弟会社を設立した。翌一九一九年にはカルカッタにジュート加工工場を創設したが、これはインド人経営による最初のジュート工場となった。このあと綿工業にも進出し、一九二〇年にデリーに、続いて一九二一年には中部インドのグワリヤルに一八〇万ルピーにも上る株式を発行する綿紡績工場を設立し、他のマールワーリー資本の先陣をきった。ビルラー家はその後も順調な発展を遂げ、GD自身も一九二四年にカルカッタのインド商業会議所の会長、一九二九年にはインド商工会議所連合（FICCI）の会長と、いわば英領下のインド資本家の代表的指導者の地位を確実に築き上げていった。

GD自身の『回想』によれば、教師の下での勉強を嫌って学校を離れ、ほとんど「自分自身で本や新聞、辞書およびコピーブックで」勉強したという。(59) 普通の少年たちと同様に、次第に高まる民族主義の雰囲気にふれて興奮し、日露戦争の報道をインドの独立と重ね合わせて情熱をもって聞いた。一九一二年ころからインドにおける反英運動への関心が高まり、GDの場合も穏健派のゴーカレーではなく、急進的民族派のティラクの思想や運動に強く惹かれた。ちょうどそのころ、一九一三年に彼を含むマールワーリー青年たちはマールワーリー互助会（Marwari Sahayata Samiti、のちにマールワーリー救援協会と改称）という、カースト内の改革や福祉事業を目指す組織を立ち上げた。これは同じころ創設されたマールワーリー・スポーツ・クラブとともに、多くの進歩的マールワーリー青年を結集した。同協会はのちにガンディーの社会運動はもとより、洪水被害救済や保健事業のための資金や活動家をつぎ込む源としても重要な役割を果たした。GDに関してこのころの一エピソードが残っている。彼らのスポーツ・クラブに何人かのベンガル青年が鍛錬のため参加していたが、その中に植民地当局からテロリストとして追われるB・ガングーリーという人物がいた。GDは彼と親しい交友関係をもったため、自分も警察に追われ、三か月間地下に潜る羽目に陥った。彼自身はのちにこのことを回想し、自分はテロリズムに強い関心を持ったことなど決してなかったし、たとえその痕跡が少しあったとしても、ガンディーとの接触が始まったあとは完全に消滅したと記している(60)。

GDはガンディーの南アフリカ時代の活動に大きな関心を抱いており、彼が帰国直後の一九一五年三月にカルカッタを訪れたときには友人たちとその歓迎会に出席している(61)。ガンディーの率直な態度、質素な食事、地味な日常生活、口数の少なさ、一般の人々との親和性など、それまでの指導者には見られなかった多くの特徴が、他の青年たち同様GDの心を惹きつけた。ガンディーとの文通が始まるのはGDが回想しているように一九二四年からで、二人の交換書簡を集めた『バープー――独特の交流』(全四巻)にあるガンディーの最初の書簡は一九二四年二月七日付である。その後も長く続く交流を振り返って、GDは「私はしばしば彼の理屈についていけなかったし、時には異議を唱えた。しかし、私には把握出来ない意味で彼がとにかく正しいのだという信頼感が常にあった(62)」と書いている。GDがガンディーに求めた助言は、自分の家庭生活、カースト内の社会改革の問題、民族運動に関わる政治問題、財産の問題など広範におよんだ。例えば、アガルワール・マールワーリー社会内の近代派としてさまざまな改革を主張するGDとその家族に対して、カースト内の伝統的指導者たちが社会的ボイコット（ostracism）を行ったときのことである。ガンディーは頑迷な指導者たちを激しく非難するGDを宥め、一九二四年五月一三日付の書簡で次のように激励している。

…君の仲間からの反対に対する忍耐が最後に実を結ぶだろうと私は確信している。われわれは皆、自分の中に神的部分と暗部をもっている。…何も恐れることはない。抵抗を維持すれば究極的には暗闇は打破されるだろう。…君が正しいと信じてやったことや、君が今もなお正しさに全く疑念を抱いていない事柄に対して謝罪するよう助言する気はさらさらない。(63)

同じ書簡の最後に、「君の名で送られた五〇〇〇ルピーを受け取った。どれだけでもいいので、『ヤング・インディア』と『ナワジーワン』ために君が妥当と思う金額を送って下さい(64)」と書いているが、ガンディーの『選集』、GDの『交換書簡集』『回想』を見る限り、二人の間で金銭にふれられたこれが最初の書簡のようである。GDの二度目の妻マハーデーヴィーが死の床に就いたときには、すでに自らに「ブラフマチャリア（純潔＝性行為の断絶）」の誓いを課していたガンディーはGDに妻の死後の再婚を戒め、生前の妻の前でその誓い（ekapatnivrata、「妻は一人だけとの誓い」）を立てるよう忠告している。マハーデーヴィーは翌年亡くなり、三二歳で二度目の寡婦となったGDはその後独身を通した。なお別の書簡では、GDに対してアリーガル・ムスリム大学のために二万五千ルピーの寄付を求めている(65)。

ただ一九二〇年代初頭の時点で、GDは未だ完全にガンディーの思想を受け入れていたわけではなさそうである。例えばある書簡では、最近ガンディーから非暴力の講義を受け、その時はその妥当性に疑いを挿まなかったが、ガンディーの側から離れると断続的に疑いが湧いてくるという悩みを率直にぶつけている。そして自分は暴力的手段を嫌い、非暴力がすぐれた目標であるのを疑わないとしながらも、時にこの非暴力の性行が「純然たる怠惰の結果なのではないか、と自分に問い始めている(66)」とガンディーに書き送った。ガンディーは直ちに返事を書いて説得するが、GDがこのときに完全に納得した様子は窺えない。こうした身近な人物からの疑念を気にしてかどうか、一九二四年七月のガンディーからの書簡には多少弱気な感じが読み取れる。

神は私に助言者を与えて下さり、君もその一人と考えている。そうした人たちの中のある人は私自身の子供、ある人は姉妹、また別の人たちは君や成長したジャムナーラール（バジャージ）である。その人たちは私が完全な人間になるよう望む。このことを理解すれば、君の手紙にどう腹など立てられようか。君には常にこのように私に警告してほしい(67)。

一九二五年三月二二日付のガンディーの書簡では、自分の土地と財産に関してGDが求めた助言が与えられる。GDがある土地の取得に関連して何人かの人が死んだことで悩みを訴えたのに対し、ガンディーは原則的にはどういうものであれ、財産を全く放棄するのが望ましいと説く。しかしこれを完全に放棄する覚悟がない場合、その財産の被信託者としてこれを個人の幸福のためでなく、他者の福祉のために多く用いるべきというのが彼の主張である(68)。この時期にはすでに、ジャムナーラールがガンディーの諸活動にとっての不可欠の財政的支援者となっており、彼の無私の寄付行為がガンディーの中に理想的な資本家、資産家のイメージを作り上げていたことは前の節でふれた通りである。同じことをガンディーがGDに求め、かつGDもそのことによって財産に関わる自らの深いディレンマを一応解決出来るならば、両者にとってそれは歓迎すべきことであったろう。従ってこの時期から、ジャムナーラールに劣らない多額の寄付がガンディーに送られるのも偶然ではなかった。その多くの場合、ジャムナーラールがこのお金の受け渡しの仲介者になっているのも注目される。このころのガンディーとGDの書簡のやりとりの中には、送金されたり、送金を約束された金額がほとんど毎回のように言及されているが、その額に驚かされる。因みに最初の二年間に交換された書簡の日付とそこに挙げられた寄付金額を次に示しておこう。

（単位はルピー）

一九二四年	五月一三日	五、〇〇〇
	一一月一日	一〇、〇〇〇
一九二五年	一月　五日	二〇、〇〇〇
	二月二一日	五〇、〇〇〇
	三月二六日	二、五〇〇〇
	三月三〇日	二、五〇〇〇
	七月　一日	六〇、〇〇〇
	八月　七日	一〇〇、〇〇〇
一九二六年	一月　三日	一〇、〇〇〇
	四月一六日	二六、〇〇〇
	六月　八日	七〇、〇〇〇

七月二五日　三〇、〇〇〇[69]

これらのほとんどが、用途としてはチャルカー（糸紡ぎ器）やカーディー（手織綿布）の生産と消費の奨励、ハリジャン（不可触民）援助、農村での新教育推進など、非政治的な内容のガンディーの建設的綱領事業に振り当てられるものとされた。

もちろんGDからの資金は政治運動の分野にもふんだんに使われた。一九四二年六月、アメリカの著名なジャーナリスト、フィッシャー（Louis Fischer）が一週間にわたってガンディーを取材したとき、さまざまな疑問をぶつけている。その中の一つとして彼はインドに滞在中にあるイギリス人高官から、会議派が大企業の手の内にあり、ガンディーは必要なだけのお金を提供してくれるボンベイの工場主たちに支えられてきたと聞いていたのを思い出して、「そうした話は本当なのか」と尋ねた。「残念ながら、それらは本当だ」というのがガンディーの返答だった。さらにフィッシャーが「会議派の予算の内どれだけが金持ちのインド人によって賄われているのか」と訊くと、「事実上すべてである。例えばこのアーシュラムでわれわれは現在よりも貧しく生活し、より出費を少なく出来るが、そうしていない。お金は金持ちの友たちから来るからだ」とガンディーは答えている。この会話の前後の叙述から察して、フィッシャーはインド人金持ちの中でもGDを強く意識したようである。[70] GDからガンディーや会議派に渡った資金の額はこのように膨大で、その使途も多岐にわたっていた。一九二七年に会議派の理念や運動の目標などを宣伝するために日刊紙『ヒンドゥスターン・タイムズ』を買収したり、翌一九二八年にニューデリーに建設したビルラー・ハウスをガンディーはじめ会議派中央指導者の宿泊所やCWCの会場として提供したのも、GDの政治活動の一環と言えるであろう。

一九三五年にガンディーのアーシュラムがワルダーに建設されてからは、年間五万ルピーがその維持費として送られた。「私のお金への渇望は全く抑えがたい。…出せるだけ出してほしい[71]」と書いて、建設的綱領事業のために万、十万単位で寄付を求めてくるガンディーに対して、GDの反応は簡潔かつ明確であった。ある別の計画に五万から十万ルピーを次年度に寄付することを伝えたあと、

第2回英印円卓会議出席の途中、フランスのブローニュに立ち寄った時、警備の警官たちに囲まれて歩くガンディー。右端にG.D.ビルラー、左にS.ナーイドゥ。1931年9月12日。

…もし万が一、資金の欠乏で滞るような事業があったら、どうか遠慮なく私にそのように書いてほしい。とにかく、私は断続的にお金を送り続けるつもりだ。しかし貴方同様にある事業計画に従事しており、その成果が国の福利にとって必要なものと考えている。そのためこのような比較的節約した金額になった[72]

とガンディーに書き送っている。

このような貢献度の高いGDが会議派とその政治運動にある種の発言力を持つのは必然的なものであったろう。彼は会議派の正規の党員ではなかったにもかかわらず、党の最高指導機関であるCWCの重要な会議に出席して個人的見解を述べる機会を与えられていた。インドの将来を論議するための第二回英印円卓会議

（一九三一年九－一二月）のときに、党内左派グループを抑えて会議派の代表としてガンディーを派遣することを強硬に主張したのはGDであり、彼はロンドンまでガンディーに同行している（前ページの写真参照）。その後、一九三五年インド統治法のもとで行われた州議会選挙で会議派が勝利した結果、党として州政府の樹立を進めるべきは否かが論議されたとき、イギリス植民地政府に協力することになるとして強硬に反対するネルーらの声を抑えて、州政府受諾の方向で会議派指導部を説得したのもGDであった。こうしてGDはガンディーを後ろ盾としながら、会議派とイギリス政府＝インド政庁の間のいわば仲介者の役割を果たしたことになる。

ただGDは多くの点でガンディーと見解を異にしたことも否定していない。生活様式や宗教に対する姿勢は両者間に大きな相違があった。経済的問題に関しては、チャルカー、カーディーを通じて農村の小規模産業の振興を主張するガンディーに対して、彼は近代的企業家として大規模な工場生産を通じて国の工業化を目指した。先に一九二〇年代初頭のこととしてふれたガンディーの運動の内容に関するGDの不満は、その後も長く彼の中にくすぶっていたようで、第二次世界大戦期の一九四〇年三月にGDがガンディーの秘書デサーイーに宛てた書簡において次のように述べている。

…君も知ってのように私は不服従運動が嫌いだ。非暴力の名でそれは暴力を奨励してきた。建設の名でそれは多くのものを破壊した。それでもそれは国内に素晴らしい目覚めをもたらした。しかしもしその心理が続くなら、いかなる政府――われわれのものさえ――不可能なものなってしまうだろう。…バープーは思考と言葉と行動で非暴力を主張している。しかし彼の最も近い協働者でさえこの精神に同化してこなかった。しかも行動は思考の反映である。それ故私は不服従運動について語るのが怖い[73]。

デサーイーの返信によれば、彼がその書簡をガンディーの前で読んだが黙ったままだったという[74]。いくつかの書簡が行き来したあと、ガンディーからの書簡がGDに届くが、それは彼の疑問に正面から答えるものではなかった[75]。

このような相違にもかかわらず、何故自分はこれほどガンディーに惹かれるのかと自問し、その理由は「ガンディーの偉大さと寛大さ[76]」であると述べている。ガンディーの人格に関する評価としてこの言葉は間違ってはいないだろうが、必ずしも十分ではない。自分の家族やカースト集団に関するビルラー青年の悩みに適切な答えを与えてくれた精神上のグル（師）であると同時に、企業家ビルラーを吸引するより強い要因がガンディーにはあったのではなかろうか。そこで考えられるのがこれまで見たように、商人、資本家がインドの独立達成にとっての重要な存在理由であると説くガンディー哲学、就中、企業活動と富の蓄積を神から信託されて貧しい人々のため活用するものと認める考え方である。ヒンドゥー教のダルマ（宗教的義務）観に裏打ちされたこの被信託者論こそ、青年期からGDの心を決定的にガンディーの側に引き寄せと言っても過言ではない。

ただこの場合誤解されやすいことであるが、ガンディーおよび彼の思想が資本家の利害を代弁したと見るべきではなかろう。むしろ、資本家階級が自らの企業を経営し、それによってお金を儲けることに関する「救い」の声をガンディー哲学の中に見出したと考えるのがより事実に近いのではないかと思われる。

ビルラー財閥は今日も、GDの孫アーディティヤ（Aditya Vikram Birla）を頭とするアーディティヤ・

ビルラー・グループとして、金属、セメント、繊維、化学、鉱山から風力発電にいたるまで広範な企業活動を展開している。就業員数は約一二万人に及ぶ。

むすびにかえて

ガンディーがインド民族運動において果たした役割の大きさは今ことさらに強調する必要はないだろう。ただその場合、次のような指摘をわれわれは重要なものとして受け取っておきたい。すなわち他の植民地諸国では資本家階級が植民地権力の側についたのに対し、インドにおいては彼らは自らを植民地の主人から切り離すのに成功した。それはガンディーの注目すべき貢献の一つである、という視点である。[77] もちろん、植民地下のインドで資本家階級が常にイギリス側と対立していたわけではない。本文でもふれたように、例えばガンディーが展開した不服従運動に対してGDは暴力につながりかねないその運動に批判的で、イギリスとの交渉の方向を示唆した。企業家たちの集団であるFICCIが植民地当局に妥協的姿勢で対応したこともしばしばあった。しかし彼らの莫大な財政的援助が会議派やその関連組織の活動を支えていたことは疑いなく、ガンディーがそうした財政的援助を会議派に引き寄せる重要な窓口となったことも事実である。「インドはお金を必要としている。お金を稼いで、それを国の福利のために費やしなさい」とガンディーがGDに宛てて呼びかけた声[78]は他の企業家たちにも無視出来ないものであったろう。しかし最後にもう一つ付け加えると、ガンディーは資本家・企業家が会議派を支えることを強く望みつつも、彼らが会議派組織の中で指導的な位置を占めるのは良しとしなかった点にも留意する必要があろう。例えば独立直前の一九四七年六月五日に恒例となっている夕べの祈りの集会でも、自分は会議派に背くようなことはないが、もしそうするときがあるとすれば、ただ会議派が資本家たちに身を投じたと思うときだけである、[79]と述べている。本章ではジャムナーラール・バジャージとガンシャームダース・ビルラーの二人しか取り上げられなかったが、植民地下にあって当局やイギリス資本と競い合いながらしぶとくインドの経済を掌握した彼らインド人企業家の足跡を詳らかにすることは、同時期の大衆運動の解明とともに今後とも重要な研究課題となるであろう。

注

（1）山田盛太郎『日本資本主義分析——日本資本主義における再生産過程把握』、一九三四年（岩波文庫、一九七七年第一刷、四七ページ、八五 - 八九ページ）。
（2）L・フィッシャーの伝記では次のようなチャーチルの言葉が引用されている。「かつてはインナー・テンプルの弁護士、現在は煽動的なファキールが、イギリス皇帝の代理者と対等に談合するために、副王の宮殿の階段を半裸体で登って行く嘔吐を催す侮辱的な光景」にむっとした、と（二十世紀の大政治家2『ガンジー』、古賀勝郎訳、紀伊國屋書店、一九六八年、二八四 - 二八五ページ）。
（3）D. G. Tendulkar, *Mahatma—Life of Mohandas Karamchand Gandhi*, Vol. 2, Government of India, New Delhi, 1969（Reprint, 1st edition in 1951）, p. 271.
（4）*ibid*., p. 281.
（5）H. Venkatasubbiah, *Enterprise and Economic Change: Fifty Years of FICCI*, Vikas Publishing House, New Delhi, 1997, p. 2.
（6）S. A. Kochaneck, *Business and Politics in India*, University of California, Berkeley and Los Angeles 1974, p. 145.
（7）Frank Maraes, *Sir Purushottamdas Thakurdas*, Bombay, 1967（Reprint）, p. 197.
（8）*ibid*., pp. 131-132; Kochaneck, *op. cit*., p. 162. 一九三二年三月、デリーでのＦＩＣＣＩ年次大会の議長を務めたＪ・モハメッ

ドは、彼ら三人の代表は「ロンドンでは、とくに財政および商業に関する問題について、マハートマー・ガンディーとの密接な提携のもとに」行動したと報告している（H. N. Mitra ed., *The Indian Annual Register*, 1932 Vol. I, Calcutta, 1932, p. 349［以下、Mitra, *IAR* と略記］）。

（9） Speech to Federation of Indian Chambers of Commerce and Industry, Delhi, April 7, 1931, *Collected Works of Mahatma Gandhi*（以下、*CWMG* と略記）Government of India, New Delhi, 1999, Vol. 51, p. 356.

（10） Mitra, *IAR*, 1933, Vol. I, pp. 377-378.

（11） Bipan Chandra, "Jawaharlal Nehru and the Capitalist Class", *Economic and Political Weekly*, Special Number, August 1975, p. 1321.

（12） Letter from G. D. Birla to P. Thakurdas, Aug. 20, 1936, S. Gopal, *Jawaharlal Nehru*, Vol. I（1889-1947）, Oxford University Press, Bombay, 1975, p. 214.

（13） *Bombay Chronicle*, May 19, 1936, *Selected Works of J.awaharlal Nehru*（以下、*SWJN* と略記）, Vol. VII, Orient Longman, New Delhi, 1975, p. 239 .

（14） *Bombay Chronicle*, May 23, 1936, *ibid.*, p. 263.

（15） *The Tribune*, June 4, 1936, *ibid.*, p. 272.

（16） *Bombay Chronicle*, May 23, 1936, *ibid.*, p. 263.

（17） A. Mukherjee,"Indian Capitalist Class and Congress on National Planning and Public Sector 1930-47", *Economic and Political Weekly*, Sep. 2, 1978, p. 1317.

（18） Letter from G. D. Birla to W. Hirachand, May 26, 1936, S. Gopal, *op. cit.*, p. 212; A. Mukherjee, *op. cit.*, p. 1319.（なおヒラーチャンドは、この年の会議派ファイズプール大会の費用に充てる分として一〇万ルピーを寄付している。）

（19） A. Mukherjee, *ibid.*

（20） Letter from Nehru to K. T. Shah, May 13, 1939, *SWJN* , Vol. IX, p. 374.

（21） Medha M. Kudaisya, *The Life and Times of G. D. Birla*, Oxford University Press, New Delhi, 2003, pp. 206-210.

（22） P. Thakurdas, J. R. D. Tata, G. D. Birla *et al.*, *A Brief Memorandum Outlining a Plan of Economic Development for India*, Bombay, 1944（Reprint）, Part I, p. 2.

（23） *ibid.*, pp. 2-3.

（24） *ibid.*, p. 23.

(25) *ibid.*, pp. 25-27.
(26) *ibid.*, pp. 30-34.
(27) *ibid.*, pp. 35-38.
(28) *ibid.*, Part II, 27.
(29) *ibid.*, p. 26.
(30) *ibid.*, p. 28.
(31) *ibid.*, pp. 29-31.
(32) Homi Mody and John Matthai, *A Memorandum on the Economic and Financial Aspects of Pakistan*, Bombay, 1945.
(33) G. D. Birla, *BAPU: A Unique Association*, Vol. IV, Bharatiya Vidya Bhavan, Bombay, 1977, p. 316, また Birla, *In the Shadow of Mahatma: A Personal Memoir*, Vakils, Feffer and Simons, Bombay, 1968, p. 290 も参照。
(34) Indian National Congress, *Resolutions on Economic Policy, Programme and Allied Matters (1924-69)*, All-India Congress Committee, New Delhi, 1969, pp. 19-32.
(35) *Constituent Assembly of India (Legislative) Debates*, Vol. V, No. 1 (April 6, 1948), New Delhi, 1948, pp. 3293-3297.
(36) Charles Bettelheim, *India Independent*, London, 1968, p. 234.
(37) Indian National Congress, *op. cit.*, pp. 35-36.
(38) C. Bettelheim, *op. cit.*, p. 158.
(39) H. Venkatasubbiah, *op. cit.*, pp. 83-84.
(40) インドでは、日本語の「財閥」がそのまま"zaibatsu"として用いられる。
(41) 伊藤正二「マールワーリー資本」『南アジアを知る事典』平凡社、二〇〇二年（増補改訂版、初版 一九九二年）、七〇五－七〇六ページ。
(42) Gandhi, Speech at Marwari Agrawal Conference, Calcutta, Before July 24, 1925, *CWMG*, Vol. 32, p. 171.
(43) B. R. Nanda, *In Gandhi's Footsteps: The Life and Times of Jamnadas Bajaj*, Oxford University Press, Delhi, 1990, p. 10. ジャムナーラールの死後、ガンディーの秘書デサーイーが『ハリジャン』紙（一九四二年二月二二日付）でこの置き手紙について ふれ、全文を掲載している。
(44) Letter from Gandhi to Jamnalal, July 28, 1917, *CWMG*, Vol. 15, p. 481.
(45) Letter from Gandhi to Jamnalal, June 19, 1918, *CWMG*, Vol. 17, p. 78.

(46) Letter from Gandhi to Jamnalal, July 27, 1918, *ibid.* p. 155.
(47) Nanda, *op. cit.,* pp. 25-26.
(48) Letter from Gandhi to Jamnalal, March 16, 1922, *CWMG*, Vol. 26, p. 364. ガンディーの中のこうした気持ちはその後もしばらく強かったようで、一九二四年五月初頭のジャムナーラールへの書簡でも「君がチランジーウにふさわしいのか、あるいは私が君に対する父親の場を占めるのにふさわしいかをわれわれはどのように決めるべきなのか。…私をその位置に値する人間とするよう神に祈るのみです」と書いている。チランジーウ（chiranjiv）とは「命永かれ」の意味で、一般に息子のことを指す。因みに一九二二年からガンディーはジャムナーラールへの書簡で、冒頭の呼びかけに 'Chiranjiv Jamnalal' を使っている。
(49) Letter from Bajaj to Gandhi (in Gujarati), Sep. 24, 1920, Kaka Kalelkar ed., *Panchma Putrane Bapuna Ashirvad*, Navajivan Prakashan Mandal, Amdavad, 1957, pp. 7-8.
(50) Letter from Mahadev Desai to Bajaj (in Gujarati), Sep. 27, 1920, Kaka Kalelkar, *ibid.*, p. 9. また、ガンディーの電文「シュクラジーが受諾しなければあなたが受けなさい」については Telegram from Gandhi to Jamnalal Bajaj, Sep. 27, 1920, *CWMG*, Vol. 21, p. 306.
(51) Nanda, *op. cit.*, p. 54.
(52) Speech to Gujaratis and Marwaris, Madras, Sep. 9, 1927, *CWMG*, Vol. 40, p. 59.
(53) "The Duty of Capitalists", *Young India*, Dec. 19, 1929, *CWMG*, Vol. 48, p. 110.
(54) Questions and Answers, *Young India*, March 26, 1931, *CWMG*, Vol. 51, p. 296.
(55) M. K. Gandhi, *Satyano Prayogo athva Atmakatha*, Navajivan Prakashan Mandal, Amdavad, 1969, p. 263（邦訳『ガーンディー自叙伝――真理へと近づくさまざまな実験』2、平凡社、二〇〇〇年、三四－三五ページ）。
(56) Answers to Questions at Gandhi Seva Sangh Meetind, Brindaban- II, May 6, 1939, *CWMG*, Vol. 75, pp. 345-346.
(57) "Seth Jamnalal Bajaj", *Harijan*, Feb. 15, 1942, *CWMG*, Vol. 82, p. 7.
(58) "Question Box: The Theory of Trusteeship", *Harijan*, April 6, 1942, *CWMG*, Vol. 82, p. 172.
(59) G. D. Birla, *In the Shadow of Mahatma: A Personal Memoir*, *op. cit.*, pp. xiii-xiv.
(60) Birla, *ibid.*, pp. xiv-xv.
(61) ビルラーは『回想』の中で、ガンディーと最初に会ったのは彼が南アフリカから帰国した直後の一九一六年、カルカッタにおいてであったと書いているが（Birla, *ibid.*, p. xii）、おそらくこれは彼の記憶違いであろう。ガンディーが帰国後にカルカッタを訪れたのは一九一五年三月であり、詳細なガンディー年表にも一九一六年に彼はカルカッタ訪問の記載はない（C.

B. Dalal [compiled], *Gandhi: 1915-1948 Detailed Chronology*, Bharatiya Vidya Bhavan, Bombay, 1971, pp. 7-11）。同じ『回想』の別のページにはガンディーの帰国は一九一五年の末ころとあるが（Birla, *op. cit.*, p. xi）、これも一九一五年一月九日の誤りである。
（62） *ibid.*, p. 2.
（63） *ibid.*, p. 3; "Letter from Gandhi to G. D. Birla", May 13, 1924, *CWMG*, Vol. 27, p. 397.
（64） *ibid.*
（65） Letter from Gandhi to Birla, March 30, 1925, Birla, *In the Shadow of Mahatma, op. cit.*, p. 10.
（66） Letter from Birla to Gandhi, June 11, *ibid.*, pp. 4-5; Birla, *BAPU*, Vol. I, pp. 6-8.
（67） Letter from Gandhi to Birla, July 20, 1924, Birla, *In the Shadow of Mahatma, op. cit.*, p. 6; Birla, *BAPU, op. cit.*, Vol. I, p. 10.
（68） Letter from Gandhi to Birla, March 22, 1925, *CWMG*, Vol. 29, p. 29. Birla, *In the Shadow of Mahatma, op. cit.*, pp. 8-9.
（69） Birla, *ibid.*, pp. 3-17.
（70） Lous Fischer, *A Week with Gandhi*, George Allen & Unwin Ltd., London, 1943, pp. 51-52; ルイス・フィッシャー『二十世紀の大政治家2　ガンジー』（古賀勝郎訳）、紀伊國屋書店、一九六八年、三八三－三八五ページ。
（71） Letter from Gandhi to Birla, Oct. 9, 1927, Birla, *BAPU, op. cit.*, p. 72.
（72） Letter from Birla to Gandhi, Oct. 11, 1927, *ibid.*, p. 73.
（73） Letter from Birla to Mahadev Desai, March 8, 1940, Birla, *In the Shadow of Mahatma, op. cit.*, pp. 256-257.
（74） Letter from Desai to Birla, March 11, 1940, *ibid.*, p. 257-258.
（75） Letter from Gandhi to Birla, March 17, 1940, *ibid.*, p. 259.
（76） *ibid.*, p. xv.
（77） Ram Niwas Jaju, *G. D. Birla: A Biography*, Vikas Publishing House, New Delhi, 1986（3rd edition, 1st edition in 1985）, p. 260.
（78） J. D. Sethi, *Gandhi Today*, Vikas Publishing House, New Delhi, 1978, p. 23.
（79） Speech at Prayer Meeting, June 5, 1947, *CWMG*, Vol. 95, p. 215.

第5章 ガンディーとインド農民

はじめに

ガンディーは常々「インドの七〇万農村」という言葉を口にした。その真意が最もよく分かる例として、「(共産主義者さえ—引用者)七〇万農村においてのみ見出されるべきインドおよびインドの状況を無視している」[1]「われわれの平均的生活水準が惨めなほど低い理由、われわれがよりいっそう困窮化している理由は、われわれがインドの七〇万農村を無視してきたことである」[2]、あるいは「インドが見出されるべきなのは少数の都市ではなく、その七〇万農村においてであると私は信じてきたし、また数え切れないほどの回数で繰り返してきた」などが挙げられよう。最後の引用文のあとには次のような文章が続く。「都市居住者は概して村民を搾取してきており、事実彼は貧しい村民の富に乗っかって生きてきたことが私には分かった」と。[3] 彼が「七〇万農村」と言うとき、必ずしもその数字が正確であるわけではなく、ある場合には何の注釈もなしに「七五万農村」[4]と書いたりもしているが、要するにインド人の圧倒的多数が農村に住んでおり、そのうちのまた大多数の農民の状況が極めて劣悪であることを確認させたいのが彼の意図であったものと考えられる。

ガンディーの農村ないし農民観がいつごろから、どのように形成されたのかを特定するのは難しい。ただ彼の書いたものを見ると、すでに南アフリカでインド人年季契約労働者の人権のために闘っている時期に、本来農民だった彼らの状況に深い同情をもっていたことが分かる。弁護士だった彼が一八九三年に南アフリカのナタールに渡ったのは、同じグジャラートのポールバンダル出身であるダーダー・アブドゥッラーという商人の訴訟問題を引き受けたのがきっかけである。ナタールの総人口は一八九〇年代半ばから一九〇〇年初頭にかけては約五八万、そのうちアフリカ系が約五〇万(八六%)、ヨーロッパ系が四万五千(約八%)、インド系が約三万五千(六%)であったが、一九世紀後半から一九一一年の間に一五万二一八四人のインド人を年季契約労働者として受け入れたという。[5]ナタールに赴いたガンディーがそこで見たのは、インドで農業に携わってきた人たちが仕事に行き詰まり、やむなくて白人農場主の下で農業労働者として「半奴隷」のように扱われて、年季が終わったあとも農場主たちからさまざまな抑圧を受けている姿であった。南ア在住のインド人が農業の知識をもち、土地の価値も知り尽くしているにもかかわらず、困難を強いられている状況に彼は強い怒りを表明していた。[6]また一九〇七年にナタール政府がインド人の耕作する土地に対して、ヨーロッパ人の倍の税金を導入するという挙に出たときはこれに厳しい批判を加え、「インド人がその頭を持ち上げ、闘いのため起ち上がるときにのみ、彼らの悲嘆は消滅する」と同胞を激励している。[7]ガンディー自身が率先して「フェニックス農場」(一九〇四年開設)および「トルストイ農園」(一九一〇年開設)を経営しており、そこには多くのインド人が集まった。こうしてガンディーは「人頭税」や「アジア人登録法」などに反対する運動を続け、一九一四年に「インド人救済法」が成立するまで二一年間、ナタールの地にとどまることになる。

南ア時代のガンディーはときどき短期間インドに戻って運動関係者と会ったり、インド国民会議派（以下、会議派）の大会にも出席したりしているが、その段階では未だ国内の政治運動に直接関わったり、あるいは農民問題について積極的な発言をすることはなかった。一九一一年一二月の会議派カルカッタ（現在コルカタ）大会の議長に就任するよう求められたときは、最初は受諾の姿勢を示しながら結局このときは受諾していない(8)。

ガンディーがダーバンを発ってロンドンに着いたのは一九一四年八月四日、第一次世界大戦が勃発して一週間後であった。一八九九年の南アフリカ戦争（ブール戦争）のときのようにインド人志願者による救急隊の組織と指導に携わったりしながら、その間病気になったこともあり、ようやく一二月一九日にロンドンを出航し翌一九一五年一月九日にボンベイ（現在ムンバイー）に上陸した。ここからインドにおけるガンディーの本格的な活動が開始される。本章ではとくに、彼が帰国後に、極めてガンディー的と思える方法で取り組んだいくつか農民運動に焦点を当てて考察してみたい。

一　ガンディーとチャンパーラン農民運動

ガンディーはかつて南アフリカで活動していた時期に、彼自身が「わが政治の師（My Political Guru）(9)」と呼んだG・K・ゴーカレーの前で、インドに帰国してからも一年間はインド内の状況を的確に把握し、南アフリカでの活動や経験を人々に伝えるため国内を歩き回り、公的な問題について考えず、話もしないという誓いを立てていた[10]。彼はそれを忠実に守り、一九一五年五月にアフマダーバード（グジャラーティー語でアムダーワード）近郊のサーバルマティに活動拠点としてのアーシュラムを設立し、この年は正に全国を旅行して各地の現状を観察し、さまざまな人たちと会った。詳細な「ガンディー年表」で見ると、ボンベイ、カルカッタ、デリー、マドラス（現在チェンナイ）、プネーなどの大都市はもちろん各地の村々に至るまで、一年のうち約半分を故郷のグジャラート以外を旅していたことが分かる。ただ、帰国後ほぼ一年経ったからであろうか、一九一五年一二月に開催された会議派ボンベイ大会には参加しており、それ以後の年次大会にもほとんど欠かさず出席している。

ガンディーがインドにおける公的活動を開始するきっかけは、一九一六年一二月の会議派ラクナウー大会に出席したときに訪れた。この大会の決議案には、ビハール[11]の州会議派委員会から提出された二決議案が含まれていた。一つはパトナー大学に関する決議案、もう一つが同州チャンパーラン県内の農村における藍（インディゴー）農場主と小作間の問題に関わるものであった。後者に関してガンディーはビハールの代議員たちから発言を求められたが、この問題についてはもとより、地名さえも全く知らなかったので発言を控えた。大会二日目に提起された決議案は次のような文章からなっていた。

会議派は政府（インド政庁）に対して、北ビハールにおける藍耕作者とヨーロッパ人農場主の間の紛争と緊張した関係の原因を調査するため、官吏と非官吏からなる混合の委員会の任命が望ましいことを主張する[12]。

この出来事に関して、ガンディーの下でチャンパーランでの運動に携わることになるラージェーンドラ・プラサード（独立インドの初代大統領）は、会議派が小作人自身の口で語られる彼らの苦情を初めて聞く歴史的瞬間であったと書き残している(13)。ビハールの代議員たちはあくまでガンディーの現地訪問を望み、会議派大会終了後も何度か彼に書簡を送り決心を促した。結局ガンディーは、一九一七年三月にはカルカッタに赴く用事があるのでその機会に彼らと会うという返事を出している。カルカッタでの会談後、ガンディーは四月一〇日にビハールの中心都市パトナーに到着し、翌日から二〇日間にわたって、ヒマラヤ山脈の麓の農村地帯であるチャンパーラン県のいくつかの村を訪れた。

ガンディーが農民運動を指導したころのチャンパーラン県の農村における一般的な耕作農民の居住区。

ベンガル地方南部からビハールにかけては古くから藍の栽培が行われていたが、一九世紀半ばの砂糖産業の不振などがあって、その地域での藍栽培が高い収入をもたらすことになり、チャンパーランでも藍産業が隆盛した。藍はイギリスにおける繊維産業にとって極めて重要な原料であったが、それまで依存していた南アメリカの植民地での生産が落ち込んだため、インドのビハールに生産の拠点を移動した。とくに一八五七－五九年の「大反乱（セポイの反乱）」鎮圧後に急速にインド支配を強めたイギリスからの入植者が増え、彼らは土地保有者として藍農園経営に乗り出していった。ビハールの中でも、川の氾濫がなく土質のよいチャンパーランが藍栽培に最適というのが、この地に彼らの関心が集中した理由であった。植民地支配のもとで、かつて土地所有者であったチャンパーランの農民は次第に土地を失い、入植したイギリス人経営の農園で小作人として藍を栽培することを余儀なくされた。彼らは地主との間で一定の契約（satta）を交わして小作を行うが、その契約の期間は二〇年、二五年あるいは三〇年と長く、ほとんど無期限に近かった。契約の内容にはいくつかの種類があったが、最も多く見られたのはティーンカティア（tinkathia）制度と呼ばれるものであった。この制度によると、小作地一ビーガ（約二五〇〇㎡）につき三（tin）カター（当初は五カター）、つまり一ビーガの二〇分の三（約三七五㎡）に藍を栽培し、収穫した藍はすべて小作料として徴収される。しかも藍を栽培する土地は地主が選択し、通常小作地のうちの最も良質な部分が当てられるという過酷な制度であった。藍栽培の義務を免れるためには農民はより高い地代（sharahabeshi）を支払わねばならなかったが、これも小作農民には極めて厳しい条件であった。その後、一九世紀末にドイツで合成藍生産が成功すると、自然藍の価格は一挙に下落したため、地主たちは先の契約を解除するとともに、小作に契約解除の保証金（tavan）を支払わせた。農民たちには小作契約は極めて面倒なものだったので、彼らの多くは直ちに署名した。弁護士に依頼する反対者もいたが、地主はごろつき（goonda）を雇って彼らを脅した。このように藍栽培を強制された農民の状況は悲惨なもので、一八六七年の例を最初に何度か農民の反乱があり、藍の栽培を拒否するよう呼びかけが行われたりした。時折州当局も農園主たちの横暴に対して、小作人に支払う作物の価格の値上げなど、対農民政策の是正を促す申し入れをし、パトナー、カルカッタなど大都市の新聞も農民が直面する苦難について報告や解説を掲載している。農園主側は、ビハール藍農園主連盟（一八七七・七八年結成）を通じてこのような外部からの批判や要請に対応した[14]。

前述のように、一九一七年四月にチャンパーラン県に入ったガンディーは村々を精力的に回って調査し、彼の言葉によれば数千人の農民と面談を重ねながら四千もの聞き取り調書を集めた[15]。この調査では、前述したプラサードらビハールを活動基盤とする多くの若手弁護士や教師たちがボランティアとしてガンディーに協力した。農民との面談はヒンディー語とは多少異なるビハーリー方言であったから、プラサードが通訳をしていることが聞き取り書の添え書きから分かる。農園主たちは当然ガンディーの介入を喜ばず、彼のチャンパーラン入りを妨害しようとした。またイギリス人の地区長官はガンディーらに何らの援助を与えることを拒否するのみならず、直ちにビハールから退去するよう勧告し、同時に県長官に対しガンディーへの退去令を求めた。その結果四月一六日、モーティーハリー村に滞在していたガンディーに対し、県長官名で刑事訴訟手続法第一四四条に基づく退去令が出された。その文言によれば、

…本県内のいかなる場所においても、貴殿の存在は公共の安寧を危機にさらし、人命の損失を伴いかねない深刻な暴動につながる可能性がある。
それ故、本官はこれを以て貴殿が本県に留まることを控えることを命じ、利用しうる次の列車で本県を退去するよう[16]

要請している。これを受け取ったガンディーは同日直ちに県長官とデリーのインド総督私設秘書宛に

書簡を送り、自分の目的は農民を煽動するなどということではなく農園主に対する農民らの主張が正しいかどうかを調査するだけにあることを強調して、退去令には従われないとの態度を表明した。[17] こうしてビハールの村での活動を開始したガンディーはすっかりここに足を落ち着かせる気になったようで、のちに彼の忠実な協働者となるJ・B・クリパラーニに「今や私にとってチャンパーランは定住の地」と書き送っている。[18] しかし一方で甥のマガンラール（Maganlal Gandhi）に「ここでの状況は想像していた以上に深刻で、フィジーやナタールの場合より悪いように思える」[19]と書いているように、必ずしも楽観出来るとは考えていなかった。調査を続ける中で村々のさまざまな状況を理解するようになったガンディーは、何よりも農民たちの無知と非衛生を見逃すことが出来なかった。そのため、いくつかの村でそこの主だった人たちから建物や教師のための食料の提供を受けて小学校を開くこととした。教師については各地の仲間に呼びかけた結果、一〇人を超えるボランティアが集まった。その中にはガンディーの妻カストィルバーイー（Kastrubai Gandhi, 1869–1944）や四男デーウダース（Devdas Gandhi）や、のちに彼の片腕的な秘書となるマハーデーウ・デサーイーらが含まれていた。彼らの活動はこうした教育の面だけに止まらず、極端な不衛生の改善にも向けられた。路上の生ごみ、井戸の周辺の泥、悪臭など村人の病気の原因ともなる環境を改めるため、村の大人たちに衛生の観念を教え清掃作業を奨励した。ボランティアの医師も村に入った。[20] その一方でガンディーは、この運動が政治的色彩を帯びることを注意深く回避した。『自伝』の言葉によれば、目的が政治的でも動機が非政治的である場合、「問題に政治的外観を与えることでそれを傷つけ、非政治的範囲に収めておくことでそれを救済するのを私は経験で知っている」のだという。そのため「国民会議派」という名前を出して活動しないように仲間と申し合わせた[21]。

調査中にガンディーが書いた書簡や手記を見ると、農民と農園主の利害が対立する厳しい状況の中でも彼らしい「思いやり」が示されているのが分かる。例えば、一九一七年五月一三日付でビハール・オリッサ州主席書記官宛書簡の結論部分で、自分は決して農園主たちの感情を傷つけることを望んではいないと述べたあと次のように続けている。

…私は彼らからあらゆる優遇を受けた。私は農民たちが直ちに解放されるべき嘆かわしい悪のもとで労働していると信じて、出来るだけ穏やかに農園主たちが行っているやり方に対応してきた。イギリス人として生まれながらに最大限の個人的自由と自主性を享受する彼らが、その地位に悖らず、また同程度の自由と自主性を農民がもつことを妬んだりしないようにと望みつつ自分の使命に取り組んだ[22]。

あるいは同じころの手記に、自分の使命の中には「不必要に農園主の利害を傷つけようという望み」はなく、「彼らの利害と農民のための正義以外の何ものも望んでいないことを示すため、個人的な調査を思いついた」と綴っている[23]。ガンディーは彼が指導した数多い運動に際してしばしば参加する活動家にある種の指示を出しているが、チャンパーランで出されたものがその最初の例ではないかと思われる。そこには四項目が示されており、農民の面談は組織的に行うこと、証言は必ず筆記し、証言者の同意が得られれば署名ないし拇印をもらうこと、署名が拒否された場合も証言は筆記し、拒否の理由も書き残すことなど極めて微細にわたっている。ガンディー自身逮捕の可能性を感じていたが、調査に加わる活動家に、退去令が出て不服従のため召喚されても静かに刑務所に赴くべきであり、その場合いかなる弁護も行われないとまで示唆している。もう一つ特徴的なのは、農民が自分たちの苦境に関する場合であれ、活動家が投獄されたことに関する場合であれ、農民が暴力に訴えないよう確実に指示するべきであることを強調している点である。[24] 実際、ガンディーの調査が進む過程で農場主たちのなかには身の危険を感じる者も出てきた。[25] こうした状況の中で、先の会議派ラクナウー大会で提案されたような検討委員会設置の必要が叫ばれ、その結果一九一七年六月一〇日に、ビハール・オリッサ州政府の決議によって「チャンパーラン農民調査委員会（Champaran Agrarian Enquiry Committee）」が任命された。議長には隣州である中央州（現在マディヤ・プラデーシュ州）の長官が就任し、委員としてビハール・オリッサ州法務局長官、ビハール・オリッサ州立法参事会議員二名、インド政庁財務局次官、そして農民側の代表としてガンディーが加わった。委員会は、

(1) チャンパーラン県における藍の栽培、生産に関するすべての争議を含む地主と小作間関係の調査

(2) これらの問題に関するすでに入手可能な証言に加えて、委員会が望ましいと考える同地域その他のさらなる調査による補足の検討

(3) 委員会がその存在を見出した弊害、苦情を除去するために勧告する措置を含む委員会の結論の（政府への）報告

をその行うべき業務として課せられた。このため農民側と農園主側、および農業関係官吏などから多数の声明文が提出された。[26] ガンディー自身は彼なりに委員会の存在がティーンカティア制という悪のためであり、その主たる機能は公平な姿勢でそれを論じることで、この問題を一挙に解決し地主と小作人間の調和を回復するような勧告を行うことが期待されているものと理解していた。[27] 委員会でのガ

ンディーの主張は、ティーンカティア制とそれに関わるさまざまな悪弊の廃止であり、それを通じて農民の自由を回復することであった。農民が農園主の手先によって殴打されたり、作物が収穫前に根こそぎにされたという報が入ると、農園主に書簡を出して事の真相を明らかにせよと迫ったりした[28]。しかし彼は農園主に対しても決して一方的ではなく、小作農民が藍栽培を続行するよう助言するつもりがあることを委員会でも述べている。ただし農民にとって不利な旧条件ではなく、妥当な比率の値段が示されるべきという条件は忘れていない[29]。委員会での発言としていかにもガンディーらしいもう一つの例を挙げると、委員会の報告に基づいて政府が決定した指令は、農民に対して彼ら自身の言葉（ビハーリー語）で伝達されるべきであるとの勧告を提案していることで、この提案は可決された[30]。

一九一七年九月二九日に代表的な農園主とガンディーの間で会談がもたれ、藍栽培免除のため小作が支払うべき積み上げ小作料の減額に関する合意が成立した。これを受けて一〇月三日に六月から始まっていた農民調査委員会が最終報告を採択した。四章からなる長文の報告書では、ティーンカティア制の廃止、積み上げ小作料の減額、藍栽培契約解除保証金制の緩和、地主の使用人が農民から受け取っていた手数料などの廃止などが勧告された[31]。州政府はこの委員会の勧告をほぼ全面的に受け入れ、その結果「一九一七年チャンパーラン農民法」が成立する。ティーンカティア制の廃止など地主側にとっては痛手であり、その後この損失を埋め合わせるため、農民が使っていた家畜用の牧草地に高い使用料を課したり、木材、動物の皮革、農民の住居地の地代など従来から地主として彼らがもっていた特権の拡大を行っている[32]。

チャンパーランにおける農民運動でのガンディーの役割は、先に少しくふれたように異なる階級間ランの利害の協調を目指すもので、それはこれ以降も彼の運動の重要な特徴となる。あるチャンパーラン運動に関する研究書は、この時点でのガンディーの思想に流れているのは、少数個人による生産手段の所有権が倫理的革命によって克服されるという被信託者論（trusteeship）であると述べている[33]。ガンディー自身はこのときには未だ被信託者という言葉を用いてはいないが、この指摘は一考に値しよう。彼は南アフリカから帰国後の最初の運動の決着によってより広くその名を知らしめ、「救世主」とも見なされるようになった。ガンディーの初期の運動を詳しく考察したジュディス・ブラウンは、チャンパーランでの運動に関して次のような高い評価を行っている。

インドにおいて初めてガンディーは大衆を惹きつけ、彼に「マハートマー（偉大なる魂）」という称号をもたらす磁力ある個性を示した。彼の魅力は部分的には、同時代の人々が証明する彼の実直さと疑いのないユーモアにあっただろうが、同じ程度で、普通の人々の特定の問題が洗練された会議派の議論の中ではいかに局地的で些細のものに見えようとも、それらを評価し気を遣うことを彼らに感じさせる能力によることでもあった。現実に徒歩でとぼとぼ歩きながら、あるいは牛車の上で転がりながらガンディーは普通の人々が住む場所に赴き、彼らが理解する言葉で彼らの心配事について話した[34]。

一九世紀半ばから比べればこの当時世界の市場で栽培藍の価値はかなり低くなっていたから、ガンディーたちのこの「勝利」はその輝きをある程度薄めたと言えるかも知れない。しかし同時に、南アフリカで彼が生み出した方法がインドにおける問題にも適用し得ることを証明したのも事実であろう[35]。

二　ガンディーとケーダー農民運動

ガンディーはチャンパーランでの問題が一応決着を見たのちも一九一八年一月から五月にかけて数度、学校のことや村々の衛生改善のためにチャンパーランを訪れている。しかし同じころ、ガンディーは故郷グジャラートにおける全く異なる二つの争議に引き込まれることになる。一つはアフマダーバード市内の繊維工場労働者のストライキであり、もう一つはカーティヤーワール半島の東の付け根に当たるケーダー県[36]での農民の争議である。ここでは後者の問題にガンディーがどのように関わったのかを見ていこう。

ケーダーは旧ボンベイ管区（現在のグジャラート州とマハーラーシュトラ州）の北部地区にある県（District）の一つで、ガンディーが活動の拠点にした県内最大の町ナディアードは、彼自身の出身地であるポールバンダルから東北東約三五〇㎢に位置する。キャンベイ（カンバート）湾に面し、サーバルマティーとマヒーの両河川に囲まれたケーダー県、とくにその南部は古くからチャロータル地域と呼ばれ、グジャラートのいわば穀倉地帯であった。一九世紀以降イギリスがインド南部とともにグジャラートを含むインド西部を支配下に置くと、次第に農民からの徴税制度の組織化に乗り出すが、従来から大土地所有階層が存在しなかったこれらの地域では農民（ライーヤト）個人から税を徴収するライーヤトワーリーという制度を採用した。この制度のもとでは、土地所有者と認められた個々の耕作農民とインド政庁との直接交渉によって徴税が行われ、地租額は永代的に固定されず一定期間（ほぼ三〇年）毎に改定されるものとされた[37]。五～一〇エーカー程度の小土地所有農民がほとんどであったチャロータルも、上向志向の独立的自作農階層の創出を目指したイギリスの政策に合致していた。チャロータルの土地を肥沃化して農業の発展に寄与したのは、一二世紀ころに北インドから移住してきたレーワー・カンビーというカースト名で知られる農民集団である。そのうちの有力な農民が村全体の地租支払いの責任を共同で担い、保有する土地（パーティー）に関して世襲的権利をもったことからパーティーダール（Patidar、パーティー保有者）とも呼ばれ、一九三一年のセンサスによって「中間カースト」の範疇でこの呼称が正式なものとなった[38]。村内の地位の高さを示すパテール（Patel、村の長）という称号も同時に使われるようになり、現在ではグジャラートにおけるパーティーダールの家族はほとんどがパテールを姓にしている。イギリス植民地当局のパーティーダールに関する評価も極めて高く、二〇世紀初頭のボンベイ州ガゼティア（地誌書）は次のように記している。

彼ら（パーティーダール）は実直、勤勉、親切で、自立心に富み、結婚式その他の大きな社会的行事を除いて倹約を重んずる。彼らは良き息子、夫、父親である。ひどい非行はごく稀で、犯罪も滅多にない。彼らはまた他の農民よりも知的で、より高い教養をもっている[39]。

なおパーティーダールには、一七世紀末に起源をもつ、特定のいくつかの村だけで婚姻が行われる「ゴール（Gol）」と称される珍しい婚姻圏の習慣がある[40]。

パーティーダール農民が多数を占めるこの豊かな農村地帯が一九一七年のモンスーン期に豪雨に見舞われ、県内約六〇〇ヵ村で過度の雨量のために夏作（カリフ）の収穫が大被害を被った。続く冬作（ラビ）の収穫に期待がもたれたが、その希望も完全に裏切られた。慣習法によれば、収穫が平常の四分の一（四アンナー）[41]かそれ以下になれば、その年の地租は収穫量に応じて免除されることになっていた。収穫が全く不順だったこの年、地域の農民指導者を先頭に農民たちは当局に対して地租の完全停止を求める運動を開始した。しかしボンベイ州の税官吏はあくまで収穫量は四アンナー以上との主張を変えず、農民が要求する調停も拒否した。ガンディー自身この問題に強い関心をもち、すでに県長官とも面会して状況の打開に努めていたが、事態が進展しないため、結局この年の四月に彼が議長に就任したばかりのグジャラート・サバー（連盟）が乗り出すこととなった。ガンディーの議長の下で開催されたゴードラーでの第一回グジャラート政治会議が運動への第一歩となった。その議長演説で彼は、不可蝕民差別の廃止、牛の保護、スワデーシー（国産品の奨励）、女性の教育推進と運動への参加、教育言語としてのグジャラーティー語の奨励、高等教育を受けた知識人の大衆との交流など多様な課題を訴えたが、その中で特に、インドの農民がスワラージ（自治・独立）とは何かを理解するとき、その要求は何者も抗いがたいものとなると述べ、農民大衆の覚醒と運動への参加の重要性を指摘しているのは、それまでの指導者にない点である。同時に、当時進行中だった世界大戦で、知識人たちは全力でイギリスの戦争努力に協力すべきであると訴え、かつインド人に軍事訓練を施すようインド政庁に求めているところにもこの時期の行動の特徴が見られる[42]。

ゴードラーでの会議のあと、ケーダー県の社会活動家パーンディヤー（Mohanlal Pandya）が友人のパーリーク（Shankarlal Parikh）とともにボンベイ州政府に対する訴状を準備し、何人かの地主らと陳情の署名を開始した。会議派と歩調を合わせながら一九一六年に開始され、各地に支部が広がっていた自治連盟（Home Rule League）のメンバーも積極的にこれを支援した。一一月下旬には二万二千名の署名が集まり、州政府に提出された。パーンディヤーとパーリークは地租の強制徴収を恐れてボンベイ州立法参事会のインド人議員に働きかけたり、県長官に代表団を送ったりするとともに、当時未だチャンパーランの運動から完全には解放されていなかったガンディーの直接の指導を仰いだ。これに対しガンディーは近々ナディアードを訪れることを約束し、一二月六日にケーダー問題を取り扱うための委員会をグジャラート連盟のもとに設立する決定を行った[43]。代表団の話を聞いて県長官が、いくつかの村について地租の半分の徴収を一時停止するとの決定を行ったりすることもあったが、郡の徴税責任者（マームラトダール）は州政府の顔色を窺ってその決定さえ無視するという状況であった。一九一八年一月初頭のガンディーは連盟の運営委員会で、陳情に対する州政府の決定が出るまで地租を払わないこと、より上級の役人である北部管区長官（F. G. Pratt）に使節団を送ることなどの助言を行ったが、長官はそうした連盟の助言は政府に対する反乱であり、連盟は非合法化されようと恫喝した。これに関してガンディーは、村に入る活動家に次のような激励の言葉を送った。

…諸君がもし十分に強靭ならば、何ら恐れずに農民を援護し、彼らに査定された地租を払わないよう助言しなさい。その結果諸君が逮捕されたなら、諸君は自分の義務を果たしたことになるだろう。…結果を恐れてはならない。これこそサティヤーグラハが意味するところなのだ。…われわれはいますぐには成功しないかも知れない。サティヤーグラハの素晴らしい力を行動で示すあらゆる機会を手にすることが、われわれの最高の義務なのだ[44]。

サティヤーグラハ（Satyagraha）とは「真理を掌握すること」の意で、ガンディーが南アフリカでインド人年季契約労働者の人権確保のため初めて用いた、非暴力的な抵抗手段によって相手の良心に迫る運動である。

ボンベイ州政府は一月一六日に、地租徴収に関する県の役人の決定は妥当であり、すでにいくつかの村で寛容な措置をとっているからこれ以上の地租徴収延期はあり得ないとし、支払いを拒否する者は処罰するとの新聞声明を出した。この報を受け取ったガンディーはグジャラート連盟に電報を打ち、完全に独立した第三者的調査委員会の設立を助言し、農民が地租を支払うために借金したり家畜を売ったりするなどということはあってはならないと伝えている(45)。二月四日にボンベイで開かれた大衆集会には多数の商人や貿易商が出席しているが、ここでのガンディーの演説はケーダー農民運動の特徴をよく示しているものと言える。彼は、交渉が終わるまでは地租支払いを停止するという指令が自分の責任で出されたことを改めて明らかにし、政府が対処法を誤って「怒りに満ちた新聞声明」を出してしまったのは遺憾であるが、自分としては「農民と政府は提携して正しい方策をとるべきであった」との信念」をもっていることを表明する。その上で、責任を理解する人は正義を獲得するために苦難に耐えることを躊躇せず、その正義を得るためには権威をもって闘うことになるが、その場合われわれは「反乱」か「受動的抵抗」の二つの武器を待っており、そのうち自分の希望は後者であると述べる。ここで言う「受動的抵抗」は先に用いたサティヤーグラハと同意義かと思われるが、のちに彼はこの言葉を妥当ではないと使用を止めている。演説の最後に、「もしわれわれがイギリス政府に真実を述べるなら、結局は彼らを納得させせられるし、またもしわれわれが断固として自分たちの決意を維持するなら、確実にケーダーの人々はこれ以上不正に苦しむことはなくなるだろう」と述べ、聴衆から大喝采を受けたと新聞は報じている(46)。

調査委員会の設立に関する当局との交渉は最終的に決裂し、グジャラート連盟の執行委員会は残された道はサティヤーグラハしかないと結論した。ただ連盟内にはその手段に信頼がもてないメンバーもいたので、参加は個人の責任に委ねられた。こうして二月一六日、ヴァッラブバーイー・パテール（Vallabhbhai J. Patel, 1875–1950）やヤーグニク（Indulal Kanhaiyalal Yagnik, 1892–1973）ら約二〇人のボランティアらとガンディーはナディアードに入った。これが、のちに会議派の領袖の一人となるパテールが初めてガンディーと行動をともにする機会となった。村々でいくつかの班に分かれて被害の調査を行い、地租支払いの延期が必要との結論に達し、県長官との交渉に入った。その結果、県側も独自の調査を行い、マータル郡の三つの村についてだけ地租支払いの一時停止を決定した。三月に入ると二週間、ガンディーは同時期に関わっていたアフマダーバード市の綿紡糸工場労働者のストライキ解決のため村を離れ（三月一八日にストライキ決着）、その間の指揮はパテールがとった。ケーダーでは一九一八年に入ってコレラやペストなどの流行病が蔓延して農民の窮状はいっそう厳しくなっていたため、ガンディーはボンベイ州知事に書簡を出して地租支払いの延期を要請したが、あくまで現地の役人たちの措置は正しいとの返答が返ってきただけだった。[47]そのためガンディーは唯一の手段はケーダー農民のサティヤーグラハしかないと結論し、三月二二日にナディアードで大衆集会を開催した。

集会には五〇〇〇人（四〇〇〇人との説もある）が参集した。その演説においてガンディーはケーダーにおける状況と農民たちの取り組みについて詳述し、この集会が「サティヤーグラハのための準備作業（spade-work）」であると位置づけた。その上で自分たちが直面するかも知れない事態として、政府が農民の家畜や動産を売却して地租を得ること、罰金を科すること、土地所有権（jagir）を没収すること、「反抗的」であるとの理由で農民を投獄することなどを聴衆に告げた。彼は文書にした誓約書を用意しており、聴衆にそれへの署名を求めた。その場合、「サティヤーグラハの誓約は難しい」と述べた上、「私は断食をするかも知れない。…（しかし）私は断食で苦しむことはない。断食よりも、人々が誓約を破ることで私を裏切ることの方が苦しい」と誓約のもつ重要な意味を強調した。彼の演説が終わったあと二〇〇名ほどの人々が誓約書の署名に応じ、続く何日かでもっと多くの人が署名した。[48] 短い誓約書は次のような内容であった。

われわれの村の収量は四アンナー以下であった。それ故われわれは政府に、次年度まで地租徴収を延期するよう要請した。しかし政府はそれを受け入れなかった。そのため、以下に署名したわれわれは今年の地租の全額あるいは一部を払わないことを厳粛に宣言した。政府がその徴収を強制するためにいかなる法的措置をとろうとも、われわれはそれに従い、それによって生ずるすべての苦難に耐えるだろう。われわれはまた、われわれの土地が没収されても、されるままにするだろう。しかしわれわれは、自発的に地租を払うことで嘘つきと見なされたり、われわれの自尊心を喪失するようなことはしないだろう。もし政府が慈悲深く残りのすべての村について地租の残額の徴収を延期するなら、支払う余裕があるものは全額あるいは一部を支払う用意がある。われわれの間の裕福な者が支払わない理由は、もし彼らが支払えば困窮者は恐れから彼らの家畜を売ったり、借金したりして地租を払い、その上で苦しむからである。われわれは、苦境から困窮者を守るのが裕福な者の義務であると信ずる。[49]

グジャラートの農民運動を詳細に研究したハーディマン（David Hardiman）は、ガンディーはこの誓約書を通じて誇り高いパーティーダール農民の政治的道義心に訴えたのだと指摘している[50]。

運動の最初の一か月は、地租不払いは雨害が特にひどかった四つの郡に限定され、そのうちマータル郡で最も激しく、より裕福なパーティーダールの村リンバーシから始まって次第に中農の村々へと拡大していった。この間ガンディーは回状を出して、地租を払わなかったものは皆誓約書に署名してもらいたいし、署名する前に熟考してほしいが、署名したあとは何が起こっても絶対後戻りは許されないことを訴え続けた[51]。四月に入るとガンディーはパテールら活動家たちとケーダーの村々を広く回って、農民に誓約を守ってもらうよう努めた。四月一一日にガンディーは北部管区長官プラットと会見し、農民との話し合いの場を設けるよう依頼され、これを承諾した。翌日集会が開かれ、県内の農民二千人が集まった。ガンディー自身は出席せず、パテールその他の活動家が出席した。プラットほどの地位の高い官僚がこれほど多数の農民と席を同じくして話し合うというのは極めて稀なことであった。集会で重要な決定や約束がなされたわけではなかったが、そのあとにもたれた別の集会でガンディーは演説し、農民たちが長官に対して大胆に話しかけたこと、また「長官が友好的で丁寧な態度で話したという事実」は「自分の考えではわれわれの勝利である」と語っている[52]。

しかし地租局の役人はあくまで頑なに威圧的姿勢を崩さず、その後も多くの農民が土地や財産の没収処分を受けた。ガンディーと活動家たちは他の人々に地租の不払いを説得し続けたが、その緊張感は四月一七日にナディアードからガンディーが出した「メッセージ」からよく伝わってくる。人は基本的権利と義務をもっており、自分たちの運動を展開するに当たって、恐れや隷従の心を持ってはならない。恐れを前にして何かを行うことを拒否するのは人の義務である。従って、何かを行うように強制するような脅威に対しては抵抗する権利を人はもっている。現在すでに農民の約八〇％が恐れから地租を払っているが、残る二〇％の肩にすべての人々の名誉を救うという大事が懸かっている、というのがガンディーのメッセージである。[53]彼がここで農民の「抵抗権」という概念を使っているのは重要なことであろう。同じ日にガンディーは、ボランティアの活動家たちに向けて一五項目にわたる指令を発している。運動に参加した人々はガンディーがともにいるときは規律ある行動をとるが内心は不安で、時には地租局の役人を口汚く罵ったり、一寸した暴力を振るうこともあったりして、それを戒めるためであったのだろう。サティヤーグラハには憎しみの余地はなく、だれに対しても不快な言葉を発しないこと、自分たちを敵と見る人に対しても礼儀正しくあること、見解を異にする人に対しても丁寧に接してその心を勝ち取ること、政府と住民を一つの大家族と見なしそのように行動すること、賢明であろうとせず常に率直かつ正直であること、村にいるときは村人に最も質素な食べ物など最低限のものを求めること、歩いて行ける場所には自転車を使わないこと、村の子供たちに教える機会をつくること、いかなる状況でも武器は用いず、自分たちの闘いでは最高の非暴力が維持されるべきであるのを忘れないこと等々、いかにもガンディー的と思わせる内容である。[54]

四月二〇日にアジャルプラーという村で行った演説には、農民の政治意識を高め、彼らの目を外の世界に向けさせる目的が込められているように思える。地租支払いの延期という当面の目的を改めて村人に説明しつつ、さらに次のように述べている。

> われわれの闘いは単に地租支払いの延期を勝ち取るためだけではない。そうした救済のための闘いは小さな出来事であり、実を言えばわれわれはそこに含まれた重要な問題のために闘ってい

るのである。それは民主主義の、民主的政治の復活の問題である。人々は目覚め、彼らの権利を理解し始めた。これらの権利を十分に理解することがスワラージの意味するところである。[55]

このように地租不払い運動を展開しながら、ガンディーは農民の間に全インド的民族運動の支持基盤を築き上げることに努めた。ボンベイに戻ったガンディーは四月二三日に多くの市民が参加する大集会に出席した。この集会には当時のインドにおける最大の指導者と言えるB・G・ティラクも出席しており、地租支払いの延期と調査委員会の設置を政府に求める決議案を提起している。ガンディーも演説し、ケーダーでの運動の性格について詳しく説明した。運動の当初は政治的な動機はなかったこと、ゴードラーでの政治集会以降にケーダーの農民が政府に水害からの救済を求め、その後に自分(ガンディー)に連絡してきたのであって、運動は農民自身が始めたものであること、農民たちは厳しい自己規制の中で運動を進め、闘いを「聖戦」に変質させたことなどを語ったあと、彼がこの運動の経験から一つの「教訓」を得たことにふれている。それは、

…もし指導者が人々の中に入って行動し、彼らとともに生活し、ともに飲み食いするなら、およそ二年間で驚くべき変化が起こるであろう[56]

というもので、これ以後、ガンディーが指導する大衆運動の中で自ら実践していくことになる。

一方イギリスの側からすれば、一九一八年三月末以降ドイツ軍が西部戦線において大攻勢に出るという状況の中で、すでに多数の兵士を送り出している英領インドで反英的雰囲気が高まることを黙視することは出来なかった。しかもガンディーはケーダーでの運動の過程でもしばしばイギリスへの戦時協力を農民たちに訴えていたから、陸軍の徴兵に関して彼の協力は絶対に必要と感じられた。その[57]

結果、インド総督ウィリングドンは四月二八日に「戦争会議」をデリーに招集し、ガンディーをも招いた。彼は会議において徴兵運動を支持する決議案に賛成し、直後にグジャラート連盟もこれを支持した。[58]しかしケーダー問題はすぐには解決せず、五月下旬になってようやく県長官が土地没収の停止、貧しい農民の地租の免除に関する指令を出した。ガンディーはこのときチャンパーランに行っていたが、そこから戻るとウッタルサンダー村の集会に出席して、この結果は数日前に彼が県長官と会見したときに提起したもので、それが受け入れられれば運動は直ちに停止すると請け合ったからだと村人に告げている。[59]六月六日にはガンディーとパテールの連名で、ケーダーの農民宛の書簡が発表された。いわばケーダー運動の終局宣言である。書簡は六か月の長い闘争の間農民が「真理、不屈、決意と自己犠牲」を示して闘ったことを賞賛し、「ケーダーの人々が真に自らの大義のため尽くしたのみならず、スワラージと帝国の大義のために尽くしたとわれわれは固く信ずる」との言葉で結んでいる。ただ前半の部分に「闘いは気品を欠いたまま終わった」「それは尊厳を欠くものであった」という表現があるが、それは当局の指令が不承不承出されたもので、決着がつく段階でも農民の土地や作物の没収が続けられていたことを指す。[60]この点についてガンディーは『自伝』でもふれており、「この闘争は奇妙な形で終わった」「だれもこの終わりを喜ばなかった。サティヤーグラハ闘争に伴う快さ（mithash）がなかった。県長官はまるで何も特別のことなどなかったように振る舞った。[61]…闘争の終わりは祝ったものの、私には輝きを欠くものに思われた」とその気持を表現している。それでも続いて「ケーダーの闘争によってグジャラートの農民階層の政治教育が始まった」と書いている通り、サティヤーグラハという闘いの手段に対する手応えをも得たようである。[62]ただ、彼がこの直後に進めようとしたもう一つの運動である徴兵運動は必ずしも思うようには進展しなかった。

三　第一次世界大戦後の農民運動と会議派

第一次世界大戦中のイギリスへの多大な協力にもかかわらず、インドが戦後に受け取ったのは治安維持法とも言うべき一九一九年の「ローラット法（無政府・革命分子犯罪取締法）」に代表される弾圧政策であった。逮捕状抜きの逮捕、普通の裁判手続なしの投獄などを内容とするこの弾圧法を一つの契機として、かつてのイギリス帝国賛美論者であったガンディーが開始したのが第一次サティヤーグラハ運動と称されるものである。ガンディーの指導するこの民族運動を支える組織としての会議派は、農民をどのように捉え組織しようとしたのだろうか。一八八五年に創設された会議派は、かなり初期の段階からインド内のあらゆる階級、階層を代表する「民族」組織として自らを規定してきた。その長い運動の歴史を見るとき、確かにほとんどの階級、階層の人々が、民族独立の旗の下に何らかの形で会議派と関わりをもったことは疑いない事実である。しかし民族運動の名で、時に対立する諸階級の要求を完全に包容するのは困難であり、状況次第で矛盾が表面化することもしばしばあった。ことに農民問題は最も重要なものと言うべく、会議派にとっても避けて通ることの出来ない、それだけに苦渋の多い難問であった。

会議派はその年次大会（大抵は一二月末）が行われたあと、翌年に「議事報告書」を発行しており、その末尾に付せられた代議員名簿には、氏名とともに出身地、カースト、選出方法のみならず、階層や職業などが記載されていた。それによると、圧倒的に法曹界関係者（vakil, barrister, advocate）が多く、次いで土地所有者（zamindar, landholder, landowner）、ジャーナリスト、教職者が続き、そのあとには医師、企業家、商人の名前が並ぶ。報告書に初めて、四八六九人の出席代議員のうち最末尾に六八八人（一四％）が農民代議員（kisan delegate）として記載されたのは一九一八年のデリー大会のときである。職業は農耕者（agriculturist）とある。その所属州別の人数を見ると、アリーガル、アーグラー、アラーハーバード、カーンプルなど連合州（ほぼ現在のウッタル・プラデーシュ州と重なる）の諸県から五五七名、ヒッサールやロータク県などパンジャーブ州（両県は現在はハリヤーナー州）から一一一名とデリー近郊からの参加が目立って多く、続いてパトナーやチャンパーランなどビハール州から一五人、中央州が三人、遠くはマドラス州から二人が参加している。(63) ここに言う「農民」というのがどういう層であるのかは必ずしも定かではないが、「地主」という区分が別に設けられているから、自作、小作を問わず直接耕作者と見ていいのではなかろうか。ただこの段階では、未だ貧農ないし土地無き農業労働者はここに含まれていたとは考えにくい。彼らが会議派のもとに結集する大きなきっかけとなったのは、先述した一九一九～二〇年のガンディー指導によるサティヤーグラハ運動であろう。それは従来の小規模で単発的な農民反乱あるいは暴動とは全く異なり、多くの農民、労働者、一般民衆を糾合した大衆的な政治運動であった。一九二〇年一二月のナーグプール大会では、出席者議員数もそれまでと桁違いの一万五千人を記録した。これ以降会議派は次第に農村、農民の問題に取り組む方向へと進んでいく。

このあとガンディーが多少とも関わる農民運動としては、一九一九～二二年に北インドの連合州のアウド地方で起こった農民紛争がある。この州はボンベイ州やマドラス州と異なり、ザミーンダーリー、すなわち地主（zamindar）による土地所有が基本的で、しかもそれが「最も悪しく栄えた」のがアウドであった。小作人からの地代の取り立ては厳しく、借金を抱えて土地無き農業労働者へと落剥する農民も多かったという。[64] フィジー島での年季労働から帰国したある人物が一九一九年にこの地に移り住んだことが運動のきっかけとなった。フィジーにいるころに過酷な年季労働者の解放のため活動した彼は、帰国後ラーム・チャンドラ（Baba Ram Chandra、本名Shridhar Balvant Jodhpurkar、一八六四年生まれ）と名乗って放浪僧の生活を送っていたが、アウドに入ったのち農民たちに地主の抑圧、特にナズラーナ（地代以外の不法賦課）およびベーダクリー（土地占有剥奪）に反対して闘うよう訴えた。一九二〇年六月、ラーム・チャンドラを先頭に数百人の農民がJ・ネルーら有力な政治家を訪れ彼らの窮状を訴えた。ラーム・チャンドラは精力的に各地を回り、集会を開いて農民を激励した。そうした過程で、農民による商店の襲撃、村内の穀物の略奪、地主の田畑の収穫物、衣類や宝石類の破壊、焼却などの不祥事も起こっていた。[65] 八月に「主謀者」としてラーム・チャンドラが逮捕された。すでにそのころにはいくつかの地域で農民組合（Kisan Sabha）が結成されているが、同年一〇月にそれらの組合や会議派の活動家たちも出席する集会が招集され、仲間の小作人が排除された土地は耕作しない、地代以外の不法な取り立てには応じないよう農民に呼びかけた。一九二一年一月には行進する農民に警官や軍が発砲して多くの死傷者を出した。ネルーは同月現地入りしたが、このときも農民に対する発砲があり死者が出た。

ラーム・チャンドラはチャンパーランのことを聞いていたので、運動を広げるためガンディーの助言を仰ぐため彼との会見を望んだが、それは実現しなかった。ガンディー自身は一九二〇年一一月末に、ジャワーハルラール の父モーティーラール・ネルー、A・K・アーザード、シャウカト・アリーら会議派の指導者たちと運動の中心の一つプラタープガル県を訪れているが、このときの主要な目的はスワラージのための非協力運動の宣伝であった。そのためか、農民の苦情については全くふれず、農民組合の指導者と会合をもつ代わりに、何人かの地主と会談しただけという。(66) 翌年二月にはファイザーバードの町を訪れて演説をしているが、彼がその中で最も強く表明したのは農民たちが行った暴力への批判であった。続いて地主と小作人の間の反目を生み出すあらゆる試みに反対であると述べ、小作人に対しては、あらゆる勢力を最強の地主であるイギリス＝インド政庁と闘うために結集しなければならない今、(インド人地主と) 闘うよりも耐えるようにと訴えた。(67) このアウドでの出来事はガンディーに強い衝撃を与えたようで、三月九日付で連合州農民に向け、「以下の点を厳格に守らない限り、スワラージや苦境解消の達成は不可能である」として一九項目にもおよぶ細かな指令を発表している。一応基本的には、非暴力主義の徹底遵守、インド人同士の協調、日常生活の純化などに分類出来ようか。例えば、①肉体的であれ口頭であれ人を傷つけない、②店を略奪しない、③力を用いたり、給水、床屋や洗濯屋のサービスを止めたりせず、相手を親切で感化する、⑧列車を止めたり切符なしで乗り込んだりしない、⑭賭をしない、⑮盗みをしない、などは恐らくガンディーがアウドで運動の中で見聞したことに関わっているのであろう。また、④政府への税金、地主への地代の不払いをしない、⑤地主に対する不満があれば、父ネルーに報告しその助言を仰ぐ、⑥地主を友人とするよう努める、などは彼独自の階級間の協調を目指す姿勢に基づくものと言えよう。その他列挙すれば、

⑨指導者が逮捕される場合、その逮捕を妨げたり騒ぎを起こしたりしない、⑩飲酒や薬物その他の悪習を止める、⑪すべての女性を母や姉妹の如く尊敬し、保護する、⑫ヒンドゥー・ムスリムの融和に努める、⑬すべてのインド人を兄弟姉妹と見なし、人を劣等視したり不可触視したりしない、⑯虚偽を口にしない、⑰大人も子供も手紡ぎに努める、⑱外国製の衣類を用いず、われわれ自身の手になる衣類を着用する、⑲争い事は裁判所に持ち込まず、個人の仲裁で解決するなどで、⑦の現時点では個人的不服従は行わず、すべての政府の命令を実行するという項目を除けば、いずれもこれ以後もガンディーの行動の基本となる内容が盛り込まれている。最後は、「最も重要なのは、怒りを制御し、暴力に訴えず、自分に加えられた暴力に耐えることである」という言葉で結んでいる。[68]

若きネルー（三二歳）が一九二一年一月に村人に乞われて村を訪れたことは先に述べたが、当時工場労働者や農民のことについて「全く無知で…完全にブルジョア的政治見解であった」彼にとって、「ほとんど自分自身の意志でなく」接触することになった農民との出会いは「インドの発見」であった。

それは正に「啓示」であり、「農村地帯全体が燃え上がり、不思議な興奮に満ちているのが分かった」と『自伝』の中で綴っている。[69] 運動は、実質的には農民の状況に何らの向上ももたらさないアウド地代法の改正で一応終わりを告げた。むしろ地主の権威は強化され、土地追い出しや賦課金徴収はその後も続いた。[70] グジャラートではその後もう一つの農民運動が展開された。一九二八年二月に始まるスラト県バールドーリ郡における地租引き上げ反対運動である。約一四〇の比較的小さな村からなるこの郡でもパーティーダール農民が有力であった。二月に地租局が地租の二二％引き上げを発表すると、農民たちは先のケーダーの運動で名が知られるようになったパテールを訪れて、サティヤーグラハ運動を行うための指導を仰いだ。パテールは農民を伴ってガンディーのもとに赴き、彼の意向を尋ねた。農民から話を聞いてガンディーは二二％の地租引き上げが如何に彼らにとって厳しいものかを理解し、パテールにその指導を委ねた。南アフリカでガンディーとともに闘ったサティヤーグラハ運動家のうちかなりの人数がバールドーリ出身であったことが彼を動かした一要因であったという[71]。こうして始まったバールドーリ・サティヤーグラハは非暴力的に約六か月続いて、最後に当局の譲歩をもたらした。ガンディー自身も一度現地を訪れているが、運動全体を率いたのはパテールであり、これ以降彼は「サルダール Sardar（指導者）」という名誉ある呼称で呼ばれることになる。

四　その後の農民運動と会議派およびガンディーの対応

一九二九年一二月の会議派ラーホール大会は党の政治目標を「プールナ・スワラージ（完全独立）」とすることを決定した場として知られるが、議長のJ・ネルーが初めて「インドは社会主義の道」を進むべきであると主張し、激しい口調で階級闘争の思想を語ったことも特筆に値する。彼は一方で大地主に対して、会議派への入党を歓迎し土地改革への協力を要請するが、大土地所有が古い封建遺制であり早急に崩壊すべきであると呼びかけた[72]。ガンディーが事あるごとに口にした「神からの被信託者」の名による階級協調論を正面から否定したことになる。しかしネルーが述べた被抑圧階級としての農民や労働者への共感は党指導部全体で共有されてはおらず、党綱領に具体的に盛り込まれてもいない。一九三〇年三月に有名な「塩の行進」で始まる第二次サティヤーグラハ運動は未曽有の巨大な反英闘争へと発展するが、その直前にガンディーがイギリス側に提起した「一一項目要求」には、禁酒、酒税廃止、高級官吏の給与切り下げ、諜報機関（ＣＩＤ）の廃止とともに地税の五〇％引き下げという項目はあるが、地代引き下げ、地主による土地追い出し禁止、負債の支払い猶予、十分な賃金の保証など労農勤労大衆の切迫した要求は含まれていない[73]。

パテールが議長を務めた一九三一年三月の会議派カラーチー大会は「基本的諸権利」決議を採択し、労働者の最低賃金、労働時間制限、衛生環境整備、地代・地税の実質的切り下げ、強制労働廃止など勤労者の利害に関わる重要な要求を掲げたが、それが農民、労働者のために実施されなかったことはその後の事実が示している[74]。一九三五年七〜八月のワルダーでの会議派運営委員会（ＣＷＣ）はパテール、プラサード、タンダン（Purushottam Das Tandan）からなる農民小委員会を設置し、農民に関する諸問題を担当し、必要に応じてＣＷＣへの勧告を行うよう義務づけた。一九三六年四月に、会議派ラクナウー大会の開催に合わせて全インド農民会議が開かれた。これは会議派内の社会主義者組織である会議派社会党（Congress Socialist Party、一九三四年五月創立、略称ＣＳＰ）が中心となって招集されたもので、一九二九年から始まる世界恐慌の打撃から農民を救済する目的があった。ビハールの農民指導者サハジャーナンド・サラスワティ（Swami Sahajanand Sarasvati, 1889–1950）が議長を務め、イギリス植民地主義者によって創設されてきた各地の地主制度の廃止や地税制度の根本的改変などを目標として採択した。なおこの年、ＣＳＰはあらゆる社会主義者を統合する目的で共産主義者（インド共産党ＣＰＩの結成は一九二五年）にも党員資格を与える決定を行っている。一九三六年四月にラクナウーで農民会議の全国大会が開かれ、翌一九三七年、全インド農民組合（All-India Kisan Sabha、略称AIKS）と正式に改称された[75]。同じ一九三六年四月には会議派ラクナウー大会が開催されており、そこで「全インド農業綱領」作成のため、各州委員会に対し農業・農民が直面する問題に関する実態調査と報告書の提出を命ずる決議が採択された。その内容は、①農民・農業労働者の組織化の自由、②中間介在地主に対する農民の利害の擁護、③地代・地税の支払い猶予を含む農業負債の救済、④封建的、半封建的負担からの解放、⑤地代・地税の実質的減額、⑥農村の社会的、経済的、文化的改善への国庫からの援助、⑦農業および家事のための自然的諸便宜活用への制限緩和、⑧政府官吏、地主による抑圧からの解放、⑨農村失業救済のための産業育成などである。困窮した農民の要求をかなり反映しているようである。しかしこれは見方によれば、大会で確認された「大衆との接触（Mass Contact）」政策の一環として、同時期に大会を開いたAIKSによる農民の組織化の動きに対抗するための会議派の止むを得ざる対応とも考えられる。実際、義務づけられた調査の報告を怠る州が多かったという。同じ年に連合州で開かれた集会でタンダンの指導のもと州農民連盟（Kisan Sangh）が設立されるが、その主要役職はすべて会議派の指導的人物が占め、地主に打撃を与える組織に発展することはなかった[76]。

会議派ラクナウー大会のもう一つの特色は、先の「大衆との接触」政策とガンディーが主張する「都市を農村と農民に戻す」というスローガンに従って、次回から会議派大会を都市の住民が知らないような村々で開くことになった点であろう[77]。こうして一九三六年一二月の第五〇回大会はマハーラーシュトラの小村ファイズプール（議長J・ネルー）、一九三八年はグジャラートのハリプラー（議長ボース）、一九三九年は中央州のトリプリ（議長プラサード）、一九四〇年はビハールのラームガル（議長アーザード）に大勢の党員が参集した。ファイズプール大会でガンディーは論議にはほとんど加わってはいないが、同じ村で同時に開催されたカーディー（手織綿布）展示会での演説は、農業関係をめぐる従来の彼の考えとかなり異なるニュアンスを含んでいた。それによれば、われわれの先祖はすでに「すべての土地はゴーパールのものである」と述べているが、ゴーパールとは文字通りは羊飼いのことであり、現代の言葉で言えば国家、そして人民を意味し、「土地はそれを耕す人のもの」[78]であるという。会議派の立場は「土地はそれを耕作する人のもので他のだれのものでもない」という表現をガンディーはその後もしばしば用いている[79]。しかしこうしたガンディー的な農業・農民観もネルーやCSP的な視点も会議派の全体としての指針とはならなかった。一九三六年に、会議派全国委員会（AICC）メンバーのランガー（N. G. Ranga）を中心に会議派の姿勢を農民の要求に向けようとする動きが活発になると、パテールは会議派自体が「農民組織」であるから別のインド農民会議は不必要であるのみならず、民族運動にとって有害であると説いてその動きを封じ、ランガーへの懲罰さえ要求した。会議派のファイズプール大会では、前大会から持ち越された「全インド農業綱領」が取り上げられることになっていたが、先にふれたように多くの州委員会が実態調査とそれに基づく勧告を怠ったため実現しなかった。綱領採択は行われず、さし当たっての目標として、地代・地税の適正化、強制労働などの封建的負担の廃止、農民負債の救済、協同耕作の導入、未払い残金の帳消し、農民組合の承認など一三項目を掲げるという決議がなされただけだった[80]。

一九三五年インド統治法のもとで行われた一九三七年の州議会選挙は、一九一九年の選挙に比べて選挙権がある程度拡大され有権者数が約三千万になったが、階層的には大小の資本家、都市プチブル層、地主と上層農民がそのほとんどを占めていた。ビハールの場合のように、農民の酷使で知られる地主やその同僚が会議派から立候補するという例も報じられている[81]。そうした状況の中で、社会主義志向の農民・農業政策はおろか、選挙綱領に掲げられた約束さえ空手形になることは目に見えていた。同じビハールでは会議派州政府成立後に、州内の農民組合や会議派内の社会主義者たちの要求で小作農民を救済するためのビハール小作人（改正）法案が州議会に提出されたが、州会議派内の多数の地主たちは終始これに反対し、パトナーで同法案反対の「市民的不服従と受動的抵抗」運動を始めることさえ示唆した。法案は、有力な地主たちの働きかけによってプラサードやアーザードら会議派中央の右派指導部が介入することで、地主側と会議派指導部の間に協定が成立し、最終的に州議会で可決されたが[82]、妥協の産物となった改正小作人法と、それすらも実施されないその後の事態に対して農民組合が激しく反発したのは当然の勢いであったろう。連合州の場合、選挙の結果会議派州政府が成立すると、相当数の富農や中小地主が新たに会議派に入党した。同州では一九三九年に連合州小作人法が制定されるが、これによって州政府は、法文上は大地主に対する一定の打撃を加えたが、同時に富農および中小地主の権利、利害の擁護をも打ち出した。しかも、この法律が州内の農業労働者および零細小作農民の問題を完全に無視したことは極めて象徴的なことであった[83]。

ＡＩＫＳは最初の二回の大会を会議派のそれと同じ時期、同じ場所で開いていることでも分かるように、当初会議派との間の統一戦線的関係を求めており、ネルー自身もそれに出席し演説も行った[84]。しかし選挙によって七州で会議派州政府が成立したのちも、選挙綱領で掲げた農業改革にはほとんど着手されず、ＡＩＫＳの各州支部の間に会議派への不満が高まった。ネルーは会議派州政府成立後の六月末に新聞声明を出し、主として労農組織との関係についての方針を語ったが、そこには会議派から離れて独自の道を進もうとする農民組織への不満と、会議派が農民の間に確固たる下部組織を築き得ないでいる状況への苛立ちが窺える。彼は労農組織と会議派の間の共通の目的として反帝国主義戦線の重要性を強調しつつ、反帝国主義闘争の最強の組織である会議派を弱めるものは反帝国主義闘争全体を弱めるものであるとして、変化しつつあるAIKSの姿勢に疑問を呈する。その上で、会議派はあくまで民族主義組織であって労農の階級的利害を常に代弁することは出来ず、全般的傾向としては会議派が「圧倒的に農民組織となる」ことであるが、同時に会議派が民族主義組織である限りは主導権は中間階級、主として低中間階級の手にあるべきと説いた。ネルーは続いて、「時によってAIKSの壇上が会議派への反対の場として使われる」として、各地で高まるAIKS内での会議派批判の声に不満を表明している。最後に、農民組織と協調関係を維持しながら、会議派党員もそこに大挙して入っていくべきであるとして、農民組織を内側から掌握する道を示唆した[85]。

しかし選挙後の会議派とAIKSとの関係は次第に悪化した。ビハールでは、AIKSが州内の県そして村々へ活動を拡大するにつれて州政府の対応も厳しくなり、地主らは公安法（Public Security Act）を適用すべきであると圧力をかけた[86]。会議派としてもこの動きを放置せず、一九三七年一二月初頭に開かれたビハール州の委員会で会議派の活動家や同調者はAIKSの動きから離反すべきであると呼びかけ、県委員会に活動家の動向の監視を指令する内容の決議を採択している。AIKSの事実上の非合法化ともとれるこの決議に対して州農民委員会は「極めて不当」との声明を出して強く反発した[87]。会議派は一九三八年二月のハリプラー大会に先立ってボンベイでCWCを開き、各地のAI

ＫＳの活動に関する決議を行って、会議派活動家が「ＡＩＫＳのメンバーとして暴力的雰囲気を醸成するのを助ける」ことに厳しい姿勢を示し、この方針は大会の決議に採り入れられた[88]。同大会では、会議派が「主として農民組織」であることを改めて強調し、すべての諸悪の根源たるイギリス支配の打倒、独立達成のために、農民を会議派に迎えることの重要性を説いた。同時に、会議派は「その基本的原則に合致しないいかなる行為とも提携し得ず、またＡＩＫＳメンバーが会議派の原則と方針に敵対的な雰囲気を創り出すのに手を貸す党員のいかなる行為も支持しない」として、反会議派の姿勢を強めるＡＩＫＳとの対抗を州委員会に求めた[89]。

このころ（一九四〇年四月）ガンディーがある会議派党員と非公式に会って、地主制と農民のことやＡＩＫＳについて話し合ったときの会話を、膨大なガンディー伝の著者テーンドゥルカル（D. G. Tendulkar）が伝えている。その中の一つの問いとして土地はそれを耕す人のものと考えるのかどうかと尋ねられ、もちろんそれに賛成だと答えたあとに、「しかしそのことは、地主が消去されるべきであることを意味する必要はない」というガンディーらしい「但し書き」が付け加えられる。ＡＩＫＳに関して会議派との関係やその展望と機能についての質問には次のように答えている。

長い生涯の間農民や労働者の間で活動してきた私の見解は明瞭である。つまり、ＡＩＫＳが独立に機能したり、ＡＩＫＳの役員が会議派の役員になるのを会議派が認めることには本質的に何ら間違っていない。というのも彼らは通常の手続で入ってくるからである。しかし別個の農民組織を研究してみると、それらが農民の利害のために機能しているというより、会議派組織を掌握する意図でのみ組織されているという結論へと確実に私を導いた。…もし農民とその指導者が正当な会議派の活動だけを行って会議派を掌握するのなら、なんの不都合もない。しかしもし偽りの党員登録をしたり、大衆的集会を急襲するなどして会議派を乗っ取ろうとするなら、それはファシズムのようなものとなろう。…主たる問題は、農民組織に会議派を強化させたいのか、弱めさせたいのか、農民組織を会議派を掌握するのに用いたいのか、農民に奉仕させたいのか、あるいは、農民組織は外見上会議派の名で機能する敵対的組織であるのか、会議派の綱領と政策を実行する組織であるか、である[90]。

要するにガンディーとしては、会議派と動きをともにしない農民だけの組織に対して信頼をもち得なかったということであろう。しかし彼自身、会議派が組織的に農民を把握し得ていないことを認識していたようである。一九四一年に、彼はその社会改革的運動としての建設的綱領を再確認するため、一つ一つの課題について詳細にわたる内容を説明しているが、最初の草案では一三項目であったものに「農民（Kisans）」という項目を付け加えた。その中で、彼が関わったチャンパーランに始まるいくつかの農民運動を挙げながらも、「八億の手（つまり当時のインドの総人口四億人─引用者）のうちキサーンすなわち農民が最大部分を占める。事実人口の大半（おそらく八〇％以上）であるキサーンは会議派であるべきなのだ。然るに彼らはそうではない[91]」と述べざるを得なかった。

これに対してＡＩＫＳ側は、州政府成立後、会議派の農業政策に関する約束違反への反感を強め、五四万六八〇〇人の農民メンバーを代表する代議員が出席した第三回ＡＩＫＳ大会（一九三八年五月）は、初めて会議派大会と同じ会場地を離れ、ベンガルのコーミラで開催された。サハジャーナンドは書記長報告で、選挙綱領で会議派が約束した地代・地税・負債の根本的軽減を各州会議派政府が無視していること、連合州、ビハール、ベンガル、オリッサなどのザミーンダーリー州で小作人に対する救済は微々たるものであり、ボンベイ、マドラス、ベラール、中央州などライーヤトワーリー州では地税残高の軽減は極めて部分的に止まり、地税率自体の軽減は全く行われていないことを指摘した(92)。彼はまた、会議派党員の絶対多数がヒンドゥーだから会議派はヒンドゥー組織であるとは言えないように、同じく党員の九五％が農民だからといって会議派は農民組織であるというのは間違いであるとして、ネルーや会議派指導者らの常套の発言を批判した。その上で次のように述べている。

農民の真の組織として、会議派は封建制、資本主義への苛烈な戦闘を展開することを私は望む。しかしその場合、会議派はすでに民族組織ではなくなっているであろう。というのは、地主や資本家は会議派が純粋に半封建、半資本主義的綱領を採択するや否や、それを離反するだろうからである。会議派は民族組織であり、同時に農民組織であることは出来ない。……われわれはザミーンダールの利益の推進に関心をもちつつ、同時に農民の利益のために闘うことは出来ない(93)と。これは、反帝国主義的民族民主統一戦線の名の下に農民たちの具体的な階級的利害を圧殺し続ける会議派に向けられた、AIKSの側からの離脱宣言と言えよう。

ただこのころから、CPIやCSPなどの左翼戦線にも大きな乱れが生じ（一九三九年に共産党非合法化）、AIKSの動きもこれによって打撃を受けた。これに対して、第二次世界大戦勃発から戦後にかけてそれまで以上に強力な組織になっていた会議派は、インド民族運動の先導者としてイギリスとの交渉の場に臨むことになる。しかし少なくとも一九三八～三九年の時点で、会議派はサハジャーナンドが指摘したように、多数の農民党員を擁しつつも、被抑圧農民の利害を掲げて闘う「農民組織」の道を自ら閉じたこともまた事実である。

むすびにかえて

一九三九年九月の第二次世界大戦の勃発はインドにおける政治状況に決定的とも言える影響を及ぼした。インド人の戦争への協力を迫るイギリスに対し、その前提として独立の早期付与を要求する会議派の姿勢は強硬で、一九四二年八月にはガンディーの指令のもとにイギリスの即時撤退を求める決議が採択された。彼をはじめとして主だった会議派指導者は直ちに逮捕されたが、逮捕を逃れて地下に潜った指導者に従って、あるいは全く自発的に多くの人々がボイコットその他の反英運動に参加した。一九四一年四月にドイツがソ連に宣戦布告したことで戦争が「人民戦争」に転じたとする動きが左翼戦線に動揺をもたらし、ＡＩＫＳにも分裂が生じたが、ボンベイ、マドラス、ベンガル、ビハール州、連合州など各地で、農民がガンディーの呼びかけに応じて反英戦陣に加わった[94]。のちに「クウィット・インディア」運動と呼ばれるようになるこのインド大衆の動きがイギリスを追い詰め、大戦終結二年後の独立達成をもたらす一つの大きな契機となったことは否定出来ない。会議派としては一九四五年に、ＣＰＩの影響力の強いＡＩＫＳに対抗して、ＣＳＰやＡＩＫＳを離脱した無党派の農民指導者を糾合してヒンドゥー農民組合（Hindu Kisan Sabha）を組織するべく試みたが、結局これは実現を見なかった[95]。そのため、インドの独立前後には各地で見られた強力な農民運動は、いずれもＣＰＩなど左翼勢力によって担われた。そうした例として、一九四六年秋から翌年四月までベンガルで、地代引き下げを求める苅分小作人が展開したテバガ（三分の一）運動、南インドのアーンドラで一九四六年九月から五年間続いたテランガーナー農民闘争、同じく南部のトラヴァンコール藩王国（現在ケーララ州内）で農民、農業労働者に加えて、ケーララの特産品の原料となるココ椰子繊維の労働者が参加した一九四六年一〇月のプンナプラ・ヴァヤラールの運動が挙げられよう[96]。

本文で述べたように、ガンディーの農民問題への対応は、チャンパーランやケーダーでの運動が展開された一九一〇～二〇年代と左翼勢力が伸張した一九三〇年代ではそのスタンスに違いが見られるが、農民が立たされた苦境に常に強い共鳴を示したことは明瞭である。ただ彼の場合、農民はいわば同一の枠の中で捉えられており、彼らの間に存在するかもしれない――実際存在したのだが――矛盾は本質的な意味をもたなかった。一方で不可蝕民差別廃止やヒンドゥー・ムスリムの融合などの社会改革問題にも熱心に取り組んだが、民族主義指導者でもある彼は、イギリス帝国主義に対する統一戦線を構築するために相矛盾する利害を一致させるという課題を前面に出す道を選んだ。農民問題について言えば、農民の利害が植民地当局の利害と直接対立するときには、ガンディーは全力で農民の利害を擁護した。しかし一般農民の利害が土着の土地所有者の利害と衝突するときには、彼は相互の信頼と理解を説いて利害が両立するよう助言した。従って農村における生産関係をめぐる彼の立場は急進的で根本的な変革の追求ではなく、階級闘争を回避して彼独自の非暴力的手段によってその関係を社会的に転換させるというものであった[97]。

注

（１）"No and Yes", *Young India,* March 17, 1927, *Collected Works of Mahatma Gandhi*（以下、*CWMG*）, Vol. 38, p. 194.

（２）Speech at Public Meeting, Indore, *Harijan*, May 11, 1935, *CWMG*, Vol. 60, p. 466.

（３）Speech at Khadi and Village Industries Exhibition, Lucknow, March 28, 1936, *Harijan*, April 4, 1936, *CWMG*, Vol. 68, p. 332.

（４）ガンディーがインド農村の数を「七五万」としている数例を挙げると、"The Conditions of Swaraj" ,*Young India*, Feb. 23, 1921, *CWMG*, Vol. 22, p. 368 や "The Spinning Wheel（Letter to Daniel Hamilton, Feb. 15, 1922）", Gandhi, *Economics of Khadi*, Navajivan Press, Ahmedabad, 1942, p. 71 などがある。

（５）Bill Guest,"Indians in Natal and Southern Africa in the 1890s", Judith M. Brown and Martin Prozesky eds., *Gandhi and South Africa: Principles and Politics*, University of Natal Press, Pietermaritzburg, 1996, p. 10, p.13.

（６）Gandhi（tr. from Gujarati by V. G. Desai）, *Satyagraha in South Africa*, S. Ganesan, Madras, 1928, p. 45, p. 59;（邦訳『南アフリカでのサティヤーグラハの歴史――非暴力不服従運動の誕生』２［田中敏雄訳］、東洋文庫七三六、平凡社、二〇〇五年、五五ページ、六七ページ）。

（７）"What a Sad Plight !", *Indian Opinion,* July 6, 1907, *CWMG*, Vol. 7, p. 37.

（８）"Mr. Gandhi and the Indian National Congress", *Indian Opinion*, Sep. 30, 1911, *CWMG*, Vol. 12, p. 63. ガンディーが会議派の議長を受け入れるのは一九二四年のベールガーオ大会だけである。

（９）Gandhi, *Gokhale: My Political Guru*, Navajivan Publishing House, Ahmedabad, 1955, p. 47.

（10）Gandhi, Satyana *Prayogo athva Atmakatha*, Navajivan Prakashan Mandil, Amdavad, 1969［1st edition in 1927］p. 387;（邦訳『ガーンディー自叙伝――真理へ近づくさまざまな実験』２［田中敏雄訳］、東洋文庫六七二、平凡社、二〇〇〇年、二三六ページ）。

（11）ビハールはかつてはベンガル州の一部であったが、一九〇五年のベンガル分割でベンガルから離脱したあと、一九一一年にこの分割が解除された翌一九一二年にオリッサとともに一州となり、一九三六年にビハールとオリッサに分離する。

（12）Rajendra Prasad, *Satyagraha in Champaran*, Navajivan Publishing House, Ahmedabad, 1949, p. 98.

（13）*ibid.*, pp. 98-99.

（14）Tapan Kumar Chattopadhyay, *Gandhi and the Indian Peasantry*, Progressive Publishers, Kolkata, 2003, pp. 15-32.

（15）Gandhi, "Report on Condition of Ryots in Champaran" , May 13, 1917, *CWMG*, Vol. 15, p. 366; Gandhi, "Notes on the Position in Champaran to Date", May 14, 1917, *ibid.*, p. 372.（同じところの別の書簡では聞き取り調書の数は七千通あると書いている。Gandhi, "Letter to Chief Secretary, Bihar", May 30, 1917, *ibid.*, p. 413）

(16) "Order under Section 144 Cr. P. C.", April 16, 1917, *ibid.*, Appendix IV, p. 520.

(17) Gandhi, Letter to District Magistrate, Champaran, April 16, 1917; Letter to Private Secretary to Viceroy, April 16, 1917, *ibid.*, pp. 336-338.

(18) Gandhi, Letter to J. B. Kripalani, April 17, 1917, *ibid.*, p. 343.

(19) Gandhi, Letter to Maganlal Gandhi, April 15, 1917, *ibid.*, p. 331.

(20) Gandhi, "Notes on the Position in Champaran to Date", *op. cit.*, p. 375; "Gandhi, *Satyana Prayogo athva Atmakatha, op. cit*, p. 424.（邦訳、前出二八五－二八七ページ）

(21) Gandhi, *Atmakatha, ibid.*, p. 416, p. 420.（同右邦訳、二七三ページ、二七八－二七九ページ）。

(22) Gandhi, "Chief Secretary to Government of Bihar and Orissa", May 13, 1917, B. B. Misra, ed., *Select Documents on Gandhi's Movement in Champaran 1917-18*, Government of Bihar, Patna, 1963, p. 130.

(23) Gandhi, "Notes on the Situation in Champaran-VI", June 17, 1917, *CWMG*, Vol. 15, p. 441.

(24) Gandhi "Instructions for Workers", April 16, 1917, *ibid.*,, p. 339.

(25) Gandhi, "Note on the Position in Champaran to Date" ,*op. cit.*, p. 373; "Notes on the Situation in Champaran", *op. cit.*, p. 391.

(26) "Report of Champaran Agrarian Enquiry Committee", October 3, 1917, *CWMG*, Vol. 16, Appendix IV, pp. 462-465.

(27) Gandhi, "Confidential Note to Champaran Committee Members on Sharahbeshi", July 29, 1917, B. B. Misra, ed., *op. cit.*, p. 290.

(28) Gandhi, Letter to W. S. Irwin, May 24, 1917, *ibid.*, pp. 165-166.

(29) "Extracts from Minutes of Champaran Committee Meeting", September 28, 1917, *ibid.*, p. 367.

(30) "Extracts from Minutes of Champaran Committee Meeting", August 11, 1917, *ibid.*, p. 304.

(31) "Report of Champaran Agrarian Enquiry Committee", *op. cit.*, pp. 462-484.

(32) T. K. Chattopadhyay, *op. cit.*, p. 53.

(33) *ibid.*, p. 43.

(34) Judith M. Brown, *Gandhi's Rise to Power: Indian Politics 1915-1922*, Cambridge University Press, Cambridge, 1972, p.

68.

（35） Erik H. Erikson, *Gandhi's Truth on the Origins of Militant Nonviolence*, Faber and Faber Ltd, London, 1970, pp. 294-295.（邦訳『ガンディーの真理——戦闘的非暴力の起原』2［星野美賀子訳］、みすず書房、九八ページ）

（36） この地名は、英語の文献ではしばしば「ケーラ（Kaira）」と表記されることがある。それは「Kheda」の「da」の発音がグジャラーティー、ヒンディー、マラーティーなど北インドの言語に特徴的な巻き舌音なので、その発音が「ラ」に近いものになるからかと思われる。なおうしろの母音が短母音となるケード（khed）はグジャラーティー語では農業または村を意味し、この地名と関連があることを思わせる。

（37） 山本達郎編『インド史』（世界各国史X）、山川出版社、一九六〇年、二〇七ページ。

（38） David Hardiman, *Peasant Nationalists of Gujarat: Kheda District 1917-1934*, Oxford University Press, 1981, pp. 35-42.

（39） James M. Campbell ed., *Gazetteer of the Bombay Presidency*, Vol. IX, Part 1, Gujarat Population: Hindus, Vintage Books, Gurgaon, 1988（1st edition in 1901 by the Government of Bombay）, p. 156.

（40） ゴールに関しては次の論文を参照。内藤雅雄「パーティーダール（パテール）——グジャラートの農村から世界へ」、古賀正則、内藤雅雄、浜口恒夫編『移民から市民へ——世界のインド系コミュニティ』東京大学出版会、二〇〇〇年、二八六〜二八八ページ。

（41） アンナー（アンナー）とは当時の貨幣単位で、一六アンナーが一ルピーであった。地租の徴収にもこの単位が用いられ（「アンナー基準」）、平年作の収穫量を一ルピーとして、その年の収穫量が四アンナーであれば地租は平年の四分の一と査定された（田中敏雄訳『ガーンディー自叙伝』2、前出、訳者注、四一〇ページ）。

（42） Speech at Gujarat Political Conference- 1, Nov. 3, 1917, *CWMG*, Vol. 16, pp. 118-130.

（43） Hardiman, *op. cit.*, pp.93-94.

（44） Letter to a Public Worker, After Jan. 11, 1918, *CWMG*, Vol. 16, p. 201.

（45） Narhari D. Parikh, *Sardar Vallabhbhai Patel*, Vol. I（Original in Gujarati）, Navajivan Publishing House, Ahmedabad, 1953, p. 60.

（46） *The Bombay Chronicle*, Feb. 5, 1918（Speech on Kheda Situation, Bombay, Feb. 4, 1918, *CWMG*, Vol. 16, pp. 243-245）.

（47） Letter to Governor of Bombay, Before March 17, 1918, *CWMG*, Vol. 16, pp. 338-339.

（48） Speech at Nadiad, March 22, 1918, *CWMG*, Vol. 16, pp. 354-358: Hardiman, *op. cit.*, pp. 100-101.

（49） "The Pledge" , March 22, 1918, *CWMG*, Vol. 16, p. 358.

(50) Hardiman, *op. cit.*, p. 101.
(51) "Circular Regarding Kheda Situation", March 27, 1918, *CWMG*, Vol. 16, pp. 360-361.
(52) Speech at Nadiad, April 12, 1918, *CWMG*, Vol. 16, pp. 420-421.
(53) "Message to Satyagrahi Agriculturists", April 17, 1918, *CWMG*, Vol. 16, pp. 433-434.
(54) "Instructions to Volunteers", April 17, 1918, *CWMG*, Vol. 16, pp. 436-438.
(55) Speech at Ajarpura, April 20, 1918, *CWMG*, Vol. 16, pp. 447-449.
(56) Speech at Public Meeting, Bombay, April 23, 1918, *CWMG*, Vol. 16, pp. 456-458.
(57) 第一次世界大戦でイギリスのためにインドが払った犠牲は極めて大きく、一〇〇万以上の兵士、四〇万もの人が労働者としてヨーロッパや西アジアの戦線に送り込まれた。それのみならず、大量の食糧、原材料、資材も搬出され、さまざまな口実で三・五億ポンドという多額の金が戦費としてインドに課せられた（柴田三千雄・木谷勤著『世界現代史』山川出版社、一九八五年、一八一ページ）。
(58) N. Parikh, *op. cit.*, p. 81.
(59) Speech at Uttarsanda, June 3, 1918, *CWMG*, Vol. 17, pp. 50-51.
(60) Letter to People of Kheda, June 6, 1918, *CWMG*, Vol. 17, pp. 53-56.
(61) Gandhi, *Atmakatha*, *op. cit.*, p. 442（前出邦訳、三二三‐三二四ページ）。
(62) *ibid.*, p. 433（前出邦訳、三二五ページ）。
(63) *Report of the 33rd Session of the Indian National Congress*（Decembere 1918）, Delhi, 1919, pp. cxi-cxxviii.
(64) Jawaharlal Nehru, *An Autobiography: With Musings on Recent Events in India*, Allied Publishers, Bombay, 1962（1st Pub. in 1936）, p. 53.
(65) Gyanendra Pandey, "Peasant Revolt and Indian Nationalism: The Peasant Movement in Awadh, 1921-1922", Ranjit Guha ed., *Subaltern Studies: Writings on South Asian History and Society*, Oxford University Press, Delhi, 1982, p. 154.
(66) Kapil Kumar, *Peasants in Revolt: Tenants, Landlords, Congress and the Raj in Oudh*, Manohar, New Delhi, 1984, p. 114.
(67) Speech at Fyzabad, Feb. 10, 1921, *The Leader*, Feb. 13 1921（*CWMG*, Vol. 22, pp. 336-337）.
(68) "Instructions to U.P. Peasants", *Young India*, March 9, 1921（*CWMG*, Vol. 22, pp. 404-405）.
(69) J. Nehru, *op. cit.*, pp. 49-50.
(70) Sarvepalli Gopal, *Jawaharlal Nehru: A Biography*, Vol. One 1889-1947, Oxford University Press, Bombay, 1976, p. 57.

(71) Mahadev Desai, *The Story of Bardoli: Being a History of the Bardoli Satyagraha of 1928 and Its Sequal*, Navajivan Publishing House, Ahmedabad, 1929, p. 4.

(72) N. N. Mitra ed., *The Indian Annual Register*, 1929 Vol. II, The Annual Register Office, Calcutta, pp. 293-294 [以下、Mitra, *IAR*と略記].

(73) E.M.S. Namboodiripad, *Mahatma and the Ism*, People's Publishing House, New Delhi, 1959, p. 52（邦訳『ガンディー主義』[大形孝平訳]、岩波書店、一九六〇年、一〇〇～一〇一ページ）。

(74) 中村平治『南アジア現代史』I、山川出版社、一九七七年、一〇八ページ。

(75) 同右、一二六～一二八ページ。

(76) M. A. Rasul, *A History of the All-India Kisan Sabha*, National Book Agency, Calcutta, 1974, pp. 23-24.

(77) ガンディーが大会を村で開催すること目的の一つは大会と同時に手織綿布その他の農村産業品の展示会を開くことにあり、「いかなる不足であれ不備であれ、それについては私が責任を負わねばならない」と参加者に語っている（"Speech at opening of Khadi and Village Industries Exhibition", Dec. 25, 1936, *Harijan*, Jan. 2, 1937（*CWMG*, Vol. 70, pp. 211-214.）。

(78) Speech at Exhibition Ground, Dec. 27, 1936, *CWMG*, Vol. 70, pp. 232-233.

(79) この発言は、あとにふれる一九四二年八月の「クウィット・インディア」運動の呼びかけ直前に行われ、もし地主が農民と主張をともにするなら協議のうえ和解して地代を払うが、もし地主が政府の側につくなら地代を払うべきでないと呼びかけたものである（"Draft Instructions for Civil Resisters", Aug. 4, 1942, *CWMG*, Vol. 83, pp. 171-172）。

(80) H. N. Mitra, *IAR*, 1936, Vol. II, pp. 286-287.

(81) 桑島昭「インド国民会議派と農民運動一九二九～三九」、『大阪外国語大学学報』一八号、一九六八年、七ページ。

(82) K. K. Datta, *History of Freedom Movement in Bihar*, Vol. 2, Patna, 1957, pp. 108-109.

(83) Gyanendra Pandey, "A Rural Base for Congress: United Provinces 1920-40", D. A. Low ed., *Congress and the Raj: Facets of the Indian Struggle 1917-47*, Arnold-Heineman, London, 1977, pp. 216-217. なおここで言う大地主と中小地主を区別する基準は、年間の地租支払額九〇ルピーであった（*ibid*., p. 218）。

(84) M. A. Rasul, *op. cit*., p. 4, p. 8.

(85) J. Nehru, *Eighteen Months in India 1936-1937*, Kitabistan, Allahabad, 1938, pp. 215-217.

(86) Shashisekar Jha, *Political Elite in Bihar*, Bombay, 1972, pp. 38-39.

(87) K. K. Datta, *op. cit*., pp. 317-318.

(88) *ibid*., p. 318.
(89) Mitra, *IAR*, 1938, Vol. I, p. 302.
(90) D. G. Tendulkar, *Mahatma—Life of Mohandas Karamchand Gandhi*, Vol 4, Government of India, New Delhi, 1969 (Reprint, 1st edition in 1952), pp. 242-243.
(91) Gandhi,“Constructive Programme: Its Meaning and Place” , Dec. 13, 1941, *CWMG*, Vol. 81, p. 367.
(92) M. A. Rasul, *op. cit*., p. 27.
(93) *ibid*., pp. 30-31.
(94) T. K. Chattopadhyay, *op. cit*., pp. 226-245.
(95) ヒンドゥー農民組合結成の動きに関しては、古賀正則「会議派による農民組合の結成——タンドン文書より」松井透編『インド土地制度史研究』東京大学出版会、一九七一年、二七三〜二九四ページを参照。
(96) 中村平治、前掲書、一七五 - 一七八ページ。
(97) T. K. Chattopadhyay, *op. cit*., pp. 259-262.

第6章 ガンディーと女性

はじめに

近代インドにおける女性の地位向上を目指す運動の歴史は、一九世紀に始まる社会改革運動によって先鞭がつけられたと言ってよかろう。当時は未だ多くのインド人の間に、伝統的な価値観や制度に固執する傾向が見られたが、少数ではあるが一部の都市知識人は近代西欧の思想・文化に立脚してインド社会に残る旧弊を打破しなければならないとの意識を強くもった。その代表的な人物が第3章でもふれたベンガルのラーム・モーハン・ローイである。彼は東洋のみならず西洋の古典語・近代語に精通するとともに両洋の思想・文化を深く理解しており、合理主義的立場から一八二八年に自らブラフモ協会（Brahma Samaj）という組織を創設し、とくに古い慣習を維持するヒンドゥー社会の改革に乗り出した。改革の対象は厳格なカースト制や偶像崇拝、人々を縛る複雑な宗教儀礼に向けられたが、その中でも女性の地位の向上にはとくに強い関心が示された。寡婦に死んだ夫の火葬の火に飛び込むことを求めるサティーの悪習への批判は最も厳しかったが、そのほか一夫多妻や寡婦の再婚を禁ずる慣習の否定、また進んで女性の相続権の付与などのちのちまでインド社会が解決出来なかった問題にも及んでいた。[1]その後一八七五年にはダヤーナンド・サラスワティー（Dayanand Sarasvati,1824-83）がヒンドゥー教の純化を目指すアーリヤ協会（Arya Samaj）を設立した。パンジャーブを中心に活動を広めた同協会は社会改革と教育活動に力点を置き、偶像崇拝、カースト制、幼児婚や寡婦再婚タブー視への反対を掲げるとともに、女性の地位改善と教育の推進に努めた。西部インドのマハーラーシュトラでは、J・G・フレーによって一八七三年に設立された真理探究者協会（Satyashodhak Samaj）が中心となり、女性、低カースト、不可触カーストに対する教育普及活動が進められた。

同じころ政治意識の高まりも見られ、大都市を中心にいくつもの政治組織が結成された。その一つの頂点が一八八五年一二月創設のインド国民会議派（以下、会議派）である。会議派は、イギリス人植民地官僚のヒューム（Allan Octavian Hume, 1829-1912）が「インド人の精神的、倫理的、社会的、政治的再生を推進するための、明確な行動路線をもち」「イギリスとインドの統合を強化する」[2]ことを目指す組織の必要性を説き、インド内の有力指導者を動かして設立した。従って当然ながら当初は親英的性格が強く、イギリス支配の下でインド人の政治的権利を漸進的に獲得することに努めた。

一八八七年にカルカッタで開かれた会議派第二回大会におけるナオロージー（Dadabhai Naoroji, 1825-1917）の議長演説は、会議派の将来の方向に関して明確に規定している。彼は「会議派と社会改革（Congress and Social Reform）」というテーマを提起し、自分たちは支配者に対してインド人の願望を代弁するために集合したのであり、社会改革を論ずるためではないと断じたあと次のように述べている。

…すべての階層から成るこの集会が、個々の階層が必要とする社会改革をいかにして論じ得ようか。…汎階層的なこの集会が、何の目的である一つの階層の求める改革を論じ得ようか。…国民会議（派）はあらゆる国民が直接に参画する問題に自らを限定すべきで、社会改革やその他の階層的問題は各階層の会議に委ねねばならない。(3)

ここに言う「階層（class）」は異なる宗教やカーストのコミュニティを指していると考えられるが、ナオロージーとしては、国民会議派では意見の対立が出る可能性の多い社会改革（宗教、カーストや女性の地位に関する問題）は取り上げないという立場を打ち立てたかったのであろう。こうした「原則」のため、一八八七年に判事のラーナデー（Mahadev Govind Ranade, 1824-1901）の主導のもとでインド社会会議（National Social Conference）が創設され、毎年会議派大会と同じ都市で、同じ時期（大抵一二月末）にその大会が開催された。その後、ラーナデーを師とするG・K・ゴーカレーが一九〇五年にプネーに設立したインド奉仕者協会（Servants of India Society）も、地味ではあるが息長い活動を続けた。

二〇世紀に入って、従来総じて穏健であった民族運動が次第に急進化する過程で、女性の運動への参加が目立ち始めた。イギリスによる民族分断とも言える一九〇五年のベンガル州分割は、ベンガルのみならず全インド的な反英運動に発展したが、このベンガル分割反対運動には多くの女性たちが参加している。その後しばらく運動は低迷するが、第一次世界大戦期にB・G・ティラクとアニー・ベザント夫人がそれぞれ別途に開始した自治連盟（Home Rule League）運動や、大戦後の外国製綿布のボイコットと国産品奨励運動、あるいは禁酒運動でも女性の活躍が見られた。なおこのころ女性自身によって、幼児婚、パルダー（女性隔離）、一夫多妻などの因習を批判し、女性の教育推進を説く新聞・

雑誌が刊行されるようになったのは大きな変化であった。一九〇九年に女性活動家R・ネルー（Rameshwari Nehru）が始めた『女性の鏡（*Stri Darpan*）』とその影響を受けた『家庭の繁栄（*Griha-Lakshmi*）』などが早い例として挙げられる。[4] 女性の組織も一九世紀末から各地に出現している。詩人ラビンドラナート・タゴールとその妹（Svarnakumari Devi）はベンガルにおけるこの方面での先駆者であり、マハーラーシュトラではバラモン出身でキリスト教に改宗し、女性の地位向上に努めたラマーバーイー（Pandita Ramabai, 1858-1921）が一八八二年に設立した「アーリヤ婦人協会（Arya Mahila Samaj）」やラーナデー夫人のラマーバーイー（Ramabai Ranade）の「奉仕の家（Seva Sadan）」などが知られる。全インド的な組織は二〇世紀に入ってからで、先述のベザント夫人やカズンズ（Margaret Cousins）らが一九一七年に「女性インド協会（Women's Indian Association）」を設立しているが、より主要な組織として広範な活動を展開したのは一九二七年に創設された「全インド女性会議（All-India Women's Conference、略称AIWC）」である。[5]

民族運動の高揚に伴って女性の運動も大いに勢いを増したことは先にふれたが、第一次世界大戦後にガンディーが「サティヤーグラハ（真理の探究）」と呼んで展開した非暴力的不服従運動はその動きを決定的なものにした。「非暴力・非協力」という彼の新しい戦法は女性たちの想像力に強く訴え、敗戦したトルコ帝国の宗教的首長（カリフ）の地位を守れというインド・ムスリムのキラーファト運動にも女性たちは中央キラーファト委員会の女性支部を結成してして参加した。[6] 一九三〇年三月に「塩の行進」で始まった第二次サティヤーグラハ運動でも、各地の海岸で禁止されている塩を作り、進んで逮捕・投獄された。第二次世界大戦期にインドの参戦を拒否して「クウィット・インディア」

を迫った運動では、多くの男子活動家が投獄されたあと、「政治囚救済基金」を組織したり、自ら地下活動に入る多くの女性がいた。[7] このようにインドの民族運動は、女性の直接、間接の関わりなくしては成り立たなくなっていたのであり、ガンディーにとっても、女性の力はその運動の不可欠の一部であった。

「塩のサティヤーグラハ」に参加した女性たちとカストゥルバー・ガンディー。1930年5月。ただしガンディーは同年3月に行った「行進」そのものには女性の参加を禁じた。

ところで、インドとその他の国を問わず、歴史に残る政治家、活動家の中で、ガンディーほどさまざまな場所で身近に女性の姿が数多く見られた人物はいない。常に（しばしば獄中でも）彼とともにあった妻のカストゥルバーイー、歩くガンディーに肩を貸している写真でおなじみの「歩く杖」とも呼ばれた孫娘マヌーと甥の息子の妻アーバーなどの近親者は別にしても、何人の女性が思い浮かぶだろう。インド人では会議派運動の協働者のサロージニー・ナーイドゥやアムリト・カウル、彼のもとで活動し「ガンディー軍のフィールド・マーシャル（陸軍元帥）」とも称された社会活動家プレーマー・カンタクら、外国人ではこれまた頻繁に文通したユダヤ系ドイツ人の社会活動家マルガレーテ・シュピーゲル、イギリスの名門の出身でありながら世俗を棄てて彼と歩みをともにして入獄の経験をもつマドレーヌ・スレイド（通称ミーラーベーン）、ガンディーと一五年の交流があり、彼との会話や書簡を出版しているイギリス人メアリー・バーなど、それぞれ極めて個性的な女性の名を挙げることが出来る。

ガンディーにおける女性の役割への高い評価は、とくに闘いの武器が「愛と非暴力」であるときには女性の方が男性よりもすぐれていると考えたが故に、女性の闘士により大きな信頼を置いていたからだという指摘がある。(8) 確かにガンディーは女性に男性にない能力と役割を見出し、適材を各所に配するよう気を配っていたのではないかと思われる。この章は、ガンディーとともに歩んだインドおよびヨーロッパの何人かの女性に焦点を当て、その関係の中から彼の新たな顔が浮かび上がってこないかを探ってみる一つの試論である。

一　ガンディーの女性観

ガンディーは何よりも先ず、イギリスから植民地インドの独立を獲得するための運動の指導者であったが、「はじめに」でもふれたようなインドが歴史的に抱えてきたさまざまな因習を脱して新しい社会を建設するという「社会改革」にも同様の、時には政治運動以上の熱意を示したことを忘れてはならない。彼はそれを彼独自の表現で「建設的綱領」と呼んだ。ガンディーは反帝国主義を掲げる民族独立運動と建設的綱領運動の二つの位置づけを、「建設的綱領とは、よりふさわしい言い方をすると、正しく非暴力的な手段によるプールナ・スワラージすなわち完全独立の達成と呼ぶことが出来よう」(9)

という表現で説明していた。また別の個所では、「私が建設的綱領なしで市民的不服従を行おうとすることは、麻痺した手でスプーンを持ち上げようとするようなものであろう(10)」とも述べている。

彼が建設的綱領という言葉を最初に用いたのは、一九一九年に開始した最初のサティヤーグラハ運動の過程で、警官の発砲を受けたデモ中の農民たちが警察署を襲撃して殺傷させた事件(チャウリー・チャウラー事件)に衝撃を受け、非暴力原則の徹底を決意した一九二二年ころと思われる(11)。しかし実質的には、のちにボンベイ州政府に提出した報告の中で「私の最初の建設的行為は、インドに帰国した一九一五年にまで遡る(12)」と書いているように、少し時期を遡ることになるだろう。イギリスから帰国後のガンディーは一九一五年五月二五日に、故郷のグジャラートにアーシュラム(実験的共同居住区)を設立し、そこへの入所希望者に「真理、アヒンサー(不殺生・非暴力)、独身、味覚の抑制、貧困、恐れの排除、不可触民差別の除去、カーディー(手織綿布)を中心としたスワデーシー(国産品奨励)、あらゆる宗教への対等の敬意、肉体労働重視」などの誓いを課したが(13)、これらの項目がこれ以後彼の「改革」の重要な内容となる。ここには女性の地位や権利に関する言及がないが、南ア時代に示し続けたイギリスにおける女性参政権獲得の運動への強い関心(14)や、女性の結婚にふれて「国内の女性の名誉や子供の利害を守ることが出来ない国家はそう呼ばれるに値しない。そのような人たちは国家や国民ではなく単なる獣である(15)」と厳しく述べる言葉から、その後のガンディーが女性問題を非常に重視する姿勢を見て取ることが出来よう。

ガンディーの女性観を見る場合、異なる二つの観点から捉えられるのではないかと思われる。一つは、上でもふれたことと関連するが、古くからのインド女性をめぐる社会的因習を断ち切って男性と同等に社会で活動すべきであるとする彼の思想に基づくものである。すでに一九一七年の段階で、インドにおける教育が男性と女性の関係や社界における女性の位置づけについて何らの考慮も払われていないことに批判の目を向け、女性は「われわれの人生の同伴者、人生という闘いの同格の仲間、喜びと悲しみの協同の享受者」でなければならないと折あるごとに訴えかけていた。[16] もう一つの観点は彼が異常なほどに執着した「禁欲（Brahmacharya）」という原則であり、彼の『真理の実験―自伝』ではこのテーマが詳細にふれられている。グジャラート・カーティヤーワール地方の、彼が属したバニアー（商人）・カーストにおいては幼児婚が一般的な習慣で、彼自身も三度婚約し（相手が次々と夭折したため）、四度目に婚約した約半歳年上のカストゥルバーイーと一八八三年に結婚した。一八八六年、病父の看病をする間、性欲に勝てず父の側を離れて妻の元に行っている間に父が死去した情景を『自伝』の中で赤裸々に書き綴っている。そのころから禁欲については考え始めていたようであるが、『自伝』によれば、迷いながら真剣に思い詰め、最終的に禁欲の誓いを立てて実践に移したのは南アフリカに渡ってから一三年経った一九〇六年であった。[17]

二　ガンディーとインド人女性

1　カストゥルバーイー・ガンディー

先に述べたように、一八八三年五月にガンディーはカストゥルバーイーと結婚した。ガンディーがイギリス留学に出発する一八八八年には長男のハリラールが生まれている。彼はイギリスで法廷弁護士の資格を得て一八九三年に帰国するが、それ以降、一九四四年二月にカストゥルバーイーが病死するまで、南アフリカでの約一〇年、数度に及ぶ獄中生活を含めて、二人はほとんど行動をともにした。

ガンディーが一八九三年に南アフリカ・ナタールのダーバンに渡ったのは、そこで商業を営むインド商人同士の係争に弁護人として招かれたからであった。南アフリカには一八六〇年代から多くのインド人が年季契約労働者として居住しており、まとまったインド人社会を形成していた。係争が続く過程で、南アにおけるインド人に対する政府の差別的対応や法制のあり方に接したガンディーは、それに反対する運動を開始した。一八九四年八月に、年季契約を終えたあともなお滞在したいインド人に年額三ポンドの税金（人頭税）が課せられると、ナタール・インド人会議を設立して抗議した。彼の名は南アのインド人の指導者として広く知られるようになった。一八九六年には、インド人の惨状を訴える文書『緑のパンフレット』を出版して、本国のインド人に呼びかけた。ただ同文書を見ると、この時点のガンディーは、例えば駅の洗面所が「現地人（アフリカ人）およびインド人用」となっていたり、郵便局の窓口が現地人およびインド人用とヨーロッパ人用とに分かれているのを目にして、インド人が「非文明的人種」と同列におかれていることに大きな侮蔑を感じており、(18)アフリカ人もまたインド人同様に白人優先主義の犠牲者であるという認識はもっていなかったのが分かる。彼としてはこの段階では、自分たちインド人をあくまで大英帝国の正規の一員として位置づけていたからである。オランダ人移民（ボーア人、現在アフリカーナー人）とイギリス人が戦ったボーア戦争（南アフリカ戦争、一八八九－一九〇二年）のときも、ズールー族の叛乱（一九〇六年）に当たっても彼は看護隊を結成してイギリス支援に回った。

ガンディーは一八九六年に一旦帰国し、翌年一月に妻と子供を伴って再びダーバンに戻るが、この時上陸するや彼の行動を憎む白人の群衆によって殴られ、石や煉瓦を投げつけられて、文字通り半殺しの目にあわされた。用心してカストゥルバーイーと子供たちは暴徒の目を逃れて馬車で知人宅に向かわせたため無事だったが、彼自身は二日間は口もきけなかった。[19] ダーバンにおいてガンディーは弁護士として多額の収入を得たが、家庭内ではあれこれと家事に口を挟んだりして妻との間に口論が絶えなかった。住居をヨハネスブルクに移してからのよく知られた一つのエピソードがある。そのころの彼の家には水道施設がなく、各部屋に便器が備えてあった。インドではごく普通に見られた、「不浄な」仕事をする不可触民カーストの清掃人をガンディーは雇っていなかった。彼は自分たちの便器を外に持ち出して洗うことをカストゥルバーイーにも求めた。家に宿泊する客にもそれを求めた。しかし、不可触民カーストへの差別を免れるためキリスト教に改宗した彼のオフィスの若い事務員がこの務めを守らなかったとき、ガンディーはそれを妻に強要した。彼女はそれを拒否し、なおも強要するガンディーに抵抗した。こうした仕事を妻の「教育」の一環と考えるガンディーが彼女を門まで引きずり外へ放り出そうとすると、彼女は泣きながら「他に行くところのない私に一体どこへ行けと言うのか。こんな有様を他人には見せたくないから、どうか門を閉めて下さい」と嘆願した。この言葉で彼はようやく自分を取り戻した。[20] ガンディーの『自伝』にはこの場面についての詳しい叙述はないが、彼の妻に対する対応への反省を促す機会となった。

一九〇六年はガンディーが妻に「禁欲」を約束した年であるが、この年の八月に南アフリカのトランスヴァール政府はインド人にとって極めて屈辱的な条例案を議会に提出した。それによれば、成人はもとより八歳以上のインド人は登録に際して指紋を提出して証明書の交付を受け、それを常に携行することを義務づけられ、違反者は投獄、罰金あるいはトランスヴァールからの追放の刑を受けるというものであった。ガンディーを先頭に多くのインド人が反対の集会を開催し、抗議行動を続けた。自らの抗議の意志を大衆的にかつ非暴力的に表明するこの運動に、「真理（satya）に固執する愛の力」の意味を込めて、ガンディーは「サティヤーグラハ」の名を初めて冠した。このあと一九〇七年一月にトランスヴァールは植民地から責任政府に移行し、軍人首相のスマッツは七月三一日付でアジア人登録法を実施すると発表した。ガンディーらはこの法外な「悪法」に対する不服従を表明し、このため裁判にかけられて彼は禁固二か月の刑を宣告されて下獄した。彼の生涯最初の受刑であった。この後も政府は同法の撤廃を拒否したため、インド人たちは次の抵抗手段として、一九〇八年八月一六日に開かれた集会の場で集められた二千枚以上の登録証明書を焼却する挙に出た。一〇月には政府の禁令を破って、一五人の同志たちと登録証明書なしでダーバンからトランスヴァールに入り逮捕された。一〇月一〇日に罰金二五ポンド、または懲役二か月の刑を宣告されたが、ガンディーらは懲役を選択した。

一方、当時カストゥルバーイーは極めて病弱で、ガンディーが下獄したあとも内臓出血のため手術を受けるような重病を患っていた。この報は、ヨハネスバーグで小さな印刷所を経営し、『インディアン・オピニオン』紙の編集を手伝うことになるウェストという人物からの電報で知った。獄中からのウェストへの書簡で、罰金さえ払えば刑務所を出られるのだが、自分にはそれは出来ない、彼女が私の慰めすらなく世を去るならそれも止むを得ないと書き送っている。(21)しかし同じ日に彼女宛てのものとしては最初かと思われる書簡を書いているが、そこには彼の強い決意と妻への深い愛情が明確に読み取れる。少し長いが引用しておこう。

今日君の病気に関するウェスト氏の電報を受け取った。それは私の心を強く打った。大変悲しいが、そこへ行って君を看病出来る立場にはない。私は私のすべてをサティヤーグラハに捧げた。だから私がそこへ行くというのは問題外なのだ。ただ罰金を払えば行くことが出来るが、私はそれをしてはならない。もし君が勇気を維持し、必要な栄養をとれば回復するだろう。しかしもし私にとって不運なことに君が亡くなるなら、私が生きている間の、私と別々にいるとき、君が亡くなることに何ら過ちはないのだとしか言えないだろう。君を深く愛しているから、君が亡くなったとしても私にとって君は生きている。君の魂は死を知らない。これまでしばしば君に言ったように、もし君が病に屈するなら、私は二度と結婚しないことを繰り返して君に誓う。君は神への信念をもって穏やかに最後の息を引き取ることが出来ると、これまで何度も君に言ったね。もし君が死ねば、君のその死さえもサティヤーグラハの大義への犠牲なのだ。私の闘いは単なる政治的なものではない。それは宗教的であり、従って極めて純粋なのだ。その闘いの中で死ぬか生きるかなどは大して問題ではない。君もまたそのように考え、不幸だと思わないように望みたい。君にそうお願いする。(22)

このあと、南アにおける白人勢力がインド人住民に対して押しつけた侮辱的な差別措置は、一九一三年三月にケープの最高裁が下したキリスト教式の結婚のみが合法であるとの裁定である。もしそうなれば、ヒンドゥー、ムスリム、パールシーを問わずすべてのインド人の結婚は非合法となるため、カストゥルバーイーら多くのインド人女性が抵抗の隊列に加わった。このころガンディー夫妻の間で交わされた会話の一部が彼の『インディアン・オピニオン』紙に掲載されたが、それによるとカストゥルバーイーは自分もこの闘いに加わりたい、投獄されることも厭わないとガンディーに強く迫った。彼女の健康を心配してガンディーは引き止めようとするが、決意は固く彼もそれを受け入れざるを得なかった。他の多くの女性たちも彼女とともに行動することを表明した。[23] 運動は先ず女性ボランティアの一団がトランスヴァールからナタールへ不法越境して逮捕されること、そしてこれがもし無視されたらニューカッスルの炭坑に赴いてインド人年季契約の炭坑夫にストを呼びかけるという戦術で始まった。女性たちは逮捕・投獄されたが、後続隊が工夫たちの職場放棄を呼びかけた。ガンディーもニューカッスルから行進し逮捕・投獄されるという計画を立て、一一月六日に行進は開始された。男子約二千人、女性約一二七人、子供も五七人いたという。一一月九日にガンディーらは逮捕された。おそらくこの時カストゥルバーイーも同時に逮捕されたようで、ガンディーは釈放された一二月一八日の数日後に、「カストゥルバーイーの釈放」と題する感謝の演説の文章を新聞に掲載している。[24] ガンディーは一九一四年一月に行進の再開を発表したが、同じころ南アの鉄道労働者の大規模なストが始まったため、首相スマッツは妥協のためガンディーに交渉を持ちかけ、会談の結果一九一四年六月三〇日に意見の一致を見て、それがインド人救済法案となり七月に法律として採択された。それによれば、インド式の結婚は有効とされ、三ポンド税は廃止された。またインド人年季労働者の南アへの導入を一九二〇年で終わらせ、インド人の連邦内移動もある程度緩和された。南アにおけるインド人の問題がこれですべて解決されたわけではないが、ガンディーは一応これを「勝利」

と認めた。夫妻は一九一四年七月一八日に南アを離れてイギリスに立ち寄ったあと、一九一五年一月九日にボンベイに帰着した[25]。

最初の部分でふれたように帰国後のガンディーは、故郷グジャラートのアフマダーバード（アムダーワード）にアーシュラムを開いた。アーシュラムとは一般のヒンドゥーにとっては「修道所」とでも言うべき宗教的な意味をもつ場所であった。しかしガンディーはこの場を、志を同じくする人々が政治や社会問題への対応に当たって宗教をいかに正しく適用するかを考える、いわば「実験的共同居住区」としてアーシュラムと名付けたのであろう。カストゥルバーイーもアーシュラム生活に加わり、当初はガンディーが不可触民カーストの少女を養女にすることに反対して口論するような場面もあったが、次第に彼の仕事を理解し、不可触民カーストの人々に糸紡ぎの仕方、新鮮な牛糞を土の床に敷き詰める方法、貧弱な住居を清潔に保つ方法などを熱心に教えるようになった[26]。引き取った子供の世話やアーシュラムの切り盛りなど裏方で彼を支えるのが彼女の役割であった。そうした彼女を、ガンディー自身も含めてアーシュラムの住人は「お母さん」という意味を込めて「バー（Ba）」「カストゥルバーイー（Kastruba）」と呼び始めた。

ガンディーは、第一次非暴力的抵抗運動が終了した一九二二年三月一〇日から一九二四年二月五日まで、「塩の行進」後の一九三〇年五月五日から一九三一年一月二六日までと、長期にわたって投獄されるが、その間のアーシュラムの経営は厳しいものであった。英印円卓会議決裂後の一九三二年一月に彼が逮捕されたときは、その数日後にカストゥルバーイー自らが不可触民カースト差別に対する抗議行動に加わった廉で再び逮捕され六週間の投獄刑を受けた。その報を獄中で受け取ったガンディーは従兄弟で南ア時代の協働者クシャールチャンド・ガンディー（Khushalchand Gandhi）の息子ナーランダース（Narandas）宛の書簡で、「本日バーが逮捕されたとの報せを読んだ。嬉しく思う」と書き送った[27]。彼女はこのあと三月一五日に六か月の刑、また一九三三年二月八日にも六か月の刑で服役しているが、ガンディーは獄中の彼女に頻繁に書簡を送っている。彼女の身を案じたり彼らの子供に関わる内容も多いが、学校教育というものを全く受けておらず読み書きが余り自由でない彼女のために新聞を読むよう勧めているものあり[28]、また一九三三年一一月二五日付書簡から数回にわたって『バガヴァッド・ギーター』などヒンドゥー教の古典からの教えを分かり易く「解説」したりもしている[29]。

少し時期が飛ぶが、一九三九年二月からガンディーは故郷ポールバンダル藩王国に隣接するラージコート藩王国での人権問題に取り組むが、この時、カストゥルバーはガンディー自身より先に抗議のため現地に入り、二月三日にパテールの娘マニベーン（Manibehn Patel）らとともに逮捕された。三月六日には釈放されるが、これは彼女がガンディーと離れて単独で獄に入った唯一の例である。この時は珍しくガンディー自身は獄外にあり、ワルダーから各方面に指令を出していたが、彼女の逮捕に関する彼の反応として興味深いのは、投獄を伝える彼女の書簡を受け取った数日後に、「君は今や国賓［a State guest、ラージコート藩王国の獄に繋がれたこと―引用者］となったね。健康には注意したまえ[30]」という返事を送っていることである。こういう状況でも、妻の健康を気にしながらユーモアを忘れていない。しかしカストゥルバーイーが固い決意をもってこの人権問題に関わろうとしていたことは十分に理解しており、厳し過ぎるとも思われる言葉で彼女を後押ししている。藩王国住民の人権擁護を含む政治改革をめぐる、大臣ターコーレー・サーヘブの煮え切らない対応に彼自身とカストゥルバーイーがとるべき態度にふれながら次のように書き送った書簡がある。

…君は私のことを心配する必要はない。たとえ私が真にまずい状況になったとしても、君はこう言ってほしい。つまり、「もしわれわれが別々にいる間に彼〔ガンディー――引用者〕が死ぬと決められているなら、彼は死ぬだろう。私としては、私の〔ラージコートの――引用者〕子供たちが苦しんでいる場に留まるつもりである。私が刑務所に送られるなら私はよりいっそう幸せだろう。あなた方すべては、私がターコーレー・サーヘブに約束を守らさせるのを手助けすべきである。もしあなたが私の努力を活用しないようなら、私はラージコートで死ぬことを選びたい」と。君は自分の意図でそこに行ったのだから、これらの考えが君の心に生じたのなら、君はそれらを表明することが出来るのだよ。(31)

最後にガンディー夫妻が共同の行動をとるのは、これまでにもふれた太平洋戦争勃発後にイギリスの即時撤退を求める「クウィット・インディア」運動のときである。一九四二年八月八日、ボンベイでの会議派全国委員会(AICC)にガンディーが提案した「クウィット・インディア」決議案が採択されるが、翌早朝には同宿していたガンディーは秘書のマハーデーウ・デサーイー、イギリス出身の女性活動家ミーラーベーン(後出)らとともに逮捕され、急きょ刑務所に指定されたプネー市郊外のアーガー・ハーン宮殿に収容された。その翌々日、逮捕前のガンディーが演説を予定していたボンベイ(現在ムンバイー)市内のシヴァージー公園で自ら演説すると宣言したカストゥルバーイーも演説を始める前に逮捕され、数日後にアーガー・ハーン宮殿に移された。(32)そこでの獄中生活は静かなものであったが、八月一五日に心臓を患っていた秘書のマハーデーウが死去してガンディー夫妻に大きな悲しみを与えた。彼は長い間秘書としてガンディーを支え、何巻にも及ぶ『ガンディーとの日々』(英語)や『マハーデーウバーイーの日記』(グジャラーティー語)など、ガンディー研究にとって不可欠の資料となる作品を残した。ガンディー逮捕後、インドでは「クウィット・インディア」の掛け声に応えるように全国的に警察、公的機関、鉄道などへの襲撃や放火、労働者のストが頻発し、当局はこれを徹底的に鎮圧していた。ガンディーは獄中からインド総督に書簡を送り事態の速やかな収拾とインド人の要求への考慮を求めたが、総督は悪化した事態の責任をガンディーに負わせて彼の声を無視した。このためガンディーは熟慮の末、一九四三年二月一〇日から彼としては一五回目の断食に入った。七〇歳半ばに達した彼の断食は多くの人々に彼の死を予想させたが、カストゥルバーイーはこれを受け入れ自らも即座に断食を始めた。しかし三月一七日ころには彼女の心臓の状況が悪化し、一二月の末には呼吸が困難になり、眠ることも出来なくなっていた。当時開発されたばかりのペニシリンも用いられたが、それも効果がなかった。四男のデーウダースは母の釈放を当局に求めたが、彼女を自由にすればガンディーの釈放も要求されるだろうとして却下された[33]。こうして一九四四年二月二二日午後七時三五分、カストゥルバーイーは夫と二人の息子に看取られながら静かに息を引き取った。

彼女の死後四か月ほど経ったころにガンディーがある親戚の女性に語りかけた言葉が残っている。古代の叙事詩『ラーマーヤナ』や『マハーバーラタ』の中の例を引きながら、インド女性がいかに強力な個性をもって生きてきたかを示し、今こそ女性がその責任ある義務を果たすべきであると訴えているが、書簡の大半はカストゥルバーイーがいかに力強く自分を支えてきたかを語ったものである。

……バー(カストゥルバーイー)はいかなる点でも私より弱くなかった。事実私より強かった。

もし彼女の協力がなかったら私は沈んでしまっていた。私が最高の厳しさで自分の誓いを守るよう支え、常に用心深くさせたのは、あの無学の女性だった。同様に政治においても彼女は偉大な勇気を示し、すべての闘いに加わった。世間的な目から見れば彼女は無学であったかも知れないが、実は真の教育と私が見なすものを受けた理想的な女性であった。…私が現在の私であるのは、彼女あったが故である。どんなに病気であっても、私に役立つために自らの労を惜しまなかった。そしてしばしば私は生命の危機に瀕した。一九四三年の断食のとき、私はほとんど死の戸口にいたと言っていいが、彼女は決して泣き叫ばず勇気を失わず、逆に他の人々の勇気を持続させ、神に祈った。私は今でも彼女の顔を鮮やかに見ることが出来る(34)。

写真で見る限り小柄で頼りなげに映る彼女は、ガンディーにとってこれだけ大きな存在であった。

2 プレーマー・カンタク

「プレーマーターイー・カンタクの名前に言及せずにマハーラーシュトラにおける独立運動、およびその中での女性活動家について知ることは出来ない(35)」という文章がある。ここに挙げられたプレーマー・カンタク（Prema Kantak, 1906–85）という名は、マハーラーシュトラ以外――言い換えればマラーティー語世界以外――ではほとんど知られていない。しかしこの女性に対してガンディーは、一九二九年二月二八日付を最初に、暗殺される二週間前の一九四八年一月一六日付まで実に二三〇通に及ぶ書簡を送っている。

カンタクは一九〇六年七月一日、ゴアの南に接するボンベイ州のカールワール（現在カルナータカ州）

という村で、ボンベイ市の警察に勤務する父の長女として生まれた。カーストで言えばサーラスヴァット・バラモンの家系であった。彼女の生後まもなく母は病死して父が再婚したため、義母によって育てられた。父とは折り合いがよくなかったが教育に関しては寛容で、ボンベイの名門校ウィルソン・カレジに入学し、一九二七年にボンベイ大学から文学士の号を得た。大学時代から青年連盟（Yuvak Sangh）に属し、民族運動に強い関心を示していた。大学入学後のことだが、ガンディーが一九二二年三月に逮捕され、一九二四年二月に釈放されたのを歓迎してボンベイ市が集会を主催したときカンタクもこれに参加し、初めてガンディーの姿を見た。一九二八年にガンディーやパテールの指導のもとで地税ボイコットに始まるバールドーリ・サティヤーグラハが展開されると、彼女もそれに共鳴して知人とサーバルマティ・アーシュラムを訪れる機会をもった。翌年思い立ってガンディーにアーシュラムに住み込んで活動したいと申し入れたが、彼はアーシュラムでの生活がいかに厳しいものかを説いて最初は彼女の希望を斥けた。しかし彼女はいかに厳しいものであれそれに耐える覚悟であると食い下がって、最後にガンディーの承諾を得た[36]。この時の、「君の鮮明に書かれた書簡を受け取った。私は君のことをよく覚えている。君は好きなときにいつでも自由にここに来てよろしい[37]」という短い文章がガンディーからの最初の書簡であった。

プレーマー・カンタク
サースワドのアーシュラムで。1940年ころ。

アーシュラムに入った当初ガンディーがカンタクに求め

た注文の一つが、所内で最も頻繁に用いられるグジャラーティー語を八日間で習得せよというものであった。グジャラーティーと彼女の母語であるマラーティ語は文字は異なるものの文法は比較的近いので、彼女は難なくこれを習得した。彼女は英語、マラーティー語はもちろん、グジャラーティー語、ヒンディー語、ウルドゥー語のほかサンスクリットまでこなして、アーシュラム内のさまざまな人々と対話した(38)。ガンディーが彼女に宛てた手紙の多くはグジャラーティー語で書かれている。逆にガンディーはマラーティー語の習得に努めていたことも書簡から分かる(39)。マハーラーシュトラのサーラスヴァット・カーストはバラモンでありながら魚や肉を食べることで知られるが、彼女はここに入ってからそれもやめている。しばらくする間に、彼女はアーシュラム内の責任ある立場に位置するようになった。一九三〇年三月一二日に始まる「塩の行進」への参加を望んだが、ガンディーはこれを抑えて、彼女を学生ホステルの主任に任じ、子供たちの世話を含めてアーシュラムの管理に尽力するよう命じた。彼は「行進」の終了後に逮捕されるが、獄中からカンタクの健康を心配しつつ彼女を励まし、

…君は真の兵士であることを証明した。もし君がそこ［アーシュラム―引用者］に留まることで兵士としての義務を果たしていないと信ずるなら、それは間違っている。すべての人が前線に送られるとは限らない。…必要もなく危険に向かって突進するものは兵士でなく馬鹿である。…真の兵士は神の意志に従うものである(40)

と書き送った。その直後に彼女がアーシュラムで断食を行ったことを知って、断食後の食べ物の摂り方や睡眠について細かい助言を与えている(41)。しかし同時に、不寛容かつぶっきらぼうで荒々しいところがある彼女の性格にもかなり気を遣ったようで、それを戒める書簡がかなり多く残っている(42)。二

人の間では「純潔（ブラフマチャリヤ）」についてもしばしば話題に上り、ガンディーの信念としては「結婚してもブラフマチャリヤを守る」ことが出来るという柔軟なものであったが、[43] カンタクは生涯結婚しないと決心していた。

ガンディーの逮捕とその後の英印円卓会議で停止されていた市民的不服従運動が一九三二年一月に再開されると、彼は再び逮捕され、会議派運営員会（ＣＷＣ）も非合法化された。この運動は一九三〇年のときほどの高まりは見せなかったが、カンタクも個人的にこれに参加し、一九三三年後半に逮捕された。獄中の彼女にガンディーは何通かの書簡を送っているが、一一月八日から始めた不可触民カースト（このころから彼は「ハリジャン（神の子）」という言葉で呼ぶようになった）の地位向上を求める「ハリジャン行脚」の途中で彼女に宛てた書簡では、「君が（逮捕・投獄によって）何かを得たのか、失ったのかは、君が釈放されたあとで判断出来るだろう。（しかし）この経験は疑いもなくかけがえのないものだ」と励ましている。[44] このあと彼女は一旦釈放されたが、翌年一月に他の活動家たちとともに再び自ら刑務所に戻る決心をしたときには、「君にとって唯一の妥当な道」と評価し、「釈放されたら真っ直ぐに私のところに来なさい」と書き送った。[45]

ガンディーはこのころサーバルマティのアーシュラムをハリジャン活動の拠点とするため、一九三二年九月に獄中から指令して設立した全インド反不可触民差別連盟（すぐにハリジャン奉仕者協会と改称）に譲り、資本家Ｊ・バジャージの支援でボンベイ州中央のバローダ（ワドーダラー、現在グジャラート州内）に新たなアーシュラムを建設した。一方カンタクはこれを機に独立した自らの活動拠点をもつことを考え始めており、ガンディーにその意を伝えている。ガンディーは彼女が彼のア

ーシュラムを出るという報を「悲痛な書簡」として受け取るが、結局これを了承し、

…君を去らせるのは極めて難しい。私は君に高い希望をもってきた。しかし、彼あるいは彼女のためにならないのに、もし私が誰かにここに留まるよう求めるならば、それは私の方のわがままであろう。…私は疑いもなく君はこのアーシュラムを去るべきだと思う。(46)

と彼女の背を押している。同じころ、一九三〇年のサティヤーグラハ運動で逮捕・投獄されていたマハーラーシュトラの代表的会議派指導者のデーオ（Shankarrao Deo, 1895-1984）が一九三四年に釈放され、会議派州委員会の議長に選出された。彼には以前から政治組織としての会議派とは独立して、社会活動（ガンディーのいう「建設的綱領」）を進める組織の結成を考えており、出獄後に同志であるアーチャーリヤ・バーグワト（Acharya Sakharam Jagannath Bhagvat, 1903-？）とともに計画を進めていた。こうして目的を同じくする三人によって、一九三四年八月五日にプネー市から三〇キロ離れたサースワドという村に新たなアーシュラムが設立された。そこでは村の子供や女性が多く集まり、朝夕のお祈りと教育やチャルカーによる糸紡ぎなどガンディーの思想の実践を通じて、農村向上を目指すことが主たる作業とされた。作業は困難も伴ったようであるが、アーシュラム設立の約一か月後にガンディーはカンタクに書簡を送って彼女たちの仕事の進捗状況を評価するとともに、そうした仕事と会議派や市民的不服従とは関連づけることはせず、あくまで自分たちの計画への賛否ということだけを村民たちと話し合うように助言している。(47)この時期、興味深いことにカンタクはガンディーにヒトラー及びレーニンに関する本を紹介し、彼はそれらを読んだと彼女に書き送っている。(48)ただそこには彼の読後感などは記されていない。なお、デーオとの協力関係はこのあとも長く続く。

しかしカンタクの関心が会議派の運動から離れたわけではなく、例えば会議派のファイズプール大会（一九三六年一二月、マハーラーシュトラ）、ラームガル大会（一九四〇年三月、ビハール）では、会議派マハーラーシュトラ支部の女子ボランティア隊を組織し大いに評価されている。(49) 一九四〇年一〇月に彼女は、マハーラーシュトラにおける会議派の運動を記録した『サティヤーグラハを戦うマハーラーシュトラ』という大著を出版し、それをガンディーに送っている。(50)「最も敬愛するマハートマーの足下に」という献辞を添えたこの本を手にしたガンディーの礼状は短いが、「本はすぐ側に置いてある。読み終わりたいと思っている」と記している。(51) この年にはガンディーの掛け声で、戦争に反対して各人がそれぞれのやり方で抗議行動を起こす「個人的サティヤーグラハ」が各地で展開された。女性も参加してよいのかと問う彼女の書簡に対する彼の返事は、「もちろん女性にも持ち場はある。しかしこの闘いが私とこの国をどこに導くのかは自分にも分からない。すべては神の手の内にある」(52)というものであったが、カンタクはデーオに諮った上これに参加する決心をした。このため彼女は同年一一月と翌年の二度にわたってそれぞれ三か月間投獄され、一九四一年一二月にようやく釈放された。

そのあと一九四二年八月八日に会議派が「クウィット・インディア」決議を採択した直後、主だった指導者・活動家が大量逮捕されるが、このときカンタクも逮捕されてヤルヴァダー（イェラヴダー）刑務所に入った。一九四五年六月一五日に他の多くの活動家とともに釈放されるが、その後の四〇年にわたる彼女の活動は、前年の二月二二日にアーガー・ハーン宮殿の獄中で病死したガンディーの妻カストゥルバーイーを記念して設立された「カストゥルバーイー・ガンディー全国記念トラスト」と、デーオらとともに長い時間と労力をかけて育てたサースワドのアーシュラムでの社会・教育運動に捧げられた。

3 アムリト・カウル

ガンディーの周りで活動した多くの女性の中で、ここに取り上げるアムリト・カウル（Rajkumari Amrit Kaul, 1889–1964）はある意味で「変わり種」と言ってよかろう。彼女は一八八九年二月八日にラクナウー（当時連合州、現在ウッタル・プラデーシュ州）で、パンジャーブ地方にあった八〇〇平方キロ程度の小さな藩王国カプルタータラーの王族につながる家庭に生まれた。文字通り「ラージクマーリー（お姫様）」である。父ハルナーム・シンの家は元々シク教の信徒であったが、彼がキリスト教に改宗したため、彼女も生涯キリスト教徒であった。教育熱心だった両親の勧めで彼女はイギリスに留学し、ドーセット州のシャーボーン女子学校、続いてオックスフォード大学で学んで帰国した。理由は分からないが、新たにキリスト教的な名前には変えず、シクの女性が名乗るカウルで通した。父のハルナームがG・K・ゴーカレーら多くの会議派指導者と交流があったため、彼女も会議派の運動に関心をもち、一九一五年には初めて出席した会議派ボンベイ大会の会場で南アフリカから帰国したばかりのガンディーに紹介されたという。一九一九年四月にパンジャーブのアムリットサルで起こったイギリスによる無差別虐殺（ジャリアンワーラー虐殺事件）は、彼女をいっそう民族運動へと引き寄せた。[53] その後女性運動にも積極的に関わり、一九二七年一月に結成された全インド女性会議（AIWC）の創立者の一人となった。一九三二～三三年にはその議長を務めている。一九三〇年三月の「塩の行進」でもガンディーとともに三八〇キロを歩き通し、最初の投獄を経験した。

デリーの全インド・ラジオ(AIR)のスタジオを訪れたガンディー。1947年11月12日。右に衛生大臣アムリト・カウル、左がマヌー、右端がアーバー。

サーバルマティを離れてワルダーの新しいアーシュラムに移ったガンディーをカウルが最初に訪れるのは、一九三四年の初めであった。ガンディーの『選集』に収められている彼女宛の最初の書簡は一九三四年三月二二日付で、それは彼女がアーシュラムに送った三八ルピーの小切手に対する短い礼状であるが、おそらくこの直後にアーシュラム入りを申し出て承認されたものと思われる。[54] そのころ彼女は会議派の大会席上で、次のような内容のことを述べたことがある。すなわち、国内のあらゆる男女は毎週一定時間、自分に最も近い村の農民に教えることを志願すべきである。男は先ず何よりも、道路の清潔さと読み書きを村人に教え、女は縫い方、織り方、料理、子供の世話、家庭の管理を教えることが出来る。また、インドにおける女性の教育についても備えねばならない。男の子の学校は「惨めなほど不十分」であり、女の子のための学校はほとんど存在しない。幼児婚、一夫多妻や幼児妻の出産などは無くさねばならない、と。[55] 実際これらがガンディーのもとで彼女が従事した活動の内容であった。なお彼女は、アーシュラムではガンディーの何人もいる中の「第一英語秘書」という役割も果たした。ガンディー自身毎日多くの書簡を筆記ないし口述し、併せて『ハリジャン』紙への記事や社説、しばしば声明文も書かねばならず、その上国内外からのこれまた膨大な書簡が届くため、これらを清書あるいは整理したりする秘書の仕事は多忙を極めた。[56] こうして秘書としての業務に携わるかたわら、ガンディーが創設した全インド農村産業協会（ＡＩＶＩＡ）、全インド紡糸者協会（ＡＩＳＡ）やヒンドゥスターニー（語）教育協会（ＨＴＳ）の理事なども務めている。一九四二年八月の大量逮捕に始まる「クウィット・インディア」運動に参加して二度目の投獄刑を受けた。独立後は最初のネルー内閣で健康相を務め、一九五七年から死去する一九六四年までラージャ・サバー（上院）の議員であった。

ガンディーがカウルに送った書簡の数は、彼の『選集』に収められたものだけでも実に六三四通に上る。おそらく彼が書簡を送った個人としては最も多いものではないかと思われる。それらの内容については以下にふれるが、同時に興味深いのは書簡で用いられている宛名と自署名の多様さである。一九三四年から始まる書簡から当初二年ほどは「親愛なる姉妹」「親愛なるアムリト」、自分の名は「M・K・ガンディー」「バープー（父）」であるが、一九三六年二月一三日付の書簡に突然不思議な名前が登場する。書簡の内容は共通の知人の消息に関するものであるが、「君の反抗的な書簡がすべて私に放出された」の書き出しで、宛名は「親愛なる反抗者（My Dear Rebel）」、差出人名は「バープーあるいは暴君、君が好むどれでもさんより、車一杯の愛を（Cartloads of Love from Bapu or Tyrant, Whichever You Like）」とある。[57] これらの言葉は、三週間前の「暴君が壮健であるとき、反抗者は奴隷になる。私は壮健である。君はどうかな？」という書簡に初めて現れる。[58] おそらくカウルがガンディーの言行に関して何か批判的なことを書いたのに対する返事かと思われるが、彼女の書簡は見ることが出来ないので推測の域を出ない。(59) このほか彼が書簡で用いている名前には奇妙なものがいくつもある。「親愛なるお馬鹿さん（My Dear Idiot）」「親愛なる奴隷志望者（My Dear Slave-To-Be）」「親愛なる俗語の先生（My Dear Teacher fo Slang）」「親愛なる反抗者、お馬鹿さん、その他何でもさん（My Dear Rebel, Idiot and What Not）」「親愛なる不可蝕民（My Dear Untouchable）」等々。「親愛なる詐欺師（My Dear Deceiver）」という呼びかけをしたときは、わざわざその直前の書簡で「君にもう一つ肩書をあげようか?当ててごらん」と予告までしている。(60) 送り主の自分のことも「戦士、別名暴君、別名泥棒、次は」などとふざけて記したりしている。(61) ガンディーは時には厳しいが、総じて親しみと愛情を込めたカウルとの書簡のやり取りを楽しんでいた様が、これらのことからも見て取れるだろう。

一九三四年からガンディーの秘書の一人として務めたあと、カウルは夏の首都といわれたシムラー（現在インドのヒマーチャル・プラデーシュ内）近郊の村に移って農村改善の仕事に乗り出した。彼女の目的についてガンディーはすでに一九三四年の段階で「村の若返り」であると理解しており、(62) 一九三六年に彼女が村に入ったときには、「君が村に入ることができたことはうれしい。周囲の村々が自発的に農村改革に取りかかっているのは確かによいニュースだ」と書き送った。(63) 彼女は使い古しの紙で新たに封筒やノートを作って、それを彼女自身が始めた店「スワデーシー（国産品）・マート」やAIVIAで販売し、その売り上げを農民の収入の足しにと配った。ブローチの製造にも携わり、またガンディーの教えに従って農民の間にカーディー（手織綿布）の生産運動も進めた。(64) 興味深いのは彼女が村の「放送局」——当局の許可を受けた上でのことであるが、その規模がどの程度のものかは不明——を開設し、村の女性に向けて語りかけていることである。その原稿は前もってガンディーに送られ、彼がそれに目を通していたことが書簡の文面から知られる。[65] カウルに対するガンディーの期待と信頼感は強く、極めて多岐にわたる面で彼女の力を発揮させた。一九三九年九月にグジャラート・カーティヤーワール半島の藩王国モールヴィーで深刻な飢饉が発生したときも、彼はカウルを現地に派遣した。[66] 彼がカウルの派遣と関連づけて『ハリジャン』紙に書いた「モールヴィーにおける飢饉救済活動」によれば、被災者——その多くがハリジャンの農民であった——救済のためにカーディーの生産とその分配、大規模な雇用の創出、共同貯水池の水の使用を禁じられていたハリジャンへの貯水池の開放、無利子の貸付金、女性使用人への一か月の出産休暇獲得などが活動の内容であった。その場合、毎年恒例のガンディー生誕記念祭（一〇月二日）に際しての寄付金が活用された。[67] こうした活動のうち、カウルが具体的にどの部分に関わったのかは必ずしも明確ではないが、彼女宛の書簡には「君が使命を達成するまでに至ったのを知って非常にうれしい」[68] と書いているから、彼にとって評価に値する仕事であったのだろう。

そうしたことの一方で、病弱なカウルの健康に対する細やかな気遣いがガンディーの書簡には溢れている。自分自身は肉食はしない主義であるが、彼女にはもし周囲のものが必要だと考えるなら肉を試してみろと言い、「君の菜食主義は今やそれを放棄するより確実な根拠がある」[69] と助言している。野菜についても細かく、ギー（バターオイル）か油で調理した野菜は食べるな、生のニンニクと生のタマネギ、トマトと何かの緑の葉を食べよ。[70] ミルクの量を増やせといった調子である。[71] そのほか、軟らかい土の上を裸足で歩くこと、[72] 心地よい睡眠をよくとること、風邪を引かないように暖かい衣服を身につけることなどまるで子供を諭すような印象も受ける。次のような書簡もある。

…マハーデーウ（ガンディーの秘書）が、いつだか君がふらついたようだったと言う。何故かね？ ふらついた時にまで何故働こうと言い張るのかね？ あるいは君の死後（ずっと後のことでありますよう）、君が余りに良心的であるためふらついていても働き続けたのだと言われたいのかね？(73)

私に言わせれば、そんなのを馬鹿と呼ぶ。(74)からかい半分の中にも彼なりに愛情の表現が込められているのであろう。

4 アムトゥッサラーム

一九三二年三月三〇日、この年の一月四日にともに逮捕され、西部インドのプネー市近郊にあるヤルヴァダー中央刑務所に収監されていたガンディーとヴァッラブバーイー・J・パテールの間で次のような会話が交わされた。一九三〇年代になってしばしば対立が起こっているヒンドゥーとムスリム両コミュニティの関係について話し合われる中で、ある活動家のことが話題に上っている。

パテール：危機的な状況が生まれているときに、この人物［特定不可—引用者］もまた狭隘でコミュナルな姿勢をとり、別々の資金を要求してムスリムの感情に訴えている。

ガンディー：そうした理由で彼をとがめることは出来ない。というのも、どういう恩恵をわれわれはムスリムに提供しているだろうか！ 彼らがあたかも不可蝕民であるかのように扱っているではないか。だから、もしアムトゥッサラームをデーオラリ［両教徒の対立が見られたパンジャーブ州のある村—引用者］に送らねばならないとして、われわれは彼女をそこに留まるよう提案出来るだろうか。実際はヒンドゥーが率先すべきである。もしヒンドゥーが事の核心を理解し、作り上げられた［ヒンドゥー・ムスリム間の─引用者］区別という壁が除去されれば、困難は大いになくすことが出来るはずだ。(75)

ここに名前が挙がっているアムトゥッサラーム（Amutus Salaam、?-1985）はインド人の間でも余り知られていない人物である。一般の人物辞典にはその名はないが、例えば「ウィキペディア」などには、「社会奉仕者、ガンディーの協働者で、インド・パキスタン分離独立期の宗教紛争に際し、これと闘う上で積極的役割を果たした」とある。このサラームに対してガンディーは、九八巻からなる『選集』を見る限り三五〇通に及ぶ多数の書簡（一〇通ほどの電報を含む）を送っている。一九三〇年代初頭からガンディー暗殺直前の時期にまで及び、多くは数行しかない短いものであるが、ガンディーが彼女の活動とその人間性に強い関心を示したことがそれらの文面から伝わってくる。

サラームは特にムスリムの女性の場合しばしばそうであるように正確な生年は分からず、おそらく二〇世紀初頭と思われる時期に、パンジャーブのパティアーラー県（現在インド内）の県都パティアーラー北東約四〇キロにあるラージプル村で生まれた。家族は保守的であるが、代々地位の高いパターン（パシュトゥーン）・ムスリムのザミーンダール（地主）の家系であった。一九三〇〜四〇年代のその地域の宗教別人口分布図によると、ヒンドゥーとシク人口に囲まれて二〇％のムスリムが居住していたことが知れる。(76)そうした環境にあって彼女の家族もヒンドゥーあるいはシクとムスリムの軋轢の中に立たされ、のちにふれるように分離独立後に彼女の兄弟たちは西パキスタン（現在のパキスタン）に移住して行くことになる。彼女自身は敬虔なムスリムで、ラマダーンの日には必ず断食をした。

彼女とガンディーの交流がいつから始まるのかは明らかではない。ただガンディーの『選集』における彼女への最初の書簡は一九三一年五月三一日で、そこでは食事に関する助言があり、最後に「君がアーシュラム［グジャラートのサーバルマティにある最初のアーシュラム―引用者］で心的、倫理的、そして身体的に成長してくれることを私は望んでいる(77)」と書いていることから、この日付より少し前

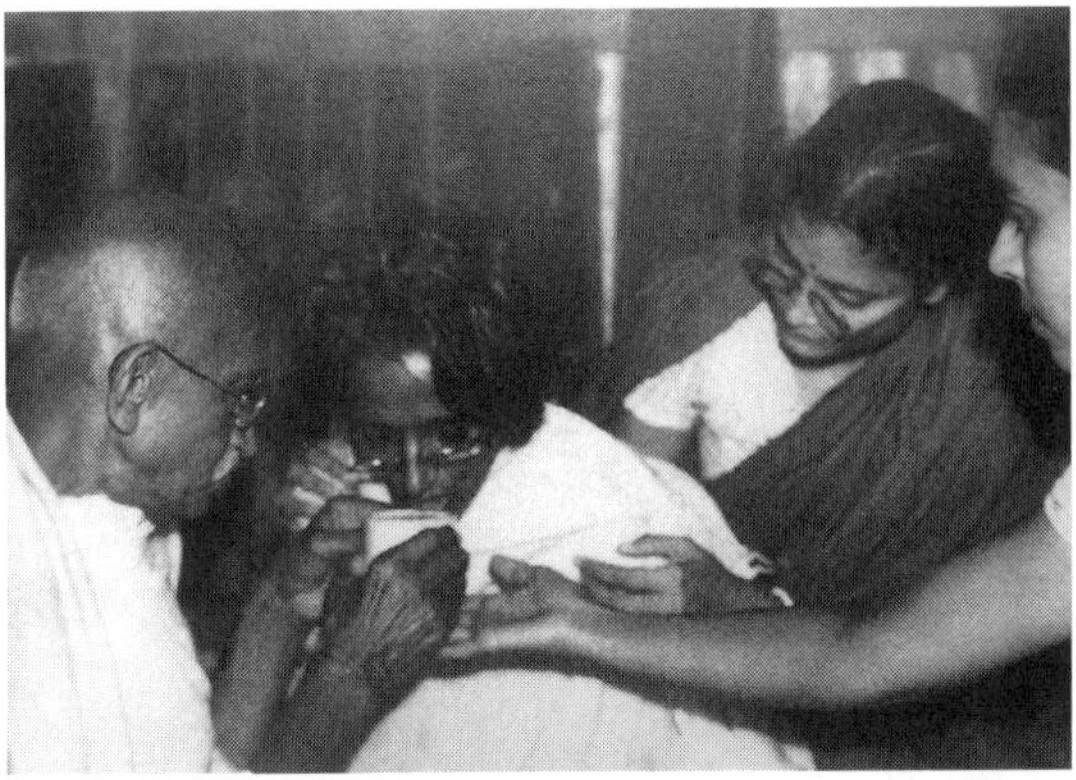
断食を終えたアムトゥッサラームにオレンジジュースを手渡すガンディー。1947年1月20日。

にサラームがガンディーに悩み事とアーシュラムへの参加の意志を伝えたのではないかと思える。またこの書簡でガンディーはサーバルマティ・アーシュラムの責任者であるナーランダースの名を挙げているから、彼女は先ず彼に連絡をとったのかも知れない。これ以降、ガンディーはサラームに求められるまま彼女をナーランダースに紹介し、彼はサラームとガンディー両者間の重要な結節点となる。

ガンディーは一九三二年一月に五度目となる投獄の判決を受け翌年五月初めまで獄中にあるが、その間の一九三二年八月にサラームはサーバルマティ・アーシュラムに入った。その年の内にナーランダースの指導でサーバルマティの近くのワダジというハリジャン（不可触民カースト）の多い村に入り、ハリジャンの子供たちへの奉仕活動を開始している。ガンディーはこれを高く評価し、村人が少ない

衣服で寒さに震えているのに自分は暖かいものにくるまっているのを罪深く感じると言ってきたのに対して、不可欠な衣服を彼らに供給するよう努めねばならないが、われわれが暖かくしてハリジャンに奉仕することは重要なのだから、「神の許すあらゆる仕事」に満足しなさいと諭している。(78)

サラームは病気がちで、その所為でもあるのかかなり神経過敏で疑り深い性格であったようである。彼女は痔を患ってガンディーから何度も手術を勧められているし、(79)一九三三年二月には入院している。彼女宛の書簡には、養生して早く病気を治した上でアーシュラムに戻ってきなさいといった内容のものが相当数見られ、どんな治療を受けているのかなども熱心に尋ねている。(80)彼女はアーシュラムの中で肺結核が蔓延し自分も罹っていると思い込んでいたが、これは単なる杞憂であった。サラームにはまた鬱症の気があり、鼻の具合も悪かったので、ガンディーは知人から教えられたとしてその治療法を詳しく書き送っている。

…きれいな冷たい水を左の鼻孔から入れて口から出す。ボウルに水を入れて、右の鼻孔を閉じて左の鼻孔を水につけ、首を曲げて口を閉じる。すると自動的に水が鼻に入る。水が胃に入っても害はないが、その場合は出来るだけそれをはき出す。夜は左を下にして寝て、口を閉じたまま右の鼻孔で呼吸する(81)

といった具合である。一方、ガンディーはサラームの頑固さにはかなり手を焼いたようで、それを諫める書簡も多い。先にふれた病気についても、彼女は早く入院して手術しろという助言を仲々聞き入れなかった。また彼女が村で活動するようになってからは、ガンディーの傍にあって仕事をしたいと繰り返し申し入れて彼を困らせた。一九三四年五月の書簡で自分のような教育のない者はガンディー

には用はないのかと疑問をぶつけてきたのに対して、その「子供っぽさ」を指摘し、
金持ちと教育ある人だけが私とともに住むことが出来ると君が言うのは正しい。私は金持ちを貧しくし、教育ある人の手に箒を持たさねばならない。どうして私が君を傍らに置かねばならないのか？　君をよりいっそう貧しくしたり、君の手に箒を持たせるために？[82]
という彼らしい論法で諌めている。さらに別の書簡には、「君の頑固さを見ると…私のような人間はただ君のすることを仕方なく眺めているだけだ[83]」「頑固というのは〝説得されるのを拒否すること〟を意味する。母によっても、兄弟によっても、さらに私のような哀れな養父によってさえ…[84]」、また「君には神あるいは私への信頼はない。君の心は疑念で一杯で、それが君を飲み尽くしている[85]」のような暗い文面が目につく。ただ、ガンディーの書簡には、彼女に対して「君の愚かさ」「愚かで馬鹿げた」「徹底した馬鹿」「実際に馬鹿」という一見強い調子の表現があちこちに見られるが、これは罵倒というよりも親の子に対するような優しい叱責と考えるべきであろう。
また一方でガンディーは彼女に「ハリジャン・アーシュラムは君が君自身の身を捧げるべきすべてだ」と励まし続け[86]、一九三〇年代半ば以降は彼女もデリー近郊の村に居を移し、そのハリジャン・コロニーで台所の手伝いなどに身を打ち込んだ。そのころの書簡でガンディーは、コロニー内でサラームが仕事の同僚と口論するという話を気にしながらも、「君は君の仕事だけを気にすればいい。ハリジャンの子供たちのために料理したり、食べさせたり、すべてを清潔に保つということの他にどんなよい仕事があるというのだろう[87]」と後押ししている。
この節の初めにふれた一九三二年のガンディーとパテールの会話からも明らかなように、そのころ

からヒンドゥー・ムスリム問題に関してサラームが一定の活動をしていたことがわかるが、一九四〇年代に入るとこの分野での彼女の動きは活発化する。当時のインド政治の状況を見ると、一九三五年インド統治法制定に続く一九三七年の州議会選挙の結果、国民会議派がムスリム連盟を抑えて勝利し、英領インド一一州中七州で会議派単独政権、二州で会議派系連立政権が、ムスリム多数州であるパンジャーブとベンガルの二州でムスリムを首相とする政権が成立した。その後「大衆路線」を採ったムスリム連盟が勢力を伸ばし、一九四〇年三月にはムスリム国家建設を謳う「パキスタン」決議を採択した。こうしてヒンドゥー・ムスリム関係はインドの最大の政治問題へと発展した。このような状況の中、一九四〇年一〇‐一一月にガンディーはサラームをシンド州（現在パキスタン内）のカラーチーに派遣した。彼女への書簡で、「君はそこ［カラーチー――引用者］へ、私の名で、私の仕事のために、私の娘の資格で赴いたのだ」と書き送った。[88] シンドでの彼女の活動は同地の新聞（*Sind Observer* など）で広く伝えられたようで、彼女が行っている「ヒンドゥー・ムスリム融合」のアピールは大変よいと評価している。サラームはガンディーに断食の実行を示唆したようであるが、「急がないこと。可能な限り君の使命を持続するように。他に何もすることがなくなったら、確実に断食をすることになろう」[89]とそれを止めた。そのころのシンドは、前年一〇月にサッカル地方のある土地をめぐってムスリムが非暴力抵抗運動を起こしたのを契機に暴動が起こり、それを鎮圧するため一一月にシンド州政府（会議派）が発砲を命ずるなど極めて緊張した状況にあった。ガンディーが彼女のシンドでの活動に関して出した指令は、出来るだけムスリム連盟の活動家と会って状況の緩和に努めること、出来る限り流血を回避すること、当時シンドに滞在していた会議派議長のA・K・アーザードに相談して行動することであった。[90] 実際にサラームは一九四一年一月にはムスリム連盟議長のM・A・ジンナーとも会見しているようだが、[91] 会見の内容などについては明らかではない。このあと一九四二年五月から、同年八月のガンディー逮捕をはさんで一九四四年五月の彼の釈放までは、ガンディー、サラーム間の書簡のやり取りはなかったようである。

一九四四年二月二二日、ガンディーの妻カストゥルバーイーが、夫や会議派の同僚たちとともに幽閉されていたプネー市郊外のアーガー・ハーン宮殿内の刑務所で病死した。この報を受けたあとサラームは、東ベンガル（現バングラデシュ）のボルカムタというところにカストゥルバーイー奉仕舎（Kastruba Seva Mandir）を設立して、主として女性救済の仕事に着手した。五月六日に病状悪化のため釈放されたガンディーは五月一三日付でサラームに電報を送り、彼女がその活動を続行するようにと祝福した。[92] しかし病弱の彼女のことを心配し「無理すると死んでしまうよ」などと書き送っている。[93] 七月にはガンディーの招きがあってセーワーグラーム・アーシュラムに入って活動し始めた（この間ガンディーは数か月アーシュラムには不在）。以前もそうであったが、サラームの活動に関して、必要な費用はすべてガンディーが（カストゥルバーの名で集めた基金などから）負担するという保障も与えているが、[94] このころの多くの書簡は彼女の健康と食べ物に関わる助言である。一九四六年五月にはサラームの兄が病死し、彼女は残されたその家族の面倒をも見るようになった。

彼女の身体の様子を見て「もしベンガルのボルカムタへ行きたいなら行きなさい」という連絡がガンディーから入ったのは一九四六年一〇月であった。この時期ベンガルにおけるヒンドゥー・ムスリム関係は悪化の一途を辿っており、ガンディーも数人の活動家とともに東ベンガルに向かうこととなり、サラームもその一員として加わって、一一月六日にカルカッタを出発してノアカリ県に入った。そこでは多くのヒンドゥーの家が焼かれ、女性が強制的にイスラームに改宗させられた。ガンディーらは同地のムスリム指導者らと会って、彼女らを再びヒンドゥーに戻した。サラームはガンディーの助言に従って、彼が拠点とした村から南東約六キロにあるダスガリア村に住み込み、ムスリムたちと話し合い、ヒンドゥーの女性に手を差し伸べる活動を開始した。ここでの作業が如何に困難なものであったかは、この時ガンディーがナーランダースに宛てた書簡から読み取れる。

…今回のこのミッションは、私がこれまでの人生で携わってきた仕事の中で最も錯綜したものである。「夜の濃い闇の中で、私には自分の道が見えない。あなたのこの子供をあなたの保護の下にお連れ下さい。私の生命の道を照らして下さい」。私はこの詩［グジャラートの詩人N・ディヴァーティアの「愛の喜び」という詩―引用者］を完全な真実を以て歌うことが出来る。…私はここで行動か死をとりたい。「行動」とはヒンドゥー・ムスリム間の友好の回復を意味し、さもなければ私はこの試みの中で死なねばならない(95)。

サラームがノアカリの村で活動しているとき、近くのシランディという村で暴動のさなかに何人かのムスリムがヒンドゥーの家からカダグと呼ばれる儀礼用の三本の刀剣を盗み出すという事件が起こった。そのため彼女は一二月二六日に、盗みをしたムスリムに対する抗議とその良心への回帰を求めて断食を開始した。直後に二本が持ち主に戻ったが、残る一本は行方が分からなかったため、彼女は断食を続行し、今度は水をも断った。この時ガンディーは必ずしも断食に同意したわけではないが(96)、断食中も両者の間では何通もの書簡のやり取りがあった。彼はサラームの咳と熱が治まらないのを気にし、彼女が水も断っているのを知ると、断食を止めよとは言わないが「君は悲しみから逃れるために（水まで断って）自殺しようというのか」と呼びかけている。(97) 東ベンガル行脚を続けていたガンディーは一月二〇日に、元々旅程に入っていたシランディに断食中のサラームを見舞い、同時に同地のムスリム住民から「神を証人として、われらはヒンドゥーや他のコミュニティの人々に対するいかなる敵対心も抱かないことを宣言する」という「誓約書」(98) を取り付けた。これによって彼女はようやく二五日間の断食を終了し、ガンディーの手からオレンジジュースを受け取って飲んだ。この時の写真（二四三ページ参照）はいくつかのガンディー伝に掲載されている。

インド総督マウントバッテンが一九四七年六月三日、インド問題の解決策としてインド・パキスタン分離独立案を提起し、会議派や連盟などインド側がこれを了承したことでインドの分割が決まった。最後まで分割に反対したガンディーも、会議派の大勢がそれを受け入れていることを知らされて止むを得ないことと判断するに至った。しかし翌月のサラームへの書簡では、「パキスタンは誕生してしまった。しかしわれわれの義務は変わらない。そこにいる人たちは行動か死かを選ばねばならない」(99) と変わらぬ固い気持ちを伝えている。サラームは八月一五日の分離独立後もノアカリに留まって活動を続けたが、頻りに故郷パンジャーブのパティアーラーに行きたがった。しかしガンディーとしては、彼女の兄弟たちは無事パキスタンに入り、「今のパティアーラーにはムスリムは全く存在せず、多くのムスリムが殺害された」(100)、あるいは「パティアーラーは今や夢に過ぎない」(101) と短い報告を送ることしか出来なかった。サラームは将来の活動について迷い、ガンディーの助言を仰ぐが、「私は完全でも全知でもないだろう？……落ち着いて!! 落ち着いて!! 落ち着いて!!」と答えるだけだった。(102)

分離独立後のこの時期、ガンディーはインド政府とともに大きな危機に直面する。分離に伴って政府はもちろん軍隊や警察も二つに分割されたが、植民地インドから引き継いだ国庫金の分配の問題が残っていた。パキスタンはそのうち七・五億ルピーを受け取ることになっており、うち二億はパキスタン成立時の八月一四日にパキスタン政府に引き渡されたが、一〇月にカシミールをめぐる紛争が戦争に発展したため、直ちに武器・弾薬に変わりかねない残る五・五億ルピーの支払いをインド政府は拒絶した。これに異を唱えたのがガンディーで、一九四八年一月一三日に死に至る断食を開始した。その翌々日インド政府は五・五億ルピーを支払うと発表し、これを知らされたガンディーは一月一八日に断食を停止した。サラームもこの出来事に関心をもってガンディーに断食のことなどを尋ねたようで、それに答えて一週間後に彼女宛に書いた最後の書簡が残っている。ボルカムタでの仕事がサラームなしでも行われるようなら、ニューデリーにいる自分に合流してもよいという内容であるが、彼自身の断食についてふれつつ、「私のすべての断食の中で最もそれは大きなものだった。その結果は神のみぞ知るであろう(103)」と述べている。そしてガンディーはその一週間後の一月三〇日、ムスリムおよびパキスタンに肩入れし過ぎるとして彼を難詰するヒンドゥー至上主義者ナトゥーラーム・ゴードセーの銃弾に倒れた(104)。

サラームは分離独立後は主としてパキスタン側に入ったパンジャーブのバハルワルプルを中心に、紛争中に拐かされたヒンドゥーおよびムスリムの女性の故郷への復帰に尽力した。ビービー(婦人への敬称)・アムトゥスの名で親しまれ、一九八五年九月二九日に息を引き取った。

三　ガンディーとヨーロッパ人女性

5 メアリー・バー

ガンディーとの交換書簡や会話を書物として残しているにもかかわらず、イギリス人女性メアリー・バー（Mary Barr）のことは生没年を含め余りよく分かっていない。彼女は一九二〇年ころ（一九二一年か?）から、南インドの大藩王国ハイダラーバードの農村にあったカトリック系の寄宿学校に勤務し、約一〇年間務めた。彼女自身によれば、寄宿学校での仕事に完全に専念するあまり、インドの政治状況を含め外の世界のことに関してはほとんど意識しなかった。ガンディーの名前はある宣教師の書いた小冊子で知ってはいたが、「いい人間ではあるが、道を誤って…反政府的になったという平均的イギリス人の印象」しかもっていなかったという。

バーがガンディーと初めて出会うことになるのは一九三一年一二月であるが、それは極めて偶然のことであった。この年の九月一二日にガンディーは、インドの政治状況を打開するためにイギリス政府が開催した第二回の日印円卓会議に出席するためロンドンに滞在していたが、会談は結局何らの結果も出せずに終了して、一二月五日にロンドンを離れて帰路についた。ちょうどそのころ一〇年間勤続後の休暇でイギリスに戻っていたバーが、ロンドンでのガンディーの言動や彼とチャーリー・チャップリンとの対話の報道にふれて彼に関心を抱き、彼の書いたものや演説、友人のアンドリュース（Charles Freer Andrews）の本やロマン・ロランの『マハートマー・ガンディー――普遍的魂』（一九二三

ガンディーとの会話や交換書簡に関するメアリー・バーの著書。1949 年 7 月刊。

年初版。一九二四年英訳版）などを読みまくった。そして一二月一二日に、インドに戻るためヴェニスで汽船ピルズナー号に乗船したが、船上でガンディーが二日後の一二月一四日にイタリアのブリンディジ港で同船に乗ることを知って、すでに彼女の中に目覚めていたガンディーへの関心が一挙に高まった。前述の著書で彼女は、乗船する数週間前から、インドに戻ったらガンディーのアーシュラムで彼の思想を研究し、短期間で満足出来ない場合は、寄宿学校の仕事を辞職してでもこの人物がインドにとって何を意味するのかを考究したいと決心したと記している。[107] ガンディーの一行には四男のデーウダース・ガンディー、二人の秘書マハーデーウ・デサーイーとピャーレーラール・ナーヤルのほか、のちにふれるイギリス人女性ミーラーベーン（マドレーヌ・スレイド）らがおり、船内で知り合ったバーはインドにおいても彼らとの深い親交を続けた。

　彼らが一二月二八日にボンベイ港に到着する少し前に、インドではジャワーハルラール・ネルーや北西辺境州のアブドゥル・ガッファル・ハーンら主だった会議派指導者が逮捕されたとの報道を耳にするが、これら著名なインド人政治家の名前を彼女は全く知らなかった。そしてこの報を聞いてガンディーが、「これは、円卓会議からの私の帰還に対するインド総督からの素晴らしいクリスマス・プレゼントだ」と述べた言葉に、彼の強い皮肉を感じとっている。[108] ガンディーはボンベイ上陸後のある集会での演説を理由に一九三二年一月四日に逮捕された。彼としてはインドにおける五度目の逮捕であり、この時は一年四か月間ヤルヴァダー刑務所に収監された。バーは寄宿学校に戻り仕事を再開するが、ガンディーへの思いは深く、決心して獄中の彼に書簡を出した。バーの著書はその書簡の日付、内容にふれていないが、当然検閲されるので余り現実の問題などにはふれられていなかったと思われる。二月六日付でガンディーから最初の返事が届くが、インドの古典『バガヴァッド・ギーター』第二章の解釈について詳しくふれているので、彼女は『ギーター』を読んで理解出来ないことについて尋ねていたのであろう。第二章の中の「利己心を棄てた、結果にとらわれない行為」という主題はガンディーが特に重視していたものである。書簡で彼は、バーがサーバルマティのアーシュラムを訪れることを認めている。[109]

この後も両者の交信（時に葉書）が続くが、三月のある日、バーが所属する伝道組織（Mission）の主席神父からの至急便が届いた。それによれば、神父がハイダラーバード藩王国の駐在官（Resident、藩王国には必ず監視役のイギリス人駐在官が配置された）に喚ばれ、バーがガンディーやその他の政治囚と文通しており、また駐在官は毎日のようにバーをイギリスに追放するようにとの指令をシムラー（冬期中のインド総督執務の都市）から受け取っていることを知らされた。従って直ちに、これ以降再びガンディーらと交信しないと文書で約束せよと、神父はバーに命じている。翌日神父に伴われて駐在官を訪れたバーは、「ミッションに迷惑はかけたくないだろう」という脅しを含む言葉を投げかけられたが、「自分の自由意志で」三か月間は書かないという一時的妥協だけで済ませた。六月になって中断されていた文通を再開したところ何も言われなかったが、それ以降彼女の書簡はすべて検閲された。[110]

このころガンディーは不可触民カーストの権利の問題に重点を置く運動に従事している。円卓会議決裂を受けてイギリス首相マクドナルドは一九三二年八月一六日に、インドの州議会の議席配分を宗教コミュニティ別に行ういわゆる「コミュナル裁定」を発表したが、それは不可触民カーストを一般ヒンドゥーから切り離して議席を与えるという内容を含んでいた。不可触民カーストをあくまでヒンドゥーの一部として差別から解放することを目指すガンディーにとってこれは認められないことで、この裁定に反対して九月二〇日から「死に至る断食」を開始した。彼の死を恐れたイギリス政府と不可触民カーストの指導者B・R・アンベードカルらは譲歩して、その結果九月二五日に一般選挙による「留保議席」を不可触民カーストに与えるとする「プネー（プーナ）協定」が成立して落着した。メアリ・バーは断食のことを知らずにガンディーに書簡を出すが、彼女の提起したいくつかの話題に答える九月一八日付の葉書が届き、このような差し迫った時期に彼女の身を思う返事を書いてくれたことへの感動を著書で記している(11)。

バーはハイダラーバード藩王国駐在官に召喚されたすぐあとに、ミッションを辞めてどこかの村でガンディーの運動に加わる決心をし、もう一人の同僚が休暇から戻ったこの年の一一月にガンディーに次のように書き送った。

…新年（一九三三年）のはじめには、客としてでなく通常の所員として、しばらくの間サーバルマティに行きたいと思っている。…最近新聞に出た反不可触民差別の運動に関するあなたの声明を読んで、おそらくあなたは私がしばらく一緒に活動出来る人と会わせて下さるだろうと感じている。…もしサーバルマティで一定の試験期間を過ごすまで［所員となるのを―引用者］待った方がいいと思われるようでしたら、私はそれでも満足だ。[112]

これに対してガンディーはバーの決心を歓迎するが、その前にベンガルのシャーンティニケータンにあるタゴールのアーシュラムを訪れることを勧め、反不可触民差別の活動の難しさを説いている。

…不可触民差別をめぐる活動は長期的な仕事であり、それに対する備えが出来、明確な内なる声を聞いたときには、君はそれに適応するだろう。…君がそれに取り組むなら、いかなる心的保留もなく君の心全体で行うよう望んでいる。[113]

サーバルマティに赴く前の一九三三年の一月に、バーはガンディーに面会するためにヤルヴァダー刑務所に出かけた。何人かの面会者のあとに呼び出されるとガンディーは「アーシュラムで必要な時間を過ごしたら、村（での仕事）に没頭するよう」勧めた。[114] この刑務所訪問後バーが最初に出した書簡への返事で、ガンディーが「君は客ではない。［ガンディーのアーシュラムという―引用者］常に拡大し続ける家族の一員である。…この奇妙な家族の中では各人が自らその位置を選べる」と書くと、[115] すぐに「娘であることを選びたい」[116]と返事した。三月以降、ガンディーのバーへの書簡はそれまでの「親愛なるメアリーへ（My Dear Mary）」ではなく「チラン（Chiranjivi［命永く］の略で娘への呼びかけ）・メアリーへ」で書き出される。

一月末から二月はじめにサーバルマティのアーシュラムに移ったバーは、そこでの「発狂」するような物事の迅速さ、清潔さ、質素だが栄養ある食事、そして「いわゆる汚い仕事」を含め不可触民差別やカースト区別が一切ない状況に強い感銘を受けた。[117] ガンディーも獄中から彼女に気を遣い、バーが喘息を患っていることを知って、……喘息の人は体力以上のことをしてはいけない。裸足で歩いたりせず、頭を日光にさらさないように。井戸で水を汲み上げたりしないように。出来るだけ果物を摂るように(118)

などと細心の助言をしている。バーはアーシュラム滞在中にヒンディー語の学習と綿糸の手紡ぎを開始した。彼女は主たる関心をガンディーの建設的綱領におきながらアーシュラムに出入りする会議派活動家にも興味を抱いたが、周囲の人々は彼女を出来るだけ「危険な道」に近づけないよう心を配っていたようである(119)。

ガンディーは一九三三年五月八日に釈放されたあと、八月一日に再逮捕されて結局同月二三日にようやく釈放されているが、このころバーはガンディーのもう一つの重要なアーシュラムのある中央インドのワルダーにしばらく滞在した。ガンディーと約束したように農村で活動するためで、場所を探すのに苦労した末、九月にはワルダーからも近い大都市ナーグプールの北西部ベトゥル県(現在はマディヤ・プラデーシュ州内)のケーディーという小さな村に住み着くことになった。その直後に四〇度の熱で寝込んでチフスかマラリヤの恐れがあると見られたときに、ガンディーは彼女のために三人の医者を連れて見舞い、かつ常々西洋医学に頼らず「自然療法」を主張しているにもかかわらず、次のような短い助言のノートを送っている。

今日君は正常になって嬉しい。君は正統な医学治療を受けてよくなった方がいいと思う。注射は今や時代の命令だ。君は注射を打ってもらった方がいいだろう。そして彼ら(医者)がいいという食べ物は何でも食べなさい(120)。

熱が下がったときも、「熱から解放されてよかった。不都合でなければ午後四時に来なさい。君の車の中で会おう。部屋まで上ってこなくてもいいから」[121]と書き送った。その通りバーはワルダーを訪れて、ミッションからハイダラーバードでの仕事に戻るように言われていることについての悩みを訴え、ハリジャン（「神の子」の意。このころからガンディーは不可触民カーストをこう呼んでいた）の間での活動について彼の話を聞いた。

ガンディーは一九三三年一一月八日から七か月間、不可触民差別の弊害を説き基金を募る「ハリジャン・ツアー」で中部インドから南インドの村々を回った。その途中にガンディーが寄る予定になっていた一九三四年三月一日に合わせて、バーはハイダラーバードを訪れ彼と短い会話を交わした。その中で彼女はハリジャン向上運動に関する実践上の助言を求めると、「自分のいる台座から降りて、局外者としてでなく彼らの一人として、彼らの重荷と恥辱を共有しながらともに生活すること」という答えが返ってきた。それは単に演壇上の話であり、例えば衛生の点など実際にどう彼らを手伝うかを教えてほしいと食い下がるとバーに対して、ガンディーとしてはかなり激しい調子で、「ハリジャンとともに暮らすことによって、汚れや卑しめなど不可触民差別の意味するすべてを除去することが出来る」のだと返答した。バーとしては、ハイダラーバードでもキリスト教徒の活動家が同じ目的で努力しており、それをガンディーに分かってもらって何かよい方法を教えてほしかったようで、そのため彼にこの藩王国での状況を見てもらおうと思ったのだが、当時の藩王国にはそれを認める条件はなかった。[122]

この間、バーはケーディー村に近い森林部に住む先住部族民ゴーンドゥの村でも、教育などの活動を行っている。ガンディーとの接触も深くなり、彼の導きで国民会議派のボンベイ大会（一九三四年）、ファイズプール大会（一九三六年）、トリプリ大会（一九三九年）にも出席することが出来た。ガンディーのアーシュラムでは、別の章でふれているアムリト・カウルやミーラーベーンなどガンディーの身近で活動した女性たちとも親しく交流した。一九三九年六月にイギリスにいた母親の死の報を受け取ったとき、ガンディーからの短い便りが届いた。

君は母上の死を悲しんでいないだろうねと言うためひとことだけ。神への生きた愛がこうした状況で試される。(123)

バーはこの時も帰国していない。結局彼女は一九三七年に七か月の休暇で帰国した以外は、一九四〇年に任務で南アフリカに去るまで八年間をインドで過ごした。

南アフリカに移ってからも文通は続いた。その地で活動していたガンディーの次男マニラールとも親しくなった。一九四一年二月に、彼女がガンディーについての本を書いてもよいかと尋ねた返事に曰く。

二月一八日付の君の手紙をちょうど読んだところ。この返書がいつ届くかは天のみぞ知る。君がいろんな経験をしているのが分かる。君も父上も素晴らしく元気でありますよう。

いいとも、私についての本を書いてもよろしい。いくつかの混乱を取り除いてくれるだろうね。(124)

一九四一年四月にバーはインドへの再渡航を決心し、八月にボンベイ港に着いた。到着を知らせる書簡に対するガンディーの返事。

とうとう君はやって来た。今こうやって着いてみると、君は決してインドを離れなかったように思える。私はセーワーグラーム（ワルダー近くのアーシュラム—引用者）で我慢強く君を待っていよう。南アフリカを訪れて大変な肉体上の恩恵を受けたことを願っている。[125]

ケーディー村に戻ったあと、一一月にはセーワーグラームのガンディーに会いに行った。ガンディーについて書いた本（『パープー』）の草稿を見てもらうのが目的であったが、このとき彼から生前のタゴール（一九四一年八月七日死去）が求めていたシャーンティニケータンの女子学生ホステルの管理人の仕事を勧められて、短期間なら務めてみようと決心して赴任した。ガンディーから彼女の仕事ぶりを喜ぶ葉書（一九四二年三月二日付）が届いている。

一九四二年になると、マレイ半島を占領した日本軍によるインドに侵入の危機も感じられるようになるが、ガンディーの指導下で会議派は新たな反英運動を計画していた。バーは六月に友人とセーワーグラームを訪れたが、はじめて今までしたことのない政治問題に関する質問を試みている。彼女の著書にその記録がある。

メアリー（M）：あなたの新たな運動はどのような形をとるのか？

ガンディー（G）：未だはっきりと決まっていないが、手紡ぎなどにとらわれない大衆運動になるだろう。非暴力が一つの不可欠の条件である。

M：国内的な面倒、例えば内戦の危険はないのか？

G：そうした危険も冒さねばならないだろう。

M：日本人が戸口に来ていても？

G：はい、それは必要だと思う。

M：でも、今まで以上にヒンドゥー・ムスリム間の困難が大きくなる可能性はないのか？

G：イギリスが最早インドにいなくなれば、国内の統一はずっと可能になるだろう。統一は日本人を閉め出す上で最も重要なことである。

M：ヒンドゥーとムスリムは戦争が終わるまで統一を保つだろうか？

G：世界戦争が終わるまでは統一はあるだろう。それから短い内戦、しかしその内戦の危険は独立と究極的統一のために経る必要があるかも知れない[126]。

運動の具体的な内容にはふれられていないが、この約二か月後の八月八日に、ガンディーが提起した「クウィット・インディア」運動の開始がＡＩＣＣで決議された。動きを察知した植民地政府は直ちに主だった会議派指導部を逮捕するが、地下に潜った地方の指導者たちによって運動は全国的に広がっていった。バーは任務のため一九四三年に南アフリカに帰り、これ以後ガンディーに会うことはなかった。しかしダーバンで活動する息子のマニラールの仲介で、二人は互いの状況を把握し続けた。南アフリカにおけるバーは、非白人住民への差別を強めるスマッツ政権に反対する勢力、とくに南アフリカ・インド人民族会議（ＳＡＩＮＣ）の非暴力抵抗運動に加わり、一九四六年九月には六か月の重労働の刑を受けている。

6 マドレーヌ・スレイド（ミーラーベーン）

ガンディーの身近でその活動に加わったヨーロッパ人女性で最もよく知られるのは、ミーラーベーン（Mirabehn、本名 Madeleine Slade, 1892-1982）であろう。彼女自身が死去した年の一九八二年に封切られた映画『ガンディー（邦題ガンジー）』（監督リチャード・アッテンボロー）の中で、しばしばガンディーの傍に立っている背の高い外国人女性――ジェラルディン・ジェームスという新人女優が演じた――の姿は、観客にそれなりの印象を残した。

イギリス王立海軍の将校だった父が職業上しばしば国外に滞在したため、スレイドは母方の祖父のもとで自然と音楽とともに過ごすことが多かった。ベートーベンの音楽に魅せられて、彼の活動の跡を辿ってウィーンやドイツ各地を巡り、その過程でロマン・ロランの『ベートーベンの生涯』（一九〇三年）に出会う。この本に感動して彼女は一九二三年一〇月にロランを初めて訪問した。ロランは全集に収められた『インド一九一五〜一九四三年』の手記の中で彼女に関して次のように紹介している。

一九二三年一〇月、マドレーヌ・スレイド嬢来訪。彼女はイギリスの海軍大将の娘であるが、芸術のため、否むしろ芸術家たちの利益のために身をささげて、自分の家族や社交界を離れたそうである。彼女はロンドンでレイモンドとワインガルトナーの音楽会を催したが、興業者としては珍しいことで、借金をして芸術家を儲けさせた(127)。

このときロランからガンディーの小さな伝記を書いていることを知らされた彼女は、出版後この『ガンディー伝』(128)（仏語原著一九二三年、英訳一九二四年）を書店で入手して読み、たちまちこの人物に強く惹かれたという。

すぐにガンディー自身に出した書簡で彼女は彼のアーシュラムに行きたいとの希望を述べ、二一歳の誕生日に祖父が買ってくれた小さなダイヤモンドのブローチを売って得た二〇ポンドを同封した。少し時間がかかって一九二四年一二月三一日付でガンディーから届いた礼状が、その後五百数十通に達する彼女への書簡の最初であった。その中で彼は、送られたお金はチャルカーの普及に使うつもり

チャルカー（手紡ぎ器）を修理するガンディーとそれを手伝うミーラーベーン。1936年セーワーグラームのアーシュラムで。

であることを伝え、彼女にインドに来てみてはという意味のことを書いている[129]。これに対してスレイドはガンディーが返事をくれたことへの感謝を記すとともに、「私の最も真剣な要望」として彼のアーシュラムに住み込んで手紡ぎと手織りを学び、日常生活の中で彼の理想や原理を体験したいと頼みこんだ。そのために彼女はすでにヒンドゥスターニー語の学習を始め、肉食を断ち禁酒も実行していることを告げた。その上、自分で手紡ぎした毛糸（綿糸は出来ないと断って）を書簡に同封した。しかも一一月六日にボンベイに着き、その足でアーシュラムのあるアフマダーバード（アムダーワード）に向かうという予定まで立てて、「親愛なる師よ、（インドに）行ってもいいでしょうか」と極めて強引な申し入れを行っている[130]。これに対するガンディーの答えは「君が選ぶどの時に来ても歓迎する」という極めて簡潔なものであるが、同時に「アーシュラムの生活は決してバラ色ではなく、骨の折れるものだ。皆が肉体労働を課せられる。この国の気候もまた生易しくはない。君を脅すためにこうしたことを言うのではない[131]」との警告も忘れていない。彼女はロランにもこのことで相談しており、彼の手記には、

一九二五年九月　私は私の「娘」マドレーヌ・スレイドのことを頼むためにガンディーに手紙を書く。彼女は一〇月二四日にボンベイに向けて出発する。――彼女は神秘的な歓喜に満ちあふれる――しかも良識とユーモアにも欠けていない手紙をいくつも私に寄せる。彼女の実例は両親をして――母は糸を紡ぎ――父の提督は（ガンディーを罵りながら）機を織らせるに至った(132)とある。一〇月一日付でガンディーに送った書簡でロランは、「彼女の中に君が最も強健で誠実な弟子の一人を見出すのは確かなことである。彼女の魂は素晴らしい精力と熱烈な献身で溢れている。彼女は率直で高潔である。ヨーロッパは、君の目標に対して彼女以上に高貴で無私な人物を提供することは出来ない(133)」と、最高の賞賛を惜しまない。

スレイドは前述のガンディーへの書簡に書いた通り一九二五年一一月六日にボンベイに到着し、翌日にはアフマダーバードのアーシュラムを訪れた。ガンディーが約一週間後に、先の一〇月一日付書簡への返事としてロランに送った書簡がある。

　君の極めて思いやりある書簡を受け取った。スレイド嬢はその直後に到着した。何という宝物を君は送ってくれたことか。この偉大な信頼に値するよう私は努力しよう。彼女が東と西の架け橋になるよう私はあらゆる努力をしよう。私は弟子を持つにはまだまだ未熟である。彼女は私の共同探求者となろう。私は年齢が彼女より上でそれだけ精神的経験があるだろうから、君とともに彼女の父親たる名誉を共有することを提案したい。スレイド嬢は素晴らしい適応力があり、すでに彼女に対するわれわれの気持ちを安らかにしてくれている(134)。

このようにスレイドはガンディーらの歓迎を受けながらアーシュラムの空気に溶け込んでいった。

人にあだ名や親しみを込めた呼称を使うことを好んだガンディーは、早速彼女に昔からクリシュナ神の熱烈な信仰者として知られたミーラバーイーの名を与え、ミーラーベーン（behn はグジャラーティー語で姉妹の意）を彼女の通称とした。ただ彼女はそのままアーシュラムに住み込むのでなく近所に居を構えたようで、当初から書簡の交換が始まった。文通は双方が一度に何通もまとめて受け取るほど頻繁に行われた。ガンディーは一九二六年一二月一二日から翌二七年一二月三一日までの約一年間、不可触民差別廃止、カーディー普及、禁酒を掲げて西部インド、南インド（スリランカまで足を延ばした）をめぐる長期の行脚を行っているが、その間にも八七通（電報を除く）の書簡をミーラーに送っている。『ナワジーワン』や『ヤング・インディア』（週刊）など彼が発行している新聞の社説や論説などを送らねばならず、以前から始めていたヒンドゥー教の聖典『バガヴァッド・ギーター』（原文サンスクリット）のグジャラーティー語訳にもかなりの時間を割かねばならなかったし、(135) さらに時々身体の具合が悪くなったりする中での彼女への書簡であった。ガンディーのミーラーへの助言は、具体的な野菜や果物を含めた食事の内容、病弱な彼女の健康と病気への対処法、体重の変化への注意、糸紡ぎの技法に関するものから、アーシュラムの仲間に関する情報など多岐にわたったが、自分自身の決断力を持つことの重要さも指摘した。「私が言ったことで君の心と頭に訴えないことはすべて拒絶しなさい。どんな犠牲を払っても君の個性を維持しなさい。そうしなければならないときは私に抵抗しなさい。何故なら君へのすべての愛情にもかかわらず、私は君を誤って判断しているかも知れないから」と彼女の自発性を促す言葉を与えた。(136) ミーラーからの書簡にロランのベートーベン論の抜粋が引用されていたのに対し、「それは良い精神的糧である。君の音楽とそれへの審美の心を忘れてほしくない」[137]と背中を押している。

ガンディーは彼のもとに滞在する外国人にはヒンディー語やウルドゥー語あるいは彼の母語であるグジャラーティー語の学習を勧めたが、インドでの活動を希望するミーラーにもそれを指示した。彼女は早々に学習を始め、一九二五年一二月のある書簡でガンディーは「君のウルドゥー（ペルシャ文字）とヒンディー（デーウナーグリー文字）の両方とも仲々よく書けている。確実に私のものよりいい」[138]と褒め、その後の書簡でも「美しく書かれたヒンディーの書簡を受け取った」[139]と書き送った。しかし彼女のヒンディー文法には相当厳しく、動詞の活用形や形容詞の使い方について時にはデーウナーグリー文字を挿入しながら細かく指導している。[140]ガンディーのこうした熱心な働きかけはあくまでミーラーが（ヒンディー語しか話せない）インド人の間で活動することを高く評価したからであり、その後も「君の仕事には完璧なヒンディー語が必要である。それを話し、知るあらゆる機会を求めなさい」[141]という助言を繰り返している。

ミーラーの活動はガンディーのアーシュラムを拠点に続けられ、そこでは彼女の存在はなくてはならないものになっていた。一九三〇年ころのガンディーの彼女宛書簡を見ると、その内容のほとんどがアーシュラムの経営、ホステルの運営、『ヤング・インディア』『ナワジーワン』のことに尽きている。彼女自身、ガンディーが携わる民族独立運動にも強い関心をもち、第二次非暴力的不服従運動の引き金となる一九三〇年三月一二日からの「塩の行進」への参加を望んだようであるが、彼はそれを抑えて「君は忍耐強く、何事も心配せずに、君が望むようには行動出来ない人々に対して寛大であってほしい。君の主要な仕事は女性と子供の世話なのだ」[142]とアーシュラムでの活動への集中を促している。そうしたことから彼女がアーシュラムの支配者であるが如き印象を一般に植え付けたようで、ガンディーはそれに反論する手記を発表している。それはアーシュラムにおける二人の関係を簡潔に説明しているかと思えるので、少々長いが以下に引用しておこう。

新聞諸紙が、ミーラーバーイー・スレイド嬢が私に代わる支配者としてアーシュラムを動かしていると頻りに報道しているのを私は知っている。これは真実ではない。アーシュラムは長い間、委員長マハーデーウ・デサーイー、副委員長イマーム・バワジール、書記ナーランダース・ガンディーからなる評議会の統制のもとにあった。私とともに行進に加わる男性を支援するため女性たちがそれぞれの部局を受け持つように、ミーラーバーイーは衛生斑の長になった。彼女はまた幼児学級で教えることにもしかるべき任務を持ち、その他必要とされる奉仕に携わっている。……彼女はアーシュラムと私のためにそのすべてを投じた。インドに奉じようとする彼女の願望は圧倒的な情熱である。……深い交流をもった四年以上の年月も、彼女の家族のことも知らず、ただ彼女が最初にアーシュラムへの入所を求めたときに私が受け取った控えめな二通の書簡を通じてのみ彼女を知った時に彼女が私の中に呼び起こした愛情を減ずることはなかった。アーシュラムのどのメンバーもその規則を守ってその理想を実現するため、ミーラーバーイー以上に精力的に闘った者はいない。しかし彼女はアーシュラムの支配者ではない。(143)

「塩の行進」のあと全国的に不服従運動が広がると、インド政庁は同年五月五日にガンディーを逮捕・投獄するが、民衆の激しい抗議は収まらず、結局当局は妥協のため翌一九三一年一月二六日には彼を含む会議派指導者の釈放を決めた。こうして設定されたのがガンディーと英首相マクドナルドとの英印円卓会議である。八月二九日にロンドンに向かったガンディー一行には秘書のデサーイーの他に、今回は同行を認められたミーラーが含まれていた。彼女はこのイギリス滞在中、ロンドンのみならずランカシャーなど各地でガンディーとイギリス人大衆との接触を仲介した。円卓会議そのものはコミュニティ別分離選挙制などをめぐって紛糾し、インド側を満足させる解決策が出ず決裂した。一二月末に帰国したガンディーは翌年一月四日に逮捕され、一九三三年五月八日までプネー市郊外のヤルヴァダー刑務所に投獄された。このときミーラーも一九三二年二月一八日に彼女としては最初となる三か月の刑に処せられた。一旦釈放後、八月に再逮捕されて一年間ガンディーと同じ刑務所に繋がれて、翌年八月に釈放された。釈放後、考慮の末一九三四年六月に故国イギリスに戻っている。この一時帰国についてはガンディーも相談を受けていたようで、彼女の保護者的存在であった会議派の重鎮ヴァッラブバーイー・パテールに宛てた書簡で、「彼女は突然自ら〔イギリスに〕行って何かをするべきだと感じた。私は同意し、彼女は去った。彼女の個性は私のもとで抑圧されていたのだろう。彼女が以前の独立の性格を回復するよう望んでいる」と書き送っている。[144] 彼女は同年一二月二〇日にインドに帰着した。

インドに戻った後も彼女はガンディーの近くにあり、またしばしば彼を訪問もしているが、今後の自分の生き方、すなわち単身農村で活動すべきかガンディーの傍近くに仕えるべきかで迷っていたようである。「もしセーガーオン〔中央インド・ワルダー近郊の別のアーシュラムがある場所―引用者〕に住むことがバープーからの永遠の別離を意味するなら、私の健康と神経はそれに耐えることは出来ない」[145]というのが当時の彼女の心理であった。これに対するガンディーの回答は「他では幸せでないと感じる場合にのみセーガーオンに行くべきだ」という簡単なもので、もしそうでないならマガンワーディー〔当時彼の別のアーシュラムがあったグジャラートの村〕の自分の傍にいなさいとも書いている。ミーラーはその後ガッファル・ハーン兄弟が活動するNWFP（北西辺境州）の村に拠点をおいたりするが、最終的にはデリー市の北北東約一五〇キロにある連合州（ほぼ現在のウッタル・プラデーシュ州）のルールキーという小さな町にキサーン（農民）・アーシュラムを設立して住み込むこととなる(146)。

最後に、インド現代史の重大な転換点となる「クウィット・インディア」運動へのミーラーの関わりについてふれておこう。彼女がイギリス海軍の高級将校の娘であることは総督はじめインド政庁の官吏たちの知るところであったが、彼女はこれを利用しガンディーの代弁者として何度か総督リンリスゴウに会見を申し入れていた。イギリス側はこれに相当頭を痛めていたことが彼らの間のやり取りから伝わってくる(147)。一九四二年四月二二日にアラーハーバードで開かれたCWCの席上でガンディーが反英闘争の具体的内容を盛り込んだ決議案を作成したとき、これを同じ市内で会議を行っていたネルーに届けたのがミーラーであったことは比較的よく知られている(148)。このガンディー案をもとに八月八日のAICCで議論され決定されたのが、のちに「クウィット・インディア」の名で呼ばれることになる決議である。ただ当局は会議派のこの動きを事前に察知し、翌九日の早朝にガンディー以下ほとんどの主だった会議派指導者を「インド防衛法」のもとに逮捕したため、その後に展開された運動はほとんど中央指導部というものをもたない民衆の自発的な運動となった。このとき当局は、秘書のデサーイー、女医のスシラー・ナーヤルとともにミーラーベーンに、外部との通信の自発的制限を受け入れた上でそう望むなら獄中にガンディーと同行することを認めると発表した。彼らはそれを受け入れ、アーガー・ハーン宮殿の刑務所に入った。刑務所の中でもミーラーの活動は続き、当時イギリスの新聞が行っていた会議派とガンディーは親日的であるとするデマ宣伝に強く反駁する書簡をリンリスゴウに送っている。ミーラーはガンディーらとともに一九四四年五月にようやく釈放された。(149)

むすびにかえて

以上見てきたように、ガンディーの周辺には多くの女性がさまざまな形で登場したが、それは決して単なる同伴者、傍観者としてではなく、多面的なガンディーの運動の協働者として彼と歩みをともにしていたことは明らかであろう。ここではやや恣意的に六人の女性を取り上げたが、それは資料的な限界からそうしたままでで、「はじめに」でも挙げたナーイドゥやシュピーゲル、そのほか南アフリカ時代にガンディーの活動を支えた秘書のシュレジン（Sonia Schlesin）、シュライナーー（Olive Schreiner）、ロンドンにキングスレー・ホール――ロンドン滞在中はガンディーもここに宿泊した――を設立してイギリスにおけるインド人の運動推進に尽力したレスター（Muriel Lester）、兄のジャワーハルラール・ネルーとともに身近にあってガンディーを助けたヴィジャヤ・ラクシミー（Vijaya Lakshmi Pandit）など重要な女性活動家の存在を忘れてはならない。そうした人々についてふれた研究書を逐一挙げることは出来ないが、本書でも参考にしたいくつかを以下に記しておこう。

Eleanor Morton, *Women Behind Mahatma Gandhi*, Max Reinhardt, London, 1954, 271 pp.

Anup Taneja, *Gandhi, Women, and the National Movement, 1920-47*, Har-Anand Publica-

tions Pvt. Ltd., New Delhi, 2005, 244pp.
Kathryn Tidrick, *Gandhi: A Political and Spiritual Life*, I. B. Tauris, London & New York, 2006, 380pp.

注

（1） ビパン・チャンドラ著『近代インドの歴史』（粟屋利江訳）、山川出版社、二〇〇一年、二二六〜二二九ページ。

（2） W. Wedderburn, *Allan Octavian Hume, C. B. : "Father of the Indian National Congress" 1829 to 1912*, T. Fisher Unwin, London, 1913, p. 47.

（3） Dadabhai Naoroji, "Presidential Address at Second Session of Indian National Congress at Calcutta in December 1886", A. Moin Zaidi & Shaheda Zaidi eds., *The Encyclopaedia of Indian National Congress*, Volume One: 1885-1890（The Founding Fathers）, S. Chand & Co., Ltd., New Delhi, 1976,p. 128.

（4） Anup Taneja, *Gandhi, Women, and the National Movement, 1920-47*, Har-Anand Publications Pvt. Ltd., New Delhi, 2005, p. 39.

（5） *ibid.*, pp. 37-38.

（6） *ibid.*, pp. 85-86.

（7） *ibid.*, p. 189.

（8） Pushpa Joshi, *Gandhi on Women*, Navajivan Publishing House, Ahmedabad, 1988, p. iii（Foreword by Ela R. Bhatt）.

（9） "Constructive Programme: Its Meaning and Place" , Dec. 13, 1941, *The Collected Works of Mahatama Gandhi*,（以下、*CWMG* と略記）Vol. 81 , Government of India, New Delhi, 1999 , p. 354.

（10） *ibid.*, p. 374.

（11） 例えば、あるアーンドラの活動家への書簡（Letter to T. Prakasam, March 7, 1922, *CWMG*, Vol. 26, p. 290）。

（12） Letter to Home Secretary, Government of Bombay, July 26, 1933, *CWMG*, Vol. 61, p. 266. 最近のガンディー研究書の中で著者のティドリックは、ガンディーの建設的綱領の誕生は、農民の間で社会、教育活動を行うためボランティアが募られたチャンパーランにおいてであったと指摘している（Kathryn Tidrick, *Gandhi: A Political and Spiritual Life*, I. B. Tauris, London &

New York, 2006, p. 120)。

(12) Letter to Home Secretary, Bombay Government, July 26, 1933, *CWMG*, Vol. 61, p. 266.

(13) Working Committee's Resolutions at Bardoli, Feb. 12, 1922, *CWMG*, Vol. 26, pp. 138-142.

(14) 例えば、Gandhi, "Deeds Better Than Words", *Indian Opinion*, November 24, 1906, *CWMG*, Vol. 5, pp. 431-432 や Gandhi, "Brave Women of England", *Indian Opinion*, June 29, 1907, *CWMG*, Vol. 7, p. 27.

(15) Gandhi, "The Marriage Question", *Indian Opinion*, Oct. 1, 1913, *CWMG*, Vol. 13, p. 351.

(16) 例えば、Speech at Second Educational Conference, Broach, October 20, 1917（*CWMG*, Vol. 16, pp. 93-94）。

(17) Gandhi, *Satyano Prayogo athva Atmakatha*, Navajivan Prakashan Mandil, Amdavad, 1969 (1st edition in 1927), p. 322（田中敏雄訳『ガーンディー自叙伝――真理へと近づくさまざまな実験』二、平凡社［東洋文庫　六七二］、二一〇－二一一ページ）。

(18) Gandhi, "The Grievances of the British Indians in South Africa: An Appeal to the Indian Public", *CWMG*, Vol. 1, p. 367.

(19) Eleanor Morton, *Women Behind Mahatma Gandhi*, Max Reinhardt, London, 1954, pp. 51-52.

(20) *ibid.*, pp. 65-66.

(21) Letter to A. H. West, Nov. 9, 1908, *CWMG*, Vol. 9, pp. 209-210.

(22) Letter to Kastruba Gandhi, Nov. 9, 1908, *CWMG*, Vol. 9, p. 210.

(23) Conversation with Kastruba Gandhi, Before April 19, 1913, *Indian Opinion*, Oct. 1, 1913, *CWMG*, Vol. 13, p. 75.

(24) Speech on Kastruba's Release, Dec. 22, 1913, *Indian Opinion*, Dec. 24, 1913, *CWMG*, Vol. 13, pp. 425-426.

(25) この間にカストゥルバーイーの状態が再び悪化しており、三月に長男ハリラールに宛てた書簡では「今ケープタウンにいる。カストゥルバーイーも一緒にいる。彼女は生と死の間をさまよいつつ横たわっている」と書き綴っている（Letter to Harilal Gandhi, March 14, 1914, *CWMG*, Vol. 14, p. 97）。また同じころのゴーカレーへの書簡でも、「ガンディー夫人が和解［進行中のスマッツ首相との話し合いの決着―引用者］まで生き延びるかどうか疑っている」と述懐している（Letter to G. K. Gokhale, April 1, 1914, *CWMG*, Vol. 14, p. 137）。

(26) Eleanor Morton, *op. cit.*, pp. 120-121.

(27) Letter to Narandas Gandhi, Jan. 8, 1908, *CWMG*, Vol. 54, p. 373.

(28) Letter to Kastruba, Dec. 12, 1933, *CWMG*, Vol. 62, p. 270. なお、カストゥルバーイーへのガンディーの書簡の文面かるすると、彼女は書簡を読むのも書くのも親しい友人や知人の力を借りて行っているようである。また獄中では小学生用のテキストでグジャラーティー語のアルファベットを自習している（Eleanor Morton, *op. cit.*, p. 170）。

(29) Letter to Kastruba, Dec. 25, 1933, *CWMG*, Vol. 62, pp. 342-343; Jan. 1, 1934, pp. 363-365; Jan. 8, 1934, pp. 400-402; Jan. 16, 1934, pp. 446-447; Jan. 22, 1934, Vol. 63, pp. 27-29; Feb. 27, 1934, pp. 229-230; March 13/14, 1934, pp. 275-276.

(30) Letter to Kastruba, After Feb. 3, 1939, *CWMG*, Vol. 75, p. 27.

(31) Letter to Kastruba, Feb. 18, 1939, *CWMG*, Vol. 75, p. 90.

(32) Eleanor Morton, *op. cit.*, pp. 219-221.

(33) *ibid.*, pp. 238-239.

(34) Gandhi, Talk to a Woman Relative, Jan. 8, 1947, *CWMG*, Vol. 95, pp. 233-234.

(35) Sena Mahajan, *Mala Bhaulelya Premabai (Premabai Whom I Saw* in Marathi), Jayavant Matkar, Pune, 2001, p. 5 (Preface by Chandrashekhar Dharmadhikari).

(36) *ibid.*, pp. 28-29.

(37) Letter to Premabehn Kantak, Feb. 28, 1929, *CWMG*, Vol. 45, p. 135.

(38) Mahajan, *op. cit.*, p. 31.

(39) Letter to Kantak, July 13, 1930, *CWMG*, Vol. 49, p. 353.

(40) Letter to Kantak, Nov. 24, 1930, *CWMG*, Vol. 50, p. 264.

(41) Letter to Kantak, Nov. 30, 1930, *CWMG*, Vol. 50, p. 281.

(42) Letter to Kantak, June 22, 1931, *CWMG*, Vol. 52, p. 391. 規律を守らせるため時に子供を殴ったりすることもあり、「君はまだ子供を殴るのか。ラーマベーン［アーシュラムでの同僚―引用者］が君が殴ったことで苦情を申し立てている」（July 20, 1931, *CWMG*, Vol. 53, p. 77）と書き送っており（April 19, 1933, *CWMG*, Vol. 60, p. 415も参照）、また「君が感情の支配から解放され、純粋な心で理想的な活動家になれるように」（July 26, 1931, *CWMG*, Vol. 53, p. 135）とか、彼女の子供っぽさや怒りやすい性格を戒める書簡（Jan. 7, 1933, *CWMG*, Vol. 58, p. 389; Jan. 15, 1933, *CWMG*, Vol. 59, p. 20）を何通も書いている。

(43) Letter to Kantak, Aug. 26, 1932, *CWMG*, Vol. 56, pp. 390-391（このことについては、Letter to Kantak, Feb. 13, 1933, *CWMG*, Vol. 59, p. 258やMay 21, 1936, *CWMG*, Vol. 69, pp. 23-25なども参照）。

(44) Letter to Kantak, Nov. 26, 1933, *CWMG*, Vol. 62, p. 230.

(45) Letter to Kantak, May 17, 1934, *CWMG*, Vol. 63, p. 504.

(46) Letter to Kantak, May 3, 1933, *CWMG*, Vol. 61, p. 68.

(47) Letter to Kantak, Sept. 3, 1934, *CWMG*, Vol. 64, p. 382.

（48） Letter to Kantak, Sept. 28, 1935, *CWMG*, Vol. 68, p. 23.

（49） Meera Kosambi ed., *Mahatama Gandhi* and *Premakantak: exploring a relationship, exploring history*, Oxford University Press, New Delhi, 2013, p. 128. 特に一九三六年のファイズプール大会での女子ボランティア活動については、ネルーがある方面から出された批判に関してそれこそ問題であるとして、むしろボランティア活動に専心するようカンタクを励ましている。（J. Nehru to Kantak, Sept. 25, 1936, *Selected Works of Jawaharlal Nehru*, Vol. 7, New Delhi, 1975, pp. 353-354.）

（50） 四〇〇ページに及ぶカンタクの大著 *Satyagrahi Maharashtra*（一九四〇年、マラーティー語）は一九二〇年から一九四〇年までのマハーラーシュトラにおける会議派の民族運動を詳細に辿った好著であるが、著者がふれているように同書はデーオの活動に触発されたものであり、ほとんど彼とその周辺の動きが中心になっている（Prema Kantak, *Satyagrahi Maharashtra*, G. M. Kulkarni, Pune, 1940, pp. 1-5）。また、デーオには自伝的な二冊のマラーティー語の著書、*Daiv Deten pan Karma Neten*（一九七六年）と *Sadhya ani Sadhanen*（一九八四年）があるが、いずれもカンタクが彼の死後に残された筆耕を集めて出版したもので、「前書き」を彼女が付している。

（51） Letter to Kantak, Oct. 6, 1940, *CWMG*, Vol. 79, p. 287.

（52） Letter to Kantak, Oct. 18, 1940, *CWMG*, Vol. 79, p. 317.

（53） Eleanor Morton, *op. cit.*, pp. 192-193.

（54） Letter to Rajkumari Amrit Kaur, March 22, 1934, *CWMG*, Vol. 63, p. 298.

（55） Morton, *op. cit.*, p. 195.

（56） *ibid.*, p. 196.

（57） Letter to Kaur, Feb. 13, 1936, *CWMG*, Vol. 68, pp. 221-222.

（58） Letter to Kaur, Jan. 26, 1936, *CWMG*, Vol. 68, p. 27.

（59） カウルはガンディーへの私信を他人には読んでほしくなかったようで、彼の書簡には次のような文章が何度も出てくる。「君は君の書簡を（読んだら）すぐに破棄してほしいと言うので、私は常に記憶だけで書かねばならない」（Letter to Kaur, Sept. 13, 1936, *CWMG*, Vol. 69, p. 357）、「君のすべての書簡を読んだら直ちに破棄するよう君が望むから破棄しているため、私は答えが必要な内容を思い出せない」（Letter to Kaur, Oct. 4, 1937, *CWMG*, Vol. 72, p. 294）、「君からの書簡を受け取ったので、それを破棄する前にこれを書いている」（Letter to Kaur, July 11, 1938, *CWMG*, Vol. 73, p. 286）、「君の書簡は十分に読んだあと破棄した」（Letter to Kaur, Jan. 25, 1940, *CWMG*, Vol. 77, p. 254）、「君の書簡は破棄しろという君の指令は、私の頭にあるものを整理し、的確なときにそれを思い出すのを難しくしている」（Letter to Kaur, July 16, 1941, *CWMG*, Vol. 80, p.

367）等々。

(60) Letter to Kaur, June 19, 1939, *CWMG*, Vol. 76, p. 47.

(61) Letter to Kaur, Oct., 31, 1938, *CWMG*, Vol. 74, p. 179.

(62) Letter to Kaur, Nov., 23, 1934, *CWMG*, Vol. 64, p. 389.

(63) Letter to Kaur, Nov., 23, 1934, *CWMG*, Vol. 71, p. 136.

(64) Letter to Kaur, May 1, May 26, June 19, Sept. 1, Sept. 4, 1935, *CWMG*, Vol. 67, p. 24, p. 104, p. 177, p. 380, p. 385; May 22, June 1, June 22, July 12, 1936, *CWMG*, Vol. 69, p. 75, p. 152, p. 212; Sept. 27, 1937, *CWMG*, Vol. 72, p. 265.

(65) Letter to Kaur, May 19, Sept. 27, Oct. 10, 1936, *CWMG*, Vol. 69, p. 15, p. 406, p. 443.

(66) Letter to Narandas Gandhi, Sept., 29, 1934, *CWMG*, Vol. 76, p. 371.

(67) Gandhi,「Famine Work in Morvi」, Harijan, Oct., 21, 1939, *CWMG*, Vol. 77, pp. 6-7.

(68) Letter to Kaur, Oct., 7, 1939, *CWMG*, Vol. 76, p. 387.

(69) Letter to Kaur, Sept. 26, 1936, *CWMG*, Vol. 69, p. 402.

(70) Letter to Kaur, March 30, 1937, *CWMG*, Vol. 71, p. 89.

(71) Letter to Kaur, April 1, 1937, *CWMG*, Vol. 71, p. 92.

(72) Letter to Kaur, Nov. 26, 1938, *CWMG*, Vol. 74, p. 248.

(73) Letter to Kaur, Nov. 30, 1938, *CWMG*, Vol. 74, p. 263.

(74) Letter to Kaur, Oct. 22, 1938, *CWMG*, Vol. 74, p. 138.

(75) Mehboob Desai, "Sardar Patel and Indian Muslims", Ravindra Kumar ed., *Sardar Vallabhbhai Patel: the Maker of United India*, Gyan Publishing House, New Delhi, 2005, pp. 97-98.

(76) Joseph E. Schwartzberg ed., *A Historical Atlas of South Asia*, The University of Chicago Press, Chicago and London, 1978, p. 76.

(77) Letter to Amtussalaam, May 31, 1931, *CWMG*, Vol. 52, p. 218.

(78) Letter to Amtussalaam, Dec. 5, 1932, *CWMG*, Vol. 58, pp. 127-128.

(79) 例えば、Letter to Amtussalaam, May 5, 1934, *CWMG*, Vol. 63, p. 468.

(80) Letter to Amtussalaam, Feb. 18, 1933, *CWMG*, Vol. 59, pp. 316-317.

(81) Letter to Amtussalaam, Feb. 11, 1935, *CWMG*, Vol. 66, p. 211.

(82) Letter to Amtussalaam, May 28, 1934, *CWMG*, Vol. 64, p. 23.
(83) Letter to Amtussalaam, June 19, 1936, *CWMG*, Vol. 69, p. 144.
(84) Letter to Amtussalaam, June 26, 1936, *CWMG*, Vol. 69, p. 172.
(85) Letter to Amtussalaam, May 13, 1939, *CWMG*, Vol. 75, p. 386.
(86) Letter to Amtussalaam, May 17, 1936, *CWMG*, Vol. 69, p. 7.
(87) Letter to Amtussalaam, May 28, 1936, *CWMG*, Vol. 69, p. 50.
(88) Letter to Amtussalaam, Nov. 9, 1940, *CWMG*, Vol. 79, p. 364.
(89) Letter to Amtussalaam, Nov. 16, 1940, *CWMG*, Vol. 79, p. 384.
(90) Letter to Amtussalaam, Dec. 9, 1940, *CWMG*, Vol. 79, p. 423.
(91) Letter to Amtussalaam, Jan. 28, 1941, *CWMG*, Vol. 80, p. 45.
(92) Telegram to Amtssalaam, May 13, 1944, *CWMG*, Vol. 84, p. 53.
(93) Letter to Amtussalaam, May 27, 1944, *CWMG*, Vol. 84, p. 78.
(94) Letter to Amtussalaam, Oct. 17, 1944, *CWMG*, Vol. 85, p. 65.
(95) Letter to Narandas Gandhi, Dec. 5, 1946, *CWMG*, Vol. 93, p. 112.
(96) Letter to Amtussalaam, Dec. 18, 1946, *CWMG*, Vol. 93, p. 158.
(97) Letter to Amtussalaam, Dec. 30, 1946, *CWMG*, Vol. 93, p. 215.
(98) Pyarelal, *Mahatma Gandhi—The Last Phase*, Vol. I, Book II, Navajivan Publishing House, Ahmedabad, 1966 (2nd edition; 1st edition in 1956), pp. 156-157.
(99) Letter to Amtussalaam, July 7, 1947, *CWMG*, Vol. 96, p. 7.
(100) Letter to Amtussalaam, Oct. 6, 1947, *CWMG*, Vol. 97, p. 46.
(101) Letter to Amtussalaam, Oct. 16, 1947, *CWMG*, Vol. 97, p. 93.
(102) Letter to Amtussalaam, Dec. 4, 1947, *CWMG*, Vol. 97, p. 461.
(103) Letter to Amtussalaam, Jan. 25, 1948, *CWMG*, Vol. 98, p. 300.
(104) Nathuram Godse, *May It Please Your Honour*, Surya Bharti Prakashan, Delhi, 1987, pp. 62-109.
(105) F. Mary Barr, *BAPU: Conversation & Correspondence with Mahatma Gandhi*, International Book House, Bombay, 1949.
(106) *ibid*., p. 1.

(107) *ibid.*, p. 2.
(108) *ibid.*, pp. 8-9.
(109) Letter to Mary Barr, Feb. 6, 1932, *CWMG*, Vol. 54, pp. 449-450; Mary Barr, *op. cit.*, pp. 13-15.
(110) Barr, *op. cit.*, pp.16-18.
(111) *ibid.*, pp. 22-23（バーの書簡は八月二八日付）。
(112) Mary Barr's Letter to Gandhi, Nov. 21, 1932, B. G. Kunte ed., *Source Material of the Freedom Movement in India: Mahatma Gandhi*, Vol. III, Part IV（1931-32）, Maharashtra State, Bombay, 1973, pp. 473-474.
(113) Letter to Barr, Nov. 30, 1932, *CWMG*, Vol. 58, p. 97.
(114) Barr, *op. cit.*, p.30.
(115) Letter to Barr, Jan. 17, 1933, *CWMG*, Vol. 59, p. 35.
(116) Barr, *op. cit.*, p.33.
(117) *ibid.*, p.37.
(118) Letter to Barr, Feb. 12, 1933, *CWMG*, Vol. 59, p. 245.
(119) ibid., pp. 44-45.
(120) Letter to Barr, Sept. 28, 1933, *CWMG*, Vol. 61, pp. 428-429; Barr, *op. cit.*, p. 63.
(121) Letter to Barr, Oct. 13, 1933, *CWMG*, Vol. 62, p. 18; Barr, *op. cit.*, p. 64.
(122) Barr, *ibid.*, pp. 79-82.
(123) Letter to Barr, June 30, 1939, *CWMG*, Vol. 76, p. 73; Barr, *op. cit.*, pp. 177-178.
(124) Letter to Barr, March 31, 1941, *CWMG*, Vol. 80, p. 144; Barr, *op. cit.*, p. 200.
(125) Letter to Barr, Sept. 2, 1941, *CWMG*, Vol. 81, p. 49; Barr, *op. cit.*, p. 201.
(126) Barr, *op. cit.*, pp. 206-207.
(127) ロマン・ロラン「インド 一九一五〜一九四三年」『ロマン・ロラン全集』三一（宮本正清・波多野茂弥訳）みすず書房、一九五八年（仏語原著 一九五一年）、四四ページ。
(128) Eleanor Morton, *op. cit.*, p. 135. ロランはスレイドに対し、ガンディーに関してしばしばキリストを引き合いに出して述べており、自分はキリスト教徒でもない無宗教者であるとしながら、「キリスト教は今や良心と信仰の問題という苦悩によって費消され、その指導者や公的代弁者の一人として解決する力をもたない」が、「ヨーロッパの若いキリスト教徒たちは、ガンディーの中に最も純粋なキリスト教徒、司祭や牧師を遙かに超えて福音書の精神で直接の伝統を回復する人物を見出している」とインドにいるスレイドに書き送っている。（From Romain Rolland to Mirabehn, Sept. 26, 1926, *CWMG*, Vol. 37, pp. 484-487）

(129) Letter to Madeleine Slade, Dec. 31, 1924, *CWMG*, Vol. 30, pp. 27-28.

(130) Letter from Madeleine Slade to Gandhi, May 29, 1925, *CWMG*, Vol. 32, pp. 466-467（Appendix V）.

(131) Letter to Madeleine Slade, July 24, 1925, *CWMG*, Vol. 32, pp. 172-173. Letter to Madeleine Slade, July 24, 1925, *CWMG*, Vol. 32, pp. 172-173.

(132) ロマン・ロラン、前掲書、八七〜八八ページ。

(133) Letter from Romain Rolland to Gandhi, Oct. 1, 1925, *CWMG*, Vol. 33, p. 218 fn.

(134) Letter to Romain Rolland, Nov. 13, 1925, *CWMG*, Vol. 33, p. 218.

(135) Letter to Mirabehn, May 23, 1927, *CWMG*, Vol. 38, p. 426. ガンディーの『ギーター』論はのちに秘書のマハーデーウ・デサーイーがこれを *The Gospel of Selfless Action or Gita According to Gandhi* としてまとめるが、彼は一九四四年に病死したため一九四六年にようやくその初版が日の目を見た。

(136) Letter to Mirabehn, March 22, 1927, *CWMG*, Vol. 38, pp. 224-225.

(137) Letter to Mirabehn, April 13, 1927, *CWMG*, Vol. 38, p. 278. 彼女の死後、『ベートーベンの精神』と題された未刊行ベートーベン伝が残されていた。

(138) Letter to Mirabehn, Dec. 4, 1925, *CWMG*, Vol. 33, p. 278.

(139) Letter to Mirabehn, Aug. 1, 1927, *CWMG*, Vol. 39, p. 322.

(140) ミーラーのある書簡の中の「彼（彼女）は病院を出る（去る）でしょう」というヒンディー語の文章を取り上げ、彼女が *haspital se chhorega* と書いているのを、「*chhorega*（不定形 *chhor-na*）は他動詞だから助詞の se（から）は不要で、もしその助詞を使うのなら自動詞の *chhutega*（不定形 *chhut-na*）」とすべきである（Letter to Mirabehn, May 15, 1926, *CWMG*, Vol. 35, pp. 230-231）と指摘する。「私はこの機会をこのように利用するつもりです」という文章を *Main yeh vakt ka aisa upayog karenge* としているのを、動詞の語尾の男性複数形を女性単数形にするのも含めて *Main is vakt ka aisa upayog karengi*（Letter to Mirabehn, May 18, 1926, CWMG, Vol. 35, p. 234）と訂正している。また別の書簡でも、ミーラーが「何らかの改善」と言うのに *koi sudhar* としているが、*koi* は「誰か（ある人）」を示すものだから、「何か（物）」を表す *kuchhu* を用いるべきで、従って *kuchhu sudhar* でなくてはならない。「少しのミルク」は *koi dudh* ではなく *kuchhu dudh* とすべきである（Letter to Mirabehn, July 17, 1927, *CWMG*, Vol. 39, p. 237）と極めて細かい。

（141） Letter to Mirabehn, April 11, 1927, *CWMG*, Vol. 38, p. 276.

（142） Letter to Mirabehn, March 13, 1930, *CWMG*, Vol. 48, p. 421.

（143） Gandhi, "Mirabai Not Manager" ,*Young India*, March 27, 1930, *CWMG*, Vol. 48, p. 489.

（144） Letter to Vallabhbhai Patel, June 25, 1934, *CWMG*, Vol. 64, pp. 90-91. 別の書簡では「ミーラーベーンはいい仕事をしているようだ。おそらくいますぐには結果をもたらさないだろうが、彼女の（イギリス）旅行は無駄にはならないだろう」という感想を語っている。（Letter to Vallabhbhai Patel, Aug. 25, 1934, *CWMG*, Vol. 64, p. 356）.

（145） Letter to Mirabehn, Feb. 13, 1936, *CWMG*, Vol. 68, p. 221, fn. 2.

（146） Letter to Mirabehn, Feb. 14, 1936, *CWMG*, Vol. 68, p. 223-224.

（147） H. Louis（Governor of Orissa）to Linlithgow, May 25, 1942, *Transfer of Power 1942-7*, Vol. II, Her Majesty's Stationery Office, London, 1971, p. 121; Mirabehn to Linlithgow, July 16, 1942, *Transfer of Power 1942-7*, Vol. II, p. 400; Linlithgow to Amery（Secretary of State for India）, July 18, 1942, *Transfer of Power 1942-7*, Vol. II, p. 407.

（148） *Selected Works of Jawaharlal Nehru*, Vol. 12, Orient Longman, New Delhi, 1979, p. 276 fn.; Letter of M. Hallet（Governor of UP）to Linlithgow, May 31, 1942, *Transfer of Power 1942-7*, Vol. II, p. 158.

（149） Mirabehn to Linlithgow, Dec. 24, 1942, *Transfer of Power 1942-7*, Vol. II, p. 416.

第7章 インドの分離独立とガンディー暗殺

はじめに

一九四七年六月三日、イギリス政府が、同時にインド総督マウントバッテンが放送を通じてインドとパキスタンを分離独立させる内容の声明を発表し、国民会議派とムスリム連盟がこれを承諾した結果、八月一四日・一五日に植民地インドはおよそ二〇〇年のイギリス支配を脱して分離独立した。長い反英運動を指導したM・K・ガンディーは「国父」「インド独立の父」と称されるようになるが、デリーやラホールで人々が祝いに酔いしれるこの輝かしい日々、彼はどこにいたのであろうか。実は彼は、独立が実現される前からインド各地で頻発していたヒンドゥー・ムスリム間の激しい衝突や暴動で多数の犠牲者が出ていることに心を痛め、そうした都市や農村を訪れるため七月三一日にデリーを発っている。毎日のように悲報が届くビハールの村々やカルカッタ（現在コルカタ）、当時未だどのように分割されるか確定していなかったカシミール（元藩王国）の状況を把握するのが目的であった。パンジャーブ州のラーワルピンディからカシミールに入り、中心都市シュリーナガルを拠点として四泊五日、村々を訪ねて回った。彼に同行した随員によれば、分刻みでさまざまな人がガンディーに会いに来て、シュリーナガルの有名な庭園を訪れることはおろか、気の休まる暇もなかったという。彼はそこでは政治的な発言はしないと宣言していたが、「近隣の村々から男も女もマハートマーの姿を一目見ようと集まってきた。友人も敵も同様に大衆を掌握する彼の力に驚いた。彼がいるだけで、ある種の不思議なやり方で彼らの気持ちを和らげるようだ」とその場の様子が伝えられている。(1) 八月九日からはベンガルに入り、カルカッタに居をすえて暴動に巻き込まれた村や町を訪れた。独立の日の八月一五日はカルカッタにおり、断食を行っている。デリーに戻ったのは九月九日であった。

一方この独立の時期に、ガンディーが発行していた新聞『ハリジャン』（一九三三年二月発刊、独立時の発行責任者は秘書のピャーレーラール）に目を通すと、ここでも興味深いことに気付く。『ハリジャン』は週刊紙なので独立後最初の日付は八月一七日になるが、それを開くと、第一面が先に挙げたガンディーのカシミール訪問の報告、二面以降に「食糧危機と土壌の肥沃性」と題する長い論評、あとは独立後におけるガンディーの政治への関わり方、イスラーム、競馬に関する彼の見解などが続く。いずれの記事も執筆の日付が独立の約一週間前であるからかも知れないが、一五日付の一般紙が仰々しい祝祭の記事で埋まっているのと比べると、やはりそこからはこの時点でガンディーの心理がどのようなものであったかが伝わってこよう。一五日以後の日付で彼が書いた記事は八月二四日付の紙面に現れるが、一面の「インド人総督」（執筆八月一七日）と題する文章は、独立後イギリス人に代わってその地位に就いたインド人総督（ラージャージー、最後の総督）に禁酒、手紡ぎの奨励、質素な生活、不可触民差別の廃止、ヒンドゥスターニー語の使用の義務づけを求めるものである。八月一六日執筆の社説「奇跡か偶然か?」は、ヒンドゥーとムスリムの衝突があったベンガルの村で、両教徒の活動家の努力で平和的な状況が戻ったことに関する感謝を綴った文章である。

ガンディーはビハール、カシミール、ベンガルをめぐったこの行脚でも、デリーにおけると同じくほとんど毎夕集まった人々と祈り、そのあと講話を行っている。八月八日にパトナーで彼はあくまで国の分割という考えに甘んずることは出来ないとし、「八月一五日はわれわれの審判の日」であり、断食を行おうと呼びかけた。何故なら「われわれが得ようとしている独立は照明を飾って祝うようなものではない。われわれには食糧、衣類、ギー(バターオイル)もない。それなのに祝う必要がどこにあるというのだ」と。(2) 一四日にカルカッタでは、「明日は外国の軛からの解放が決められた日である。それ故偉大な日である」としながらも、「その日は二つの自治領(インドとパキスタン)が重い荷物を背負わねばならない日」であり、だれもが二四時間の断食を行いチャルカー(手紡ぎ器)に向かうべきであると語りかけた。(3) 独立当日の一五日には、カルカッタでヒンドゥーとムスリムが友好裡に会しているのを祝福しながら、市内のある場所では貧しいムスリムが苦しめられているとの報に心を痛めている。(4)

このころのガンディーは長年自分が進めてきた非暴力を原則とする運動に、疑念ないし弱気な述懐を繰り返している。一九四七年六月一四〜一五日には、先ほどのマウントバッテン裁定に従ってインドの分割を決定した会議派全国委員会(AICC)が開催された。会議が終わった一五日の夕方、いつもの祈りの席で彼が行った講話は苦渋に満ちたものであった。その中でガンディーは世界中から届く書簡の内容を紹介しているが、その一つとして、「過去三〇年間あなたは非暴力的にイギリスと闘ってきた。それを何故このような形で終わらせるのか。あなたは未だ世界に非暴力のメッセージを与えたいのか」という書簡を挙げ、「それへの答は私の破産告白」であると述べた。つづいて「アヒンサー（非暴力）は決して破産を蒙るものではない」としながら、過去の約三〇年間の運動について「これまでわれわれが遂行してきたアヒンサーは弱者のアヒンサーであった」と断定している。さらに「認めなければならないのは、変化を重ねる今日の状況においては弱者のアヒンサーの場などない」にもかかわらず、「事実は、インドがこれまで強者のアヒンサーを実践する機会をもたなかったということである」という強い否定の言葉を続けている。(5) 実はこの時期、さまざまな人たちから脅迫に近いものを含めて多くの書簡や電報を受け取っている。そのうちの六月初頭に届いた一つの電報は、ガンディーが「威圧のもとで一インチの土地もパキスタンには譲ることはないなどと大仰に言っておきながら、…今やパキスタンが出来ようとしているのに、何故（ガンディーは）それに反対して（死に至る）断食をしていないのだ」という内容である。彼はこの電報に対して夕べの講話においていくつかの疑問で応えているが、自分としては一九四三年二〜三月にした断食が最後だとは思っておらず、「もう一つ断食を行わねばならないと強く感じていたが、それは誰か人に命じられてではなく、ただ神が求めたときだけである(6)」とその覚悟を語っていた。

このように、長年目的として闘ってきたインドの独立が実現するという歴史的な状況の中でガンディーは迷い苦しんでいたのであるが、こうした人物が同胞のインド人の手で暗殺される背景とはどんなものであったのだろうか。最終期の植民地インドの政治状況、会議派などガンディーをめぐる状況、そしてガンディー暗殺を遂行する勢力が生育してくる背景など出来るだけ多様な要因を探ってみよう。

一　分離独立への道とガンディー

一九三九年九月に第二次世界大戦が勃発すると、インド総督リンリスゴウはイギリスとともにインドもまた対独宣戦を布告したとの声明を出し、インド全国に不満と反感の輪が広がった。会議派はインド人を満足させる戦争目的の公表とその実行をインド政庁に求めたが、植民地当局はこれを拒絶し、戦後に一九三五年インド統治法の改変を考慮するとの回答を与えただけであった。そのため会議派運営委員会（CWC）は各会議派州政府に対して、一九三九年一〇月末迄に自主的に辞職するよう指令を発した。一九三七年の州議会選挙で成立し二年半近く続いた会議派による州行政はこうして終わりを告げた。このあと一九四〇年三月に開催された会議派ラームガル大会（ビハール州）では、一八六四票対一八三票の大差で急進的民主党のM・N・ローイ（Manabendranath Roy, 1893–1954）を破ってA・K・アーザードが議長に選出された。しかし会場の近くを流れるダーモーダル川の氾濫のため開会後数時間で解散となり、戦争への非協力、最終的政治目的としての完全独立、制憲議会開設の要求が決議として採択されただけである。会議派の大会はこれ以後、一九四六年のメーラト大会まで開催することは出来なかった。一方ムスリム連盟は一九四〇年三月のラーホール大会で、インド北西部と東部のムスリム多住地域を独立国家として求める「パキスタン」決議を採択した。当初は非現実的な要求と見られたが、連盟が国内、国際状況の変化の中で次第に勢力を固めるとともに、このムスリム国家建設と独立の問題が絡み合いながら大戦期、大戦後の南アジア政治が展開することになる。

一九四二年三月、大戦の戦況が悪化する中でインドの全面的戦争協力を求めて、イギリス首相チャーチルは国璽尚書スタッフォード・クリップスを代表とする使節団をインドに派遣した。使節団はイギリス側としては初めて、事実上独立と同義の自治領の地位を戦後のインドに付与するという提案をした。しかし同時に州の分離権も認めており、民族政府の即時樹立を求める会議派と、パキスタン国実現の確約がないとするムスリム連盟の双方がこれを拒絶し、交渉は挫折した。

世界大戦はますます拡大し、ドイツと日本の進撃が続いていた一九四二年七月一四日、イギリスの対応に政局打開の希望を失った会議派はガンディーのアーシュラムがあるセーワーグラームでCWCの会合を開き、「インドの独立はインドの利害のみならず、世界の安寧のため、またナチズム、ファシズム、軍国主義その他あらゆる形態の帝国主義、およびある国による他国の侵略を終焉させるためにも必要である」としたうえで、イギリスの即時撤退を求める決議を採択した。(7)これを受けてAICCが八月八日にボンベイで開催された。ここでも、イギリス支配の終結こそ戦争の将来、自由と民主主義の成功が依存している必要不可欠かつ喫緊の問題であることが強調され、そのために「ガンディージーの指導のもとで」「可能な限り広範に、非暴力的手段による大衆闘争を開始する」という決議(8)を採択した。いわゆる「八月決議」、より一般的に「クウィット・インディア」決議として知られる歴史的な決定である。すでにAICCのオフィスなどの強制捜査で文書や記録を押収し、会議派指導部のそうした動きを察知していたインド政庁は、ガンディーはじめ主要な会議派指導者の逮捕、AICCと会議派州委員会の非合法化、運動資金の差押え、それでもなお運動を抑止し得ないときは会議派組織全体の非合法化、そのあらゆる動きを規制出来る非常大権の行使などを内容とする行動計画を作成しており、イギリス本国政府もこれを了承していた[9]。結局ＡＩＣＣ決議採択の翌早朝、ガンディーとＣＷＣのメンバー、ボンベイに招集されていた主だった活動家たちはインド防衛法第二六項によって逮捕され[10]、これを免れた指導者も自分の州に戻ったところで逮捕された[11]。同時に、政庁の行動計画に沿ってＣＷＣ、ＡＩＣＣ、北西辺境州を除くすべての会議派州委員会がインド刑法（改正法）第一六項によって非合法化された。つまりこのとき会議派という組織全部が非合法化されたわけではなく（州によっては下部組織まで活動停止を命じられたところもあるが）、多くの場合州内の県・郡以下の会議派機関は合法範囲にあり、その多くは中央指導部逮捕後に、それぞれの地域で「ガンディージーの指令で」「会議派の名のもとに」という掛け声をあげてさまざまな形態の反英運動を展開した。九月五日付でインド政庁内務局がインド担当大臣宛に提出した報告書では、それらの運動の性格が次のように述べられている。

…わが方の情報当局は今のところ騒動の背後にいかなる指導部も見出さず、それらは概してクリップス使節団の失敗以来会議派指導部によって意図的に強化されてきた反英的煽動の累積的結果に、また部分的には会議派社会党や前衛ブロックそして常に漁夫の利を狙う極左諸政党に帰せられるものとしている[12]。

ＡＩＣＣの非合法化後も、逮捕を免れた社会党員たちを中心とする「影の全国中央局」なる機関がボンベイ市内のどこかに設立され、ＡＩＣＣの名で各州の生き延びた会議派の諸組織に指令を出し、また地方からの情報を受け取っていたという[13]。一方逮捕された会議派指導部は、例えばアーザードが拘留前にCWCの不在中はいかなる者も会議派の権限を簒奪することは出来ないと述べたように[14]、八月九日以降の各地での闘争について、それらを会議派の名によるものであるとは認めなかった。八八日決議の最高責任者であるガンディー自身、健康上の理由で釈放された一九四四年七月に、「(一九四二年八月以降)大衆的不服従運動は決して開始されなかった」[15]と述べている。しかし、地方の会議派下部組織がそれぞれに機能していたことは確実である[16]。非合法化を免れた会議派の下部委員会が地方の立法機関選挙に会議派の名で立候補者を立てることに対するサロージニー・ナーイドゥらの反対もあったが、一九四四年末ころにはボンベイ市、マハーラーシュトラ、グジャラート、カルナータカの州委員会の役員たちによって「会議派活動家非公式会議」が開かれ、会議派大会の早期再開をめぐる議論が行われた[17]。一九四五年早々には、中央立法議会内の会議派委員がそれまでの議会ボイコットという政策を撤回して議会活動を再開し、同年三月には、北西辺境州で会議派州政府が再び成立している。

一九四五年五月にドイツが降伏して大戦終結の見通しが濃くなった六月一四日、インド総督ウェーベル(A. P. Wavell、一九四一年からインド軍総司令官、一九四三年一〇月に総督に就任)は政治状況の打開のため、インド各党派の代表との会談を提起した。これによって直ちに各州政府は、CWCの非合法化を決めた八月八日付の指令を廃棄して、ネルー、パテール、アーザードら拘留されていた八名のCWCメンバーを釈放した[18]。七月の政庁側とインド側とのシムラー会談は失敗したが、八月二一日の総督声明で中央と州の立法議会選挙実施が発表されたのを受けて、政庁はAICC、州委員会、県委員会などの非合法措置を撤廃した。九月一二〜二〇日にCWCの会議があり、AICCの復帰後最初の会合が九月二一〜二三日にボンベイで開かれ、二八一名の各州代表が出席した。これによって会議派の中枢機関は再びその機能を回復したが、会議派社会党などいくつかの会議派と関わりのある組織への禁止令は解かれず、それは予定される選挙で会議派に不利をもたらすとして議長のアーザードは繰り返し総督に抗議している[19]。このAICC会議は一九四二年八月八日の決議の内容は今なお会議派の行動綱領であることを再確認し、それは必然的な勢いで「アジアを立ち去れ（Quit Asia）」へと発展すべきものであるとして、インドの独立がアジアの他の国々の独立と不可分であることを強調した。壇上に立ったパテールは「今は夜明け前の闇の最も暗い部分である」と述べ、シムラー会談決裂後にイギリスが行った選挙実施の提案が「時間稼ぎ」策であるとしつつも、インド人民の意思表示を早期の「権力移譲」（独立）に向けて行うため、また会議派が候補を立てなければ他の悪しき分子がとって代わるだろうとの理由から、会議派は選挙に参加すべきであると訴えた[20]。生前のパテールと親しかったジャーナリストのドゥルガー・ダース（Durga Das）は、パテールが近くに見え始めた「権力移譲」への途上にあるこの選挙の重要性を十分意識していたと見ている[21]。中央指導部が獄中にあった間の地方の会議派組織の弱体化は避けがたいもので、これを立て直すためパテール、プラサード、アーザードらが資金の調達や配分を含む組織面での活動を担い、ネルーは会議派の「スター・キャンペイナー」として全国を駆け巡って大衆への宣伝活動に当たった[22]。なお、一九四五・四六年段階での会議派の党員は五五〇万を上回っていた[23]。

この選挙は一九三七年の州立法議会選挙に比べれば選挙人の枠は広げられたが、それでも中央立法議会（一九四五年一二月投票）の場合、有権者数は英領インド総人口の一％以下、州立法議会（一九四六年二月投票）は英領インド諸州の全成人人口の二八・五％に過ぎない極めて制限された選挙であった。とはいえ会議派としては、中央議会選挙で五六％の過半数（五七議席）、州議会選挙で会議派系ムスリムを含む得票数が七八・四％（約二〇七〇票）、獲得議席数が五八・五％（九二八議席）となり、八州で過半数を得て州政権に返り咲いたことは一応の勝利であった。ただ前回の選挙と大きく異なる点は、大戦期に会議派が州政府を離脱したり非合法化されたこともあり、その間隙にムスリム連盟が勢力を強化し、また植民地当局の連盟への依存度が高まったりして連盟の重要さが選挙に反映したことであろう。連盟は中央議会選挙で三〇議席を得、州議会選挙ではムスリム保留議席（四九二議席）の約九〇％を獲得し、ベンガルとシンド州（再選挙）で州政府を樹立させ、会議派といわば対等にイギリスとの交渉の場に列する立場を得た事実は、インド政治に大きな転換点が訪れたことを意味した。選挙は制限選挙であったが、選挙運動そのものは極めて大衆的な規模で展開され、会議派と連盟の対立も次第に明確化してきた段階であったため、選挙活動が軌道を逸するケースも多かったようである。のちに一九四六年一一月の会議派メーラト大会で議長のJ・B・クリパラーニ自ら、会議派の活動家によっても贈収賄、詐欺行為、身代わり投票、投票者への強要、投票箱の破壊など「闇市的手段」が公然と行われたことを認め、そのことに対して激しい批判の言葉を投げかけている[24]。一方選挙終了後の一九四六年三月には、AICCによって次期年次大会へ向けての新議長選出の準備が進められていた。この時期、前年一二月に結審した、大戦中日本軍に協力したインド国民軍（INA）将校の裁判に対する超党派的な抗議運動が広まっており、また一九四六年二月にはインド海軍内のストライキがボンベイを中心に市民の同調を受けるなど、国内の反英感情が頂点に達する雰囲気の中での会議派議長選挙となった。投票予定日の五月一六日以前に、すでに各州委員会から指名されていたネルー、パテール、クリパラーニのうち、後二者は主としてガンディーの説得で立候補を辞退し、唯一残った被指名者のネルーが無投票で、三度目の会議派議長に選ばれた。[25] ガンディーはすでに一九四二年に、「私の後継者はラージャージー（ラージャゴーパーラーチャリヤ）でもヴァッラブバーイー（パテール）でもなくジャワーハルラール（ネルー）である」[26] と語っていたが、パテールが議長選出のために指名を寄せた一五の州委員会のうち一二州から支持を受けたとされるように、地方の会議派組織に対する絶大な掌握力を持つパテールに代えて、ガンディーがこの段階で会議派議長としてネルーを強く推したことには理由がある。同じころ三人の閣僚からなるイギリス内閣使節団が訪印しているが、会議派議長という立場が使節団との対応とその後に続く「権力移譲」をめぐる交渉において重要な意味をもち、また次の段階として予定される中間政府および独立インド政府の首長の座につながることをガンディーは明確に把握していた。その上で、大衆の間に進歩的政治家としてのイメージを強くもつネルーをその位置に据え、党組織内の最高の実力者パテールがこれを支えるという体制の確立を彼は構想していたと考えられる。[27]

内閣使節団は五月にインド側に一つの構想を提案したがその構想の主な点は、先ずインド連邦の成立、各州の宗教コミュニティ別人口比に基づく選挙による制憲議会の設置、中間政府の早期発足であった。会議派と連盟は基本的に同案を了承し、七月に制憲議会選挙が行われた。その結果、ネルーを実質的な首相とする（名目上の首相は総督）初めてのインド人による中間政府が九月に成立した。ただ連盟はこの過程で先に受諾した使節団案を拒絶したため、中間政府への閣僚任命権をめぐる対立が状況の悪化をもたらした。連盟はパキスタンの早期実現を求める「直接行動日」を八月一六日に設定し、このためカルカッタの町は流血の場となり、数万人が死亡したとされる。会議派内でも政局への対応に違いが目立ちはじめ、ガンディー、アーザードや「辺境（北西辺境州）のガンディー」と呼ばれたアブドゥル・ガッファル・ハーンらの少数派が統一インドを主張する一方、パテールを中心に分離不可避論が次第に広がっていた。パテールと親しかった官僚のV・P・メーノンは独立の一〇年後に出版した『インドにおける権力移譲』で、一九四六年一二月か翌年一月ころのこととして、パテールに対し内閣使節団の提案する統一インドは最早「幻想」にすぎず、「内戦」に向かうよりは国の分割の方が望ましいと述べて彼の心を動かしたと記している。[28]こうした背景には、当時インド各地で頻発した農民運動や労働争議、共産党をはじめとする左翼勢力の伸張に対する危機感と、出来るだけ早期に軍隊、警察、官僚機構を掌握したいという会議派指導部の焦りがあった。インドの政治的危機を深く憂慮したイギリス労働党政府は、ついに一九四七年二月に期日を決めてインドに権力を移譲するというアトリー声明を発した。ウェーベルに代わって三月に総督となったマウントバッテンは、赴任後インドの諸政党指導者と会談を重ねるが、三月には分離の先駆けとなるパンジャーブの東西分割の方向が決定し、ベンガルもまたその線に沿うことになった。五月七日にはパテールがメーノンに、分離をも前提に含めた独立案の草案の作成を依頼し、その草案を見たマウントバッテンは独立（自治領）が一九四七年のうちに実現されることが望ましいと決断した。[29]最終的に、「はじめに」でふれたように六月三日にムスリム人口の多住地域を切り離しての独立、すなわち分離独立案を提示した。

この時点でインドは、もう一つの重要な課題を解決せねばならなかった。英領インド（British India）という枠には入らないが、いわば半独立国として宗主国に従属してきた藩王国の統合という問題である。五八四を数える藩王国は植民地インドの全面積の約四〇％、人口にして二四％を占め、その中でハイダラーバードやカシミールなど優にヨーロッパの一国の大きさをもつ大国や、ガンディーの故郷ポールバンダルに隣接するジュナーガドが単独での独立を主張したため事態は容易ではなかった。さまざまな経緯を経て解決は独立後にずれ込むが、パテール（独立直後の副首相、内相、藩王国担当相を兼任）の強引とも言える采配と彼を支えた老練なインド人官僚たちが主導する形で、結局北西部の五国はパキスタン、残りはインドへの併合が決まった(30)。ただ、藩王家自体がヒンドゥーで、圧倒的多数の住民がムスリムであったカシミールは、その帰属をめぐってインド、パキスタン両国が主張を譲らず、一九四七年一〇月に両軍の武力衝突へと発展し、今日なお完全な解決を見ていない。

二　ガンディー暗殺の背景

分離独立が成った翌々日、イギリス人シリル・ラドクリフを委員長とする国境画定委員会はその対象となるパンジャーブとベンガル両州の分割案を公表し、印パ両国が合意した結果、カシミールを除いた国境線が一応確定した。しかしながら新たな国境線の画定は、同時に印パ両国での膨大な規模の難民移動を意味していた。一九四七年から一九五一年にかけておよそ七五〇万のヒンドゥーとシクがインドに、七二〇万のムスリムが東西パキスタンへと移動した(31)。いずれの場合も、わずかな家財道具類を牛車などに乗せてのろのろと進む、惨めで危険な移動であった。途中には疫病が待ち受け、略奪、

デリーのラージパト通りを行くガンディー葬儀の列と見送る人の群（1948年1月31日）。

暴行、傷害や殺人など最悪の状態を含む混乱が彼らを襲った。この移動の過程で出た死者の数は二〇万から八〇万の幅で推計されている。インドでは、首都デリーを含む北インド各地で多数派のヒンドゥー集団が少数集団のムスリムに襲いかかる一方で、パキスタン領内では逆に多数派のムスリム集団によってシクやヒンドゥーが襲撃の対象とされた。こうした難民襲撃の報が飛び交う混乱状態の中、インド民衆の目前で驚くべき事件が起きた。ガンディーは常々デリーで活動するときは、彼がその不可蝕民差別廃止運動で最も象徴的なコミュニティと考えていたバンギー（便所等の清掃カースト）たちの居住区（バンギー・コロニー）か、ガンディーのあらゆる事業への財政的支援者で第四章でふれた企業家G・D・ビルラーの邸宅に滞在することにしていた。一九四八年一月三〇日、アルブケルケ通り（現在一月三〇日通り）にあるビルラー邸の庭に集まった人々と夕方の祈りを行うためにいつもの場所へ向かって歩を進めている前に、一人の人物が立ち、お辞儀をした直後、手にしたピストルを発砲した。発砲された三発の弾はいずれもガンディーの胸部と腹部に命中し、彼はその場で倒れ、二〇分後に息を引き取った。何故、この時期にこの事件が起きたのか。分離独立直後のインド国内の状況を振り返り、その中でガンディー暗殺という動きがどのように生じたのかを辿ってみよう。

事件発生直後に「ガンディー暗殺謀議事件」調査が開始され、その結果以下の八人が殺人、殺人謀議および「武器（所持禁止）法」と「爆発物（禁止）法」によって起訴された。

ナトゥーラーム・ゴードセー（三七歳）―『ヒンドゥー民族（*Hindu Rashtra*）』紙編集長：住所プネー

ゴーパール・ゴードセー（二七歳）―商店主：プネー

ナーラーヤン・アープテー（三四歳）―『ヒンドゥー民族』紙理事：プネー

ヴィシュヌ・カルカレー（三七歳）―レストラン経営：アフマドナガル
マダンラール・パーフワー（二〇歳）―避難民キャンプ：アフマドナガル
シャンカル・キスタイヤー（二七歳）―家事使用人：プネー
ダッタートライ・パラツレー（四九歳）―開業医：グワリユル
ヴィナーヤク・ダーモーダル・サーヴァルカル（六五歳）―弁護士、地主：ボンベイ

彼らはほとんどが無名の一般人であるが、サーヴァルカルだけはすでに国内で名の知られた政治指導者であった。ボンベイ市から見て北東部のナーシク県で小地主の子として生まれ、反英運動が高まる二〇世紀初頭には自ら小さな愛国主義的秘密結社を結成していた。一九〇六年に奨学金を得てロンドンに留学して法律を学ぶが、ヨーロッパの政治状況へ関心を示すとともにインド人の反英活動にも参加した。一九一〇年には反政府運動のため逮捕され、インドへ送還のうえ裁判で有罪となった。同時に弟のイギリス人暗殺事件との関わりをも問われ、最後はハーグの国際裁判所まで持ち込まれた結果、五〇年の刑期を科されて一九一一年七月アンダマン島のポート・ブレアー刑務所に送られた。約一〇年前（二〇〇五年四月）に発表された信頼のおける報告によれば、彼はアンダマンに収監されたあと数回にわたって、インド政庁にイギリスへの忠誠と引き替えに減刑を請願したという。(32) ガンディーの運動に強い反感を表明していたことも関係があるのかどうかは分からないが、第一次世界大戦後の一九二一年五月に減刑されて、マハーラーシュトラ南部のラトナーギリー刑務所に移された。ここで一九二四年に執筆したのが『ヒンドゥトゥヴァ（*Hindutva*）』という英文の書物である。タイトルは「ヒンドゥー（教徒）の本質」を意味し、共通した一つの民族であり伝統的文化を受け継いだヒンドゥ

ーこそが純粋のインドの民であるという、今日の「ヒンドゥー民族（国家）主義」思想の先駆となり、同書は出版後直ちに発禁されたが、その後次第に多くの読者をもつようになっていた。彼は自分が獄中にあった一九一五年に、ムスリム連盟（一九〇六年結成）に対抗する形で、ヒンドゥーの政治的、文化的統合を掲げて成立したヒンドゥー・マハーサバーに出獄後は積極的に接近し、一九三七年からはその終身総裁となっている。アフマダーバードで開かれた一九三七年一二月の大会で、彼が議長演説として残した言葉はそれ以降重大な意味をもっていく。演説のはじめでヒンドゥー王国であるネパールの王に敬意を表明したあと、共通の文化、共通の言語（サンスクリット）、共通の歴史そして共通の父祖の地でつながる「分断されざるヒンドゥスターン（Akhand Hindustan）」の存続を強調する。しかし続けて彼は、「インドは今日単一的で同質的な一つの民族とは考えられず、それどころかインドにはヒンドゥーとムスリムという主として二つの民族が存在する」[33]と述べる。ここには、インドにおけるムスリムの存在とその利害を強硬に押し出すムスリム連盟への苛立ちが見て取れるが、同時に重要なのは、連盟ラーホール大会（一九四〇年三月）の有名な「パキスタン決議」において表明される「二民族論」が先取りされていることであろう。

サーヴァルカルがここで述べた、ヒンドゥーを一体のものとして統合を強化するという考え方は、「ヒンドゥー・サンガタン（組織）」思想として一九二〇年代から浸透し始めた。先にふれたようにムスリム連盟組織の活動に加えて、会議派からの連盟への接近（一九一六年の「ラクナウー協定」）、ガンディー登場後は一九一九年以降に表面化するトルコのカリフ制存続を求めるインド・ムスリムとの提携（ヒラーファト運動）、ムスリム分離選挙区の拡大と定着に対する不安感が一部のヒンドゥーの間に広がった。その結果、一九二五年九月に医師のヘードゲーワール（Keshav Baliram Hedgewar, 1889–1940）の主導下で民族奉仕団（Rashtriya Svayamsevak Sangh、通略称ＲＳＳ）」が中部インドのナーグプールで結成された。ヘードゲーワールは会議派の活動家であったが、「ムスリム贔屓」としてガンディーの指導に疑問を感じるようになり、サンガタン運動に接近していった。サーヴァルカルからも思想的な影響を受け、一九二五年にはラトナーギリーを訪れたとき彼から「ヒンドゥーの民族的組織」結成について支持を与えられている(34)。ＲＳＳの思想の根底には、ヒンドゥー的価値基準をインド文化の根本原理とし、イスラームやキリスト教およびその信徒を否定するヒンドゥー教至上主義がある。ＲＳＳは北から西部インドにかけて次第にその活動を広げ組織は次第に強化された。先に挙げたガンディー暗殺関係者のほとんどが、正規のメンバーではないまでもマハーサバーやＲＳＳと何らかの関連をもっていた。彼らの間でのサーヴァルカルの影響力は強く、彼が一九三七年の釈放後に住んだボンベイ市内の「サーヴァルカル・サダン（家）」には常に多くのヒンドゥーの活動家が集まっていた。

暗殺の実行犯ナトゥーラーム・ゴードセーは郵便局員を父とし、ラトナーギリーに住んでいた一九三〇年代からマハーサバーやＲＳＳの活動に加わっている。すでのこのころからサーヴァルカルの熱烈な信奉者であった。一九四二年にはサーヴァルカルの指令により、のちに共犯となるアープテーとともにマハーサバーの別働隊としてヒンドゥー民族団（Hindu Rashtra Dal）を結成した。組織内ではサーヴァルカルへの絶対的忠誠が団員に義務づけられた。ナトゥーラームとアープテーは一九四四年三月に『指導者（*Agrani*）』というマラーティー語の新聞を発刊し一九四七年に一度停刊するが、間もなく『ヒンドゥー民族』として復刊し、これを通じて反ムスリム（反連盟）、反ガンディー（反会議派）の宣伝を続けた(35)。

ナトゥーラームは、一九四九年一一月八日に裁判所で行った陳述で暗殺の動機となったガンディーの「失敗」を二五項目にわたって挙げている。それはガンディー自身についてのみならず、彼が主導権を握った一九一九－二〇年以降の会議派の政策全体に向けられている。それらの中から主だったものを以下に挙げておこう。

（1）ヒラーファト運動への積極的参加
（5）シンド地方のボンベイ州からの分離（シンドは分離独立でパキスタンに編入）
（8）一九三七年選挙での宗教別選挙制度導入
（9）第二次世界大戦とムスリム連盟の基盤強化
（10）クリップス案におけるムスリム多住区分離可能性への賛同
（11）連盟のパキスタン決議と会議派の「絶望的な」クウィット・インディア決議
（12）ヒンディー語重視への否定的態度
（13）「バンデー・マータラム（母への讃歌）」をヒンドゥー的として控えさせた
（16）藩王国政策に見られたムスリム優先の姿勢
（17）ガンディーの断食による強要
（18）（会議派＝連盟間の）デサーイー・リアカト協定
（19）内閣使節団案受け入れの姿勢
（20）パキスタン案受け入れと引き続くガンディーのムスリム宥和策

（23）マウントバッテン裁定によるインド分割の受け入れ
（24）牛屠殺禁止の不徹底
（25）国旗としてマラーター軍のバグワー（赤黄色）旗の否定と三色旗の採用[36]

翌日政府は陳述書の発表を禁止し、それが解禁されるのは一九六五年に任命された「ガンディー暗殺謀議調査委員会」（当初の委員長はG・S・パータク、翌年J・L・カプールに交代。通称カプール委員会）の膨大な報告書[37]が一九六九年九月に提出されてからである。

しかし実は、上記の二五項目には含まれていないが、暗殺者たちがその行動を起こす最大の動機となった重要な事態があった。第6章ですでにふれたことだが、文脈上もう一度述べておこう。

印パ分離独立というとき、それは単に領土の分割を意味したわけではなかった。軍隊、警察、官僚の分割はもちろん、貨幣に関する諸措置、為替・公債の管理、インド準備銀行（Reserve Bank of India、一九四三年設立）の資産・債務の配分など財政・経済上の重大な業務が存在していた。その中でもより焦眉の問題は、植民地政府を引き継いだ分離独立時のインドが保有した現金残高三七億五千万ルピーの処理であった。独立前からRBIの総裁を務めるデーシュムク（Chintaman D. Deshmukh, 1896-1982）がこのときの状況をその回想録で語っている。それによれば、一九四七年一二月の印パ財政協定で両自治国は一九四八年三月末迄は一つの共通貨幣制と一つの共通中央銀行をもつという合意が成っていた。また同協定によって、パキスタンは先の総額の五分の一に当たる七・五億ルピーをその取り分として受け取ることとなった。このうち二億ルピーはすでに一九四七年八月の分離の段階でパキスタンに渡っている。ところがそのころ、ジュートに対する輸出税の賦課をめぐるパキスタン側による貿易現状維持合意の侵犯の問題が起こり、同時に五月に勃発したカシミールをめぐる印パ両軍の衝突が重なって、そうした状況の中で五・五億ルピーという多額の現金をパキスタンに送るという問題がインド国民の感情を大きく刺激した。主犯ナトゥーラーム・ゴードセーの弟ゴーパールがのちに兄の陳述書に関する書物を出版するが、そのタイトルは『五・五億の犠牲』であり、暗殺者たちの強い思いがそれに寄せられていたことを窺わせる。デーシュムクの考えでは、支払いに関する政府間の約束は守られるべきで、少なくともパキスタンが要求する毎月数千万ルピーずつの支払いを行うよう提案したが、インド政府はこれを却下した。ガンディーも政府間の約束は守るべきであると主張したがこれも受け入れられなかった[38]。

これ以後の過程を別の角度から見てみよう。コースラー（Gopal Das Khosla）はガンディー暗殺の当事者と直接関わりをもつ人物ではないが、分離独立時パンジャーブ高裁の主任判事で、一九四七年一二月にインド政府から避難民資産管理人に任命されており、ナトゥーラームの審理（控訴）にも三人の判事の一人として加わる。彼は一九四八年一月二六日に、避難民に関する助言を求めてビルラー邸にガンディーを訪ねていた。デリー市内に逃れてきた人々を自分の土地に戻し、その保護に尽くすべきだというのがガンディーの主張であったという。コースラーはのちに『マハートマーの暗殺およびその他の事件』という著書で「ナトゥーラームの犯罪」という一章を設け、暗殺の背景や関係者の動きを要領よく叙述している。彼によれば、ゴードセーとその仲間たちは「ムスリムへの屈服を求める弱腰な態度」と彼らが考えるガンディーへの恨みを共有し、一九四七年一二月ころまでに一つのグループを成していた。暗殺計画の大要はナトゥーラームとアープテーによって立てられ、詳細の詰めを待つばかりであった。その間密かに資金が集められ、手榴弾やピストルの購入、綿火薬弾の準備などが行われた。計画の実行が決まったのは翌年の一月一三日、すなわち五・五億ルピーをパキスタンに渡すのを控えてきたインド政府に再考を促すようガンディーが断食を開始した日である。その三日後、インド政府は先の決定を撤回して印パ間の合意を直ちに実行するとの声明を出した。仲間たちは三々五々デリーに集まり、一月二〇日にビルラー邸の下見に出かけるが、ガンディーが夕べの祈りを行っている最中に綿火薬弾の爆発が起こった。仲間の一人パーフワーが早まって投げてしまったもので、彼はその場で逮捕された。警察の探索が始まったが、残る仲間たちは一旦別の場所へ離れ、再実行のため一月二七日に再びデリーに入った。今度はナトゥーラームとアープテーの二人で決行することとなっていた。一月三〇日の午後四時半ころ、一人先行してビルラー邸に赴いたナトゥーラームはすでに二〇〇人ほどの群衆に囲まれていたガンディーの前に進みよって、三発の銃弾を浴びせた。ナトゥーラームはその場で、残る仲間たちも翌日以降次々と逮捕された。RSSも一時的ではあるが非合法化された。裁判は六月二二日から開始され、一九四九年二月一〇日に判決が下った。主犯のナトゥーラームとアープテーは死刑、ゴーパール、カルカレー、パーフワー、キスタイヤー、パラツレーは終身刑、サーヴァルカルは無罪となった。七人が控訴したが、ナトゥーラームの場合は死刑に関してではなく、暗殺の謀議があったとすることに関するものであった。控訴審の結果二人の死刑は確定し、一一月一五日にパンジャーブのアンバーラー中央刑務所で絞首刑に処せられた(39)。

むすびにかえて――ガンディー暗殺と会議派の思惑

独立を達成したあと政権に就いた会議派組織の状況は決して安定したものではなかった。各地で起きるヒンドゥー、シクとムスリムの間の相互殺戮を含む凄惨な抗争、膨張する避難民の処理、長引く藩王国統合に関する交渉など政府として取り組まねばならない問題が山積するうえに、会議派内の主導権をめぐる対立が表面化した。新政権はネルーが首相および外相となり、パテールが副首相、内相、藩王国相を兼ねて発足したが、独立前の反英運動においてすでに、進歩・急進派を代弁するネルーと保守派の指導者パテールの間に大きな立場の相違が見られ、独立後もその間の溝は容易には塞がらなかった。

対立表面化の直接のきっかけになったのは、インド亜大陸の北北東部に位置する旧小藩王国アジメール・メールワラでの衝突事件であった。パテールの報告（一九四七年一二月二一日付）によれば、アジメールは一九二三年に最後の暴動があって以来平穏な状況が続いていたが、分離独立後の殺気立つ雰囲気のなか、一九四七年八月二七日にアジメール市内でムスリムの群衆とヒンドゥーのある組織の間に衝突が起こった。騒動は一旦収まったが、一二月になって再び散発的な衝突があって何人かのムスリムが死傷した。一二月一三日にムスリムの墓地で手足を切断された警官の死体が見つかり、これを機に銃剣や手製の爆弾による相互の襲撃、商店の略奪があちこちで起こった。警察と軍隊が投入され一二月一五日には事態は鎮静したが、家屋や財産に多大な被害があり、計五五名の死者（ヒンドゥー一四人、ムスリム四一人）と八七人の負傷者が出た。[40] この事件の報を受けた首相ネルーは官僚（H. V. R. Iyengar）を調査のために派遣した。しかし内相兼藩王国相のパテールとしてはこれを不満とし、一二月二三日付でアイヤンガールとネルーに書簡を送っている。ネルーへの書簡は、「君がアイヤンガールをアジメール・メールワラへ派遣したと聞いて私は驚いた――おそらく、ショックを受けた、というのがより適切な表現だろう」と書き出し、すでにネルーにも報告を送っているのだから、もしそれに満足でなかったのなら何らかの形で自分に連絡を取るべきであったとしてネルーの「越権」を批判した。[41] 同日付のネルーの返書も譲歩のない内容であった。彼は、アジメールの事件を地方的なものでなく国家的視点で見るべきであると考えたため、最初は自ら出向くつもりであったが、親戚の不幸でそれが無理になったのでアイヤンガールを送ったという事情を説明している。その上で、首相である自分が必要と思うことに関して視察や訪問をするのに拘束されねばならないのか、という疑問を提示し、それはいかなる首相にとっても不可能なことであり、それは「自分を状況に対応して行動する自由のない囚人」にすることだと強く反発した。続けて、「もし私が首相として継続するなら、自分の自由を制限されずに、一定の指導の方向をもたねばならず」、そうでなければ「私にとっては辞任するほかない」ことを初めて表明した。[42] パテールは翌日付の返書で、改めてネルーによるアイヤンガールの派遣が現地の担当官僚や大衆の心理に思わしくない影響を及ぼしたというこれまでの主張を繰り返している。ネルーの辞任の意図については今は問題にならないとしつつも、首相と他の閣僚の責任に関するネルーの考え方に従うことは出来ないとして強硬な姿勢を崩さない。[43] 二九日付のパテールの書簡によれば、この問題は閣議で議論することとなったようである。[44] なお、アジメールの事件にはヒンドゥーの動きにRSSが組織的に関わっており、パテール宛の書簡でネルーは、市内とその周辺に動員されたRSSの戦闘的なムードが多くの住民に脅威を与えていると伝えている。(45) 一方、パテールはRSSやマハーサバーなどヒンドゥーの統一・団結を掲げる組織にはむしろ好意的で、この時期に僚友のボンベイ州首相ケール（B. G. Kher）に宛てた書簡でも、RSSの活動に関するネルーの言辞にふれつつ、「RSSのような組織の活動についての報告は幾分誇張されすぎており、この問題に関するそのような深刻な見解を取り上げる必要はない(46)」と書き送っている。

しかしこのころの書簡の交換やガンディー周辺の文書のやりとりを見る限り、ネルーとパテールの問題は結局ガンディーに持ち込まれたようである。一九四八年一月はじめに二人が別途にガンディーに提出し、お互いの書簡に同封し交換している「覚書」がある。それらは、先に挙げた両者の書簡でも分かるように、見解の相違が二人ではどうにも処理が出来なくなり、その仲介をガンディーに求める手記であった。一月六日付でガンディーに届けられた覚書について、多少原文の文章は前後するが簡単に整理しておこう。ネルーは最初に、パテールとは気質上の相違（temperamental differences）に止まらず、経済問題、宗教対立の問題に関する見解の相違を抱えたまま独立後ともに活動してきた苦しい心境を伝える。両者の違いにもかかわらず、自分としては新しい国家が重要な時点に直面する中で、あらゆる重要な問題で出来るだけパテールと協議してやってきた。しかし同時に首相としての自分の役割についても深く考えてきており、最終的な権威は内閣にあることは認めつつも、インドが採用した民主主義的機構において首相は突出した役割を果たすべきと考えるに至った。アジメールの問題に関しても自分としては首相としてやるべきことをやった（藩王国全体の問題では、パテールの藩王国省は内閣にも相談せず独走したと、不満も書き付けている）。この時点で起こったパテールとの見解の対立は不幸なことであり、「望ましくない選択肢」ではあるが、事ここに至って彼かパテールのどちらかが内閣を辞任するとなれば、自分が去ることを望む。これがネルーの言い分であった(47)。

パテールの覚書はネルーのそれの数日後にガンディーに届いたようで、一月一二日付のネルーへの書簡に同封された。覚書で両者の気質上の違い、経済問題や宗教対立の問題をめぐる見解の相違を認めたあと、パテールが最も力説したのは首相の権限についてである。ネルーが主張する権限を首相がもつなら、それは「事実上の独裁者」である。しかし首相とは「同等者の中の第一人者」にすぎず、「閣僚との協議と彼らの助言によって」行動すべきものである、との自説を繰り返した。最後に内閣からの辞任についてふれ、自分は十分に長く公務を努めてきており、「国際的に卓越した地位」にあって「比較的若い」ネルーが残り、辞任するのは自分である、とパテールは結んでいる(48)。この書簡への一月一三日付の返書でネルーは、「独裁者」という言葉が使われた首相の地位について未だ深いこだわりを示しているが、話し合いはガンディーを交えてということにしてこの話題を打ち切っている。彼はすでにガンディーに話し合いの件は伝えてあったが、前述したように一三日はパキスタンへの五・五億ルピーの支払いをめぐって彼が断食に入った日であり、この面会は延期された(49)。一月一八日に断食を終えたガンディーに会うため、パテールがビルラー邸を訪れたのは一月三〇日である。このときの様子をガンディーの秘書ピャーレーラールが伝えている。『ライフ』誌の女性カメラマン、バークホワイトがインタビューを終えて帰った午後四時に、パテールは娘のマニベーンとともにガンディーと会い一時間以上にわたって話し合った。ガンディーはすでにパテールにも伝えてあったが、彼かネルーのどちらかが内閣を去り二人の間に亀裂が残ることは、この段階では極めて不幸な事態であると改めて語った。次いでガンディーは、その日の夕方の祈りの席でこれを話題として取り上げ、そのあとネルーが来ることになっているから彼ともこの問題を議論しようと約束した[50]。しかし、その機会が訪れることはなかった。

ガンディーの長い公的活動の基盤になったのが会議派であり、この組織の発展を最も望んだのも彼であった。しかしさまざまな運動の過程で、暴力や腐敗・汚職など彼にとって最も思わしくない事態が彼を苦しめたのも事実である。一九三八年のことであるが、インド各地の多くの人たちから周辺で見られる会議派党員の汚職の状況が伝えられ、彼を苛立たせた。その最たるものが党員登録のごまかしで、地方の有力者が会議派組織を通じて自分の政治的発言力を強めるため、偽名による、または署名なしの登録や党費（四アンナー）不払いのまま身近に初級党員を増やすなどの不正がはびこっているのを知って、AICCとCWCに厳しい対応を迫ったこともある[51]。独立が近づいてからも、会議派党員や選出議員に関する不愉快な話がガンディーの耳に届いた。婦女誘拐などの卑劣な事件から、闇市に手を出したり、企業家から金品を受け取って秘密裡に企業免許を発行したり、自分の取り巻きのためにその上役に賄賂を送って昇進や有利な転勤をさせるなど、さまざまな不正がガンディーを憂鬱にさせた[52]。

このためガンディーは、自らが創設し指導してきた全インド紡糸者協会、ハリジャン奉仕者協会、新教育協会など「建設的綱領」推進の組織の代表を招集して会議派改造の提案を行うが、賛同を得られなかった。彼の目から見れば、政治的独立だけでインドの目標は達成されておらず、経済的、社会的、かつ道徳的独立を勝ち取るというより重要な課題がまだ目前にある。それを担うのは会議派しかなかったが、その会議派は現状のままでは彼の考える課題を遂行出来ない(53)。そこで会議派の書記長たちの助けを借りつつ彼が取り組んだのが会議派規約(Congress Constitution)の改定であった。ピャーレーラールによれば、「一月二九日は丸一日仕事がぎっしり詰まり、その日の終わりにはガンディージーは完全に疲れ果てていた」という(54)。こうして出来上がったのが、一月二九日付の「会議派規約草案」である。文書は、「インドは会議派が案出した手段で二つに分裂する形で独立したが、宣伝媒体および議会機関である現在の形態での会議派は今は用をなさなくなった」という文章で始まる。続けて、今後のインドの課題である七〇万農村の社会的、道徳的、経済的独立のため、AICCは現在の会議派組織を解体して国民奉仕者協会(Lok Sevak Sangh)に発展的に合流させる、といういかにもガンディーらしい見取り図を提示する。そのあとには新組織の大まかな構成と、手織綿布の着用、村民との個人的接触、農民の教育、清潔・衛生の徹底など一〇項目の会員義務が並記され、財政に関しては、「村民たちやその他の人々に依存し」、とくに「貧しい人々のパイス(少額)献金に重点を置く」と結ばれている(55)。つまり独立を達成した今、会議派は政党であることをやめ(政治活動の完全切り離し)、社会改革と農村経済の向上を目的とする組織に生まれ変わるべきである、というのがガンディーの提言であった。

しかし彼は「草案」を書き上げた翌日にナトゥーラーム・ゴードセーの凶弾に倒れ、彼の「最後の遺書」は二月一五日付の『ハリジャン』紙に掲載されたが、会議派の指導部あるいは大会で公に議論された様子はない。一方、双方が内閣を去るとまで決めてガンディーにその裁定を求めたネルーとパテールは、想定外の「国父」の死に驚き、総督マウントバッテンの前で相互の協力を誓い合った。一九五〇年一〇月二日の中央州インドールでのガンディー生誕記念式典でパテールが行った演説をピャーレーラールが記録している。

われわれの指導者はパンディット・ジャワーハルラール・ネルーである。生存中にバープー（ガンディー）が彼をその後継者に任命した。バープーの兵士としてその命令を実行することは義務である。誰であれ心からそれを受け入れないものは神の前で罪人である。私は不誠実な兵士ではない。私は自分の占めている場について何も考えてはいない。私が知っているのはただ一つ、私は今もバープーが私を据え置いたところにいるということである。(56)

両者の見解の相違が全く消滅したわけではないが、パテールが一九五〇年一二月一五日に七五年の生涯を閉じるまでの約二年間、彼が首相ネルーを支える「両頭体制（Dyarchy）」とも称される安定した会議派政権を作り出した。暗殺という行為は決して許されるべきものではないが、ここに述べたような意味では、ガンディーの死は独立インド政治史上の重要な時期を築く一つの礎となったと言えるかも知れない。

注

（1） "Weekly Notes" by S. N., *Harijan*, August 17, 1947.
（2） Speech at Prayer Meeting, Patna, August 8, 1947, *The Collected Works of Mahatma Gandhi*, Government of India, New Delhi, 1999（以下、*CWMG* と略記）, Vol. 96, pp. 204-205.
（3） Speech at Prayer Meeting, Calcutta, August 14, 1947, *CWMG*, Vol. 96, p. 229.
（4） Speech at Prayer Meeting, Calcutta, August 15, 1947, *CWMG*, Vol. 96, p. 235.

（5） Speech at Prayer Meeting, New Delhi, June 15, 1947, *CWMG*, Vol. 95, p. 286.

（6） Speech at Prayer Meeting, New Delhi, June 5, 1947, *CWMG*, Vol. 95, pp. 212-213.

（7） Resolution Passed by Congress Working Committee, July 14, 1942, *CWMG*, Vol. 83, Appendix I, pp. 445-447.

（8） N. Mansergh ed., *Transfer of Power 1942-7*（以下、*TOP* と略記）, Vol. 2, Her Majesty's Stationery Office, London, 1971, p. 624.

（9） Amery to Churchill, August 8, 1942, （*ibid.*, pp. 617-618）.

（10） Amba Prasad, *The Indian Revolt of 1942*, S. Chand & Co., Delhi, 1958, p. 59.

（11） D. P. Mishra, *Living an Era*, Vol. I, Vikas Publishing House, Delhi, 1975, p. 420.

（12） *TOP*, Vol. II, p. 905.

（13） P. N. Chopra ed., *Quit India Movement—British Secret Report*, Thomson, London, 1976, Appendix, p. 334. また、Home Department（Government of India）, *Congress Responsibility for the Disturbances*, Government of India, New Delhi, 1943, Appendix VIII, pp. 69-70.

（14） N. N. Mitra ed., *The Indian Annual Register: An Annual Digest of Public Affairs of India*（以下、Mitra, *IAR* と略記）, 1944 Vol. II, The Annual Register Office, Calcutta, p. 236.

（15） Pyarelal, *Mahatma Gandhi: The Last Phase*, Vol. I, Book I, Navajivan Publishing House, Ahmedabad, 1965（2nd edition; 1st edition in 1956）, p. 22.

（16） 当時アフマドナガル要塞（マハーラーシュトラ）に投獄されていたネルーが獄中で書いた*Discovery of India*（Asia Publishing House, Bombay, 1969［Reprint; 1st edition in 1946］, p. 20）の最初の部分に次のような一節がある。「今やほぼ二年間、会議派は非合法化され、法律の保護を奪われ、いかなる形であれ機能することを妨げられてきている。会議派は獄中にいる。州議会の会議派選出議員、それらの議会の議長、会議派の旧閣僚、市自治体の会議派所属市長や議長たちはみな獄中にいる」と。「外の世界のニュースから完全に切り離され」、検閲を受けた新聞以外に外部の状況を知る術がなかったことを考えれば当然のことであろうが、本文でふれたことと照らし合わせれば、獄中におけるネルーの当時の会議派に関する判断は完全に正確であったとは言えない。

（17） Mitra, *IAR*, 1944 Vol. II, p. 236.

（18） R.P. Lele, V. Alva & B. R. Dhurandhar（compiled）, *March of Events*, Vol. II（1942-1945）, Bombay, p. 243.

（19） Azad to Wavell, Oct. 10, 1945（*TOP*, Vol. VI, 1976, p. 332）; Azad to Wavell, Nov. 7, 1945（*ibid.*, p. 456）等。

(20) Mitra, *IAR*, 1945 Vol. II, pp. 84-86, pp.93-95.

(21) Durga Das ed., *Sardar Patel's Correspondence 1945-50*（以下、*SPC* と略記）, Vol. II, Navajivan Publishing House, Ahmedabad, 1972, p. li.

(22) パテール自身はネルーのこの遊説に余り期待を寄せていなかったようで、彼が各地で群衆の熱狂的歓迎を受け、大聴衆が集まることを認めつつも、「しかしこれらのデモンストレーションは選挙のためには何らの価値もない。何となれば、それらはムスリムの選挙区では投票者に何らの刺激も与えないからだ」とまで述べている。（Patel to Azad, Jan. 1, 1946, *SPC*, Vol. II, p. 49.）ここにはパテール特有の一種の宗派主義的姿勢を見ることが出来ようが、同時にこの時点で会議派がムスリム大衆の中に絶対的支持を確保出来なくなっていた現実を彼が明確に把握していたと言えるかも知れない。

(23) AICC, *Congress Handbook 1946*, AICC Publications, Allahabad, 1946, p. 222.

(24) Presidential Address, Meerut, Nov. 23, 1946（J. B. Kripalani, *Fateful Year: Being the speeches and writings during the year of Presidentship of Congress*, Vora & Co. Publishers Ltd., Bombay, 1948, p. 65）.

(25) 州委員会からの指名者にはほかにスバース・C・ボースとJ・P・ナーラーヤンの名もあったが、彼らが初級党員ではないことと、所属州の代議員の中に名前がないことを理由に、二人の指名は却下された。（Mitra, *IAR*, 1946 Vol. I, p. 101）

(26) D. G. Tendulkar, Mahatma—*Life of Mohandas Karamchand Gandhi*, Vol. 6, Government of India, New Delhi, 1969（Reprint; 1st edition in 1953）, p. 43.

(27) S. A. Kochaneck, *The Organization of Power within the Indian National Congress*, University of Pennsylvania（A Dissertation in the Department of Political Science）, 1963, p. 4.

(28) V. P. Menon, *The Transfer of Power in India*, Orient Longman, Calcutta, 1957, pp. 358-359.

(29) Alan Campbell-Johnson, *Mission with Mountbatten*, Robert Hale Ltd., London,1951, pp. 86-87.

(30) この経緯に関しては、官僚として深く関わったV・P・メーノンによる記録、*The Story of the Integration of the Indian States*（初版一九五六年）が最良の手引きである。なお同書には「サルダール・パテールの思い出に」という献辞がある。

(31) 加賀谷寛・浜口恒夫『南アジア現代史』II（パキスタン・バングラデシュ）、山川出版社、一九七七年、一七二－一七三ページ。

(32) A. G. Noorani, "Savarkar's Mercy Petition", *Frontline*, April 8, 2005, pp. 37-39.

(33) V. D. Savarkar, Presidential Address at the 19th Session of the All-India Hindu Mahasabha, held at Ahmedabad 1937, V. D. Savarkar, *Hindu Sanghatan: Its Ideology and Immediate Programme*, Hindu Mahasabha Presidential Office, Bombay,

1940, pp. 1-38.

(34) Narayan H. Palkar, *Dr. Hedgewar (Biography of Hedgewar* in Mayathi), Dr. Hedgewar Smarak Samiti, Nagpur, 1960, p. 131.

(35) J. L. Kapur, *Report of Commission of Inquiry into Conspiracy to Murder Mahatma Gandhi*, in 2 Parts (6 vols.), Ministry of Homes, New Delhi, 1970-71, Part II, Vol. 6, pp. 64-68.

(36) Gopal Godse, *Panchavann Kotiche Bali* (*Victims of 55 Crore Rupees* in Marathi), Vista Prakashan, Pune, 1971, pp. 86-111; Nathuram Godse, *Why I Assassinated Mahatma Gandhi*, Surya Prakashan, New Delhi, 2003 (2nd edition; 1st edition in 1998), pp. 50-76.

(37) J. L. Kapur, *Report of Commission of Inquiry, op. cit.*

(38) C. D. Deshmukh, *The Course of My Life*, Orient Longman, Bombay, 1974, pp.154-155.

(39) Gopal D. Khosla, *The Murder of the Mahatma and Other Cases from a Judge's Notebook*, Chatto & Windus, London, 1963, pp. 204-245.

(40) "Sardar's Statement on Ajemer Incidents", Dec. 19, 1947, *SPC*, Vol. 6, 1973, pp. 4-7.

(41) Patel to Nehru, Dec. 23, 1947, *SPC*, Vol. 6, pp. 9-10.

(42) Nehru to Patel, Dec. 23, 1947, *SPC*, Vol. 6, pp. 10-12.

(43) Patel to Nehru, Dec. 24, 1947, *SPC*, Vol. 6, pp. 12-13.

(44) Nehru to Patel, Dec. 29, 1947, *SPC*, Vol. 6, p. 13.

(45) Nehru to Patel, Dec. 29, 1947, *SPC*, Vol. 6, p. 16.

(46) Patel to B. G. Kher, Jan. 8, 1948, Valmiki Choudhary ed., *Dr. Rajendra Prasad: Correspondence and Select Documents*, Vol. 8, Allied Publishers, New Delhi, 1987, p. 179. 彼は一九四八年一月六日、ラクナウーの大衆集会でカシミールにおけるパキスタンの行動を批判する演説を行っているが、そこにこれらの組織に関する彼の姿勢が窺える。先ずマハーサバーに対しては「孤立しているのは何の益もないから」会議派に加わるよう訴え、ＲＳＳには「英知を用いて賢明に行動し、軽はずみで攻撃的にならない」よう助言したあと、「結局のところＲＳＳの人たちは泥棒や略奪者ではなく、愛国者なのだ。彼らはこの国を愛しており、ただ彼らの思考の道が逸れているだけなのだ。会議派は愛を以て彼らを説き伏せるべきなのだ」と聴衆に語りかけた。(Patel, "You Cannot Ride Two Horses", *For a United India: Speeches of Sardar Patel 1947-1950*, Government of India, New Delhi, 1967 [Revised edition; 1st edition in 1949], pp. 64-69).

(47) "Mr. Nehru's Note of 6 January 1948 to Mahatma Gandhi"(Enclosure with Letter from Nehru to Patel, Jan. 11, 1948), *SPC*, Vol. 6, p. 17-21.

(48) "Sardar Patel's Note to Mahatma Gandhi" (Enclosure with Letter from Patel to Nehru, Jan. 12, 1948), *SPC*, Vol. 6, p. 21-24.

(49) Nehru to Patel, Jan. 13, 1948, *SPC*, Vol. 6, pp. 10-11.

(50) Pyarelal, *Mahatma Gandhi—The Last Phase*, Vol. II, Navajivan Publishing House, Ahmedabad, 1958, p. 771.

(51) Gandhi, "Corruption in the Congress", *Harijan*, Sep. 24, 1938 (*CWMG*, Vol. 74, pp. 57-59).

(52) D. G. Tendulkar, *Mahatma*, *op. cit.*, Vol. 8, p. 234.

(53) Gandhi,"Congress Position", *Harijan*, Feb. 1, 1948 (*CWMG*, Vol. 98, pp. 305-306).

(54) Pyarelal, "The Fateful Friday", *Harijan*, Feb. 1, 1948, *CWMG*, Vol. 98, pp. 333-334.

(55) Gandhi, "Draft Constitution of Congress", *Harijan*, Feb. 15, 1948 (*CWMG*, Vol. 98, pp. 335-336).

(56) Pyarelal, *Mahatma Gandhi*, Vol. II, *op. cit.*, p. 772.

特論

日中戦争期のガンディーをめぐる日本人知識人

はじめに

ジャワーハルラール・ネルーをはじめとするインドの政治指導者たちが、早い時期から日本の中国侵略に多大の疑惑と反感を表明してきたことはよく知られている。しかし二〇世紀初頭の段階では、インドが中国に関して同様な立場に置かれた国として関心を寄せていたのに対し、日本はとくにインドの民族指導者にとっては、経済的および政治的発展の上でのモデルと考えられていたのも事実である。例えば、日本の艦隊がバルティック艦隊を撃破した日本海海戦の約二週間後の一九〇五年六月一〇日に、M・K・ガンディーは自ら発行する『インディアン・オピニオン』紙に「日本とロシア」と題する文章を載せ、少し前まで「ほとんど無敵」と考えられてきたロシアの艦隊を撃破した日本海軍の勝利を評価し、インドはそれから何を学ぶべきかを問うている。彼によれば、その「叙事詩的なヒロイズム」の秘密はすべての日本人が「統一、愛国心および生死をかけた決意」という同一の精神によって鼓舞されたことであり、インド人は「利己心」を離れてこの日本の例に倣うべきであると訴えた(1)。同年八月五日の「日本は何故勝利したか」と題する文章では、日本の要求が正しかった、日本には統一がある、日本人は怠けることなくその生活は極めて質素である、という外務大臣小村寿太郎の言葉をそのまま引用している(2)。第二次日英同盟協約が調印された日付（一九〇五年八月一二日）の『インディアン・オピニオン』の記事では、同盟が両国にとってのみならず世界にとっても有益であり、「それのさらなる継続を希望するあらゆる理由がある」と述べている(3)。参謀総長の児玉源太郎（一八五二―一九〇六）が死亡した時に書かれた「児玉、日本の英雄」という記事は、彼の軍人としての能力を賞賛し、遼陽の戦いにおけるエピソードなどにもふれて、その死を悼んでいる(4)。さらに、今日のわれわれの目から見れば奇異に映るのは、同じころの「日本の興隆」と題した記事でガンディーは、すべての日本人を「統合された国民」にさせるのに寄与したものとして、「軍人勅諭」（明治一五年）と「教育勅語」（明治二三年）の諸項目を文中で要約し、それが「今日の日本の偉大さ」の原動力となったと述べていることである(5)。このような日本に関する憧憬や期待を含めた評価は、二〇世紀初頭とくに日露戦争直後のしばらくの間はインド人の間にかなり共通してみられたが、その後第一次世界大戦を経て「大国」入りした日本への姿勢は次第に変化していった。

とくに一九三〇年代に入って日本の中国への野心が露骨さを増すと、中国への同情と日本への不信、警戒がインド人の間に広まっていった(6)。日本軍は一九三一年九月に「満州事変」を引き起こし、翌年三月一日には「満州国」建国の宣言が行われた。その直後ガンディーは、第6章でふれたマハーラーシュトラの女性活動家プレーマー・カンタクに宛てた書簡で日中問題に言及し、「日本と中国に関して、われわれの同情は後者の側に向けられざるを得ない」と書いている(7)。彼は翌月同じ相手に対して書いた書簡の中でも、日露戦争の勝利はその政策を他国が模倣するに値することを意味しない、「日本の政策を監視するため、幾百万の目をもって常に目覚めている聖なる存在がある」[8]として、日本の侵略的姿勢に警鐘を鳴らしている。

ガンディーに次ぐ指導者として頭角を現すネルーは、一九三〇年に始まった第二次非暴力的抵抗（サティヤーグラハ）運動の過程で、翌年一二月に逮捕されたが、獄中から娘インディラー（のちのIndira Gandhi, 1917–1984）に宛てた書簡で次のように書いている。

日本のロシアに対する勝利がいかにアジアの諸民族を喜ばせ、満足させたかを見てきた。しかしながらその直接の結果は、少数の侵略的帝国主義的集団にもう一つを加えたことである。その最初の影響を被ったのは朝鮮であった。日本の興隆は朝鮮の没落を意味した。[9]

娘への別の書簡でネルーは、満州における日本の策謀、上海での虐殺について詳しく語るとともに、中国の義勇兵団（「十九路軍」）の反日抗争を高く評価している。[10] 中国に対する日本軍の侵略が拡大するにつれて、インド人の中国への同情と日本への非難の声はさらに高まった。盧溝橋事件を契機として日中間の全面戦争が開始される一九三七年七月以降、インド国民会議派は九月に中国との連帯を誇示する「中国連帯デー」（China Day）を挙行し、続いて一九三八年一月にインド人に日本商品のボイコットを呼びかけた。同年四月にはアタル（Mohanlal Atal）や コートニース（Dwarkhanth Kotnis, 1910–42）ら五名の医師からなる「国民会議派医療使節団」が中国に派遣された。一九三九年八月にはネルー自らが中国を訪問している。[11]

一方、中国と日本の関わりをこのように捉えていたインドについて、当時の日本人はどのように位置づけていただろうか。日本におけるインド関係の著作は第一次世界大戦後徐々に増え始め、ワシントン会議で日英同盟の終了が確認される一九二〇年代初頭以降、第一次非暴力的抵抗運動で名前が知られるようになったガンディーの伝記や彼をめぐる論評を中心に、多くのインド論が展開されるようになった。ただしガンディーについて言えば、彼の基本的思想を反近代あるいは「無抵抗主義」と見る論調が強く、こうしたイメージが戦前・戦中期を通じて日本人のインド理解に大きな影を落とすことになる。(12)

一九三〇年代、日本の対朝鮮・中国侵略が急速に進むころに、翻訳を含めて日本語によるインド関係の書物も急増する。朝鮮総督府から『英領インドの民族運動』(一九三〇年三月)や『英領インドの民族運動(續編)』(一九三一年八月)と題するマル秘扱いの「調査資料」などが多数出版されるのも、時勢の反映であったろう。この時期に出た数多いインド関係書の中で、注目すべきものの一つが大川周明『インド国民運動の由来』(一九三一年一-二月)である。大川周明(一八八六-一九五七)はすでに一九一六年に『印度に於ける国民運動の現状及び其の由来』を書いて、第一次世界大戦期に至るまでのインド民族運動を分析した。同書で大川は植民地下のインドに対する同情と理解を訴えるが、彼の主張の根本には、「日本をして堕落、沈滞、腐敗に陥らしむる災厄」から脱するために「皇国をして亜細亜の指導者たらしめんとする理想」により「積極的に国民の魂を熱火の如く燃立たらしむる」という「アジア主義」があり、これを実現するための重要な階梯として、「印度乃至自余亜細亜諸国の根本的研究に注ぎ、其の現状を審かにし、其の大勢の趨く所を察し、能く摯実雄渾なる政策を樹立して、君国の大義に拮据せられんことを切望」すると明言している。(13)これ以降、彼のインド＝アジア研究は基本的にこの目的に沿って行われたと言ってよかろう。

一九三一年に雑誌『月刊日本』に掲載された「インド国民運動の由来」は、「印度に於ける国民運動の勝利の歩みが、吾国の朝鮮統治の上に、面白からぬ影響を与へはせぬか」という世上の危惧を、インドと朝鮮の条件の「相違」を述べることで否定し、それを通じて日本の朝鮮支配を正当化する目的で書かれた。彼によれば、イギリスが「純然たる営利を目的として」インドの植民地経営に乗り出したのに対し、「独立の能力なかりし朝鮮が、万一他国の領有に帰する場合、わが国は宛も長槍を胴中に擬せられると同様の脅威を感ずるが故に、直接には国防上の止み難き必要から、而して惹いては東亜全局の平和を確保する必要から」日本は朝鮮を併合した。またイギリスがインドに関する認識を持たず、「インドとインド人を法外に劣等視した」が、古くから交流があり、「同文同種」の関係にあるため、「併合当初から、日本は朝鮮及び朝鮮人について、仮令十分でないにしても、相当に精確なる認識を有して居た」。従ってイギリスのインド統治と日本の朝鮮統治は同日には語り得ず、前者を模倣したりすれば「最も恐るべき危険を招くことに」なろうと警告する[14]。大川から見れば、「最後まで英国の友人たりしガンディーをして、最も恐るべき英国の敵たらしめたのは、他なし英国の印度に対する背信」であり、「世の中には『朝鮮にガンディーのやうな人が出たら大変だ』なぞと申す人」があるが、「若し朝鮮にガンディーのごとき英雄が現れ、日本的理想をわれの理想とし、身命を抛って其の実現に尽くしてくれるならば、日本にとりて是程ありがたいことは」なかった[15]。当時ガンディーを「聖雄」と称し、その運動の精神的、倫理的側面を強調しがちだった多くの日本の論者と違って、彼が指導する運動の政治的重要性を明確に評価し得た大川にしても、このように自らが描く「アジア主義」の枠の中でしかガンディーを捉えきれなかったことになる。

インドの歴史や現状に関して多くの著述を残した大川自身は、結局インドを訪れる機会はなかったが、「満州事変」以降、一九四一年一二月の太平洋戦争勃発までの時期、外交官や商人などを除いてもかなりの日本人がインドを訪れている。そうした人々のうち、本章で取り上げる藤井日達、野口米次郎（ヨネ野口）、高岡大輔、賀川豊彦、高良とみ（富子）などの名は戦前および戦後の日本で比較的よく知られており、また当時のガンディーの秘書マハーデーウ・デサーイーが、彼らに言及する文章を残している。

本章では、これら日本人のインド体験、滞印中のガンディーとの対話、彼らのインド観やガンディー観に焦点を当てて論じたい。ここで、仏教僧侶、芸術家、政治家、平和主義的社会活動家と活動分野を異にし、社会的、政治的立場も違うこれら五人を並べたことに余り必然性はない。しかし、対中国戦争の泥沼に益々深くはまりこみ、「国民精神総動員」運動、「東亜新秩序の指導者」あるいは「大東亜共栄圏」のかけ声が国中に満ちあふれだした一九三〇年代の日本の政治状況が、程度の違いはあれ、彼らのアジア観に少なからず影響していたことは否定出来ない。彼らが同時代のインドをどう理解し、ガンディーに何を求めたのかを考察することは、当時の日本の知識人の問題としても大いに意味のあることと思われる。ガンディー訪問に当たって、彼らには当時のインドにおける最高指導者を通じてインドの現状と未来をはかり知ると同時に、自らの社会的、政治的行動への何らかの指針を彼から引き出すという願望があったであろう。あるいは自分の行動に対する正当づけの論理を求めたとも言えよう。一方ガンディーは日本からの客を前にして、アジアの状況、日本の対中国政策、特に中国での日本の軍事行動について深い関心を示した。先にもふれたように、当時の中国における状況はガンディーを含む多くのインド人にとって多大な同情の対象となっており、これに関して著名な日本人との率直な意見の交換を彼は望んだ。しかし現実には双方の考え方にある相違の溝は超え難く、対話にはしばしば大きなずれが見られることになる。

一　仏教僧侶、藤井日達の場合

1 藤井日達と仏教

最初に取り上げる仏教僧侶の藤井日達（一八八五－一九八五）[16]は熊本県の農家に生まれ、小学校を終えたあと大分県立臼杵農業学校に入学した。子供の頃から信心深い祖母の影響を受けた彼は、農学校時代に内山鑑三（一八六一－一九三〇）や高山樗牛（一八七一－一九〇二）らの著作から影響を受けて日蓮（一二二二－八二）に強く牽かれた。卒業した一九〇三（明治三六）年に両親の激しい反対を押し切って臼杵で出家し、翌年日蓮宗大学（現立正大学）に入学した。大学卒業後、京都の寺に寄留しつつ法華玄義や天台教学などを学び、一九〇九年末から一年三か月間、志願兵として大分歩兵連隊にいて少尉となって退官した。

そのころ、藤井は中江兆民の『一年有半』や幸徳秋水らが発行していた『平民新聞』などを読んだりしていたが、一九一〇年に起こった「大逆事件」に関しては、幸徳や大杉栄らを「けしからん奴だ」と思ったと『自伝』の中で述べている[17]。同じ『自伝』において線香で腕を焼く「焼身修行」についてふれているが、その機縁となったのは、明治天皇の死去後、天皇の墓陵付近に土地をもつ信者から、そこに寺を建てるからその住職になって天皇の供養をしないかと持ちかけられた時、果たしてそれが出家した本旨にかなうかどうか迷って、「天の指図」を仰ごうとしたことだとしている[18]。天皇および天皇家に対するこうした愛着感は、そののちも藤井の言動に強く反映する。

一九一四年に藤井は、滋賀県堅田に初めて小さな説教所を開き、修行一途の生活を始めた。ここで彼は参禅に身を入れたりしながら、将来の方針を模索するが、二度にわたって、七日間におよぶ滝の中での断食を行ったのちに「自誓受戒」の霊的体験を得たという。この時藤井は初めて「撃鼓宣令」を行うが、「撃鼓」とは金光明経や法華経にある「法鼓を撃って末世を化導する」ということばに由来し、「宣令」とは法を宣揚して衆生を仏道に入らしめるという意味であり、一心に団扇《うちわ》太鼓を叩くこの「撃鼓宣令」が、その後の彼やその弟子・信徒たち（すなわち日本山妙法寺）の修行や活動の原点となる[19]。こうして一九一七年に彼は「衆生教化」の道への一歩を踏み出した。

『自伝』によれば、このころすでに彼の心には日本の仏法をアジア大陸で開教するという覚悟があったという。朝鮮から中国の大連に出て、そこからインドに渡ることを考えていたようであるが、結局は約六年間、当時の満州を中心として布教を続けた。そのころ日本は一九一五年の対中国二一カ条要求をはじめ、中国に対して露骨な侵略行動をすでに開始しており、生前の藤井から聴き取りをしてその『自伝』を編んだ山折哲雄によれば、当時の藤井の布教活動は「主観的立場からすれば日蓮信仰の旗を異国の地に掲げるといった熱狂的な使命感に支えられていたが、日本の官憲と軍部の勢力の及ぶ範囲内で遂行された」とされる[20]。一九一七年一〇月、奉天（現瀋陽）にようやく土地を得た藤井はここに初めて寺を建て、これを日本山妙法寺と名付けた。寺とは言っても「草ぶきの納屋」同然のものであったという。このあと、一九二三年までの間に満州のほか、天津や北京など北支のいくつかの都市にも同様の寺を建てていった[21]。

藤井は満州からソヴィエト・ロシアにまで入ろうと考えていたようであるが、ちょうどその時期に関東大震災（一九二三年九月）の報に接した。彼は日蓮の『立正安国論』にいう「自界叛逆難（国内の内乱）」と「他国侵逼難（外国による侵略）」の災難に思いを至し、「日本国の将来に対するご祈念のため」帰国した[22]。震災による無惨な焦土を見て彼は、「日本国の中心が皇室」であるように日本の国土の中心は富士山であるとの思いを抱き、翌年四月、静岡県の田子の浦に草庵を建てた。これが国内で最初の日本山妙法寺となる。このあと東京での開教に乗り出すが、その手始めとして、一九二六年には葉山で療養中の大正天皇の平癒祈願を祈念する撃鼓唱題を行った。この時は警護の警官によって鎌倉の留置所に入れられ、そこで死を覚悟した無期限の断食を始めたが、数日で釈放された。のちに何度か行われる断食のこれが最初であった。当時日本山妙法寺は皇室や日本国の将来を祈念していたと彼はのちに語っているが、これは右翼の思想だという非難を世間から受けた[23]。同年一二月に大正天皇が死去し、昭和の時代が始まる。

2 インドにおける藤井日達

その後の数年間、日本各地に日本山妙法寺を建立し、かつ辻説法などの活動を行ったあと、一九三〇年に長く患っていた母が亡くなったのを機に、藤井は「還来帰家（仏法は必ず西天［インド］

に帰る）」という日蓮の予言を実現すべく、同年九月に神戸を発ち「西天開教」の途についた。彼のインド行きを動機づけたもう一つの要因は、暴力を用いずにインドの反英独立運動を指導していたガンディーへの関心であった。[24]この年一月、ガンディー指導下で塩専売法の侵犯で始まった第二次サティヤーグラハ運動の報は、広く世界に伝えられていた。インドに入る前に藤井は満州や上海にも逗留したが、そこで会った中国公使の重光葵は日本の仏教をインドに返すなどという仕事は無駄であると語った。[25]香港、シンガポールを経てカルカッタ（現在コルカタ）に到着したのは一九三一年一月初頭であった。しかし知人からカルカッタでの布教は難しいと説かれ、また日本総領事館からは、太鼓を叩き「南無妙法蓮華経」を唱えながら街路を歩き回ることへの苦情が寄せられたりした結果、彼は信徒の助言を受け入れボンベイ（現在ムンバイー）に赴くことになる。

藤井はボンベイでは当時綿花買い付けで事務所を置いていた日本綿花会社の日本人社員の世話を受け、市内の火葬場近くに草庵を設けて、毎日太鼓を叩きながら町を回った。この時はガンディーの率いる民族運動の勝利を祈願した。草庵に遊びに来る子供たちがうろ覚えに「ナムミョウホウレンゲキョウ」と唱えるようになり、この噂が当時ワルダーにいたガンディーの耳に伝わって、夫人のカストゥルバーイーがわざわざボンベイまで訪ねてきたこともあると藤井は『自伝』に書いている。[26]七か月ほどセイロン（スリランカ）で過ごして、一九三三年九月にインドに戻るが、この間に妙法寺の弟子興津忠男がプネーでガンディーに会い、会見したいという藤井の希望を伝えた。同時に藤井は日本綿花や東洋綿花の社員を通じて、ガンディーの四人の実子に継ぐ「第五子」として認められ、かつ「ガンディー主義的資本家」とも呼ばれる彼の最大の財政的支持者の一人、ジャムナーラール・バジャージに紹介された。ガンディーの拠点の一つ、中央インドのワルダー（セーガーオン）のアーシュラム（実験的共同居住区）も、彼の支援で建設された。

バジャージを介して藤井は一九三三年一〇月四日に、興津に伴われてワルダーのアーシュラムにガンディーを訪ねた。ガンディーはロンドンでの日印円卓会議から帰国後、一九三二年一月四日に逮捕、一六か月間プネー郊外のヤルヴァダー（イェラヴダー）刑務所に収監され、一度釈放されたものの、再び刑務所に戻され、一九三三年八月二三日に釈放されてから、まだ四〇日ほどしか経っていなかった。会話は興津の通訳を通して行われた。ガンディーの関心は、インド市場に氾濫する日本商品のことから、太鼓を打つ藤井の宗派の話に及んだ。毎日ボンベイ市中を太鼓を叩いて回る日本人僧侶のはなしを彼は記憶していたようである。英語を解さない藤井に対し、ヒンディー語の学習を彼は勧めた。ガンディーには次々に面接者があり、最初の会見は二〇分ほどで終わった。藤井は日記に、「私は終始合掌瞑目し、会話によって何を得ようと期するよりも、この会見によってガンディーを得ようと期しました。

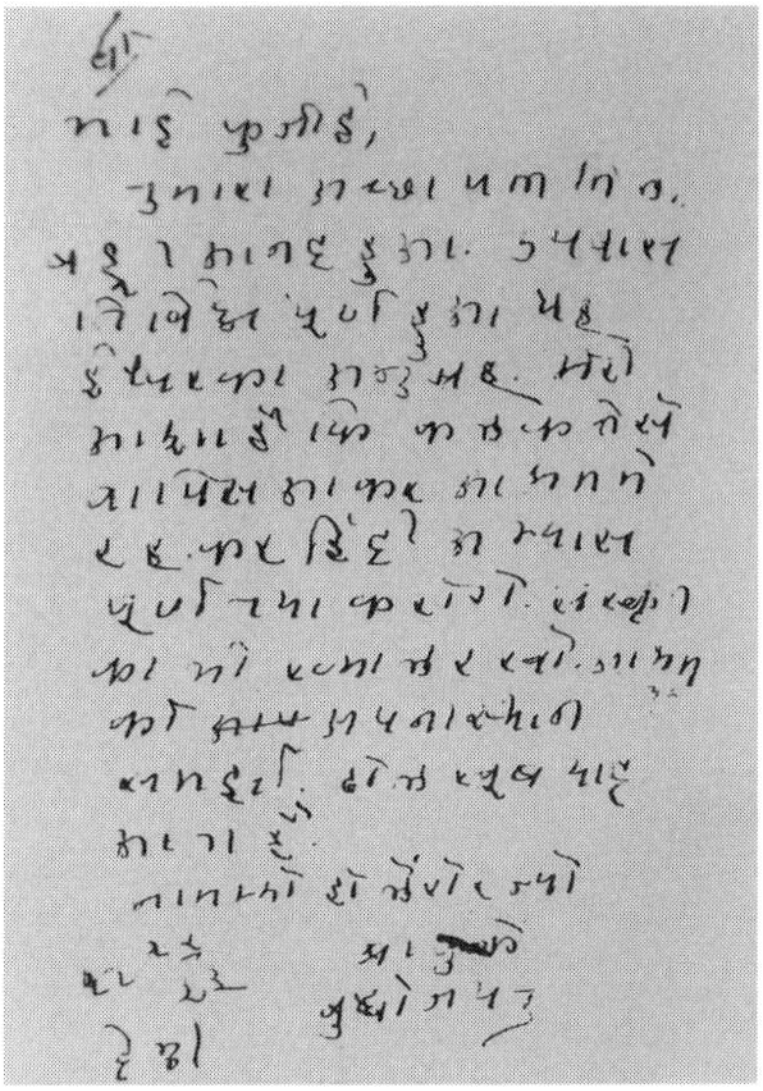

ヒンディー語で藤井日達に宛てたガンディーの書簡。1933年12月11日付。「藤井さん、あなたのよい手紙を受け取りました」で始まり、アーシュラムにまた来て、ヒンディー語とサンスクリット語を学んで下さい。アーシュラムをわが家と思って下さいと、書かれている。

私はこの時何の意見を聞こうとも思わねば、何を了解せしめようとも望みませなんだ」と書いている。[27]この日、ガンディーとの会見を終えた後に藤井はガンディーに当てた書簡を届けている。会見の場で自分の思いを十分に伝えきれなかったとの思いから筆をとったようで、「塗炭の苦患から解脱せしめるべき道を求めて悩んでいるインド人のために」、仏陀の教法を伝えるためにやってきたという目的を繰り返し伝えようとした。しかし同時に、日本による「満州問題」への取り組みが、軍事や経済のためでなく、「仏陀の滅後二千年を過ぎて世界に仏法の真実の福音を宣伝するため」「世界に日本民族精神の光をもって織り出したる日本仏法を伝えんがため」「全世界を転変して正常安楽平和の国土となさんがため」であるとして、日本軍の中国侵略を正当化することになっている点も見逃せない。[28]

これに対するガンディーの返書が翌一〇月五日付の『ヒンドゥー』紙(マドラス)に掲載されたが、興味深いのは、その中で中国における日本の行動に関する藤井の訴えについて全くふれられていないことである。ガンディーは仏教がインドで復興されるようにとの藤井の願いを十分に評価しつつも、同時に釈迦が「ヒンドゥー中のヒンドゥー(a Hindu of Hindus)」としてヒンドゥー教に新しい方向を与えたこと、彼の教えは究極的にヒンドゥー教に統合されたことを指摘する。またいかなる宗教的復興であれ、それは雄弁や知識によってでなく、自らの生活の純潔さを常に向上させ、宇宙を支える「生きた真理」に敬虔に依存してなされるべきであるという自らの考えの核心を示した。インド人住民の間に身を投じようと決心している藤井に対して、ガンディーは改めてヒンディー語あるいはヒンドスターニー語の学習を呼びかけた。[29]おそらくこの時のガンディーの藤井に対する関心は、何よりも遠路日本からやって来た真摯な宗教者としての彼の存在に向けられていたのであろう。このとき藤井は約二か月ワルダーに滞在しているが、その間ガンディーと茶をともにしたり、チャルカーを回して糸を紡いだりして、アーシュラムの雰囲気にすっかりとけ込んだ様子が『藁田日記《わらだ》』のあちこちから読みとれる。ヒンディー語の学習もここで開始した。これ以後もほかの場所で比較的自由にガンディーと会い、また文通を行うことが出来たようである。

一九三五年二月には、カルカッタに日本山妙法寺の寺院を創建するという藤井の長年の念願が達成された。この構想は、カルカッタに拠点を置くビルラー財閥の長兄ジュガル・キショール（Jugal Kishore Birla, 1884-1967）が、一九三三年に寺院建設用地購入のために一万二〇〇〇ルピーを藤井に寄付したことで可能となった。ビルラー一家は熱心なヒンドゥー教徒として知られ、ガンディーもこれを高く評価しているが、ジュガル・キショールはとくに敬虔で、ニューデリーのラクシュミー・ナーラーヤン寺院、通称「ビルラー・マンディル」の建設（一九三八年）を決定したのも彼であった[30]。妙法寺の寺院の建設費用には日本人信者や現地インド人からの寄付が充てられたが、ジュガル・キショール（藤井は彼を「ビルラ長者」と呼んだ）は多額の建設資金を提供した。完成式が盛大に行われたようで、カルカッタの『ステーツマン』紙はその模様を次のように伝えている。

…絹の法衣に身を包み、広げた手のひらに花や果物のお供えを持った日本人僧侶たちの一行が袖の部分から進み出て、寺の前で儀式を遂行した。カルカッタ市長がヴィハーラ（伽藍）の戸を銀色の鍵で開けた。彼に続いて僧たちも堂内に入って祭壇の前に跪き、お祈りと経典である『妙法蓮華経』からのお経を唱えた。このあと、市長、ジュガル・キショール・ビルラー、B・M・バルーア博士その他の人々が祝辞を述べた[31]。

藤井は友人に宛てた書簡で、この日寺院の落成を祝うために、ヒンドゥー教、シク教、仏教の諸団体から約二〇〇〇人の子供たちがカルカッタのマイダーン（市内の緑地）に参集したと記している。[32]さらにボンベイでも寺院建設の敷地を獲得したが、盧溝橋事件の勃発で日中両国が全面戦争に突入し、藤井は弟子たちとともに帰国することになったため、ビルラーの援助で完成したこの寺を自らの目で見るのは戦後になってからであった。彼は一九三八年二月末にカルカッタを発ち、三月二四日に門司へ着いたが、出発前の一九三七年一二月二三・二四日にニューデリーのビルラー・ハウスでガンディーに会う機会を得ている。ガンディーは彼に互いにもっと容易に話し合えるように、よりいっそうヒンディー語の学習に努めるよう語ったという。[33]帰国の前に藤井は忠実な弟子の丸山行遼（一九〇〇－六七）をワルダーのアーシュラムに留めることとし、ガンディーはこれを認めた。丸山はこれ以降、一九四〇年八月にインド政庁から国外退去処分に付されるまで、このアーシュラムでガンディーらと起居をともにした。

3　藤井日達と中国問題およびガンディー

一九三七年七月の盧溝橋事件に追い打ちをかけるように、同年一二月には日本軍は南京大虐殺をひき起こした。世界の多くの人々とともにガンディーを含むインド人たちも、日本の軍事力の下に圧殺されようとする中国に対して深い同情の意を示した。藤井は、当時の彼の書簡その他から明らかなように、イギリスに対するインドの民族闘争を熱烈に支持する一方で、中国に関しては日本（軍）の対中国政策を基本的に是認していた。例えば、「アジア主義者」として知られる笠木良明に宛てた一九三四年四月二四日付の書簡で、日本軍によって「建国」された満州国の「興立発展」を願望しつつ、「満州国の建国に穢土に仏土を建立し衆生を菩薩行に将導する蓮華蔵海盧舎那仏の広大無辺の威神力の自在の顕現と相成り候[34]」と述べている。

従って彼はインド内での顕著な反日感情を無視することができず、一九三七年一一月にガンディー宛てに書簡を送っている。この中で彼は、「今度の支那事変に対する我が日本国の深く浄き心の誓願を見直していただきたいと希望し」つつ、インド人が中国での抗日意識の高まりを支持し、日本を「文明の敵、侵略の国」と呼んで中国への物質的な支援を行おうとしていることに不満を呈する。そしてインドにおける独立運動の帰趨への多大な関心を表明して、「インドの独立自由の完成のために支那事変に対処せる我が日本国民族の一致団結の堅きこと鉄の如く、身命を捨てて国難に殉ずる勇猛の覚悟をインド民族の人々に再検討して頂き度い」と要望した。その上で「支那事変に対するインド人の再検討を希望した[35]」。この書簡に対してガンディーが返書を出したのかどうか、これまでのところ著者は確認し得ていない。しかし、当時の藤井が述べるような、「日本の使命がわからない間はインドは永遠に淪氾の淵に沈んで居らねばならない」とか「中国事変は日本民族の理想国家実現の信念以外のものではない。剣を執って居るけれども近く云えば国家民族の救済の信念を実現し、遠く云えば娑婆を開顕して浄土を建立する菩薩業である[36]」などという発想がガンディーを納得させ得たとは考えられない。

藤井はインドを離れた後も、ワルダーに残った弟子の丸山行遼らを通じてガンディーに意見を伝えており、その書簡の内容から彼の意見に対してガンディーがいかなる反応を示したが知られる。例えば、一九三八年八月に滞在地の福井県敦賀から丸山に宛てた書簡では、次のような心境を語っている。

ガンジー翁の御返事一通同複写数通、…東京で落手しました。支那事変に対する翁と貴師との問答は面白く拝見致しましたが非戦論を以て終始された翁に対する支那事変はどう説明しても結句その要領を得せしむることは困難な所以でありましょう、これ以上に弁明をつとむる必要はありますまい[37]。

この書簡から推しても、ガンディーが中国における日本の行動をよしとせず、藤井や丸山らの説く「支那事変」擁護論を正面から拒否したであろうことは明白である。また別の人物への書簡でも、「私もかねて翁（ガンディー）の日本に対する考えを一層啓蒙せねばならないとは思って居りましたが先日の御返事の粗略さに由って且つ再論する勇気も失せて居りました、然し結句は翁の短見で無くて私の誠実が無いからの事であります[38]」として、ガンディーの姿勢を動かすことが不可能であると認めている。

ところで、この時期の藤井はガンディーに関して尊敬と期待を込めつつ言及している一方、彼に次ぐ会議派の有力な指導者で、一九二九年に次いで三六年にも会議派議長に選出されているネルー、あるいは会議派内の左派の動きにはむしろ否定的である。おそらくネルーの合理主義的姿勢、宗教への無関心が宗教者藤井には受け入れ難く、加えて中国問題をめぐって鋭く日本を批判し、インドにおける反日運動を呼びかける彼の姿勢に不満であったことなどがその理由であろう。彼はしばしばネルーを共産主義者と呼び、会議派が一九三七年に日貨ボイコット運動を展開した時も彼の行動は日本の立場の「曲解」であるとして、インドの独立運動が彼の指導下で達成されるならば「今日の中国問題が一転して将来のインド問題」となるであろうとまで書いている。[39]同じころ、会議派についても、その弱点は「所謂西洋カブレをして何々主義と称して国家建設の大事を技巧覇道に由って遂行せんとすること」であり、議長のネルーはこれに関して「当然引責辞職す可き」との見解を述べている。[40]

これとは対照的に藤井は、ヒンドゥー・コミュニティの組織化、一体化の強化にこそインドの将来がかかっていると主張するヒンドゥー・マハーサバーに大きな関心と期待を示す。前章でふれたように、同組織は創立初期にはラージパト・ラーイ、M・M・マーラヴィーヤなど何人かの主だった会議派指導者も加わっていたが、一九三七年のV・D・サーヴァルカルの総裁就任以降はそのヒンドゥー・コミュナル性をいっそう顕著にした。翌年会議派はムスリム連盟などとともにマハーサバーを「コミュナル組織」と規定し、会議派とこれらの組織への同時加盟を公式に禁じた。藤井はすでに一九三四年四月の書簡で、マハーサバーは「是より西天開教の影響衆として一味同心して往く可き教団に候」[41]と評価していた。一九三六年の同党ラーホール大会（藤井は「インド教徒大会」と称している）、一九三七年のアフマダーバード大会にも弟子を送っている。

さて一九三八年三月にインドから帰国したあと、藤井は布教、「撃鼓唱題行による祈念」、各地での日本山妙法寺の建立などのため、しばしば中国を訪れるが、同じころから軍人との接触が始まる。その目的は戦争における犠牲者の供養のため、主として軍人に仏舎利を献呈し、かつ中国各地に仏舎利塔を建立するための便宜を依頼することにあった。その仲介を行ったのは、藤井に深く帰依する軍人（松谷中佐）で、彼を通じて松井石根、板垣征四郎、米内光政、寺内寿一、畑俊六など陸海軍の領袖たちに仏舎利塔を献呈している。[42]ただ、こうした軍指導部との接触にもかかわらず、藤井は必ずしもこうした軍の指導者たちに大きな信頼を置いていたわけではなく、戦争の推移に関してもかなり批判的な目を持っていたようである。例えば一九四〇年八月の弟子丸山への書簡で、

現代の日本は戦争最中であるのみならず、前途になお決戦を予期する強大敵国に備うるために自ら軍国となってしまいました、…日本国の前途はかくて土崩瓦解の運命に直面したようであります、大臣も大将も今以て信仰の寸心を改めて速やかに実乗の一善に帰する道がわかりませぬ、これで満州国を指導し更に中国を更正せしめようとするのであります、焦燥するのみで人心とは愈々懸かに隔ててしまいます(43)

と述べている。また、「満州国」の存在そのものは否定しないが、現地の状況を無視した日本の政策に対する次のような宗教人らしい悲憤慷慨を表明している。

最初王道楽土の看板を掲ぐる時に欺瞞が含まれては無かったか、王道楽土建設の理想標準なくして漫然と云いだしたものか、いずれにしても不楽土の責めは日本の人々が負わねばなりますまい、楽土が出来ればその効は必然日本人が受用するのでありましょう、何が故に真実の楽土建設の菩薩行をなさないのでしょう(44)。

戦後に編集された『自伝』の中で当時を振り返りながら、自ら布教する中で民心を得ていない日本は長い間満州に留まることはできないと感じていたこと、日本にとって残された道は「中国人を皆殺しにする」か「それができなければ中国の地を去って日本に帰る」かであると、日本軍の要人に説いたことを記している(45)。

こうした姿勢を考慮すれば、彼を「軍国主義者」と規定することは出来ないであろう。彼および妙

法寺の僧侶たちの認識において、またその活動において、彼らを突き動かしたものは究極的に宗教的動機であったと言えようし、おそらく信仰を直ちに実践に移そうというところにこれらの宗教者の真骨頂があったのであろう。この点は『自伝』の中でもふれており、それを頭から疑ってかかることは出来ない[46]。しかし、戦時中の藤井の思想に天皇崇拝と皇室を中心とする「一国家一家族」観が強く反映していたことは否定できず、アジア諸国侵略のイデオロギーとなった「八紘一宇」「大東亜共栄圏」という考え方を合理化する心理があったことも彼自身の文章から明らかである[47]。また彼らの中国各地での布教や仏舎利分授という活動が、日本軍の進軍と歩調を合わせて進められた点も無視できない。

このような藤井の「中国問題」理解と、日本の中国侵略に対する激しい批判と抵抗する中国人への強い同情・連帯を示すガンディーのそれが大きく異なるのは明らかであるが、奇異に思えるのは、それにもかかわらず一九三八年以降も、藤井の第一弟子とも言うべき丸山行遼のアーシュラム滞在をガンディーが認めたことである。丸山はこのあと、日本に帰国した藤井とガンディーとの文通の仲介に努めている。これらのことから見て、ガンディーが藤井と絶交したとは考えられない。丸山に関してのガンディーの評価は、一九四二年七月に『ハリジャン』紙に発表された有名な「すべての日本人に」と題する声明文に見ることが出来る。内容的には日本人に中国侵略への反省を求める文章であるが、この中で一九一五年以来多くの日本人仏教僧が彼のアーシュラムで起居をともにしたと述べ、中でも最も身近だった人物として（名前は挙げていないが）、丸山の存在について相当の字数を割いて好意的な評価を与えている。

彼ら［日本人僧―引用者］の一人はセーワーグラーム・アーシュラムの貴重なメンバーとなり、

彼の義務への専念、品位ある態度、揺るぎない日常の信仰への献身、あらゆる状況下での優しさと冷静さ、内なる平安を明瞭に証明する自然な微笑みはわれわれすべてを魅了した。そして今、君たち［日本人―引用者］の対英宣戦布告のためにわれわれのもとから連れ去られ［一九四〇年八月―引用者、前節参照］、われわれは大事な協働者として彼の不在を寂しく感じている。彼は思い出としてわれわれに日々のお祈り［ナムミョウホウレンゲキョウ―引用者］と小さな太鼓［団扇太鼓―引用者］を残してくれたが、われわれは今でもその太鼓で朝夕のお祈りを始める。(48)

藤井自身に関するこの時期のガンディーの評価は知ることが出来ないので推測に過ぎないが、彼がここで丸山について書いている時、その念頭には藤井の像が重なり合っていたのではなかろうか。もしそうだとすれば、戦争やアジアの政治状況に関する理解や見解には隔たりがあったにもかかわらず、ガンディーは藤井や妙法寺の僧たちの中に、自我を棄てて信仰に生きる宗教者としての姿を第一義的に見出していたと言えるかもしれない。

藤井は戦後に、かつて戦時中に戦勝祈願を行ったことについて反省懺悔を行い(49)、それからの日本の前途を救うものはあくまで仏教であるとの考えから、新たな仏舎利塔建立に従事した(50)。一九五〇年ころからは仏舎利塔建立とあわせて、日本国憲法における非武装および不殺生の精神を説きつつ行脚する平和行進を続けるようになった。この方向をいっそう進める契機となったのは、一九五四年四月に宗教者が中心となって日本で開かれた第二回世界平和者会議（第一回は一九四九年一二月にインドで開催）であったようである(51)。その後、反戦非武装の立場から砂川米軍基地反対闘争（一九五六－五九年）をはじめとして、藤井を中心とする日本山妙法寺は、日本国内のみならず国際的規模の核兵器廃絶・

軍備撤廃を掲げる平和活動や人権運動に邁進してゆく。藤井は一九五四年の文章の中で、非武装・非戦を主張するに至った契機について次のように述べている。

…広島、長崎に原爆が投下され、幾十万の無辜の婦女幼童が、火あぶりに毒殺をかねたるが如き、人類歴史未曾有の悲劇をうけたるを見、日本が無条件降伏を乞える事に由て、現代戦のいかに罪悪にして狂乱、愚昧、野蛮なる性質なるかを見たるが故である(52)。

彼はこのすぐ前の文章で、非武装・非戦の主張の契機が必ずしもガンディーとの出会いではなかったとわざわざ断りを述べているのだが、波乱の時代に自己献身の身をインドに置いた宗教者藤井の中で、日本中心のアジア主義的幻想が消滅した後にガンディー的非暴力の思想が身近かに感じられるのはむしろ自然のことであったろう。その意味で、藤井の『自伝』をまとめた山折哲雄の、戦後における藤井の平和運動が「昭和八年のガンジーとの出会い」にその思想的原点をもつという指摘(53)は正鵠を得ているかと思われる。

二　野口米次郎と高岡大輔の場合

次に、一九三〇年代にガンディーと会見した日本人として、野口米次郎（一八七五－一九四七）と高岡大輔（一九〇一－一九九二）についてふれておきたい。それぞれ文学者および政治家として全く異なった分野で活動したこの二人に共通するのは、一九三〇～四〇年代という時期に、「大日本帝国」の主導の下にアジアを「解放」して「東亜新秩序建設」（一九三八年一一月近衛文麿首相の声明）を実現するという当時の日本の「使命」を積極的に説いていたことである。

ただ、この二人はガンディーとの会見で、当時の社会的、政治的状況に関するまとまった議論を行ったわけではなく、また会見時間も極めて短かいものであった。ここでは主として、彼らが一九三〇〜四〇年代の日本の動向に関わらせて、インドの政治状況、ガンディーの思想や運動をどのように理解し、それを当時の日本人に語っていたのかを辿ってみたい。

1 野口米次郎とインド

野口米次郎（ヨネ・ノグチ）は英語の詩の創作によって国際的に有名をなすという、日本人としては稀な詩人であった。慶應義塾を中退後、渡米して詩を学んだ野口は一八九六年に初めて英詩集『見えるもの、見えざるもの』（*Seen and Unseen*）を出している。一九〇二年にイギリスに渡り、翌年『東海より』（*From the Eastern Sea*）を出版して、このころからヨネ・ノグチの名で英語圏において知られるようになる。一九〇四年に帰国したあと、慶應義塾の英文科教授となり、日本語の散文詩を発表し始めた。

このような経歴から、野口はしばしば「日本人らしくない詩人」と評されたが、英語で詩作していた時期の作品でも、彼の関心が日本にあったことは疑いなく、野口研究者によれば、「彼の日本的特色はすでに初期の英語の著作にも鮮明で、西洋の事物を主題としたものが少く日本的事物への興味や熱愛を歌ったものが圧倒的に多い」[54]。さらに注目すべきは、「日本語の駆使が自由になった後期（一九〇四年の帰国後—引用者）は彼の日本研究と祖国愛が深化し、益々日本的になり、日本や印度を対象とした」ことであろう。[55]

野口のインドとの関わりは、インド自体というよりも、「詩人」ナーイドゥ（Sarojini Naidu, 1879-1949）との出会いから始まった。一九一二年からオクスフォード大学に招かれて訪英し、たまたま病気療養のためロンドンにいたナーイドゥが野口との会見を希望して、詩人イェーツ（W. B. Yeats, 1865-1939）の仲介で二人は会った。彼女は当時インドでは著名な詩人としてのみならず、インド国民会議派にも属した女性運動の指導者としても知られ始めていた。一九一五年の会議派ボンベイ大会では、「目覚めよ」と題する自らの詩を読み、「夜は明日への夢に満ちている。何ゆえ汝はなお悲しみの軛の中に眠るのか。目覚めて、我らを縛る苦難を絶ち、我らを呼ぶ勝利のために我らの手を清めよ」と呼びかけた。[56]一九一七年に彼女は第三詩集『破れた羽翼』を野口に贈ったが、当時の彼はインドの政治状況に関して何らの知識・関心を持ち合わせていなかった。のちにこのことにふれて、彼は、

然るにこの頃私の関心はただ詩に集中されていて、印度の存在も一九一三年倫敦で私が知った抒情詩人サロジニ・ナイヅウの姿以外何物でもなかったから、ガンジーやジンナーの名前も私に何等特殊の興味を與へなかった。[57]

と記している。しかし、世界大戦が深刻化する一九一八年以降のインドの状況が日本の新聞に大きく取り上げられるようになると、ナーイドゥが詩集においてしばしばふれたガンディーについて再認識し、「英米の新聞や雑誌のなかからガンジーのことを漁って、彼の如何なる人物であるかを知らんとした」。[58]ナーイドゥとの文通はこれ以後も続き、一九三五年の渡印の折にはボンベイで再会したが、この間、彼女は一九二五年に国民会議派カーンプル大会で女性としては最初の議長を務めている。

野口のインドとの関わりで一般により知られているのは、詩人タゴール（Rabindranath Thakur [Tagore], 1861-1941）との交流と決別であろう。タゴールは一九一三年にノーベル文学賞を受賞し、一九一六年に第一回目の訪日をしている。この時に野口は歓迎委員会の一員であったが、タゴールについてあまりよく知らず、ナーイドゥとの出会いのように深い印象を受けなかったようである。[59] しかし、一九二四年の再来日のころには、彼のタゴールへの関心は高まっていたようで、「タゴールに與へる」と題する詩によってその高尚な人生観、芸術観を称揚し、「私はあなたに人生と世界の問題を読むであらう」とまで持ち上げている。[60] ただ、タゴールの東京到着翌日に宿舎の帝国ホテルで語り合った後に記したという彼の文章は次のようなものであった。

八年前に日本へ来た時は、ずいぶん激烈な言葉で真実の人間性を毒する現代の文明を呪った。しかし、大声ほど耳に入らずの感があった。なにしろ戦争で成金国にならうとしていた最中であったから、彼の厳粛な正直な批判も、たうぜん得べき反響を得ることができなかった。ところで、今日は米国の排日法案の実行などで、反西洋熱が高まっている時代であるから、彼の言葉は、尊敬の態度で謹聴されることだろう。――タゴールは古いといふのをやめよ。タゴールには新しい哲学がない、詩がない、といふのをやめよ。[61]

ここで彼がタゴールの「近代」批判を見据えていることは理解できる。しかし、一九一六年来日の折に慶應義塾大学で行った「日本の精神」と題した講演において、タゴールが当時の日本が目指していた武装力強化や他国の損失を顧みない「盲人のモットー」のもつ危険性を指摘していたこと、[62] また翌一九一七年に出版された『国家主義』所収の「日本の国家主義」の中で、日本にとってのより大きな危険が、「西洋の外観の模倣にではなく、西洋の民族主義の原動力を自らの原動力として受け入れることに」あり、「道徳的盲目を愛国心の儀式として飽くことなく培う国家」は突然に横死するとして、厳しい警告を与えていたことなどは野口の念頭にはなかったようである。(63)

野口は一九三五年一一月から翌年一月にかけて、タゴールの熱心な勧めに従って最初で最後の訪印を行っている。日印協会の『會報』は、野口および一か月後に出発した高良富子の渡印を報ずる「會務記事」を掲載している。

慶應義塾大学教授野口米次郎氏は予て印度甲谷陀《カルカッタ》大学其他数大学より日本精神に関する講演方に就き交渉を受け居たるが、今回愈々決定を見るに至り去る一〇月一七日神戸出帆の諏訪丸にて渡印の途に就かれたり。又日本女子大学教授高良富子女史は甲谷陀基督教女子青年会に出席の為去る一一月二四日横浜出帆の照國丸にて同じく渡印せられたり。本会は両氏が印度各地旅行中特別の便宜を得るやう斡旋せり。(64)

野口はシャーンティニケタンの大学でタゴールと語らい、各地で日本文化、日本精神に関する講演を行った。しかしこの訪印で彼の心により印象深く残ったのは、ガンディーとの会見であった。彼はインド国内旅行の途中、一九三五年一二月三一日に中央インドのワルダーにあるガンディーのアーシュラムを訪れた。秘書のマハーデーウ・デサーイーによれば、この時期ガンディーは病床にあったが、医者の許可もあり例外的に会見が認められたという。この時のガンディーの印象を野口は次のように綴っている。

…彼は二、三円で買へる洋銀縁の安もの眼鏡を下りめにかけ、彼の田舎者然たる無装飾が老人臭い心安さで一段と人を魅するると感じた。…彼は殆ど裸といった位に腰の廻りに簡単な綿布を一枚巻いているのみで、蟷螂のやうに痩せた脛をくの字形に曲げ、今素人か商売人か知らないが若い男にそれを按摩させている。私はこの虫も殺せないやうな柔和な老人を眺めて、これがかつて大イギリスの肝を寒からしめ、二一日間の断食を決行してイギリス人の道義心を最後の土壇場まで追詰めた英雄児であらうかとかつ驚きかつ怪しまざるを得なかった。…彼は表面は確に柔和だが、なか身は命を鴻毛の軽きに置く硬骨漢だ。私は着印以来沢山の人に遇ったが、このガンヂイのやうに私をして心安く感じさせ、また後光の射すやうに思はせた人はなかった。(65)

当時日本で本や新聞を通じて報じられていた平均的ガンディー像を野口も抱いていたことが分かる。この日の会見の内容としては、ガンディーは「彼［野口―引用者］は私と何の議論をしようというのでもない。私はただ喜んで彼の話に耳を傾けることにしよう」とデサーイーに語っていたし、(66)野口も「私は…もとより政治家ではないから君［ガンディー―引用者］に政論を吹きかけるつもりで来たのではない…ただ君の身を捨てての奮闘に対し敬意を表しに来たのである」(67)と口にしているように、何らかの特定の問題が取り上げられたわけではなかった。共通の話題としては、詩人アーノルド(Edwin Arnold, 1832–1904)の日本観、日本の社会活動家、賀川豊彦のことなどであった。アーノルドの本にふれて、野口が「愛と同情なしにある国民を正しく描くことはできない」と述べたのに対し、ガンディーは、

確かに。より暗い側面を見ることは最も易しいことである。私どもが日本の交易・通商競争を通じて日本のより暗い側面を知るように、君もわが国のより暗い側面を見たに違いない。しかし

より明るい側面を見るのが最良のことであり、日本のより明るい側面について、私は賀川を通じて知っている。(68)

と答えている。このころからガンディーには賀川に関する関心が生まれていたことが分かるが、賀川についてはあとでふれる。

短い会見を終えて立ち去る前に、何か日本への伝言をと求めた野口に対して、ガンディーは「私の伝言は君たちがわれらの詩人タゴールから受け取られた伝言に含まれている。彼の伝言はわれわれの多くが伝えたいすべての伝言を含んでいる」と答えた。(69)これに関して野口は、「その言葉の意味が私に明瞭でなかったが、恐らく彼はタゴールが常に抱いている日本の物質主義への反対を意味したのであらう。私はガンヂイがへりくだって老詩人に花を持たせた謙譲の態度を懐かしいものと思った」(70)と書いている。先に見たように、野口は日本の拡張主義への警告を含むタゴールの発言を歪曲して解釈していたが、すでに一九三〇年代初めから日本の中国侵略を憂慮していたガンディーが別れ際に語ったことばの意味をも読み取れなかった。

盧溝橋事件を機にアジアの緊張がさらに深まっていたこの時期、インド内に中国への同情と連帯、日本への非難の声や運動が澎湃として起こったことは先にふれたが、こうした状況は野口に一つの舞台を提供することになる。彼は、一九三八年八月に日本の立場を擁護する書簡をタゴールとガンディーに宛てて送った。これがその後数回にわたって、書簡交換という形で行われたタゴールとの論争の初めである。

この事情を当時の『東京朝日新聞』は「老詩人・愛国の論陣　タゴール翁に聖戦を説く」と題する

四段組の記事を載せ、「インドの詩聖タゴールとわが詩人野口米次郎との間に支那事変をめぐり空前の大論争が行はれる事になった」として次のように報じている。

…支那事変の勃発以来インドにみなぎる支那側のデマ宣伝は日印親善の和やかな気分を攪乱して本年七六歳の老詩聖タゴール翁まで日本へ訓告の声を上げるに至ったので一昨年日印交換教授としてインドへ国賓待遇で招かれタゴール翁と二五年間の詩友野口氏は六三歳の老いた胸中に青年の熱情をみなぎらせて去る八月「正義日本」を強調、長文の英文の手紙をタゴール及びガンヂー両翁へ送ると共にカルカッタ最大の『ステートマン』『アミリタ・バザー』〔正確には『アムリタ・バーザール・パトリカー』─引用者〕両紙をはじめ全印一三の新聞紙へ「日本詩人ヨネ・ノグチの公開状」として一斉に発表した(71)。

この書簡は「わが日本の正義と東洋平和のため聖戦の意義」を強調するものであり、当然ながらタゴールはこれに対する反論を返した。その中でタゴールは日本の中国における行動が「近代文化人の人類への裏切り」であり、「自由が蝸牛の殻の中にもぐる時、偉大なる人間性は影をひそめます」として、野口そして日本の基本的姿勢をたしなめるとともに、日本と中国が手を携えてこそ新しいアジアの人間性が再生されるだろうと説いた(72)。野口はこれに対する返書（一九三八年九月二六日付）で、タゴールの見解を「現実を離れて理想を語」るものとして斥け、「愛国心を分けあって国旗に対する義務を果したい」という姿勢を崩さない。続いて、

仮に君の言葉を信じ所謂人道擁護の先鋒となり、支那をそのままに打っちゃって置いたならば、どうなる。…事実は明瞭だ。我々は壁一枚隔てて支那大陸にソヴェト・ロシアを持ち、数千年来

養ひ来った日本精神の保全を、誰が約束して呉れると君は思ふ？　人道主義のから念仏のために、祖先代々あつい恵みを受けて来た国土を売払って仕舞ひたくない。馬鹿げたことをいってくれるな。軍国主義を罪悪なりとしても、君等の人道主義が人生を骨抜きの軟骨動物にして仕舞ふことを思ふと、誰かその罪悪を前者より軽いといふ？

と書く野口の見方は、当時の日本軍部や政府の発想をそのまま反映している。さらに彼は日本の武士道に言及し、「今日支那の戦場に於ても、日本兵はこの伝統を裏切らないものと僕は信じている。若し日本の軍国主義が西洋のそれと異なった点があらば、僕等には倫理的要素があることを注意せねばならない」として、かえってタゴールを諌めようとさえしているが、(73)前年の一二月に南京を占領した日本軍が中国軍民を多数虐殺したことがすでにインド人の耳にも達していたことを考えれば、タゴールたちが野口のこの書簡を読んで感じたことは容易に想像がつこう。このあと野口は「三度びタゴールに與ふ」と題する書簡において、「文化人の裏切り」となっても「日本国の裏切り者」となりたくないと書き、最後には、日本批判を堅持するタゴールに対し、もはや「弁論無用」「万事休す、今何をか云はんやだ」と匙を投げることになる。(74)この少し後の一九三九年四月に、日印協会主催の「印度研究会」第一回会合の席で、タゴールとの問題に関して問われるままに答えた次の言葉に、野口の本音があったと言えるだろう。

タゴールが支那を援護するやうな文章などを出して支那の同情を宣伝したから、不都合だと思ったのだ。戦争を広義に否定するならば、相手有っての喧嘩だから、何も日本ばかり悪く言ふ理由は無いぢゃ無いかと云ふ簡単な理解をして貰いたいと云ふ次第で、彼に手紙を送ったのだ。(75)

日本の侵略に反対し、中国への絶大な支持を掲げるタゴールたちと、中国侵略を「喧嘩」と見做す野口らとの間に、越え得ぬ溝があったことは明らかである。

先に見たように、野口はインドからの帰国後にガンディーを取り上げたいくつかの詩作や著述を行っている。その成果は一九四二年の詩集『起てよ印度』と翌一九四三年の『聖雄ガンジー』である。前者は、インド旅行中に出会った自然、人々、神々や信仰の様、また帰国後にインドの社会や政治を題材にして詠んだ約七〇編の詩と随想を集めたものである。その中の「マハトマ・ガンジー」と題する詩は、ガンディーの運動の失敗を嘆いて、「ああ、神様の正義はどこにある、何故に認められ賞賛されないか？　彼は大地に接近して人生を寂しく歌ふ」(76)と、彼の姿を表現した。この詩に付した野口自身の解説は、その点をもっと明瞭に語っている。すなわち、

…実に六年前のガンジーは印度の指導者として最高に達した時で、…「最も弱きは最も強きものなる」を彼は立証した予言者であった。その後世界情勢の変化と印度人心の動揺につれて、彼の指導力が漸時に衰へ今日に至ったのである。…彼は自己を律することに峻厳、自己の完成のみに力を尽した。故に彼は自分の手で独立を故国に与えることができなかった。彼は今日恐らく自分も失敗者の一人であったと感慨無量であらう。しかして私の本詩「マハトマ・ガンジー」は彼への挽歌となるであらう(77)。

この解説には、『大阪朝日新聞』（一九四二年七月）の連載論稿「起てよ印度」の第一回目として彼が書いた「ガンジーに與ふ」と題する文章が転載されている。四段組のこの文章は、三月にイギリスが玉璽尚書S・クリップスを派遣し、戦後に自治を認める条件でインドの戦争協力を求めてきたのに

対し、即時独立を主張する会議派がこれを拒否するという強硬な姿勢に出たことを高く評価したものである。しかしこの文もまた、先の詩の解説と同じく、ガンディーの指導への否定的な評価を下すものであった。ガンディーや会議派の強硬な姿勢によって、イギリスは「死中に活を見出すことができない立場に追い込まれた」、しかし「君の仕事はもう終った」「今インドが直面している重大な現実は、身を理想に浄めた哲人の非協力と非暴力の提唱だけでは処理できない」として、野口はガンディーを「過去の人として」葬り去ろうとしている。(78)

『聖雄ガンジー』の最終章「大東亜戦争と印度」は、「一九四一(昭和一六)年一二月八日、我が天皇は大詔を渙発し給ひ、大東亜戦争は始まった」という文章で始まるが、一九四二年のインドの状況に関して「今回の大抗争は、同じく自由と解放を本義としてはいるが、背景となるべき東亜の情勢が違っている。即ち我が日本は疾風迅雷の如くに、東亜各地から英米蘭の数百年に亘った暴戻と搾取に終止符を打ち、皇軍は今ビルマにアンダマンに兵を進めて、『起てよ印度』を叫んで、印度を勇気づけている」(79)と位置づけている。ここで言う「今回の大抗争」とは一九四二年八月に始まるいわゆる「クウィット・インディア」運動で、八月八日の会議派ボンベイ大会においてガンディーが反英大衆運動の開始をイギリスに通告した後、彼を含む主だった会議派指導者が即日逮捕されたにもかかわらず、翌日から全国的に様々な形で展開された歴史的な闘争である。しかし上に引用した野口の評価は、大戦をファシズム(全体主義)対民主主義の闘いと捉え、民主主義＝連合軍側を支持するという基本的路線を確認していたガンディーや会議派指導部の立場を全く無視ないし曲解するものであった。

先に藤井日達の箇所でふれた「すべての日本人に」と題するガンディーの声明文は、アジアにおける日本の暴虐に対する厳しい弾劾を含んでいた。その冒頭でガンディーはかつてタゴールが日本を評したように、「高貴な高みから帝国的野望の域に降り立ってしまった」ことで日本はアジアを寸断し、人類の希望である世界連邦の実現を妨げることになるのだと指摘した。そして、会議派が開始しようとしているイギリス支配に対する闘争（「クウィット・インディア」運動）は、日本が期待するように、日本軍のインド攻撃に合わせた連合軍への妨害などではないし、自分たちは帝国主義に対してと同様に、日本軍やナチズムに対しても抵抗するのだから、インドに攻め込む日本軍をインドが進んで歓迎すると信ずるなら大きな幻滅を味わうことになろうと書いて[80]、日本の野望を断固として拒絶している。野口がこの文章を目にしたのかどうかは不分明であるが、少なくともガンディーの呼びかけに対する反応は野口のどの文章の中にも見出せない[81]。このころの野口の思想は、一九四二年一二月の日本軍の真珠湾攻撃後に出版された詩集『宣戦布告』の全編にわたって見られるように、日本主義、大東亜共栄圏のイデオロギーに完全に染められていたと言える[82]。

2 高岡大輔とインド

高岡大輔はインドに深い関心をもった代議士である。日印協会とも関わり、一九三六（昭和一一）年に国民同盟から立候補して当選したのを最初に、その後ほとんど連続して衆議院議員（新潟二区）を務めた。

高岡のインドとの接触は古く長い。一九二三年に東京外国語学校（東京外国語大学の前身）印度語科を卒業する彼は、「誇張した言葉を用ひるなら、学生時代から印度が好きで…学生時代のノートを繙くと随分印度に憧れていたことが書いてある」[83]と自ら言うように、若い時期からインドへの強い憧憬を抱いていた。卒業後、新潟新聞社、大倉土木株式会社を経て、日印協会に勤務するようになって、インドとの関わりは当然ながら強まった。一九二七年に初めて渡印した高岡は続けて四年間滞在し、インド各地で様々な見聞を行った。帰国後は『日印協會會報』を中心に、インドに関する新しい情報をさまざまなタイトルのもとに執筆・掲載している。[84]

長いインドでの体験に基づいて一九三三年に執筆し、翌年出版したのが最初の著作『印度の眞相』である。同書は「印度の現勢」「位置と地勢」「気候風土」「宗教と葬祭」「インド人の奇習」「釈尊の一生」「東印度商会」「旅行の用意」「印度旅行日誌」などの章を立てた、いわば一般向けのインド概説書兼ガイドブックという体裁をなしている。約四〇ページの「印度語独習一箇月」の「附録」が付いているのが、東京外国語学校印度語科卒業の経歴をもつ高岡らしい。「現勢」の章では、ガンディーが立法議会の議員であった、会議派の総本部がアフマダーバード(アムダーワード)にあったとか、また一九二七年のサイモン委員会の任命と一九二八年のネルー報告の年代を逆にするなど、各所に事実の表記に混乱が見えるが、ガンディーの政治・社会運動を初期の時点まで遡って詳しく叙述している。日印協会との関わりもあってか、一九三三年四月の日印通商条約の破棄と、九月からシムラーで開催された日印会商についても、その経過を細かい統計などを挙げて解説している。

一九三四年には高岡は『素っ裸のガンヂー』を出版する。同書は主としてガンディーの『自伝』に基づき、ロマン・ロランやアンドリュース(Charles Freer Andrews, 1871-1940)、その他インド人による様々のガンディー評をも参照しているが、「その中に筆者が印度滞在中、実際に見聞した印度の人情、風俗、習慣を出来得る限り織り込んだもの[85]」であると著者は付記している。ガンディーの『自伝』は一九二〇年の会議派ナーグプール大会で叙述を終えているが、この高岡の伝記は、彼が政治活動から隠退を表明した一九三四年までを扱っており、正に同時代人によるガンディー伝と言えよう。高岡は、この時点でガンディーが文字通り政治生命に幕を降ろしたものと受け取ったようで、「六五歳の老爺ガンヂーは、余生を…チャルカとバガヴァッド・ギーターとを友として生くるであらう[86]」との予想まで下している。

このあと高岡は「和製ファッショ」と呼ばれた国民同盟[87]という政党に参加し、一九三六年の衆議院選挙に同党から立候補して当選し、政治家としての道を歩み始める。一九三八年一一月、高岡は八年ぶりでインドを訪れた。彼は以前と比較してインド政治の大きな変化を目前にし、「印度は正に独立の一歩手前である」と感じた[88]。インドでは、改定されたインド統治法（一九三五年）によって行われた一九三七年の州立法議会選挙で会議派が大勝し、最終的に一一州のうち八州で州政府を樹立した。インド総督に任命される州知事の絶大な権限は残ったが、曲がりなりにも州自治が実現したものであり、「八州に於いて警察権まで有つ州政府を彼等によって組織した国民会議派は白昼堂々と反英抗争、独立運動をやっている[89]」と高岡が見たのもあながち間違いではなかった。

高岡は一二月七日の会見という約束に従って、ワルダーのアーシュラムにガンディーを訪ねた。実はこの時期、のちにふれるように、賀川豊彦も講師として参加する世界キリスト教宣教師大会が一二月一三日から二五日まで南インドで開催されるため、世界各国からの参加者の多くがこれを機にガンディーを訪ねていた。高岡の会見の直前まで、大会の議長を務めることになっているアメリカの

YMCA指導者モット博士（John Mott）に率いられる宣教師のグループがガンディーと会見した。世界各地の人道主義的運動のあり方が語り合われたが、その中で中国での日本軍の侵略行為に関する質問が投げかけられた。前年七月の日中全面戦争突入、一二月の南京大虐殺の報が全世界を駆けめぐり、インドでも「中国連帯デー」や日本商品ボイコットの呼びかけが行われ、一九三八年四月には会議派によって中国への医療使節団が派遣されていた時期であり、当然出るべき話題であったと言えよう。

このような時期の訪問であったから、高岡を迎える方でもそれなりに神経を使った様子が、ガンディーの秘書デサーイーの文章から見て取れる。彼はこれまでアーシュラムにファシストや軍国主義日本の代弁者を迎えたことはなく、「この日本の国会議員高岡氏」はそういう人物ではなさそうだとしつつも、「中国と日本の戦争が続行中の今、日本からの客は歓迎されそうにない」ことを恐れているようだと推測する。高岡も直接に戦争の話は出さず、「とにかく、戦争もそういつまでも続くわけではなく、我々の義務は日本・インド・中国の間の友好がいかに樹立されるべきかを見出すこと」である点に議論を絞り、このことに関する質問をガンディーに尋ねた。これに対するガンディーの返答は極めて厳しい内容であった。

それ［日本とインドの友好―引用者］は日本が貪欲な目をインドに投げかけるのを止めれば可能である。君達がインドに武器を持ち込まないのは確かだが、時に大変お粗末なものを含む君達の商品でインドを満たすため、比類ない技、真理を隠す能力、およびインド人の弱点に関する知識を活用する。…君達はもし思い通りにそれ［インドの巨万の富―引用者］が得られなければ、武力によってそれが出来る。しかしそれは日印双方を結びつける方法ではない。それが出来るのは相互の友情に基づく道徳的紐帯である。(90)

ガンディーとの会見に関する高岡自身の文章にも、デサーイーの手記にも高岡の反論らしきものは残っていない。会見の最後に「アジア人のアジア」を追求する日本の立場について高岡が助言を求めると、ガンディーはアジアを「井の中の蛙」のままでおくことに満足するのでない限り、反ヨーロッパ的結合を意図する「アジア人のためのアジア」の教義に与することは出来ないとして、「大東亜共栄圏」的な発想を頭から拒絶している。(91)

この会見でのガンディーの発言に対する高岡の反論は、上に見たようにほとんど語られなかったと思われるが、これ以後の彼自身の文章を読むと、少なくともその政治指導者としての役割に関して完全に否定的な評価を公然と下しているのが分かる。帰国後に書いた文章で、ガンディーを「私心の全くない完全に近い偉人」「最高の敬意を払ふに吝かではない」としながらも、

今日の印度には最早ガンヂーの存在は、寧ろ印度独立と云ふ題目の為には、一つの障碍であるとさへ考察せらるるのである。端的に言ふならば、ガンヂーの生存する限り、印度は独立し得ぬのである。何んとなれば、彼は啻に革命に絶対必要な武力、暴力を根本的に排撃するのみならず、彼の闘争武器たる断食は今や英国の印度統治に力を添へることになっている。換言すれば、ガンヂーの存在は英印間の抗争に対する大きな緩衝地帯と化してしまっている。(92)

今やガンディーがインドの運動にとって無用になったと断定する発言といえよう。

ただ問題は、ガンディーの存在がなくなった時にインドがどういう方向に向うかであるが、高岡は

「国民会議派が掌握するところとなれば、その印度は西向きの国となり東洋とは没交渉の国となるであらう」と考える。そこで、会議派に代わる勢力として「将来大発展するであらう」と期待されるのが、藤井日達のところでもふれたヒンドゥー至上主義組織、ヒンドゥー・マハーサバーである。この組織は本来は主として宗教・文化組織という性格を持つものであったが、この時期には政党としての活動も行い、州議会選挙にも参加している。高岡はこの組織のことは余り多くは知らないと断りながらも、「此のヒンヅー・マハサバが印度を掌握するならば、印度は東向きの国となり、東亜共同体の仲間入りをするであらうと想像する。勿論、此のヒンヅー・マハサバが印度に君臨する時は、キリスト教と回教とは印度から姿を消さねばならない[93]」と書いている。高岡は一九三八年のデリー滞在中、実際に先述したマハーサバーの指導者サーヴァルカルやムンジェー（Balkrushna Shivram Munje, 1872–1948）とも会見している。この年ナーグプールで開催されたマハーサバー大会の印象について、「全体主義国家日本に対して正面から手をさしのべ」ている組織だとし、「一般の恐日病患者が見受けられ、反日空気なるものが相当あるが、此のヒンヅー・マハサバのみは勇敢に日印親善を高調し印度大衆によびかけている[94]」と記し、その姿勢を高く評価した。同党は「ヒンドゥー民族（国家）」（Hindu Rashtra）としてのインドの建設を目指すが、一九三八年一一月に、総裁サーヴァルカルはプネーの大集会で次のように述べた。

パンディット・ネルーや会議派を代弁者としない幾千万のヒンドゥー民族主義者たち（Hindu Sanghatanists）は、自らの民族的連帯と実力に最も適し、かつ最もそれに貢献すると考える政府の形態や政策を選択したという理由のみで、ドイツ、イタリア、日本、あるいは他のいかなる国家に対しても敵意を抱くものではないことが、ドイツ、イタリア、日本の国民の前に明確にされねばならない。[95]

会議派が強硬な反日姿勢を次第に明確に打ち出す中で、多くの日本人がこうしたマハーサバーの立場に好意と共鳴を寄せるようになった。高岡は一九四一年に、「此の世界変革期に直面した日本、東亜新秩序の建設を高調する日本人に対し、更に一層印度問題に関心を持って頂きたいと希望」して出版した書物の中でも、同党への強い期待を記している。[96]高岡は太平洋戦争勃発後も翼賛政治会、護国同志会などの会派に属して衆議院議員に選出される一方、一九四一年から日印協会評議員や理事を務めて、インド問題に深い関連を持ち続けた。日本山妙法寺の今井行順師（一八八〇－一九四七）の回想録によれば、彼らが一九四二年の一時期、日本軍の諜報機関である「岩畔機関」とバンコクにおいて行動をともにしていた時、機関の顧問として高岡大輔代議士もそこに来ていたと記しているが、[97]高岡のこうした機関との関わりについては詳しいことは分からない。

戦後の高岡は、無所属倶楽部、改進党を経たのち、一九五五年以降は自由民主党から立候補して当選を果たしている。

三　キリスト教系社会活動家とガンディー

これまでも見たように、戦間期の一九三〇年代にガンディーを訪れた日本人の中で、宗教者の存在が目立った。彼の思想や運動の背後にある深い宗教性に惹かれて彼らはガンディーとの会見を求めたのであろうが、ガンディーもまた日本の文化や精神にふれる楽しみを彼らとの出会いから得ようとした。ここでは、戦前世界的にも著名で、ガンディーや秘書のデサーイーらも大きな関心を寄せたキリスト教社会活動家の賀川豊彦を取り上げたい。ただその前に、多少時間的に前後するが、一九三六年にワルダーのガンディーを訪れたもう一人の著名なキリスト教社会活動家である高良富子のことにふれておこう。

1 高良富子とインドおよびガンディー

高良富子（本名とみ、旧姓和田、一八九六－一九九三）は、キリスト教の信念に支えられた教育家、生活合理化運動などを指導する婦人運動家、また平和運動家として戦前・戦後を通じて献身的に活動した人物である。彼女の自伝(98)によってその経歴を簡単に追ってみよう。測量技師だった父の仕事の関係でいくつかの土地に移り住んだあと、一九一四（大正三）年に県立神戸女学校を卒業し、日本女子大学英文科に入学した。この間、父母の影響もあり、キリスト教に入信している。大学時期の友人の一人が中条（宮本）百合子で、彼女の小説『伸子』に登場する教育心理学専攻の安川冬子という人物は高良をモデルにしたものだという。一九一六年夏、軽井沢で女子大の修養会に参加した時に、この年はじめて日本を訪れ、軽井沢に来ていたタゴールの講演を聞き、また同窓生たちとともに彼の身の回りの世話をしてこの詩人に傾倒した。その後、心理学研究を志して一九一七年にコロンビア大学に留学し、一九二二年に“Experimental Study of Hunger in Its Relations to Various Behaviours”という論文で博士号を取得した。帰国後、九州帝国大学医学部精神科助手に任ぜられ、教育者としての道に踏み出した。タゴールとは在米中にニューヨークで再会するなど交流が続いていたが、一九二四年に彼の再来日の実現に尽力した。先にふれたように、この折に詩人野口米次郎とタゴールの交友も深まる。高良はタゴールの滞在中各地に同行し、講演の通訳を務めた。タゴールの人となりや作品に関する文章を雑誌『家庭週報』などに発表し、「東洋文化と日本の使命」[99]と題する後に有名になる彼の講演の通訳も行った。こうしたことが契機となり、彼女は日本タゴール会の会長に就任することになった。

一九二六年二月、新渡戸稲造や賀川豊彦らの呼びかけで、日本のキリスト教徒による「日本友和会」が国際的なキリスト者の平和団体「国際友和会」(International Fellowship of Reconciliation＝FOR)の日本支部という形で結成され、彼女はこれ以後、この組織に深く関わる。その翌年、九州帝大に新設された法文学科の助教授への昇任問題が浮上したが、美濃部達吉によって「未婚の女性が男子学生に教えるなどもってのほか」という横槍が入って話は流れた[100]。そのため彼女は九州を去り、母校の日本女子大学に移って教鞭をとることになり、一九二九年に医学者高良武久と結婚した。一九三三年には日本女子大学に在籍のまま、求められて帝国女子医学薬学専門学校の教授となり、併せて附属家庭科学研究所の所長に就任して、女子への科学的な総合教育に乗り出した。

一方、彼女は一九三一年に始まる日中戦争に関して大きな危機感を抱いており、『東京朝日新聞』(一九三二年一一月一八日付)に「非常時に婦人の意見」という記事を寄せ、「平和を願う日本婦人が責任を果たさないうちに日支関係が今日の様な関係になったことは誠に残念だ[101]。今こそ日本が平和と正義の支持者であることを世界にはっきりさせる時だ」との発言も行っている。一九三五年、そうした彼女のもとに年末に南インドのカニャークマーリー（コモリン岬）で開かれる第一回全インド婦人会議への招待状が届いた。同じころ、国際友和会に属し、熱烈なガンディー主義活動家としても知られる旧友のイギリス人女性マリエル・レスター（Muriel Lester）の訪問を受け、深刻化する日中問題について語り合った。その結果、婦人会議への参加を兼ね、キリスト者としてガンディーを訪れ、出来れば彼を日本に招こうということになった。レスターは最初一九二六年一〇月にガンディーをアフマダーバードのアーシュラムに訪れたことがあり、また一九三一年九月、英印円卓会議に出席するためロンドンに到着した直後のガンディーを、自分がイースト・エンドに設立したキングスレー・ホールに招いている[102]。

一九三五年一二月にカルカッタに着いた高良は、シャーンティニケータンでタゴールと旧交を温めた後、ボンベイではサロージニー・ナーイドゥとも会見した。一二月二七日から一週間は、レスターともう一人の中国人女性活動家とともに全インド婦人会議に参加して、翌年一月七日にワルダーのガンディーを訪れた[103]。このワルダー訪問についてはむろん戦後に書いた自伝でもふれているが、その元となる文章は帰国後に雑誌『女性展望』に載せているから、当時多くの人々に読まれたものと思われる。それによれば、彼女たちはアーシュラムに数日滞在したようで、その間に高良も一対一でガンディーと話す機会を持った。

彼女から日本の近況を聞くのを楽しみにしていたと切り出したガンディーは、「此頃の日本は、どうなのか。支那へ行ってはメナース［menace（脅威）―引用者］であり、印度へ来ては搾取するやうに見えるが」と厳しい問いを発した。高良はこれに強い「迫力」を感じ、たじたじしながら、然し唯、一般の日本人の生活意識では、必ずしも、さう自覚しては居りません。否寧ろ、私共の接する階級では隣邦支那や、印度の東洋人兄弟と、生活を頒ち度い助け度いと云ふ熱望に燃えて居る人が多いのです。物質も文化も、共にシェアーして行き度いと云ふのが、日本人の今の真の願ひなのです。

と答えると、ガンディーは意外そうな顔をして暫し沈黙した。次いで、大量に海外に流れる安価な工業製品を生み出す日本の労働者に関する質問には、日本の工場でも近年は賃金・教育・福祉などの改善を行わなければ資本家もやっていけなくなっていると返答した。協同組合については、ガンディーが賀川豊彦の著書などによりその運動に関心を持っていることを聞いていたとして、高良はカーディー（手織綿布）を中心とするインドの農村手工業に関する話題を取り上げている。最後にガンディーの日本訪問を促す会話に移って行く。彼女はガンディーに対し「（日本の）一般の生活者はまことに純な憧憬を」抱いており、その来日が実現し、彼の「精神的指導を賜」ることで「新しい東洋の歩む道を見出す人も決して少なくはない」と強く主張した。ただ、ガンディーに日本へ来てほしいと訴えた高良は、このとき次のような思いを心に持ったことを記している。

私はカルカッタ上陸以来、実に多くの日本の過去の姿を印度の生活の中に見つけて、その中から脱け出して歩いて来た今日の日本を見たならば…そして正当な説明を加へたならば…どの位、東洋の先進文明国にして、今は後進国なる印度にとっても、亦日本にとっても学ぶことが多いかを考へ続けてきた。

近代日本のあり方を他のアジア諸国のモデルとするこうした発想を高良ほどの人物がもっていたの

は意外であるが、会見の中でそのこと自体は話題とならなかった。日本への招待に関してガンディーは「もし神が許し給ふならば」という言葉で応えたが、彼自身にはイギリス＝植民地当局の立場からして実現可能な計画とは思えなかったに違いない。ワルダー滞在を終えた高良はボンベイでナーイドゥに再会するが、「ガンヂイに逢ひましたか？　アアさう。あの爺さん、老耄れて了って、頑固で低能で、驢馬のやうに馬鹿気てたでせう」と真面目に話す彼女の言葉に驚かされた(104)。ガンディーに関するナーイドゥのこうした表現はインド人の間では有名で、ガンディーの姿をミッキーマウスに喩えたこともよく知られていた(105)。

ところで、ガンディーとレスター、高良との会見には秘書のデサーイーも同席していたが、彼はそのあと単独で高良と会話をもち、その内容を『ハリジャン』紙の「週間便り」（Weekly Letter）で報告している。それは高良自身の文章とは多少異なるニュアンスを伝えている。彼は「彼女と話している間、その謙譲さと深い教養はわれわれの心を打ち、彼女が貧しく虐げられた人々のことを話すとき、その思い遣りと心広い人間的憐憫の情が彼女の内に満ち溢れる」と、高良の人格を高く評価する。しかし、ガンディーの日本への招待に関しては、「あなた方は本当にガンディージーを必要とするのですか。日本がガンディージーの何を有用だと言うのですか、インドを搾取し、中国を強奪する日本が？」と問いつめ、日本にとって彼の何が必要なのか納得できないと否定的であった。高良は日本軍の中国での行為を恥ずかしいとし、精神的支えを失いつつある日本人をガンディーが鼓舞してくれることが最大の望みであると訴えた。高良が自分の文章で全くふれていないのは、「不可触民」に関わる話をデサーイーとし、彼がそれに多大の興味を示したことである。デサーイーによれば、高良は次のような説明を彼に与えている。

われわれはあなた方と同じ問題をもっていた。そしてわれわれはそれを解決した。日本にも「不可触民」がいたことはご存じでしょう？　それらのいわゆる不可触民は外国からやって来た人々で、死んだ動物の皮を剥いだり、皮を鞣すなど、卑しいとされる仕事をした。彼らはユダヤ人のゲットーのような地区に住まい、彼らに対する扱いは犬に対するよりも劣るものだった。すべてこれはここインドに存すると思えるものと同じく厳然たる事実である。しかし明治維新とともにすべてが音を立てて失くなった。子供のころ、私はこうした「不可触民」を避けるように言われた。でも今の世代の人たちは「不可触民」がどのような人たちであるかをあなた方に話すことは最早出来ない。

続いてデサーイーの質問に答えて、彼女は水平社の運動に関する簡単な説明を加え、三〇年に及ぶその運動の結果、差別問題は解決されたと述べている[106]。今日から見れば、日本におけるいわゆる被差別民問題をめぐる高良の基本的な考え方がいかに誤った理解や偏見に満ちたものであるかは明らかであるが、この問題が、特に一九三〇年代以降ハリジャン（不可触民）解放運動に熱意とエネルギーを注いでいたガンディーとの会見で語られずに、秘書デサーイーとの会話の中でのみふれられた理由は不明である。デサーイー自身も「清掃問題」に関してもっと彼女と議論したいと思ったが、彼女の滞在時間が十分でなくあきらめざるを得なかったと書いている[107]。

一九三七年に日中全面戦争に突入し、翌年には国家総動員法が布かれるが、高良も次第にその流れに引き込まれていった。一九三七年に国民精神総動員東京市実行委員会経済協力科委員、一九三八年に非常時国民生活様式改善委員、一九三九年に大蔵省貯蓄奨励委員、一九四〇年に価格取締調整の物価形成中央委員、国民精動中央本部の贅沢全廃委員として名を連ね、同年一二月には大政翼賛会臨時中央協力会議に唯一の婦人議員として参加している。そうした場で高良は「祖国」の基本的な構成要素である家庭を預かる女性の立場から「婦人局」の開設を求めたりするのであるが、『自伝』に「解説」を寄せている栢植恭子によれば、「彼女が唱えていた女性の苦節の論理が、戦争遂行を目的とする国家の論理にものの見事にすっぽり飲み込まれてしま」うことになってしまったわけである[108]。その後も高良は代表的な婦人運動指導者として様々な新聞・雑誌で発言しているが、その中の一つに一九四二年の『讀賣報知』紙に寄せた「印度の女人群独立に燃え立つ」と題する文章がある[109]。自らがインドで身近に接したナーイドゥ、カマラーデーヴィー（Kamaladevi Chattopadhyaya）およびガンディー夫人カストゥルバーイーらをインド女性の理想像として描いたこの文章は、次のような言葉で結ばれている。

いま独立の関頭に立つ印度女性に向って私は衷心から叫びたい。〝印度の女性よ、東洋の精神に還りそれに徹せよ、ガンジー夫人の如く疑ふことなく日本を信ぜよ、それのみが、印度が自由を恢復し真に東洋の印度として蘇る道である〟と[110]。

先述した栢植恭子は、「大東亜共栄圏の幻想に足をすくわれ」た高良が、その幻想から自らを解放して行くのは一九四三年から四四年にかけてのことであったと「解説」で述べている[111]。戦局が進むにつれて、大政翼賛会に対する気持は幻想から失望へとかわり、中央協力会議へも出席しなくなった。

高良は戦後の一九四六年四月に行われた第一回参議院選挙に民主党から全国区で立候補し、約一八万票を得て当選した。彼女は、戦後初めて社会主義国（ソ連、中国）を訪問した数少ない日本人の一人であった。その後、平和運動に取り組むとともに、売春防止法制定など婦人運動の進展に関与し、一九五三年四月の日本婦人団体連合会（婦団連）の結成に参画してその初代の副会長（会長は平塚らいてう）に就任している。

2 賀川豊彦の活動

賀川豊彦（一八八八―一九六〇）は、戦間期から大戦期の一九二〇〜四〇年代に平和主義者として外国で最も知られた日本人と言える。その伝記を書いたシルジェン（R. Schildgen）によれば、

物質的と精神的とを問わず、自らが蓄えるあらゆるものを与えることによって貧しい人々に自らを捧げるという、文字通り福音書の生き方を生きようと決心した、日本および世界中で最も影響力をもつキリスト教社会改革家、宗教指導者、そしておそらく最も著名で高い尊敬をあびる日本人

であり、その賞賛者たちから「日本の聖者」「日本のガンディー」「日本のシュヴァイツァー」とまで称された[112]。これより前にすでに、世界に警鐘を鳴らす優れた活動家として、ガンディー、シュヴァイツァーと並べて賀川の名が挙げられることもあった[113]。

賀川は一八八八年に神戸に生まれたが、一五歳の時に家が破産し、アメリカの長老会派教会宣教師から財政的支援を受けて学業を続けた。一九〇四年に洗礼を受け、翌年明治学院高等部神学予科に入学した。一九〇七年に神戸神学校に転入したが、重い肺結核のため療養を余儀なくされた。一九〇九年、死を予測した彼は一大決心をし、残る日々を貧しい人々に捧げるため、神戸市葺合区新川のスラ

ム──賀川は「貧民窟」と表現している──に移り住む。一九一四年から約三年間プリンストン大学に留学した期間を除いて、一九二三年までの一〇年間以上を新川での活動に費やした(114)。留学直前までの葺合新川での体験に基づいて執筆し、留学中の一九一五年に出版されたのが最初の著書『貧民心理之研究』である(115)。

次いで彼は自伝的小説『死線を越えて』を執筆している。最初雑誌『改造』に連載された後、一九二〇年に改造社から出版されたこの本は、発売後一年で二一〇版を記録し、発行部数は一〇〇万部に達したという(116)。しかも同書は、一九二五年一月からアメリカの雑誌 *ASIA*（『アジア』）に木版画の挿し絵入りで翻訳連載されるなど(117)、外国にも広く翻訳・紹介され、賀川の名を世界に広めることになった。賀川はその後、『死線を越えて』の続編『太陽を射るもの』、続々編『壁の声きく時』を執筆し、この三部作は『死線を越えて』のタイトルで広く普及していった(118)。

一九一七年五月にアメリカから帰国した賀川は、貧民＝労働者自身の主体的解放運動としての労働組合運動の重要性を認識するようになっていた(119)。大阪や神戸で労働者の運動を指導し、一九一九年八月には大日本労働総同盟友愛会の設立（従来の友愛会を改称）に関わった。その大会で賀川が起草し全会一致で採択された「宣言」は、「労働者は人格である。…我等生産者はかく宣言す。我等は決して機械ではないと、我等は個性の発達と社会の人格化の為に生産者が完全なる教養を受けうる社会組織と、生活の安定と自己の境遇に対する支配権を要求す」と高らかに謳い上げた(120)。ただ彼が労働組合運動の成果として描く未来社会は「生産者議会」、すなわち労働組合を基礎とする議会主義で、第一次大戦後イギリスで発展した社会主義思想をモデルとする「ギルド社会主義」と言われるものであった。[121] 彼はこのころすでにマルクスの著書を読んでいるが、その思想に同調することはなかった。特に階級闘争に関しては否定的で、

私は競争の必要を認め戦争の事実を認めるが、階級争闘は民族自滅の近道であることを思ふ。…唯物主義は何時も階級制度を生む。マルクスの社会主義の哲学は階級争闘を脱れざるものとして居る。然し、精神主義は何時でも平等を目指す。[122]

と記している。当時、特に関東の労働運動は「サンヂカリズムの感化を受けて革命的マルキシズムで一貫しよう」との立場が強かったが、賀川は「同じく資本主義反対でも同じ人間に対して憎悪観念を極端に持つ」ことに反対で、直接行動を排し、一九二〇年の友愛会大会でも「私の『無抵抗による抵抗』の階級争闘否認説は罵倒と嘲笑の中に葬られた。私は一人ぽっちで嘲笑の中に階級争闘が世界を救う所以で無いことを説」くことになる。[123] しかし、一九二一年に賀川らの指導で決行され、戦前日本最大の争議と言われた神戸の三菱および川崎造船所のストライキが惨敗し、その後労働運動が急進化してゆくまでは、彼は日本における重要な労働運動指導者の一人であった。このストライキによって賀川は他の指導者たちとともに逮捕され、騒擾罪で起訴・投獄された。

そのころ賀川は、まだ初期の段階にあった農民運動に関わるようになった。都市部にあるスラムで活動していた彼は、仕事と生活の糧を求めて都会にでてくる貧しい農民に深い関心を寄せていた。一九二一年に国際労働機構（ＩＬＯ）の第三回大会で結社の自由と権利の確認が農民にも認められたのを受けて、農民組合運動の気運が高まった。その結果同じこの年に日本農民組合（日農）が結成され、賀川も理事の一人となった。翌年、機関紙として『土地と自由』が創刊された。一九二五年にはこの

組織を基盤に労働農民党が発足するが、これにも賀川は執行部の一員として加わった。しかしその願望に反し、運動が次第に急進的、戦闘的になる傾向に対して、賀川はそれが労働運動同様に「倫理運動から堕落して、ヂャコビン主義にうつって行く…気狂ざた[124]」と感じはじめ、ついには「無産政党の運動から手を退」く決心をする。労働運動でも農民運動でも左翼的急進主義者と歩みをともに出来ず、しかもなお相互扶助に基づく社会の建設に情熱をもつ賀川の行き着いた先は協同組合運動であった。彼は大阪で労働運動を指導していた一九一九年にすでに、キリスト教会の協力の下に購買組合公益社という組織を作っている。一九二〇年に設立された神戸消費組合は、労働者の生活の安定と労働組合活動の補強を目指す協同組合として成長した。一九二三年九月の関東大震災後、賀川は東京での運動に着手し、一九二七年の江東消費組合をはじめとし、東京学生消費組合の設立と運営にも多大な努力を注いだ。労働者・農民の運動に限界を感じ、「無産者政党」運動にも幻滅した賀川には、協同組合運動は理想社会の縮図であったとも言える[125]。

3 世界の中の賀川豊彦

少なくとも一九二〇年代のヨーロッパにおいて、日本キリスト教徒指導者・賀川豊彦の名前はよく知られていた。例えば、ロマン・ロランは友人である詩人の尾崎喜八に宛てた一九二四年一二月一日付の書簡で賀川に言及し、「ドイツ系スイスの雑誌」で賀川の論文を読み、「彼の道徳的個性と社会的事業とは驚嘆すべきやうに思はれ」る（尾崎喜八訳）と述べている[126]。神戸の新川葺合における彼の社会活動に関しては、ロランがこの書簡を書いた以前から、多くのヨーロッパ人活動家の知るところであった。賀川の名を外国の人々の耳目により鮮明に伝えたのは、一九二五年にロンドンで署名された国際的な「強制的徴兵反対声明」にその名を連ねた時である。アインシュタイン、ラッセル、ウェルズ、ガンディー、タゴール、ブーバーらの著名人も署名したこの声明は国際連盟に提出されたが、当時の日本の軍国主義者もその対象であったから、彼は当局に目をつけられた[127]。一九二六年には、高良の箇所でふれたように、新渡戸稲造らと「国際友和会」の日本支部「日本友和会」の創設に加わっている。

一九二七年から翌年にかけて日本が、日本人居留民の保護を名目に中国北東部の山東へ三度にわたって軍隊を派遣し、中国との新たな戦争の勃発が危惧された時（山東出兵）、賀川は社会主義者やキリスト教徒活動家とともに一九二八年に全国非戦同盟を結成した。政府当局はその動きを警戒して、一時彼の身柄を拘束した。日本の中国侵略に対するこうした賀川の抵抗は、当時の国際的平和運動と連携するという彼自身の姿勢を反映するとともに、中国のキリスト教会と協力して国際的な協同組合運動を組織することで世界の平和を達成したいとの思いから出たものであった。

一九三一年九月の柳条湖事件にはじまる日本の中国侵略が次第に拡大する中、日本の知識人は少数の例外や非合法の共産党員を除いて、そのほとんどは軍部の圧力に屈して中国侵略を支持した。日本のキリスト教徒も、全体として中国に同情しながら、国際平和推進のためにほとんど何らの努力も果たさなかったが、その中にあってわずかに賀川が中国における日本軍の行動に批判的な見解を表明していた。一九三一年一〇月に警察は賀川の関わる雑誌をすべて没収し、出版を禁止するとともに身柄をも拘束した。一九三四年にかつての著作『愛の科学』（一九二四年に英語版が出版）の中国語訳が出次のように陳謝した。

版されることになり、それに寄せた彼自身の序文において、賀川は日本が中国で行ったことに対して次のように陳謝した。

『愛の科学』の訳本に「はじめに」の文章を頼まれたとき、私は悲しかったのです。

何故ならば、我々日本人が中国に対し、愛の法則を破壊し続けてきたからです。

私は日本を愛しているのと同じように、中国を愛しています。さらに、私は中国に平和の日が早く来るように祈り続けてきました。日本軍のあちこちでのいやがらせで、私は異常なほどに恥じました。ところが、中国の方々は日本がどんなに凶暴だったにもかかわらず、私の本を翻訳してくれました。私は中国の寛容さに驚かずにはいられませんでした。たとえ私が日本の替わりに百万回謝罪しても、日本の罪を謝りきれないでしょう。…孔子や墨子を生み出した国民の皆様よ、お許し下さい。(128)

中国における日本軍の軍事行動が続き、一九三七年七月に盧溝橋事件、一二月には南京大虐殺が起こるという事態に直面して、賀川は次第に不安に駆られていった。そうしたなか一九三八年九月に、彼は満州農事信用組合の招きに応ずる形で、満州でのキリスト教宣教活動に出かけた。この満州訪問の折に賀川は、当時の満鉄総裁で二年後に第二次近衛内閣の外務大臣として日独伊三国同盟の成立に決定的な役割を果たすことになる松岡洋右の晩餐に招かれ、「しんみり、話を聞いた」。その日に記されたノートには、「実に涙が出るやうな真剣な宗教的大陸政策をきかされ、…松岡氏の言葉が今も頭の中に残っている」「松岡氏は飽迄も、漢民族を愛してかからうとしているのである。その態度には、日本魂の最も浄化された或物があると思った」(129)とある。賀川には、日本の人口問題に無理解な欧米の植民地主義が日本の軍国主義を海外へ押し出したのだとする視点が強かったようであり、そこに「後の太平洋戦争と大東亜共栄圏のイデオロギーを、もちろん全面的ではないにせよ、しぶしぶながら受け入れる素地があった[130]」とする賀川研究者、布川弘の指摘は、彼の思想的な弱さの一面を的確に言い当てたものと思われる。

一九三九年八月の独ソ不可侵条約締結後は、賀川の政治的、倫理的混乱はいっそう高まり、一九三九・四〇年ころの中国の状況に関する彼の発言は用心深いものになった。彼にとっては中国問題の解決は、日中間の戦争さえ終結すれば日本は中国を救えるという考え方の中にあったようである。賀川の伝記の著者シルジェンは、「日本がアジアにおける正しい新秩序建設の責務を負うとする大東亜共栄圏思想を正当化する日本の指導者に、危険なほど近くなった[131]」と書いている。賀川は一九四〇年に、長く主幹を務めた布教活動のための月刊『雲の柱』の廃刊を決めるが、その最終号の巻頭に「皇紀二六〇〇年」と題する文章を載せ、

人類歴史は再大発の危機に直面している。この時に際して我々は光栄ある紀元二六〇〇年を迎えた。顧るに全能者は不思想なる摂理を日本に傾け、皇統連綿御仁慈の限りを尽して、民を愛し給うた世界に比類なき統治者を日本に与へ給うた。…我国は奴隷制度の蛮風なく、カスト［カースト―引用者］・システムの桎梏なく、節制と互譲の精神自から起り、侠勇好学の精神自から備はり、自然を愛し、廉潔に甘んじ、国の難を見て生を賭する者幾百万、世界に珍しき醇風を生み成せるも全く、皇祖皇宗の御仁徳と、上御一人の御盛徳の然らしむる所以であると思わざるを得ない。…我々は謹んで皇紀二六〇〇年を祝ひ奉ると共に、贖罪愛の原理に立ち世界再創造への新

しき出発を覚悟すべきである[132]と信者たちに訴えた。ここに窺える天皇家への限りなき尊崇は、この時期また戦後に至っても賀川の心中に深く根を下ろした。

一九四一年一二月の太平洋戦争勃発後は、以前より「危険思想の持ち主」として軍部ににらまれていた賀川のキリスト教活動への圧力がさらに強まった。右翼団体は彼を「売国奴」と宣伝し、「賀川を殺せ」というビラまで街角に貼られた。雑誌社や新聞社からの原稿の依頼もなくなった。一九四三年一一月には、兵役を拒否した石賀修という青年が賀川の思想に影響されたと考えた憲兵隊は、連日賀川を呼び出し、厳しく尋問した。この事件以後、彼の地方での布教講演さえ完全に禁止された[133]。このころ、太平洋戦争における日本の敗色はいっそう濃くなっていた。この時期に賀川は『天空と黒土を縫合せて』という詩集を出版した。ラヴィー川を詠った詩や、「ガンヂス河の嘆き」など、インドを題材にした詩がかなり含まれているが、注意すべきは詩集の「序」の文章である。そこには、強い感情がこもった調子で、あるいはむしろ妙に浮ついたとでも言える調子で、

ルーズベルトの国民のみが、自由を持ち、アジアの民族のみが奴隷にならねばならぬと云ふ不思議なる論理に、太陽も嘲ふ。…血潮の竜巻は起った！ 真珠湾の勇士らの血潮に、ソロモン列島の尽忠烈士の熱血に、義憤の血潮は、天に向ってたぎり立った。「――大君のへにこそ死なめ、省みはせじ――」私心を打忘れ、生死を超越し、ただ皇国のみ（に）仕えんとするその赤心に、暁の明星も、黎明の近きを悟り得た。…嗚呼、アジアは目覚めた！ 印度は解放を叫び、中華民国は米英に向って呪いの声をあげた！ 天空と黒土を縫合せて、新しき歴史は綴られて行く。…

大和民族の血潮は竜巻として、天に沖する。されば、全能者よ、我等の血を以て新しき歴史を書き給へ！(134)

と歌われている。ここにあるのは、「聖戦」を呼号する軍部や「大東亜共栄圏」のイデオローグと全く同一の叫びである。一一月には、国際戦争反対者同盟会長のG・ランズベリーに書簡を送り、米英の植民地支配に対抗し、日本がアジアの解放と独立を守ると述べて、同盟からの脱退を伝えた(135)。

4 賀川豊彦とインドおよびガンディー

キリスト教社会活動家、平和運動家としての賀川の存在が一九二〇・三〇年代に世界の多くの知識人の間で好意をもって語られていたことは先に述べたが、ガンディーの賀川に関する興味もそうした情報を通じて膨らんだのであろう。ただガンディーの周辺で活字の形で賀川の名が言及されるのは、マルカーニという人物が一九三三年一〇月、ガンディー発行の週刊紙『ハリジャン』に、当時よく知られ、賀川の名を世界に知らせるのに役立ったアクスリング（W. Axling）の伝記に依りながら、その経歴を紹介したのが最初かと思われる。マルカーニは新川における賀川の活動をかなり詳しく紹介し、彼を「キリスト教社会主義者」「勇敢な労働運動指導者」と規定しつつ、「賀川は学究的思索によりも、現実的な計画に集中する社会的活動家である。彼は共産主義を信じるが、それはマルクスのそれであるより、むしろ初期キリスト教会あるいはトルストイの共産主義である。マルクスの階級闘争に対して、賀川はトルストイの無抵抗を主張する。賀川におけるキリスト教信仰は彼の社会主義的部分を凌駕している」と、賀川の基本的立場を説明している(136)。

一方、賀川自身のインドへの関わりはといえば、早くから宗教や哲学思想への関心を持っていたようである。一九二〇年に出た小説『死線を越えて』のほぼ冒頭の箇所で、賀川自身と思われる主人公の新見栄一が、森陰で『東洋聖典シリーズ』(*Sacred Books of the East*)の中の「ウパニシャド」の巻を読んでいるところに友人がやってきて、二人でインド哲学や汎神論を話題にする場面がある。[137]ただ現実のインドに対しては、実際にインドを訪れるまではさほどの関心を示したとは見えず、わずかに機関誌『雲の柱』一九三一年七月号の「身辺雑記」欄に次のような記述があるのみである。

印度のガンヂーは印度が独立すれば、凡ての宣教師に帰国を命ずると宣言したので、印度の宣教師は非常にあわてているらしく見える。日本に来られる筈だった、スタンレー・ジョーンズ氏も来ることを中止せられたといふことである。支那も印度も「国民主義」が中心になっていて、世界的精神にはいるだけの余裕のないことを見て、私は同情する。印度のためにも祈らねばならぬ。しかし我々はあくまでも、クリスチャン・インタナショナリズムに立ち、万国キリストへの標語のもとに努力しなければならぬと思ふ。[138]

ここで賀川が引いているガンディーの発言が果たして事実かどうか定かではないが、少なくともこの時期の賀川が、インドも含めアジアの植民地諸国の民族主義(「国民主義」)運動に深い理解を示していなかったことは確かである。ここに名前が挙げられたジョーンズはガンディーとも親しく、後に彼の伝記を著している。[139]

賀川が自らインドの地を訪れ、ガンディーとも会見する機会を得るのは、一九三八年一二月一三―二五日に南インドのマドラス(チェンナイ)近郊タンバーランで開催されたキリスト教徒たちの「世界宣教師大会」に講演者として参加した時であった。日本代表二一名とともに一一月一五日に門司を出発した。彼はインドへの出立に際して、「あの熱帯地方に咲いた、頗る哲学的な文化が、一体何を意味しているか」「少しでも読んで、少しでも印度が理解したい」という思いから、インドの哲学、宗教、地理、博物に関する多くの書物を船に運び込んだ。[140] この旅からの帰国直後に、後述するガンディーとの会見記のほか、「印度宗教我観」「印度の宗教詩人カビルに就いて」「印度の農村事情」などインドに関するいくつかの文章を『日印協會會報』や『雲の柱』に掲載したが、この時期、彼なりにインドについて学んだことが分かる。当時日本ではまだほとんど研究が行われていなかったラーマーヌジャ、ラーマーナンダからカビールに繋がるヒンドゥー教のバクティ思想やスーフィズム信仰に強い関心を示している。[141]「印度の農村事情」では細かい統計なども掲げながら、インド農村の貧困についての彼なりの分析を行っている。中国や「南洋」も含め彼が実際に見聞したどの国を見ても、「印度ほど疲労困憊の極に達している国はない」とし、その原因は明らかに植民政策そのものにあると断じた。その際、彼は植民政策が成功した例として、フィリピンや台湾、朝鮮を挙げているが、[142] その立場は、かつて著書『朝鮮統治の方針』（一九二六年）で朝鮮民族の民主主義的権利の回復を主張し、別の著書『帝国主義下の臺灣』（一九二九年）が「安寧秩序を妨害」するものとして台湾総督府から発禁処分を受けた、同じキリスト教徒の矢内原忠雄（一八九三 - 一九六一）のそれとは決定的に異なる。

賀川がガンディーに会う直前の一九三八年一二月三一日と翌日にかけて、世界宣教大会を終えた各国の代表たちがアーシュラムのあるセーガーオンを訪れた。南アフリカ、南ローデシア、中国の代表らとともにM・S・村尾の名の日本人もいた。この会見に同席したガンディーの秘書の一人ピャーレーラールの記録によれば、この会見のかなりの部分が日中問題、特に日本軍の侵略に宗教者としてどう対応すべきかという問題に費やされたようである。ガンディーはある中国人代表の問いに答えて、一九三八年二月に国民会議派が決議した日本製商品のボイコット運動を高く評価しつつも、

日本はもちろんこれまで行ってきたこと、現在やっていることで非難されるべきである。しかし、現在日本は狼のようなもので、羊を素早く片づけようとしている。…羊は狼の掌中に陥らないことを学ばねばならない。

と、あくまで非暴力の手段に依存するよう示唆した。しかし、別の中国代表は平和を追求するために行われた先の世界宣教大会の成果について、極めて悲観的な評価を下している。彼は日本人への憎しみはなく、その軍事組織が邪悪であると感ずるものであり、タンバーラン会議では相互の善意と平和を基礎に日中間の国際的紐帯が結ばれることを望んだが、現在達成され得ることはほとんどなく、幻滅したとガンディーの前で語った[143]。ただこうした中国代表たちの直接的な訴えから、日中関係の深刻さをガンディーは改めて強く感じ取ったことは確かであろう。

賀川はこの後、一月一四日にバールドーリー（Bardolī）[144]でガンディーと会見した。バールドーリーはグジャラート（当時はボンベイ州の一部）のスラト県にある小さな町だが、ガンディーの指揮下にあったヴァッラブバーイー・パテールが一九二八年に地税不払い運動を展開するなど、ガンディーの運動と密接に関わる土地であった。この時も当時の会議派議長スバース・チャンドラ・ボースのもとで会議派の最高指導機関である運営委員会（ＣＷＣ）が開かれたため、主要な指導者がここに参集していた。賀川がネルーやパテールに会えたのもこうした偶然によるものであった。彼はガンディー

との会見の前に彼らと食事を共にしながら会話を交わし、日本商品の廉価さや会議派による日本商品ボイコット決議のことなどを話し合った。ボイコット決議にもかかわらず、「印度全国至る処に日本品の大氾濫」が見られることを自慢するかのように、日本製品の安さや「日本の紡績会社の女工優遇法」など、得々と話す様子が彼自身の会見記から窺える。[145]ガンディーの「ずっと前からあなたの評判はうかがってましたよ」という言葉で会話は始まった。同席したもう一人の秘書デサーイーはこの会見に関して、『ハリジャン』紙の全体一〇数ページのうち五ページを充てるという異例の扱いをしており、賀川の訪問についてふれた次の記述はガンディーやデサーイー自身の賀川に対する深い関心を証明している。

われわれすべてが永らく彼の訪問あるいは彼とガンディージーとの会見を待ち望んでいた。もし時代が正常で、インドの状況がガンディージーの海外渡航を許すなら、彼がロマン・ロランに会いにスイスに行ったように、きっと賀川博士とその仕事を見に日本に行っていただろう。[146]

しかしガンディーは賀川が得々として語る日本の協同組合運動については余り関心を示さず（彼自身、ボンベイ州での協同組合運動に一定の関わりをもっていたが）、単刀直入に中国での戦争について日本人はどう感じているのかを尋ねた。賀川が「自分は日本では異端者であり、むしろあなたがもし私の立場だったらどうされるかを伺いたい」と言うと、ガンディーはそれでは出しゃばりすぎるとしながらも、

自分なら異端の説を宣言し、射たれよう。協同組合やすべての君の仕事を秤の一方に、貴国の名誉をもう一方に乗せ、名誉が売り捌かれようとしていると思ったら、君は日本のあり方に反対

する自分の見解を表明し、そうすることで君の死を通じて日本を生かせるよう君に求めよう。しかしこれには内なる信念が必要である。私が君の立場にいて、今言ったことをすべて出来るかどうかは私にも分からない

と答えた。賀川が「信念はあるが、友人たちは止めておけと忠告する」と言うのに対し、ガンディーはさらに「君の内なる友が『こうしろ』と言う時には友人の言葉に耳を傾けてはいけない。どんなに良い友人でも時にはわれわれをうまく欺くことが出来るものなのだ」として、これまで幾度となく友人たちの声にもかかわらず自ら獄に入ったことで「自由の輝き」を見出したことを語った[147]。興味深いことに、自らの問いに対するガンディーの返答を、賀川自身の会見記はわずかに「そら…個人々々の良心的立場を取る外、道はないね」と記しているのみである[148]。ここでガンディーはさらに執拗にアジアにおける日本の行為に言及し、中国における日本軍の残虐行為を追求し、しかも詩人の野口がそれを「人道のための戦争、中国への祝福」と呼んだことを指摘した[149]。賀川の帰国後の手記にはこの問いに関して全く言及がないが、戦後に書いた文章には、「南京事件」の記事を読んで憤慨したガンディーが、「『賀川さん、鉄砲で撃ち殺されてもよいから、こういう悪いことは阻止しなければいけないよ』と、日本のために心配してくれた」と記している。まるで他人事のようなふれ方であり、そこからは彼自身がこの言葉にどう対応したかは全く伝わってこない[150]。

実はこの会見の前にデサーイーは賀川とのやりとりで同様の質問をしている。賀川が戦争、特に進行中の日中戦争について自分の考えを余り述べないことに不満を表明しつつ、彼が国際的協同組合機関のことや日本の過剰人口を満州に送る話を悦に入りながらしたのに対し、デサーイーは独立の国家

と従属した国、搾取する国とされる国の間に、国際的協同的通商などあり得るのかと尋ねた。しかしここで賀川は「あなた方の問題は全く異なったものであるのは認めます」と逃げている。[151]こうした賀川の姿勢に関してデサーイーは、日本がまだ「軍事的カーストないし軍閥に支配された」独特の「封建国家」であり、

そうした雰囲気の中で異端の理論を説くのは容易ではない。地盤が準備される前に相当の教育的宣伝が必要である。…これらの特殊な困難が賀川の立場、その態度を表明し、自分の信念の究極的論理的帰結を実現出来ない、あるいはそこまで覚悟が行かない理由をかなりの程度に説明する[152]

と、極めて思いやりのある判断を示す。賀川がこの文章を読んだかどうかは不明である。

会話はこのあと『バガヴァッド・ギーター』に移っていった。ガンディーが新約聖書やトルストイの影響で「無抵抗主義」の思想を得、インドに生まれた仏教が非暴力（アヒンサー）を説いているのに、クリシュナがアルジュナに戦いを奨励する『ギーター』をガンディーが重視するのは「無理な哲理」だというのが賀川の論点であった。ガンディーの思想を「無抵抗主義」とする点にも問題があろうが、非暴力の最上の教義が『ギーター』にあるとするガンディーとの間に妥協の余地はなかったようである。

一九三八・三九年ころからの賀川が次第に日本の「国策」を容認する方向に向かうことは先にふれたが、ここで見たガンディーやデサーイーとの対話で、彼らの率直な問いかけに戸惑う賀川の対応を見ると、彼の中で平和主義と愛国心の関係がいかんともし難い矛盾に突き当たっていたことが窺える。[153]それはまた、賀川もその一員であった戦前の日本のキリスト教界にもほぼ当てはまることで、「天皇

制疑似宗教国家権力に対して、教会としての戦いを組むことができなかったばかりでなく、むしろ進んで国家権力に妥協し、翼賛協力してきた」責任を、教会は戦後に反省せざるを得なかった。[154]

敗戦後の賀川は、東久邇内閣に参与として加わり、さまざまな新国家建設のプランを発表して世間の注目を集めた。「一億総懺悔」のスローガンを生み出したのは賀川である。[155] 戦後になってさまざまな方面から賀川への批判が出されるが、最も厳しい批判の一つは、敗戦の年の一二月に『シカゴ・サン』紙の特派員として来日したマーク・ゲイン（Mark Gayn, 本名 Moe Ginsbourg）の『ニッポン日記』（*Japan Diary*）であろう。「おそらく何百万人のアメリカ人同様…最近まで賀川の非利己的な努力を高く評価していた」ゲインは、日本で賀川にインタビューしているが、「平和」という言葉を楯にして「最近の経歴に対する私の質問をたくみにかつ敏捷にはぐらかす」賀川の「抜け目なさ」に強い印象を抱く。さまざまな調査記録を通じて戦時中における賀川の「戦争協力の事実」を知ることになったゲインは、賀川への疑問を深め、著書の中で次のような問いかけをしている。

…多くの事実に関しては、彼は口を緘した。他の多くの自由主義者たちと同様、彼も国家主義のヒステリイのとりこになったのだろうか。キリスト教の教養のあるものを進んで犠牲にしたほど、彼はキリスト教の指導者としての自分の立場を守るのに汲々したのだったのだろうか。[156]

戦後賀川は貴族院議員に勅選されたが、戦時中の行動をとりあげて彼を追放処分にしようとした占領軍の介入で立ち消えになった（貴族院は一九四七年の新憲法施行で廃止された）。一九四六年には『キリスト新聞』を創刊し、それ以後「平和憲法護持、再軍備反対」などを掲げる運動に邁進した。戦後も天皇家への敬愛を棄てることがなかった賀川は、皇族を擁して平和国家の建設を図るという立場を表明した[157]。彼は一九四七年と四八年に、著書『死線を越えて』などを対象にノーベル文学賞候補として推薦されたが、最終的に受賞は実現しなかった[158]。

むすびにかえて

タゴールは、来日した翌年の一九一七年に出版した『国家主義』の中で、日本人への警告として次のように述べていた。

ものを見る目のある人なら、人間とは他者を打てばそれが自分にも返ってくるように、密接に結びついていることを知っている。人間のもっとも偉大な発見である道徳律とは、人が他者の中の己をよりよく認識すればするほど、より真なるものとなるという、この素晴らしい真理の発見である。この真理は主観的価値を持つのみならず、我々の人生のあらゆる局面で証明される。そして愛国主義的祭儀として飽くことなく道徳的盲目さを培う国家は、突然の暴力的な死によってその存在を終えるだろう[159]。

この言葉は結局はほとんどの日本人の耳に届かなかった。タゴールが日本に警告した国家主義は中国やその他のアジア諸国への侵略を意味し、侵略される国々の独立を求める願望と不可避的に衝突するものであった。当時の日本における多くの良心的な知識人や宗教者たちも、国家や軍部の強力な弾圧・抑圧や一般世論の圧力の前にこの愛国主義的祭儀から自由であることは出来なかった。

一九三〇年代から四〇年代半ばに至る戦時期の日本人にとって最も重要な試金石は、その時に中国やアジアの問題にどう対面し得たかであると言っても過言ではなかろう。すでに見たように、この時期の中国問題はガンディーにとって極めて重大な関心事であった。イギリスへの最後通告とも言うべき「クウィット・インディア」決議を提起する三週間前に、「すべての日本人に」というメッセージを日本に突きつけたことは先に何度かふれたが、そこでも彼は書いている。「もし私が自由な身で、君たちが私が貴国へ出かけるのを許されるなら、虚弱な人間ではあるが、健康を、いや命を賭してでも貴国に出かけ、君たちが中国に対して、世界に対して、またそれ故に君たち自身に対して為しつつある罪を思いとどまるように懇願することに吝かではない」と。[160] これまで見てきたようにガンディーは、自分に会いにアーシュラムにやって来た日本人との対話の中で、中国における事態やそこでの日本（軍）の行動について彼らがどう考えているかを知ろうとした。彼は野口米次郎や高岡大輔らに対しては大した関心を示さなかったが、一般民衆の中に自らの使命を見出している藤井日達や賀川豊彦のような強い宗教的信念をもつ人たちには温かい態度で接した。中国やアジアに対する彼らの考え方を放棄させることに成功はしなかったが、それでも彼らが民衆のために没我的に奉仕することへの期待を棄てる様子もなかった。そのことは、本文で引用したように、「すべての日本人に」の中でアーシュラムにいた藤井の弟子、丸山行遼に関して言及している言葉や、ガンディーをも代弁していると思われるデサーイーの賀川に関する述懐などに窺うことが出来よう。

本章ではガンディーに視点を置きつつ、彼の思想や行動に関心をもち、その言葉に接しようと会見を求めた日本人のインド観、アジア観、あるいは戦争と平和に関する考え方を照らし出そうと試みた。取り上げたほとんどの人たちが、当時の日本を覆っていた日本中心的「アジア主義」から免れず、ガンディーの前でそれをさらけ出す結果となった。しかし同じ時期に、中国、朝鮮、東南アジアやインドなどアジアの国々が置かれた状況や、そこでの帝国主義国日本の行動を冷静な目でみつめ、鋭く告発した日本人がいたことも忘れてはならない。先に賀川との関連で名前を挙げた矢内原忠雄は、客観的な観察に基づく朝鮮論、台湾論を著し、日本の戦争が進行する中で横行する様々のファシズム的な民族・国家論を市民的立場で批判したため、一九三七年に東京帝国大学を追われ、翌年には著書の発禁処分を受けた。彼には一九三七年に出版された『帝国主義下の印度』という名著がある。インドにおける農業・工業および貨幣制度とイギリスの植民政策の関わりを緻密にあとづけて、「印度の経済的発達に対して歴史的なる意義を有すると共に、資本主義的搾取に加ふるに政策的圧迫、即ち資本主義的植民政策の圧迫を包含する」イギリス支配の本質を剔抉し、「印度国民運動」高揚の必然性を指摘した[161]。この書は本章中に挙げた彼の他の著書、『朝鮮統治の方針』や『帝国主義下の臺灣』とともに読むことで、その意義はいっそう重いものとなろう。

中国との関連で言えば、中国の政治・経済・社会を科学的に分析して膨大な著作を残し、最後にいわゆる「ゾルゲ事件」に連座して検挙され、処刑された尾崎秀実（一九〇一－四四）がいた。彼は、「支那問題の所在の中心点は、民族国家としての統一建設途上に邁進するものとしての支那を認識すること」という矢内原の言葉を引きつつ、日本国内にはびこる「方法論の欠如」した「粗樸なる支那論が、従来我が国の運命を決する重要性を持つ大陸政策の推進理論であったこと[162]」を喝破した。その上で尾崎は、

東亜共栄圏確立の前提は東洋に於ける英米資本勢力を駆逐するのみでなく、その民族支配の旧

秩序方式をも根絶せしめる事にある。支那問題と南方問題とを含む基本的意義はその民族問題にある。これらの地域に於いて植民地支配に呻吟して来た諸民族の自己解放こそ、東亜新秩序の不可欠なる要素であり、支那民族の解放と自立を通じて日支両民族の正しき協同こそは、東亜共栄圏確立の根底を成す所の第一前提である。

然も尚この事は日本自身の自己革新とも直接に関連を有つことなのである。凡ゆる困難を賭しても新しき東洋を建設せんとする日本は、自己革新と結びつけることなくしては、東亜諸民族の正しき結合による新秩序創建の偉業を直ちに達成し得ない(163)

として、植民地の解放を日本自らの自己革新と結びつけて提起した。自ら嘱託に任ぜられた第一次近衛内閣のスローガンである「東亜新秩序」建設という「ドレイの言葉」を用いつつも、「東亜新秩序の名のもとに露骨な帝国主義的要求がむき出しに現れ来ることを抑える必要(164)」を強調する尾崎の構想は、アジア諸民族の自己解放を基盤とし、世界変革につながるものであったという(165)。

このように、戦時下にあって国策や国民の大勢に同ぜず、綿密なアジア研究を重ねて、植民地的、半植民地的状況に置かれた社会や人々の現実と将来を冷静沈着に見つめようとする人も少なくなかった。上述した矢内原や尾崎らのほかにも、例えば戦時中に獄中生活を体験したマルクス主義哲学者古在由重の「戦中日記(166)」を読むと、極めて制限された状況の中で綜合インド研究室や回教圏研究所などに身を置きながら、地道にインド情勢を研究する人たちの姿があちこちに見てとれる。

最後に再びガンディーに戻って、彼が日本への原爆投下をどのように捉えていたかを見ておこう。彼は投下の年から何度かにわたって、会議派活動家や一般の人々が集う夕べの祈りの席で原爆についてふれているが、おそらく一九四六年七月に『ハリジャン』に掲載した「原爆とアヒンサー」と題する文章に最もよく彼の真意が表れているように思える。彼はその年の六月二九日夜にボンベイからプネーに向かう列車に乗ったが、中間のカルザット駅に近づいたころ、脱線を狙ってレールにおかれた数個の石のため列車が急停止するという事故に遭遇した。このころ彼を狙ったその種の試みはしばしばあったようで、彼は余り気にすることなく事故修復の作業中も「ぐっすり眠った」という。[167]翌日プネーで執筆したのが「原爆とアヒンサー」である。彼は先ず、原子力は（それを破壊に使った人でなく）別の科学者によって人道的目的のために利用されるのも「可能性の範囲」としながらも、それは「アメリカの友人たち」が目的としたものではなかったと、厳しくアメリカを批判する。一方彼の意図は、「国の不当な欲望を追求するための日本人の犯罪を擁護しようと望んでいる」などと考えないでほしいと釘を刺したうえで、「違いは程度のそれ」だという。続いて述べている。

…私は日本の貪欲をより不当だと思う。しかしより大きな不当さがより小さな不当さの側に、日本のある地域で男、女、子供たちを情け容赦なく破壊する権利を与えはしなかったと。この文章の骨子は、その題からも知れるようにあくまで非暴力の強調であり、「人類は非暴力を通じてのみ暴力から抜け出さねばならない[168]」という彼の教訓と言ってよかろう。

注

（1） Gandhi,"Japan and Russia", *The Collected Works of Mahatma Gandhi*（以下 *CWMG* と略記）, Government of India, New Delhi, 1999, Vol. 4, pp .312-314.
（2） Gandhi,"Why Did Japan Win ?", *ibid*., p. 372.

(3) Gandhi, "Treaty Between England and Japan", *CWMG*, Vol. 4, p. 382.

(4) Gandhi,"Kodama, the Hero of Japan", *CWMG*, Vol. 5, p. 321.

(5) Gandhi,"The Rise of Japan", *ibid.*, pp.400-401. ガンディーと同時代の別の政治指導者ラージパット・ラーイはロシアに対する日本の勝利について、「日本はアジアの名誉を擁護した」と宣言したという。当時多くのインド人は日本がインドの民族運動を支援してくれるだろうとの期待をもったのであろう（イルファン・ハビーブ〔長島弘訳〕「植民地主義、近代化とアジアのアイデンティティ」『日本の科学者』Vol. 43、二〇〇八年十月、三三ページ）。

(6) Birendra Prasad, *Indian Nationalism and Asia (1900-1947)*, B.P. Publishing Corporation, Delhi, 1979, p.150.

(7) Letter to Premabehn Kantak, March 13, 1932, *CWMG*, Vol. 55, p. 123.

(8) Letter to Premabehen Kantak, April 3, 1932, *ibid.*, p. 191.

(9) Letter to Indira Nehru, June 29, 1933, J. Nehru, *Glimpses of World History: Being Further Letters to his Daughter, Written in Prison, and Containing a Rambling Account of History for Young People*, Oxford University Press, New Delhi, 1987 (4th impression; 1st impression in 1987), pp. 839-841（邦訳『父が子に語る世界歴史』［大山聰訳］第六巻、みすず書房、一九七四年［第一刷、一九六六年］、四七－四九ページ）。

(10) J. Nehru, *op. cit.*, p.464.（邦訳、同上、第三巻、一九七四年［第一刷、一九六六年］、二三三ページ）

(11) B. Prasad, *op. cit.*, pp. 151-156.

(12) 戦前・戦中期日本におけるガンディー像を丹念に考察した研究として、石田雄「日本人のガンディ像――生誕一〇〇年に際してその歴史的特徴を顧みる」『みすず』一二三、一九六九年八月が今日なお有用である。なお内藤雅雄「日本におけるガンディー研究の考察」（『インド文化』九、日印文化協会、一九六九年一二月）は、特に戦後の日本におけるガンディー研究を分析している。

(13) 大川周明『印度に於ける国民運動の現状及び其の由来』、『大川周明全集』第二巻、岩崎書店、一九六二年、五三五－五三七ページ。

(14) 大川周明『印度国民運動の由来』、『大川周明全集』第二巻、岩崎書店、一九六二年、五〇八－五一〇ページ。

(15) 同右、五二九ページ。

(16) 日達は当初「日勝」と名乗り、インドでもこの名を用いているが、彼の書簡集を見る限りでは、昭和一三年一一月半ばころ以降はほぼ一貫して「日達」で通している（『藤井日達全集』［以下『日達全集』］第四巻、隆文館、一九九七年、八一－八二ページ、一二六－一二八ページ）。

(17) 山折哲雄編『わが非暴力 藤井日達自伝』(以下、山折編『自伝』)、春秋社、一九九二年、二四-二五ページ。
(18) 同右、三一-三二ページ。
(19) 同右、五六ページ。
(20) 山折哲雄「インド体験型アジア主義の一類型藤井日達の場合――」、『アジア経済』一四巻九号、一九七三年九月、七ページ。
(21) 前出山折哲雄編『自伝』、八二-九一ページ。
(22) 同右、九六-九七ページ。
(23) 同右、一〇三ページ。
(24) 同右、一二七-一二八ページ。
(25) 同右、一二四-一二五ページ。
(26) 同右、一三二-一三三ページ。
(27) 「藁田日記」『日達全集』第五巻、一九九七年、二二ページ(藤井日達『佛教と世界平和』、日本サルボダヤ交友会、一九八〇年、四五ページに同『日記』の要約が掲載されている)。なお、藤井は「沙門行勝」の名で、『日印協會會報』(五八号[一九三五年一二月]、五九号[一九三六年五月]、六〇号[一九三六年一二月])に「ガンヂー翁との会見」(上・中・下)と題する文章を寄せている。
(28) 「呈摩訶臣厳治翁書(ガンジー翁に与ふるの書)」、同右、一三一-一四〇ページ。
(29) "Advice to Japanese Buddhist Priests," Oct. 4, 1933 (*The Hindu*, Oct. 12, 1933; *CWMG*, Vol. 61, p.453).
(30) Ram Niwas Jaju, *G.D. Birla: A Biography*, New Delhi, 1986 (2nd ed., 1st ed. in 1985), p.128.
(31) *The Sunday Statesman*, Feb. 17, 1935.
(32) 山村行善宛書簡、一九三四年二月二〇日付、『日達全集』第六巻、三三五ページ。
(33) 石橋鎮雄宛書簡、一九三七年一二月二六日付、『日達全集』第九巻(書簡集四)、一九九五年、一一一-一一三ページ。
(34) 笠木良明宛書簡、一九三四年四月二四日付、『日達全集』第六巻、一一一ページ。
(35) 摩訶臣厳治(マハートマー・ガンディー)翁宛書簡、一九三七年一一月一三日付、『日達全集』第九巻、一一一-一一三ページ。
(36) 三木慈教宛書簡、一九三七年一一月一五日付、同右、一六ページ。
(37) 丸山行遼宛書簡、一九三八年八月二七日付、同右、九九ページ。
(38) 山村行善宛書簡、一九三八年一〇月二四日付、同右、一二一ページ。
(39) 今井行孝宛書簡、一九三七年一一月一六日付、同右、一九ページ。

(40) 丸山行遼宛書簡、一九三八年一月一日付、同右、四七ページ。
(41) 興津忠男宛書簡、一九三四年四月二七日付、『日達全集』第六巻、一一七ページ。
(42) 山折哲雄編、前掲書、一五四－一五八ページ。
(43) 丸山行遼宛書簡、一九四〇年八月一五日付、『日達全集』第一〇巻（書簡集五）、一九九九年、七三－七四ページ。
(44) 広瀬浩宛書簡、一九四一年一月二二日付、同上、一六九－一七〇ページ。
(45) 山折編『自伝』、一五七ページ。
(46) 同右、一六五ページ。
(47) この文章で藤井は次のように書いている。「八紘一宇の大和合は、異民族を支配し奴隷化することによって完成するものでない所以は、欧米の執り来たった世界旧秩序の破局に照らして分明であります。…円融無碍なる一体的の綜合発展をなさしむることが、将に建設せられんとする、世界新秩序の企図であります。…人類世界に最も親密な和合の実現せられたものは家族であります。人類世界の団体生活の最も発展したるものは国家であります。一国家が一家族として発展することは、最も自然な秩序であり道程であります。万国の中ひとり日本のみは、この自然の秩序にしたがって、ひたすら人類世界発展の道程を辿ってきました」（「布告」、『日本山妙法寺』［昭和一八年一二月］所収。『日達全集』第一巻、一九九四年、三六三ページ）。
(48) Gandhi, "To Every Japanese", *Harijan*, July 26, 1942, p.240（声明文の発表は七月一八日：*CWMG*, Vol. 83, p. 114. ガンディー（森本達雄訳）『私の非暴力』2、みすず書房、一九七一年、三三－三八ページにこの声明文の全訳がある。
(49) 山折哲雄、前掲論文（「インド体験型アジア主義の一類型――藤井日達の場合」）、一一ページ。
(50) 山折哲雄編『自伝』、一八一ページ。
(51) 同右、一八八－一八九ページ。
(52) 藤井日達「本来の使命」、昭和二九年一一月（今井行順『アラカンに轟く太鼓――戦場の日本山』、日印サルボダヤ交友会、一九八六年、二〇〇ページから引用）。
(53) 山折哲雄編『自伝』、二七三ページ、「初版以後のこと」から。
(54) 山宮允「野口米次郎論」外山卯三郎編『論文集ヨネ・ノグチ研究』第一集、造形美術協会出版局、一九六三年、一三一ページ。
(55) 同右。
(56) S. Naidu, *Speeches and Writings of Sarojini Naidu*, G. A. Natesan & Co., Madras, 1919 (2nd edition), p.68.
(57) 「闘ふ女詩人ナイヅウ」野口米次郎『想思殿』、春陽堂、一九四三年、三〇九ページ。

(58) 同右、三一二-三一三ページ。
(59) 大江満雄「野口米次郎のタゴールへの公開状と詩にふれて——タゴールの愛国詩・抵抗詩」、外山卯三郎編『論文集ヨネ・ノグチ研究』第二集、造形美術協会出版局、一九六五年、二四五-二四六ページ。
(60) 最初「某哲人に與へる」と題して、詩集『リンゴ一つ落つ』(一九二二年)に収められたものをのちに改題した(『野口米次郎・三木露風・千家元麿・日夏耿之助集』、現代日本文學全集七三、筑摩書房、一九五六年、三六ページ)。
(61) 野口米次郎『印度の詩人』(大江満雄、前掲論文、二五一ページより)。
(62) R・タゴール「日本の精神」(高良富子訳)、『タゴール著作集』Ⅶ、アポロン社、一九六〇年、一九二一-一九四ページ。
(63) R. Tagore. *Nationalism*. Macmillan and Co. London. 1923 (Reprint: 1st edition in 1917). pp. 77-78.
(64) 『日印協會會報』五八号、一九三五年一二月、二〇四ページ。
(65) 野口『印度は語る』、第一書房、一九三六年、一七五-一七六ページ。しかしながら、それまでに行われてきたガンディーの運動の意味を野口が正確に把握していたかどうかは、はなはだ疑問である。一つにはガンディーの方法に関して、彼はくり返し「不抵抗主義」(例えば前出『印度は語る』、一七六ページ)または「無抵抗主義」(例えば『起てよ印度』、一九四二年、二二八ページ)と表現しているが、これは彼の運動を正しく評価するものではない。また野口は、インドからの帰国後、インドの状況を題材とした多くの詩を書いて、ガンディーを賞賛している(例えば「マハトマ・ガンヂイ」と題する詩)が、「ガンヂイの運動が印度を席巻し非暴力の圧力は英国に匙を投げさせるであらうとまで思はした頃の作」と説明される「鳶」と題する詩では、「印度人は依然として夢を積み重ね、最も弱きは最も強きなるを説明せんとしている、そして彼等は抗議を焔にもやし、祈祷を天空に上らせんとしている」とうたい、これに「筆者はそんなまだるい方法では目的完遂はされないとした」との解説を加えている(前出『起てよ印度』、三七ページ)。
(66) "Interview to Yone Noguchi", *op. cit.* p. 213.
(67) 前出『印度は語る』、一七六ページ。
(68) Mahadev Desai. "Interview to Yone Noguchi". Before January 11, 1936, *CWMG*, Vol. 68, p. 213.
(69) *ibid.*, p. 214.
(70) 前出『印度は語る』、二一七ページ。
(71) 『東京朝日新聞』、一九三八(昭和一三)年九月二七日付。野口もそう述べているのであるが、例えば一九三八年八月分の *The Statesman* 紙(マイクロフィルム)を見ても、野口に関する記事は全く掲載されていない。おそらく同書簡をタゴール自身に対してと同時に、「公開状」としてインドの各新聞社に送ったものの、実際に掲載されたかどうかまでは確認しなかったのではないかと考えられる。因みに、*The Sunday Statesman*（*The Statesman* の日曜版）, Sept. 4, 1938 は、タゴールが野口からの書簡に対して、中国に対する日本の残虐な戦争を正当化するその立場を痛烈に非難する返書を送ったとして、その要約を報じている。

（72）同右、『東京朝日新聞』。

（73）野口、前出『想思殿』、三二一 - 三二五ページ。

（74）同右、三五〇ページ。

（75）「印度研究初会合」『日印協會會報』六八号、一九三九年七月、八五ページ。

（76）野口米次郎『起てよ印度』小学館、一九四二年、四一ページ。

（77）同右、四三 - 四四ページ。

（78）同右、四四 - 四六ページ。

（79）野口米次郎『聖雄ガンジー』潮文社、一九四三年、二五二ページ。

（80）Gandhi, "To Every Japanese", *op.cit.*, pp. 114-115.

（81）ガンディー選集の編者は、この呼びかけ文は日本の『東京日日新聞』『讀賣新聞』『都新聞』に掲載されたという注を付しているが（*CWMG*, Vol.83, p.114, fn.）、これら三紙を国会図書館所蔵のマイクロフィルムで見る限り、この年のどの号にもその文は見当たらない。おそらくガンディーのこの文を送られた各紙は、内容からして掲載を見合わせたのであろう。ただ、大川周明が一九四二（昭和一七）年一二月一五日、一六日付『夕刊東京日日新聞』紙上に、このガンディーによる「日本人に対する警告」への返答として、「ガーンディを通して印度人に與ふ」と題する文章を寄稿しているが（大川周明「新亜細亜小論」、『大川周明全集』第二巻、岩崎書店、一九六二年、九二五 - 九三二ページに転載。ただし、そこでは掲載紙名が『東京日日新聞』の後身である『毎日新聞』の名称になっている）、これはおそらく大川が何らかの方法で *Harijan* 紙からその文章を読んで応えたものではないかと推測される。

（82）野口米次郎『宣戦布告』道統社、一九四二年。同じころ、インド人への公開状なるものを『文藝』誌に発表しているが、その基本的な発想は、「今回の大東亜戦争は四年前の日支事変を拡大したものに過ぎない、支那に於ける新秩序の建設が亜細亜全体のものになり、支那を暴戻な米英から解放して共存共栄を確立せんとした努力を、今回は亜細亜全体に及ぼさんとするのだ」（「印度人に愬ふ第一公開状」、前出『起てよ印度』、一五ページ）、「印度人よ、君達の国は長い年月の間、外国の暴戻と圧迫のもとに去勢され武の何物たるかを忘れて仕舞ったかも知れない、然し今日本の『亜細亜を亜細亜のものたらしめよ』の大運動にあたって日々身を以て立証する犠牲を読み、君達は数千年前の英雄時代に復帰して蹶然起つことが出来ないか。日本は単に自国だけの安居楽土を考へて居るのではない。日本は亜細亜民族がそれぞれ独立して米英諸国の傲慢無礼を千里の彼方に放逐するために戦っているのだ。戦争は日本だけでやれ独立は貰ひたいとあっては、余りに虫がよすぎる。日本は亜細亜民族各自の協力一致を切望している。またこの協力一致なしに大東亜建設の完遂は望めない」（「印度人に愬ふ第二公開状」、前出『起てよ印度』、二三－二四ページ）などのことばに如実に示されている。
(83) 高岡大輔「印度は果して独立するか」『日印協會會報』六八号、一九三九年七月、二二ページ。
(84) 例えば、「印度人の素描」（五一号、一九三二年六月）、「最近の印度政情」（五二号、一九三二年一二月）、「第三次英印円卓会議の前後」（一九三三年六月）、「印度を視察旅行する人々へ」（五四号、一九三三年一二月）。その後も、「甲谷陀生活の思ひ出」（五五号、一九三四年六月）、「印度改正憲法案の検討」（五七号、一九三五年五月）、「印度は果して独立するか」（六八号、一九三九年七月）、「印度人の複雑性」上（七〇号、一九三九年一二月）・中（七一号、一九四〇年五月）・下（七二号、一九四〇年七月）など、様々な内容のインド論を掲載している。
(85) 高岡大輔『素っ裸のガンヂー』我観社、一九三四年、「はしがき」五ページ。
(86) 同右、三四三ページ。
(87) 同党は日本で初めて政党としての制服を採用し、イタリアのファッショを模した黒サージ、両胸ポケット、バンド付きのスタイルからその名で呼ばれた。一九四〇年七月には解党し、大政翼賛会に合流した（江口圭一「国民同盟」、『大百科事典』第五巻、平凡社、一九八四年、八二二ページ）。
(88) 高岡、前出「印度は果して独立するか」、二三－二四ページ。
(89) 同右、二四ページ。
(90) Mahadev Desai, "A Japanese Visitor", *Harijan*, Dec. 24, 1938, p. 404.
(91) *ibid*.
(92) 高岡大輔『見たままの南方亜細亜』日印協会、一九三九年、二七六－二七七ページ。
(93) 高岡、前出「印度は果して独立するか」、二四－二五ページ。
(94) 高岡、前出『見たままの南方亜細亜』、二四一ページ。
(95) A. S. Bhide ed. *Whirlwind Propaganda of Veer Savarkar*, Bombay, 1941, pp.50-52.
(96) 高岡大輔『印度の全貌』（新東亜風土記叢書四）、岡倉書房、一九四一年、二七一－二七二ページ。ヒンドゥー大連合の会員数については、上のサーヴァルカルの演説にあるような組織自体の宣伝もあって、日本人の間でもかなり過大な受け取り方をしていた。高岡も党員の言葉を借りて、「驚く勿れ四千万」としている（上記『印度の全貌』、二七一ページ）。野口米次郎に至っては、「ヒンヅウ・マハサバといっている印度切っての最大団体で、会員の数驚く勿れ二億万に及ぶといふ」（野口、前出『印度は語る』八六ページ）とまで書いているが、この数字は当時のインドにおけるヒンドゥー教徒の総数にほぼ相当するものである。現実にはこの組織の正式な会員（党員）数は把握されていない。当時の最大の組織（政党）と考えられる国民会議派の場合で四四万九五七九（一九三八年）である（All-India Congress Committee, *Congress Handbook 1946*, Allahabad, 1946, p. 222）。

(97) 今井行順、前出『アラカンに轟く太鼓―戦場の日本山』、一三二ページ。

(98) 高良とみ『非戦を生きる　高良とみ自伝』（以下『自伝』と略）、ドメス出版、一九八三年。

(99) 『タゴール著作集』Ⅶ、アポロン社、一九六〇年所収。

(100) 高良、前出『自伝』、六八ページ。

(101) 同右、八二ページ。

(102) C. B. Dalal (compiled), *Gandhi: 1915-1948, Detailed Chronology*, Gandhi Peace Foundation, New Delhi, 1971, p.92; D. G. Tendulkar, *Mahatma: Life of Mohandas Karamchand Gandhi*, Publications Division, Government of India, New Delhi, 1969 (Reprinted edition, 1st edition in 1951), pp.114-115. なおレスターにはガンディーに関する次の著書がある。Muriel Lester, *Gandhi's signature*, Fellowship of Reconciliation, New York, 1949, 31pp.

(103) 秘書のデサーイーによれば、翌日八日にはＹＭＣＡ世界委員会から三人の代表がガンディーを訪問しており、その中の一人は斉藤という日本人で、彼はインドにおける日本商品の氾濫、またガンディーの機械に関する考え方など、様々な問題にわたる質問を呈している（*Harijan*, Feb. 27, 1937, pp. 18-19）。

(104) 高良富子「ガンヂイと日本を語る」、『女性展望』Vol.X, No.VII, 一九三六年七月号、一〇－一三ページ。この文章の中ではふれられずに、後の自伝には挿入されている次のような会話がある。ガンディーが日本の中国侵略について「いかに老いたりとは言え、文化の恩師である中国や朝鮮を侵略するとは恩知らずにもほどがある。それはあなた方、平和運動をする人々の心が不十分だから軍部を阻止できないのだ。あなた方が死んで抵抗しなければ、日本の軍部の侵略は止められない」と述べたのに対し、高良が応える。「日本にも賀川豊彦や尾崎行雄、斉藤隆夫やその他、婦人団体など、戦争に抵抗しようとするひとびともいるのですが、とても軍部の力にはおよびません。その上資本家たちまで軍部に動かされているので、ますます軍部は力を伸ばしている状況です」。するとこれにおいかぶせるように、ガンディーが「それを阻止するのがキリスト教平和主義者であるあなた方の仕事ではないか。あなた方、賀川や高良が死なないから軍部を止められないのだ」と言ったのを、高良は

「ガンジーさんもずいぶん無理なことをおっしゃる人だなあ」と思いながらも、その怒りの表情に圧倒された（高良、前出『自伝』、九二ページ）。

（105）Eleanor Morton, *Women Behind Mahatma Gandhi*, Max Reinhald, London, 1954, p. 199.

（106）M. Desai, "Dr. Kora", *Harijan*, Jan. 18, 1936, P. 386.

（107）*ibid.*, p. 387.

（108）柘植恭子「解説」（高良、前出『自伝』）、二二一ページ。

（109）このカマラーデーヴィー・チャトパーディヤーエはナーイドゥとともに、、ガンディーが信頼する国民会議派内の代表的女性指導者であり、一九四一年六月にアメリカでの講演旅行からの帰途、日本に立ち寄った。この時、日印協会に招かれて「印度の実情」と題する講演を行い、その通訳を高良が務めている。（『日印協會會報』七六号、一九四一年九月、一－一二ページ）これより前にカマラーデーヴィーは外務大臣松岡洋右を訪問しているが、その記録が『日印協會會報』に載っている。彼女が「日支間の戦争」のことを持ち出すと、松岡は「日支間には戦争はありません。…あれは飽くまで支那事変です」と応える。彼女はなおも、現実においてそれは戦争であり、「日本の帝国主義」による侵略であると強く主張した。これに対して松岡は、それが戦争であるならその原因は蒋介石の反日行動にあると強弁し、「貴女はまだ支那事変について解って居られません」と決めつけた。続けて彼が、「八紘一宇という日本の理想」について、また「エンペラでもなければキングでもない」天皇がいる「日本の国は皇御国」であることを長々と語るのを聞いた後で、彼女は「(それにもかかわらず) 何故お国には対立があるのです」と（おそらく皮肉を込めて）尋ね返している（高岡大輔「松岡外相・カマラ・デヴィ女史会談記」、同上『日印協會會報』七六号、一三－一六ページ）。

（110）『讀賣報知』、一九四二（昭和一七）年八月八日。

（111）柘植、前掲「解説」（高良、前出『自伝』）、二二三ページ。

（112）Robert Schildgen, *Toyohiko Kagawa: Apostle of Love and Social Justice*, Centenary Books, Berkeley, 1988, pp.1-2.

（113）賀川を扱った古典的な書物として、Allan A. Hunter, *Three Trumpetters Sound: Kagawa-Gandhi-Schweitzer*, Association Press, New York, 1938 があるが、著者は未見である。

（114）労働運動で一時は賀川と行動をともにした社会主義者の荒畑寒村が、自伝の中で葺合新川における賀川のことを次のように評している。「賀川君が住居を構えて、馬島ドクトルの診療事業とともに、キリスト教の教化に従っていた葺合の貧民窟は、案内役の賀川君がここはどうすれば良いと思うかと質問したのに対して、私は言下に焼却する外はないと答えたほど実にひどい処であった。なるほど、この貧民窟に住んで宣教に従っている賀川君を、世間の人が〝葺合の聖人〟と呼ぶのも故ある哉と思ったが、しかし、どうした、などと腫物だらけの子供の頭を撫でる賀川君にも、有り難く思え、おまえなんかの頭を撫でて下さるのは先生だけだぞ、という母親にも、真に互いの心に通う愛情や感謝の念は感ぜられなかった」と（荒畑寒村『寒村自伝』上、岩波文庫、一九七五年、四一九ページ）。

(115) この研究は貧困の問題を経済的窮乏という点のみに帰着させず、精神・心理の側面から捉えようとするものであったが、書物の各所に見える差別的な内容・表現に対し、当時の水平社から抗議があり、のちに賀川自身それに関する反省を記している。しかし同書は戦後に出版された『賀川豊彦全集』（全二四巻、初版一九六二－六四年、第二版一九七二－七四年、第三版一九八一－八三年）の第八巻にも収録されており、これが問題化された結果、出版社のキリスト新聞社は問題箇所を削除し、「差別文書」を出し続けてきたことを認める社告を一九八五年に出すことになる。『貧民心理之研究』に見られる賀川の差別意識について論じた研究として、鳥飼慶陽『賀川豊彦と現代』、兵庫部落問題研究所、一九八八年、および佐治孝典『土着と挫折――近代日本キリスト教史の一断面』、新教出版社、一九九一年などがある。またキリスト新聞社編『資料集・『賀川豊彦全集』と部落差別――『賀川豊彦全集』第八巻の補遺として』、キリスト新聞社、一九九一年は、同新聞社が、『全集』初版刊行予告以降に同社の全集刊行委員会に寄せられた抗議に対する様々な段階の議論・協議や交渉を経て、『貧民心理之研究』を「差別書」とし、賀川の「差別体質」を指摘するに至る経過をまとめたものである。

賀川は、日本における部落解放運動の最初の全国組織、全国水平社（一九二二年設立）の創立大会に出席し、また初期の水平社運動指導者とも交流があったが、一九二三年ころよりこの運動から離れていったとされる（鳥飼、前掲書、一二三－一二八ページ）。前述したキリスト新聞社刊の『資料』（一八ページ）は、「水平社の人々との関わりから離反した以後の賀川は、農民運動、労働運動、生協運動に取り組み、あるいは、キリスト教伝道、とくに〝神の国運動〟を展開したが、差別に苦しむ部落に対しては、ついに具体的行動として、何ら取り組みも起こさなかった」とも述べている。

(116) 『死線を越えて』の「解説」（武藤富男）、『賀川豊彦全集』［以下、『賀川全集』］第一四巻、キリスト新聞社、一九六四年、六〇八－六〇九ページ。

(117) 横山春一「賀川豊彦『死線を越えて』」、エコノミスト編集部編『日本近代の名著・その人と時代』、毎日新聞社、一九六六年、一二二九－一二三〇ページ。

(118) この三部作は一九九七年現在でも、文庫本（「現代教養文庫」A－三二六～八、社会思想社）として発行されている。

(119) 隅谷三喜男『賀川豊彦』（同時代ライブラリー二四五）、岩波書店、一九九五年、四七ページ。

(120) 同右、六九－七〇ページ。

(121) 同右、八三－八四ページ。

(122) 賀川「精神運動と社会運動」『賀川全集』第八巻、四三五－四三六ページ。
(123) 賀川「自由組合論」『賀川全集』第一一巻、三一－三二ページ。
(124) 賀川「暗中雑記」『雲の柱』一九二六年五月号（「身辺雑記」、『賀川全集』第二四巻、五七ページ）。
(125) 隅谷、前掲書、一六〇－一六一ページ。
(126) 米沢和一郎「ロマン・ロランが記した賀川豊彦――書簡抄訳原稿の紹介」、『賀川豊彦記念・松沢資料館ニュース』No.15、一九八七年七月一日、一ページ。
(127) Schildgen, *op.cit.*, pp. 154-155.
(128) 米沢和一郎『賀川豊彦の欧米での評価』、神戸コープ生協研究機構、賀川豊彦研究会、一九九五年、一二ページ（布川、前掲論文、六五ページより）。
(129) 賀川「武蔵野の野より」、『雲の柱』一九三八年八月号（「身辺雑記」、『賀川全集』第二四巻、二五八ページ）。
(130) 布川弘「一九三〇年における賀川豊彦の平和運動」『日本史研究』四二四、一九九七年一二月、七四ページ。
(131) Schildgen, *op.cit.*, p. 216.
(132) 賀川「皇紀二六〇〇年」『雲の柱』一九四〇年一〇月号（『賀川全集』第二四巻、二五八ページ）。
(133) 河島幸夫『賀川豊彦と太平洋戦争―戦争・平和・罪責告白』、中川書店、一九九四年（第二刷）、一七－一八ページ。なお高良とみもまたこの「石賀事件」との関わりをうたがわれ、憲兵隊本部で何日も尋問を受けたという（高良、前出『非戦を生きる』、一〇六－一〇八ページ）。
(134) 賀川『天空と黒土を縫合せて』、『賀川全集』第二〇巻、一二九ページ。
(135) 佐治、前掲書、七四ページ。
(136) N. R. Malkani, "Kagawa", *Harijan*, Oct. 7. 1933, p. 8.
(137) 賀川『死線を越えて』、『賀川全集』第一四巻、四ページ。
(138) 賀川「放浪の旅より」『雲の柱』一九三一年七月号（『賀川全集』第二四巻、一三二－一三三ページ）。
(139) Eli Stanley Jones, *Mahatma Gandhi: An Interpretation*, Abindon Press, New York, 1948（邦訳『マハトマ・ガンヂー』、金井為一郎訳、一古堂書店、一九五五年。なお、この邦訳本の末尾に、賀川が短い「あとがき」〈二五一ページ〉を寄せている）。
(140) 賀川「武蔵野の野より」、『雲の柱』一九三八年一二月号（『賀川全集』第二四巻、二六七－二六八ページ）。
(141) 賀川は当時代表的な著作であった宇井伯壽『印度哲學研究』（全六巻、一九二四－三〇年）にも、シャンカラやラーマーヌジャらについて全くふれられていない、日本のインド思想研究はまだこれからだと苦言を呈している（賀川「印度の宗教詩人カビルに就いて」、『雲の柱』一九三九年六月号、九－一四ページ)。
(142) 賀川「印度の農村事情」、『雲の柱』一九三九年九月号、一〇－一一ページ。
(143) Pyarelal, "A World in Agony", *Harijan*, January 28, 1939, pp. 440-443.
(144) 賀川はこの地名ををボドリと表記したため、それ以後彼とガンディーとの会見にふれた多くの人々もこの表記に従ってしまった。
(145) 賀川「マハトマ・ガンジーの精神生活(一)」『天の心・地の心』、実業之日本社、一九五五年、二五一－二五二ページ。
(146) M. Desai, "Dr. Kagawa's Visit", *Harijan*, January 21, 1939, p. 434.
賀川「ガンヂーに会ふ」、『雲の柱』一九三九年六月号、一六－一七ページ。
(147) Desai, *ibid*., p. 436.
(148) 賀川、前出「マハトマ・ガンジーの精神生活(一)」、二五六ページ。「ガンヂーに会ふ」一八ページ。
(149) Desai, *op. cit.* (Kagawa's Visit), p. 436.
(150) 賀川「道徳復興なくして経済復興はない—日本は道徳的に出直す必要がある」、前出『天の心・地の心』、四三五ページ。この文章のすぐ後で、満州での伝道の際に一夫一婦制など「純潔運動」を説いたため(当時満州の役人や在留邦人の間に「妾を囲う」例が多かったという)警官から退去命令を受け、その時から「満州国を征服する強権が日本を支配するならば、日本は内側から亡びると思った。はたしてそのとおりになってしまった」(同上、四三五－四三六ページ)と記しているが、彼自身の満州国に関する姿勢やこれ以後の対戦争観を見ると、戦後のこうした述懐はあとから見てものを言う類の「懐旧談」であるようにも受け取れる。
(151) Desai, *op .cit.* (Kagawa's Visit), p. 435.
(152) *ibid.*, p. 436.
(153) 賀川に関するいくつかの著作がある河島幸夫は彼のインドでの体験にふれて、「賀川豊彦はガンディーとの対話の中で戦争と平和に関する両者の態度を示す核心部分をほとんど公表しなかった。もし賀川が、せめて戦後に、ガンディーの毅然とした姿勢に対する自己の精神的弱さを示す核心部分をもあえて公表していたら、そのことは、彼にとって日本と自己との戦争責任を正面から受けとめる重要な手がかりとなっていたのではなかろうか。それを彼がなしえなかったという点は、賀川自身のためにも惜しまれてならない」(河島、前掲書、五二－五三ページ)と記している。
(154) 佐治、前掲書、九一ページ。
(155) 賀川が加わって提唱されたこの「一億総懺悔」のスローガンの意味について、思想の科学研究会の共同研究「転向」で横山貞子が次のように指摘しているのは、賀川をはじめとして、戦時期、戦後期における日本のキリスト教徒の姿勢を考える上で極めて重要であろうかと思われる。彼女の指摘は、「キリスト教の〝原罪〟の意識を含むこの主張［「一億総懺悔」のスローガン―引用者］が国民一般に対して示されたことは、確かに意味のあることだった。しかしキリスト教界について考えれば、〝原罪〟の普遍的意味を知りながら、その観点に立って国家の侵略主義を正す方向への働きかけをなし得なかったことについての、キリスト者独自の自覚が〝一億総懺悔〟のスローガンの下に解消して、十分にはなされなかったといえるのではなかろうか」という厳しいものである（横山貞子「第七節　キリスト教の人々――プロテスタントを中心に」思想の科学研究会編『共同研究・転向』中、平凡社、二〇〇〇年改訂増補復刻版」、三六六ページ）。

(156) マーク・ゲイン『ニッポン日記』（井本威夫訳）筑摩書房、一九七八年（初版一九六三年）九五 - 九六ページ。

(157) 鶴見俊輔『廃墟の中から』（「記録現代史・日本の百年⑨」）筑摩書房、一九七八年（改訂版、初版一九六一年）、一四九 - 一五五ページ。

(158) 「社会運動家の草分け・賀川豊彦　ノーベル文学賞候補に二回」、『朝日新聞』夕刊　二〇〇九年九月一四日。「西欧に映った戦後の日本　賀川豊彦：日本初のノーベル文学賞候補」『朝日新聞』、二〇一五年一〇月二日。

(159) Tagore, *op. cit.*, p.78.

(160) Gandhi, *op. cit.*（"To Every Japanese"）*CWMG*, Vol.83, p. 115.

(161) 矢内原忠雄『帝国主義下の印度』大同書院、一九四一年（第五版、初版は一九三七年）、一六八 - 一六九ページ。

(162) 尾崎秀実『国際関係から見た支那』、『尾崎秀実著作集』（以下、『尾崎著作集』）第一巻、勁草書房、一九七七年、二二二 - 二二三ページ。

(163) 尾崎秀実「東亜共栄圏の基底に横たわる重要問題」『尾崎著作集』第三巻、二二三 - 二二四ページ。

(164) 尾崎秀実「東亜新秩序の現在及び将来――東亜共同体論を中心に」『尾崎著作集』第二巻、三五五ページ。

(165) 「尾崎秀実年譜」『尾崎著作集』第五巻、四〇二ページ。

(166) 古在由重「戦中日記」『古在由重著作集』第六巻、勁草書房、一九六七年所収。

(167) D. G. Tendulkar, *Mahatma—Life of Mohandas Gandhi*, Vol. 7（1945-1947）, Government of India, 1969（Reprint; 1st edition in 1953）, p. 143.

(168) M. K. Gandhi, "Atom Bomb and Ahimsa", July 1, 1946, *Harijan*, July 7, 1946（*CWMG*, Vol. 91, p. 221）.

あとがき

本書は少なくとも現時点では、私にとってのガンディー論のいわば「総仕上げ」である。とは言っても、それぞれの人物について掘り下げ方が必ずしも十分でないことや、取り上げてしかるべき何人かの人物を叙述の対象にしていないことなど自分でも完全に満足出来ていないことも事実である。

私がガンディーに関心をもったのはいつのころからか、今となってはよく分からない。もちろん中学・高校時代に授業で彼の名前は記憶にあったはずであるが、極めて簡単な彼の活動についての知識に留まっていただろう。東京外国語大学（インド・パーキスターン科）に入学した一九六〇年以降は、かなり専門的なインドの歴史に関する授業を受けることが出来、インドの政治史とともにガンディーに関する知識も多少は増した。入学した直後の一九六〇年五月に、インド共産党（当時CPI、のちにCPI［M］）の指導者E・M・S・ナンブーディリパードゥのガンディー論が大形孝平氏の訳で『ガンディー主義』（原題は *The Mahatma and the Ism*, 初版は一九五九年五月）というタイトルで岩波新書の一冊として出版された。その原題にも惹かれたし、非常に客観的にインド史におけるガンディーの役割を位置づけた同書は、それ以後の私のガンディー観に大きな影響を及ぼした（なお同書はその後一九八五年に、研文出版社より『マハートマとガンディー主義』と題して再版されている）。これより前に雑誌『思想』（岩波書店、三九四号、一九五七年四月）が「ガンディー特集」を組んでおり、当時の錚々たるインド研究者が政治、社会、思想の広い観点から論文を寄せているが、私は大学入学後一、二年してこれを神田の古書店で入手して読んだ。大学院の印度哲学科に入学してからもインド思想史研究を続けたが、修士論文は当時ガンディー以上に関心のあった民族運動指導者B・G・ティラク（一八五六－一九二〇）を取り上げた。しかし修論執筆過程で、活動時期が重なる二人の思想や行動を併せて追いかけることが出来た。

大学院を修了して二年後の一九六九年はガンディー生誕百年に当たり、インドはもちろん日本その他各国でさまざまな「ガンディー特集」が企画され、出版された。インドでは中央政府、与党の国民会議派に主だった財界人も加わった記念行事では、ガンディーを持ち出すことで自らの立場を正当化するというあからさまなイデオロギー操作が展開されていると私には映った。ちょうどその時期に石田雄氏（当時東京大学教授）が「日本人のガンディー像――生誕百年に際してその歴史的特徴を顧みる」というかなり長文の論文を『みすず』（一一二号、一九六九年八月）に発表した。当然私も興味深くこれを読んだが、同論文の扱う範囲が戦前と戦時中の日本人のガンディー観に限られていたという点が気にかかり、これを補足する意味で（前々から準備はしていたが）「日本人におけるガンディー研究の考察」という文章を『インド文化』第九号（日印文化協会、一九六九年一二月）に発表した。これはガンディーに関して私が書いた最初の論文であった。その後少しずつ書きためて、書物として発表したのが『ガンディーをめぐる青年群像』（三省堂、一九八七年）である。同書では、インド各地のさまざまな背景をもつ青年たちがどのようにガンディーの思想・運動に惹かれて「ガンディー主義者（Gandhian）」となって民族運動に参加し、またある場合は何を契機にガンディーの戦列から離脱していったのかを辿ってみた。そうした青年たちの例として、若き農民や企業家、テロリストになる青年、先述したナンブーディリパードゥのように共産主義者となる青年などを取り上げた。現在のこの書は、三十年前の自著の延長線上にあるものと言ってもよかろう。

本書に収めた論考はほとんどが新しく書き下ろしたものであるが、以下の三点は以前に発表したものを元にしており、それに部分的あるいは大幅な削除と追加を施している。

第一章　ネルーとガンディーの対話――交換書簡を通じて
『専修大学人文科学研究所月報』第二七三号、二〇一四年一〇月

第二章　ガンディーとスバース・チャンドラ・ボース――一九三九年の政治危機
『専修大学人文科学研究所月報』第二七六号、二〇一五年五月（原題は「一九三九年　インドの政治危機――スバース・チャンドラ・ボースをめぐって」）

補　論　日中戦争期のガンディーをめぐる日本人知識人
『アジア・アフリカ言語文化研究』六三号、東京外国語大学アジア・アフリカ言語文化研究所、二〇〇二年三月（原題は「M・K・ガーンディーと日本人――日中戦争をめぐって」）

本書では各章がほぼ同時期を扱っていることから、人物や出来事の記述に重複が多く、そのため読者に煩わしさを感じさせることになってしまったのではないかとおそれ、その点をお詫びしたい。

なお、本書が出来上るに当たって、明石書店の石井昭男会長と大江道雅社長、ならびに本郷書房の

古川文夫氏から、書物の体裁、タイトル、参考文献の整備などにいたるまで、さまざまなご助言をいただいた。末尾ながら深い感謝の意を表させていただきたい。

二〇一七年一月

内藤雅雄

参考文献

インド近現代史全般

山本達郎編『インド史』（世界各国史X）山川出版社、一九六〇年。

坂本徳松『ガンディー――真理の戦いとインドの解放』誠文堂新光社、一九六一年。

ルイス・フィッシャー（古賀勝郎訳）『ガンジー』（二十世紀の大政治家二）紀伊國屋書店、一九六八年。

中村平治編『インド現代史の展望』青木書店、一九七二年。

中村平治『南アジア現代史』I（インド）山川出版社、一九七七年。

加賀谷寛・浜口恒夫『南アジア現代史』II（パキスタン・バングラデシュ）山川出版社、一九七七年。

スミット・サルカール（長崎・臼田・中里・粟屋訳）『新しいインド近代史――下からの歴史の試み』全二巻、研文出版、一九九三年（Sumit Sarkar, *Modern India* 1885-1947, Macmillan, Delhi, 1983）。

中村平治『インド史への招待』吉川弘文館、一九九七年。

ビパン・チャンドラ（粟屋利江訳）『近代インドの歴史』山川出版社、二〇〇一年。

渡辺良明『マハートマー・ガンディーの政治思想』熊本出版文化会館、二〇〇二年。

S. D. Javdekar, *Gandhivad* (*Gandhism* in Marathi), Y. G. Joshi, Pune, 1941.

Pyarelal, *Mahatma Gandhi: The Discovery of Satyagraha on the Threshhold*, Sevak Prakashan, Bombay, 1980.

Pyarelal, *Mahatma Gandhi: The Birth of Satyagraha,* Navajivan Publishing House, Ahmedabad, 1986.

Pyarelal, *Mahatma Gandhi: The Last Phase*, 2 vols,(in 3 parts), Navajivan Publishing House, Ahmedabad, 1956-1958.

Maurice Gwyer and A. Appadorai eds., *Speeches and Documents on the Indian Constitution 1921-1952*, 2 vols., Oxford University Press, Bombay, 1957.

Lloyd I. Rudolph and Susanne H. Rudolph, *The Modernity of Tradition: Political Development in India*, The University of Chicago Press, Chicago-London, 1967.

Lloyd I. Rudolph and Susanne H. Rudolph, *Gandhi: The Traditional Roots of Charisma*, Orient Longman, Delhi 1967.

Vincent Sheean, *Mahatma Gandhi: A Great Life in Brief*, Government of India, New Delhi, 1968.

Mahadev Desai, *Day-to-Day with Gandhi*, 6 vols. (incomplete), Sarva Seva Prakashan, Varanasi, 1968-1974.

Nicholas Mansergh ed., *The Transfer of Power*, 12 vols., Her Majesty's Stationery Office, London, 1970-1983.

Judith M. Brown, *Gandhi: Prisoner of Hope*, Oxford University Press, Delhi, 1992 (1st edition in 1990).

Basudev Chatterjee, K. N. Panikkar, Mushirul Hasan, Sucheta Mahajan eds., *Towards Freedom: Documents on the Movement for Independence of India, 1938 ～ 1947* (incomplete), Oxford University Press, New Delhi, 1999-2013.

M. K. Gandhi, *The Collected Works of Mahatma Gandhi*, 100 Vols., Government of India, New Delhi, 1969-1997 (*The Collected Works of Mahatma Gandhi,* CD-Rom edition, 98 vols., Government of India, New Delhi, 1999).

S. Gopal ed., *Selected Works of Jawaharlal Nehru* (First Series), 15 vols., Orient Longman, New Delhi, 1972-1982.

B. Pattabhi Sitaramayya, *The History of the Indian National Congress* (1885-1935), 2 vols., Indian National Congress, New Delhi, 1969 (1st edition in 1947).

H. Yamaguchi, *How Relevant is Gandhi Today?: A Japanese View*, (Rediscovering Gandhi, Vol. 7), Concept Publishing Co. Ltd., New Delhi, 2015.

第1章　ネルーとガンディーの対話

M. K. Gandhi, Hind Swaraj (originally published in Gujarati in 1909), *The Collected Works of Mahatma Gandhi*, Vol. 10.

ネルー（磯野勇三訳）『ネール自傳』全三巻、立明社、一九六一年（Jawaharlal Nehru, *An Autobiography with Musings on Recent Events in India*, Allied Publishers Pvt. Ltd., Bombay, 1962 [1st edition in 1936]）。

ネルー（森本達雄訳）『忘れえぬ手紙より』全四巻、みすず書房、一九六一～一九六五年（J. Nehru, *A Bunch of Old Letters: Written Mostly to Jawaharlal Nehru and Some Written by Him*, Oxford University Press, Bombay, 1986 [1st edition in 1958]）。

ネルー（大山聰訳）『父が子に語る世界歴史』全六巻、みすず書房、一九六五〜一九六六年（J. Nehru, *Glimpses of World History: Being Further Letters to His Daughter, Written in Prison, and Containing a Rambling Account of History for Young People*）, Oxford University Press, New Delhi, 1987［1st edition in 2 volumes in 1934-35］）。

山折哲雄『ガンディーとネルー　その断食と入獄』評論社、一九七四年。

Jawaharlal Nehru, *India and the World*, George Allen & Unwin Ltd., London, 1936.

Jawaharlal Nehru, *The Unity of India: Collected Writings 1937-40*, Lindsay Drumond, London, 1942.

K. R. Kripalani, *Gandhi, Tagore and Nehru*, Hind Kitabs Ltd., Bombay, 1949（1st edition in 1947）.

Haridas T. Mazumdar, *Mahatma Gandhi: Peaceful Revolutionary*, Twentieth Century Library, New York London, 1952.

B. R. Nanda, *The Nehrus: Motilal and Jawaharlal*, George Allen & Unwin Ltd., London, 1962.

Krishna Nehru Hutheesing, *We Nehrus*, Publishing Company, Bombay, 1968.

Frank Moraes, *Witness to an Era: India 1920 to the Present Day*, Vikas Publishing House, Delhi, 1973.

S. Gopal, *Jawaharlal Nehru: A Biography*, 3 vols., Oxford University Press, Bombay, 1976-1984.

Sunil Kumar Gupta, *Gandhi-Jawaharlal Confluence*, Oriental Publishers, New Delhi, 1976.

B. N. Pandey, *Nehru*, Macmillan, London, 1976.

Taliq Ali, *The Nehrus and the Gandhis: An Indian Dynasty*, Pan Books, London, 1985.

M. J. Akbar, *Nehru: The Making of India*, Viking, London, 1988.

Narahari Kaviraj, *Gandhi-Nehru Through Marxist Eyes*, Manisha, Calcutta, 1988.

Rafiq Zakaria ed., *A Study of Nehru*, Rupa & Co., Calcutta, 1989.

Judith M. Brown, *Nehru: A Political Life*, Yale University Press, New Haven and London, 2003.

Seema Roy, *Liberty in Indian Political Thinking: A Comparative Study of Gandhi and Nehru*, Radha Publications, New Delhi, 2006.

Uma Iyengar ed., *The Oxford India : Nehru*, Oxford University Press, New Delhi, 2007.

Sangita Mallik ed., *The Master and the Disciple: Interactions Between Gandhi and Nehru and Their Impact on Modern Indian History*, Manohar, New Delhi, 2010.

Uma Iyengar and Lalitha Zackariah eds., *Together They Fought: Gandhi-Nehru Correspondence 1921-1948*, Oxford University Press, New Delhi, 2011.

第2章　ガンディーとスバース・チャンドラ・ボース

ＮＨＫ取材班『あの時、世界は…』（磯村尚徳・戦後史の旅）日本放送出版協会、一九六九年。

スバース・Ｃ・ボース『闘へる印度（ボース自伝）』綜合インド研究室、一九三三年。

N. B. Khare, *My Political Memoirs or Autobiography*, J. R. Joshi, Nagpur, 1959.

Subhas Chandra Bose, *Crossroads: The Works of Subhas Chandra Bose 1938-40*, Netaji Research Bureau (compiled), Bombay, 1962.

Selected Speeches of Subhas Chandra Bose, Government of India, New Delhi, 1962.

D.P. Misra, *Living an Era*, 2 Vols., Vikas Publishing House, Delhi, 1975.

Madan Gopal ed., *Life and Times of Subhas Chandra Bose as told in his own words*, Vikas Publishing House, New Delhi, 1978.

Nirad C. Chaudhuri, *Thy Hand Great Anarch: India 1921-1952*, Chatto & Windus, London, 1987.

S. K. Bose and Sugata Bose eds., *Netaji Collected Works*, Vol. 5 (Congress President, Jan. 1938-May 1939), Permanent Black, New Delhi, 1995.

Reba Som, *Gandhi, Bose, Nehru and the Making of the Modern Indian Mind*, Penguin / Viking, New Delhi, 2004.

Roman Hayes, *Subhas Chandra Bose in Nazi Germany: Politics, Intelligence and Propaganda 1941-43*, Harst & Co., London, 2012.

Partha Chatterjee, *The Black Hole of Empire: History of a Global Practice of Power*, Princeton University Press, Princeton and Oxford, 2111.

R. Mukherjee, *Nehru & Bose: Parallel Life*, Penguin / Viking, Gurgaon, 2014.

第3章　ガンディーとアンベードカル

D・D・コーサンビー（山崎利男訳）『インド古代史』岩波書店、一九六六年（D. D. Kosambi, *The Culture and Civilisation of Ancient India in Historical Outline*, Routledge & Kegan Paul, London, 1965 [Indian edition by Vikas Publishing House, New Delhi in 1970]）。

山崎元一『インド社会と新仏教徒――アンベードカルの人と思想』刀水書房、一九七九年。

内藤雅雄編『解放の思想と運動』（叢書「カースト制度と被差別民」第三巻）明石書店、一九九四年。

小谷汪之編『インドの不可触民――その歴史と現在』明石書店、一九九七年。

孝忠延夫・浅野宣之『インドの憲法――21世紀「国民国家」の将来像』関西大学出版部、二〇〇六年。

B. R. Ambedkar, *What Congress and Gandhi Have Done to the Untouchables*, Thacker & Co., Bombay, 1945.

Louise Ouwerkerk, *The Untouchables in India*, Oxford University Press, 1945.

M. K. Gandhi (edited by B. Kumarappa), *For Workers Against Untouchability*, Navajivan Publishing House, Ahmedabad, 1954,

St. Mery's College, *The Depressed Classes: A Chronological Documentation (1931-37)*, 2 Vols., Little Flower Press, Calcutta, n.d.

Iravati Karve, *Maharashtra—Land and Its People*, Government of Maharashtra, Bombay, 1968.

D. R. Jatav, *Dr. Ambedkar's Role in National Movement (1917-1947)*, New Delhi, 1979.

D. B. Matur, *Gandhi, Congress and Apartheid*, Aalekh Publishers, Jaipur, 1986.

Shankarrao R. Kharat ed., *Dr. Ambedkar Yanchi Atmakatha (Ambedkar's Autobiography* in Marathi), Indrayani

Sahitya, Pune, 1987.

Baren Ray ed., *Gandhi's Campaign Against Untouchability 1933-1934: An Account fron the Raj's Secret Official Reports*, Gandhi Peace Foundation, New Delh, 1996.

Richard Bonney, *Three Great Giants of South Asia: Gandhi, Ambedkar & Jinnah on Self-Determination*, Media House, Delhi, 2004.

第４章　ガンディーとインド人企業家

石井一也『身の丈の経済論――ガンディー思想とその系譜』法政大学出版局、二〇一四年。

M. K. Gandhi, *Daridra Narayan: Our Duty in Food & Crisis*, Anand Hingorani, Karachi, 1946.

K. Gopalaswami, *Gandhi and Bombay*, Bharatiya Vidya Bhavan, Bombay, 1969.

Stanley A. Kochaneck, *Business and Politics in India*, University of California Press, Berkeley, 1974.

Thomas A. Timberg, *The Marwaris: From Trader to Industrialist*, Vikas Publishing House, New Delhi, 1978.

D. Tripathi ed., *Business Communities in India*, Manohar, New Delhi, 1984.

Anne Hardgrove, *Community and Public Centre: The Marwaris in Calcutta*, Oxford University Press, New Delhi, 2004.

Sanjay Joshi ed., *The Middle Class in Colonial India*, Oxford University Press, New Delhi, 2010.

Kaka Kalelkar ed., *Panchma Putrane Bapuna Ashirvad (Gandhi's Blessing to "Fifth Son"* in Gujarati), Navajivan Prakashan Mandir, Amdavad, 1957.

T. V. Parvate, *Jamnalal Bajaj: A Brief Study of His Life and Character*, Navajivan Publishing House, Ahmedabad, 1962.

Charles Bettelheim, *India Independent*, London, 1968.

Ramkrishna Bajaj ed., *Patra-Vyavahar (Jamnalal Bajaj's Correspondence* in Hindi), 8 vols., Sasta Sahitya Mandal, New Delhi, 1969.

Ramkrishna Bajaj ed., *Jamnalal Bajajki Diary (Jamnalal Bajaj's Diary* in Hindi), 4 vols., Sasta Sahitya Mandal, New

Delhi, 1966-1972.

Shriman Narayan, *Jamnalal Bajaj: Gandhiji's "Fifth Son"*, (Builders of Modern India) , Government of India, New Delhi, 1974.

B. R. Nanda, *In Gandhi's Footsteps: The Life and Times of Jamnalal Bajaj*, Oxford University Press, New Delhi, 1990.

H. Venkatasubbiah, *Enterprise and Economic Change: Fifty Years of FICCI*, New Delhi, 1997.

P. Thakurdas, J. R. D. Tata and G. D. Birla and others, *A Brief Memorandum Outlining a Plan of Economic Development for India (Bombay Plan)*, Bombay, 1944.

Homi Mody and John Matthai, *A Memorandum on the Economic and Financial Aspects of Pakistan*, Bombay, 1945.

Frank Moraes, *Sir Purushottamdas Thakurdas*, Bombay, 1967 (Reprint).

G. D. Birla, *In the Shadow of the Mahatma: A Personal Memoir*, Vakils, Feffer and Simons, Bombay, 1968.

G. D. Birla, *Towards Swadeshi: Wide-ranging Correspondence with Gandhiji*, Bharatiya Vidya Bhavan, Bombay, 1980.

Ram Niwas Jaju, *G. D. Birla: A Biography*, Vikas Publishing House, New Delhi, 1985.

A. Chakrabarti, *The Mahatma and His Men—G. D. Birla*, Rupa & Co., Calcutta, n.d.

Alan Ross, *The Emissary: G. D. Birla, Gandhi and Independence*, Collins Harvill, London, 1986.

Medha M. Kudaisya, *The life and times of G. D. Birla*, Oxford University Press, New Delhi, 2003.

Himashu Bourai, *Gandhi and Modern Indian Liberals*, Abhijeet Publications, Delhi, 2004.

第5章　ガンディーとインド農民

柴田三千雄・木谷勤『世界現代史』山川出版社、一九八五年。

James M. Campbell ed., *Gazetteer of Bombay Presidency*, Vol. IX, Part I (Gujarat Population: Hindus), Vintage Books, Gurgaon, 1988 (1st edition in 1901 by Government of India).

Krishna Das, *Seven Months with Mahatma Gandhi*, 2 vols., S. Ganesan, Madras, 1928.

Rajendra Prasad, *At the Feet of Mahatma Gandhi*, Hind Kitabs Ltd., Bombay, 1955.

Valmiki Choudhary ed., *Dr. Rajendra Prasad: Correspondence and Select Documents*, 8 vols., Allied Publishers Pvt. Ltd., New Delhi, 1984-1987.

Ranjit Guha ed., *Subaltern Studies: Writings on South Asian History and Society*, Vol. I, Oxford University Press, Delhi, 1982.

Mahadev Desai, *Gandhiji in Indian Villages*, S. Ganesan, Madras, 1927.

J. C. Kumarappa, *Gandhian Economic Thought*, Vora & Co., Bombay, 1951.

D. A. Low ed., *Congress and the Raj: Facets of the Indian Struggle 1917-1947*, Arnold-Heineman, London, 1977.

M. A. Rasul, *A History of the All-India Kisan Sabha*, National Book Trust, Calcutta, 1974.

D. N. Dhanagare, *Agrarian Movements and Gandhian Politics*, Agra University, Agra, 1975.

Kapil Kumar, *Peasants in Revolt: Tenants, Landlords, Congress and the Raj in Oudh*, Manohar, New Delhi, 1984.

T. K. Chattopadyay, *Gandhi and Indian Peasantry*, Progressive Publishers, Kolkata, 2003.

Rajendra Prasad, *Mahatma Gandhi and Bihar: Some Remeniscences*, Hind Kitab Ltd., Bombay, 1949.

K. K. Datta, *History of Freedom Movement in Bihar*, 2 vols., Government of Bihar, Patna, 1957.

D. G. Tendulkar, *Gandhi in Champaran*, Government of India, New Delhi, 1957.

K. K. Datta ed., *Writings and Speeches of Mahatma Gandhi Relating to Bihar, 1917-1947*, Government of Bihar, Patna, 1960.

B. B. Misra ed., *Mahatma Gandhi's Movement in Champaran*, Government of Bihar, 1963.

S. K. Mittal, *Peasant Uprisings and Mahatma Gandhi in North Bihar: A Politico-Economic Study of Indigo Industry in North Bihar*, Anu Prakashan, Meerut, 1978.

Jacques Pouchepadas, *Champaran and Gandhi: Peasants and Gandhian Politics* (translated from the French by James Walker), Oxford University Press, New Delhi, 1999.

David Hardiman, *Peasant Nationalists of Gujarat: Kheda District*, Oxford University Press, Patna, 1981.

J. T. S. Jordens, *Gandhi's Religion: a home-spun shawl*, Oxford University Press, New Delhi, 1998.

S. L. Malhotra, *Gandhi and the Punjab*, Panjab University Publication Bureau, Chandigarh, 1970.

D. R. Grover, *Civil Disobedience Movement in the Panjab 1930-1934*, B. R. Public Corporation, Delhi, 1987.

第6章　ガンディーと女性

ロマン・ロラン『ロマン・ロラン全集』三二巻（インド一九一五～四三）みすず書房、一九五八年。

Source Material of the Freedom Movement in India: Mahatma Gandhi, Vol. III, Parts I ～ VII, Government of Maharashtra, Bombay, 1965-1975.

Prema Kantak, *Satyagrahi Maharashtra*, Sulabh Rashtriya Granthmala, Pune, 1940.

Sena Mahajan, *Mala Bhavlelya Premabai (Prema Kantakbai As I Saw Her* in Marathi), Gandhi Marg Mimansa, Pune, 2001.

Meera Kosambi ed., *Mahatma Gandhi and Prema Kantak: exploring a relationship, exploring history*, Oxford University Press, New Delhi, 2013.

R. L. Khipple ed., *Famous Letters of Mahatma Gandhi*, The Indian Printing Works, Lahore, 1947.

Mary Barr, *BAPU: Conversation and Correspondence with Mahatma Gandhi*, International Book House, Bombay. 1949.

Eleanor Morton, *Women Behind Mahatma Gandhi*, Max Reinhardt, London, 1954.

Shankarrao Deo, *Daiv Deten pan Karma Neten (Autobiography of S. Deo* in Marathi), Sasvad Ashram Trust, Sasvad, 1976.

Shankarrao Deo, *Sadhya ani Sadhnen* (*Aim and Means* in Marathi), Sasvad Ashram Trust, Sasvad, 1984.
Pushpa Joshi, *Gandhi on Women*, Navajivan Publishing House, Ahmedabad, 1988.
Anup Taneja, *Gandhi, Women and the National Movement 1920-47*, Har-Anand Publications Pvt. Ltd., 2005.

第7章　インドの分離独立とガンディー暗殺

Home Department (Goverment of India), *Congress Responsibility for the Disturbances*, Parts 1 & 2, Government of India, New Delhi, 1943.
Alan Campbell-Johnson, *Mission with Mountbatten*, Robert Hale Ltd., London, 1951.
M. K. Gandhi, *Correspondence with the Government, 1944-47*, Navajivan Publishing House, Ahmedabad, 1959.
V. P. Menon, *The Story of Integration of Indian States*, Orient Longmans Ltd., New Delhi, 1969 (1st edition in 1956).
N. Mansergh ed., *Transfer of Power*, Vol. 2, Her Majesty's Stationery Office, London, 1971.
Durga Das ed., *Sardar Patel's Correspondence 1945-50*, Vol. II, Navajivan Publishing House, Ahmedabad, 1972.
Amba Prasad, *The Indian Revolt of 1942*, S. Chand & Co., Delhi, 1975.
P. N. Chopra ed., *Quit India Movement: British Secret Report*, Thomson, London, 1976.
M. M. Sankhdher, *Gandhi, Gandhism and the Partition of India*, Deep & Deep Publications, New Delhi, 1982.
Patrick French, *Liberty or Death: India's Journey to Independence and Division*, Harper Collins Publishers, London, 1997.
Rafiq Zakaria, *Gandhi and Break-Up of India*, Bharatiya Vidya Bhavan, Bombay, 1999.
Simone Panter-Brick, *Gandhi and Nationalism: the Path to Independence*, I. B. Tauris, London-New York, 2012.
V. D. Savarkar, *Hindu Sanghatan: Its Ideology and Immediate Programme*, Hindu Mahasabha Presidential Office, Bombay, 1940.
A Hindu Nationalist, *Gandhi-Muslim Conspiracy*, R. D. Ghanekar, Pune, 1941.

Manubehn Gandhi, *Bihar Komi Agman (Fire of Communalism in Bihar* in Gujarati), Navajivan Prakashan Mandir, Amdavad, 1956.

Manubehn Gandhi, *Biharman Gandhiji (Gandhiji in Bihar* in Gujarati), 2 vols., Navajivan Prakashan Mandir, Amdavad, 1966.

Narayan H. Palekar, *Dr. Hedgewar (Biography of Hedgewar* in Marathi), Dr. Hedgewar Smarak Samiti, Nagpur, 1960.

Gopal D. Khosla, *The Murder of the Mahatma and Other Cases from a Judge's Notebook*, Chatto & Windus, London, 1963.

Ashutosh Laihiry, *Gandhi in Indian Politics: A Critical Review*, Firin KLM Pvt. Ltd., Calcutta, 1970.

J. L. Kapur, *Report of Commission of Inquiry into Conspiracy to Murder Mahatma Gandhi*, 6 vols., Ministry of Home (Government of India), New Delhi, 1970-1971.

Gopal Godse, *Panchavann Kotiche Bali (The Victim of 5.5 Crore Rupees* in Marathi), Vista Prakashan, Pune, 1971.

C. D. Deshmukh, *The Course of My Life*, Orient Longman, Bombay, 1974.

Nathuram Godse, *Why I Assassinated Mahatma Gandhi*, Surya Prakashan, New Delhi, 2003 (1st edition in 1998).

特　論

『藤井日達全集』全十巻、隆文館、一九九七年。

今井行順『アラカンに響く太鼓——戦場の日本山』日本サルボダヤ交友会、一九八六年。

山折哲雄編『わが非暴力　藤井日達伝』春秋社、一九九二年。

野口米次郎『印度は語る』第一書房、一九三六年。

野口米次郎『起てよ印度』小学館、一九四二年。

野口米次郎『宣戦布告』道統社、一九四二年。

野口米次郎『聖雄ガンジー』潮文閣、一九四三年。

野口米次郎『想思殿』春陽堂、一九四三年。

外山卯三郎編『論文集ヨネ・ノグチ研究』造形美術協会出版局、一九六三年。

高岡大輔『印度の眞相』丸善、一九三三年。

高岡大輔『素っ裸のガンヂー』我観社、一九三四年。

高岡大輔『見たままの南方亜細亜』日印協会、一九三九年。

高岡大輔『印度の全貌』（新東風土記叢書四）、岡倉書房、一九四一年。

高良とみ『非戦を生きる――高良とみ自伝』ドメス出版、一九八三年。

R・タゴール『タゴール著作集』VII、アポロン社、一九六〇年。

賀川豊彦『十字架に就いての瞑想』（『賀川豊彦全集』第三巻）、キリスト新聞社、一九六二年。

賀川豊彦『貧民心理之研究』（『賀川豊彦全集』第八巻）キリスト新聞社、一九六二年。

賀川豊彦『死線を越えて』（『賀川豊彦全集』第一四巻）キリスト新聞社、一九六四年。

賀川豊彦『天空と黒土を縫合せて』（『賀川豊彦全集』第二〇巻）、キリスト新聞社、一九六四年。

『賀川豊彦』（「日本人の知性」一六）学術出版会、二〇一〇年。

鳥飼慶陽『賀川豊彦と現代』兵庫部落問題研究所、一九八八年。

佐治孝典『土着と挫折――日本キリスト教史の一断面』新教出版社、一九九一年。

隅田三喜男『賀川豊彦』（同時代ライブラリー二四五）岩波書店、一九九五年。

米沢和一郎『賀川豊彦の欧米での評価』神戸コープ生協機構・賀川豊彦研究会、一九九五年。

Allan A. Hunter, *Three Trumpeters Sound: Kagawa-Gandhi-Schweitzer*, Association Press, New York, 1938.

Muriel Lester, *Gandhi's signature*, Friendship Reconciliation, New York, 1949.
Robert Schildgen, *Toyohiko Kagawa: Apostle of Love and Social Justice*, Centenary Books, Berkeley, 1988.
矢内原忠雄『帝国主義下の印度』大同書院、一九四一年。
鶴見俊輔『廃墟の中から』（『記録現代史・日本の百年⑥』）筑摩書房、一九七八年（初版一九六一年）。
マーク・ゲイン（井本威夫訳）『ニッポン日記』筑摩書房、一九六三年。
古在由重『戦中日記』（『古在由重著作集』第六巻）勁草書房、一九六七年。
尾崎秀実『国際関係から見た支邦』（『尾崎秀実著作集』第一巻、勁草書房、一九七七年。

[著者紹介]

内藤雅雄（ないとう　まさお）

1940年福井県生まれ。東京外国語大学インド・パーキスターン科卒業。東京大学大学院人文科学研究科修了。東京外国語大学アジア・アフリカ言語文化研究所教授、専修大学文学部教授を経て、現在、東京外国語大学名誉教授。

〔主要著書・編著書・訳書〕

『環カリブ海地域における複合文化の比較研究』（共編著）、1985年、東京外国語大学アジア・アフリカ言語文化研究所。

『インドの共産主義と民族主義――M. N. ロイとコミンテルン』J. P. ヘイスコックス著（共訳）、1985年、岩波書店。

『ガンディーをめぐる青年群像』（単著）、1987年、三省堂。

『もっと知りたいインド』（共編著）、1989年、弘文堂。

『近現代南アジアの社会集団と社会運動』（編著）、1991年、東京外国語大学アジア・アフリカ言語文化研究所。

『解放の思想と運動』叢書「カースト制度と被差別民」第3巻（編著）、1994年、明石書店。

『インド先住民解放の道――ワールリーの戦いの記録』G. パルレーカル著（翻訳）1997年、明石書店。

『移民から市民へ――世界のインド系コミュニティ』(共編著) 1998年、東京大学出版会。

世界歴史叢書

ガンディー　現代インド社会との対話

――同時代人に見るその思想・運動の衝撃

2017年2月28日　初版第1刷発行

著　者　内　藤　雅　雄

発行者　石　井　昭　男

発行所　株式会社 明石書店

〒101-0021　東京都千代田区外神田6-9-5

電　話 03（5818）1171

FAX 03（5818）1174

振　替　00100-7-24505

http://www.akashi.co.jp

編集／組版　本郷書房

装　丁　明石書店デザイン室

印刷／製本　モリモト印刷株式会社

（定価はカバーに表示してあります）　ISBN978-4-7503-4473-7

◆世界の教科書シリーズ◆

⑱ブータンの歴史
ブータン小・中学校歴史教科書
ブータン王国教育省教育部 編　平山修一 監訳
大久保ひとみ 訳
◎3800円

⑲イタリアの歴史【現代史】
イタリア高校歴史教科書
ロザリオ・ヴィッラリ 著　村上義和、阪上眞千子 訳
◎4800円

⑳インドネシアの歴史
インドネシア高校歴史教科書
イ・ワヤン・バドリカ 著　石井和子 監訳
桾沢英雄、菅原由美、田中正臣、山本肇 訳
◎4500円

㉑ベトナムの歴史
ベトナム中学校歴史教科書
ファン・ゴク・リエン 監修　今井昭夫 監訳
伊藤悦子、小川有子、坪井未来子 訳
◎5800円

㉒イランのシーア派イスラーム学教科書
イラン高校国定宗教教科書
富田健次 訳
◎4000円

㉓ドイツ・フランス共通歴史教科書【現代史】
1945年以後のヨーロッパと世界
ペーター・ガイス、ギヨーム・ル・カントレック 監修
福井憲彦、近藤孝弘 監訳
◎4800円

㉔韓国近現代の歴史
検定韓国高等学校近現代史教科書
韓哲昊、金基承 ほか著　三橋広夫 訳
◎3800円

㉕メキシコの歴史
メキシコ高校歴史教科書
ホセ＝デ＝ヘスス・ニエト＝ロペス ほか著
国本伊代 監訳　島津寛 共訳
◎6800円

㉖中国の歴史と社会
中国中学校新設歴史教科書
課程教材研究所 綜合文科課程教材研究開発中心 編著
並木頼寿 監訳
◎4800円

㉗スイスの歴史
スイス高校現代史教科書〈中立国とナチズム〉
バルバラ・ボンハーゲ、ペーター・ガウチ ほか著
スイス文学研究会 訳
◎3800円

㉘キューバの歴史
キューバ中学校歴史教科書
先史時代から現代まで
キューバ教育省 編　後藤政子 訳
◎4800円

㉙フィンランド中学校現代社会教科書
15歳 市民社会へのたびだち
タルヤ・ホンカネン ほか著　高橋睦子 監訳
ペトリ・ニエメラ、藤井ニエメラみどり 訳
◎4000円

㉚フランスの歴史【近現代史】
フランス高校歴史教科書
19世紀中頃から現代まで
マリエル・シュヴァリエ、ギヨーム・ブレル 監修
福井憲彦 監訳　遠藤ゆかり、藤田真利子 訳
◎9500円

㉛ロシアの歴史
【上】古代から19世紀前半まで
ロシア中学・高校歴史教科書
A・ダニロフ ほか著　吉田衆一、A・クラフツェヴィチ 監修
◎6800円

㉜ロシアの歴史
【下】19世紀後半から現代まで
ロシア中学・高校歴史教科書
A・ダニロフ ほか著　吉田衆一、A・クラフツェヴィチ 監修
◎6800円

〈価格は本体価格です〉